钢铁产业发展报告

2014

工业和信息化部原材料工业司　冶金工业信息标准研究院

世界金属导报社　编

北　京

冶　金　工　业　出　版　社

2014

内容提要

本书是由工业和信息化部原材料工业司、冶金工业信息标准研究院和世界金属导报社联合编写的《钢铁产业发展报告》系列图书的第四册。

本书共五篇，内容包括：综合篇、政策篇、行业发展篇、国际篇和统计篇。本书系统总结了2013年度工业和信息化部以及相关产业部门在钢铁行业管理方面所做的工作，希望能对钢铁行业及其相关行业的生产、销售、管理以及政府职能部门的工作人员提供借鉴和参考。

图书在版编目(CIP)数据

钢铁产业发展报告.2014/工业和信息化部原材料工业司，冶金工业信息标准研究院，世界金属导报社编.—北京：冶金工业出版社，2014.7

ISBN 978-7-5024-6662-6

Ⅰ.①钢… Ⅱ.①工… ②冶… ③世… Ⅲ.①钢铁工业—工业发展—研究报告—中国—2014 Ⅳ.①F426.31

中国版本图书馆CIP数据核字(2014)第127246号

出 版 人 谭学余

地　　址 北京市东城区嵩祝院北巷39号 邮编 100009 电话 (010)64027926

网　　址 www.cnmip.com.cn 电子信箱 yjcbs@cnmip.com.cn

责任编辑 程志宏 徐银河 美术编辑 彭子赫 版式设计 孙跃红

责任校对 王永欣 责任印制 李玉山

ISBN 978-7-5024-6662-6

冶金工业出版社出版发行；各地新华书店经销；三河市双峰印刷装订有限公司印刷

2014年7月第1版，2014年7月第1次印刷

787mm×1092mm 1/16；24.5印张；436千字；382页

97.00元

冶金工业出版社 投稿电话 (010)64027932 投稿信箱 tougao@cnmip.com.cn

冶金工业出版社营销中心 电话 (010)64044283 传真 (010)64027893

冶金书店 地址 北京市东四西大街46号(100010) 电话 (010)65289081(兼传真)

冶金工业出版社天猫旗舰店 yjgy.tmall.com

(本书如有印装质量问题，本社营销中心负责退换)

《钢铁产业发展报告2014》
编 委 会

序

2013年，国际金融危机的深层次影响仍在持续，世界经济处于深度调整期，国内宏观经济增速放缓，在这种经济形势下，钢铁产能继续较快释放，产能过剩严重，行业生产经营依旧困难重重、步履维艰。全年产粗钢7.8亿吨，同比增长7.5%，增幅较去年同期提高4.4个百分点，中国粗钢产量占全球比重为48.5%，同比提高1.8个百分点。受需求增长放缓和产量增长过快，产品供大于求的影响，钢材价格呈现低位窄幅波动运行态势。面对严峻的市场形势，钢铁行业加快淘汰落后产能工作进度，推动行业节能减排和清洁生产，采取各种措施降本增效，总体经济效益有所好转。重点大中型钢铁企业实现利润229亿元，同比扭亏为盈。

2013年，工业和信息化部牵头起草并全面贯彻落实《国务院关于化解产能严重过剩矛盾的指导意见》，制定了“钢铁行业化解产能严重过剩矛盾的工作方案”，坚决遏制钢铁产能盲目扩张。加强钢铁行业的规范管理，公告了两批符合《钢铁行业规范条件（2012年修订）》企业名单。推动钢铁产品的升级换代，会同住建部落实《关于加快应用高强钢筋的指导意见》，修订钢筋混凝土用钢标准。成立高性能电工钢推广应用协调组，支持建设高性能电工钢生产应用示范平台。推进船用耐蚀钢国产化研发与应用，以及相关标准、规范制修订。加强铁矿石资源保障，依托铁矿石资源保障协调机制加大组织协调力度。支持推出铁矿石期货、铁合金期货、热轧卷板期货等业务。

《钢铁产业发展报告2014》继续保持了2013年版综合、政策、行业发展、国际和统计等篇章，系统整理了2013年钢铁行业出台的重要政策、意见，以及我部在钢铁行业管理方面所做的重点工作。编制本报告旨在为钢铁生产、销售、管理人员及相关政府工作人员提供参考。由于编写时间仓促，难免有疏漏之处，敬请批评指正。

苏波

2014年5月

目 录

综 合 篇

政 策 篇

· 国务院 ·

行业发展篇

国　际　篇

统 计 篇

综合篇

着力解决工业转型升级中的几个重大问题

在国家行政学院省部级干部经济转型升级专题研讨班上的报告

工业和信息化部部长　苗　圩

（2013 年 9 月 7 日　北京）

党的十八大提出，推进经济结构战略性调整，是加快转变经济发展方式的主攻方向。工业是国民经济的主导，是加快转变经济发展方式和调整优化经济结构的主战场。2011 年 12 月国务院印发了《工业转型升级规划（2011～2015 年）》。推进经济转型升级，工业是重点也是难点，必须着力解决制约工业转型升级的几个重大问题。

一、营造有利于实体经济发展的环境

实践表明，实体经济是虚拟经济的基础，是国民经济的压舱石。脱离实体经济而一味发展虚拟经济，必然带来产业发展的空心化和金融泡沫的放大化，进而引发各种形式的危机。从国际看，2008 年金融危机爆发后，整个国际社会都在反思，积极回归实体经济。美国、欧盟等发达国家和地区提出以制造业为核心的实体经济才是实现经济可持续发展的根本所在，纷纷实施“再工业化”，推动制造业回归，抢占未来发展的战略制高点。发展中国家和新兴经济体也高度重视发展制造业，加快产业结构调整步伐，加紧与我国在传统国际市场展开竞争。推进我国工业转型升级，面临着发达国家在中高端制造业和新兴经济体在我国传统优势领域的双重竞争压力。

从国内看，行业间利润率失衡严重影响实体经济特别是工业发展，具体表现在：一是工业整体盈利水平不高，自 2002 年以来，平均利润率一直在 6％～7％附近波动，近几年更是持续下滑，2010～2012 年分别为 7.6％、7.3％、

6.1％，今年上半年仅为5.4％。二是工业内部利润率出现分化，资源性行业利润率提升速度明显快于竞争性制造业，2011年煤炭行业销售利润率达16％，三大石油公司平均销售毛利润率超过20％。三是工业与金融、房地产业之间的利润率差距过大。2009年房地产销售利润率达14.3％，是工业的2倍左右；2011年银行业营业利润率达39.1％，是工业的5倍以上。金融、房地产和资源垄断性行业的高利润抬高了实体经济的融资成本和经营成本，降低了社会资本投资实业的积极性，削弱了工业企业转型升级的动力。

党的十八大提出，牢牢把握实体经济这一坚实基础，实行更加有利于实体经济发展的政策措施。我们必须正确处理好实体经济和虚拟经济的关系，通过深化改革，营造有利于包括工业在内的实体经济发展的良好环境。

（一）形成激励实体经济发展的财税政策体系。扩大各类税收优惠政策覆盖面，加大行政事业性收费项目取消力度，进一步减轻工业企业特别是竞争性行业中小企业税费负担，提高工业利润率，增强工业对社会投资和人才的吸引力。稳步扩大营业税改征增值税试点行业和地区范围，引导企业转型发展。对于前期投入成本极高、从投入到获利年限长、关系国计民生和经济安全的行业，如新型显示、集成电路等，应适当延长企业亏损弥补的最长年限，支持产业发展。

（二）健全支持实体经济发展的现代金融体系。引导信贷资金向小微企业等薄弱环节以及结构调整、节能减排、环境保护、自主创新等重点领域倾斜，支持科技型企业和战略性新兴产业发展。鼓励金融机构开发高效、便捷、安全的金融产品和服务，更好地满足企业多元化资金需求。切实放开市场准入，允许符合条件的民营资本进入金融业，积极发展民营小银行。加大对“以钱生钱”业务的监管力度，引导社会资本投向。

（三）解决劳动力、土地和资源环境等生产要素瓶颈制约。顺应我国产业发展进入转型升级新阶段的要求，坚持市场化改革方向，缓解劳动力成本上升、土地供给紧张、资源环境压力加大等矛盾。吸引大学毕业生到基层和一线企业创业就业，加强高技能产业工人培养，造就一支高素质可持续的产业大军，努力挖掘以提升劳动力素质为主要内容的二次人口红利。推进工业园区化发展，提高工业集约节约水平，提高土地利用率。深化资源性产品价格和税费改革，强化工业节能节材节水，加大工业污染治理力度，通过提高能源资源使用成本倒逼发展方式转变。

二、落实创新驱动发展战略

创新是推进经济发展的内生动力，是加快转变经济发展方式、推动经济结构战略性调整的核心力量。我国工业大而不强的核心是创新能力不强，主要表现在：一是创新投入不足，企业创新主体地位体现不够。2011年我国大中型工业企业研发投入强度仅为0.93%，远低于跨国公司3%～5%的平均水平。二是创新成果少，技术对外依存度高。2011年我国申请国际专利合约数量相当于美国的1/3，创新成果少导致我国在高端装备、关键设备和关键元器件等方面严重依赖进口，95%的高档数控机床、85%的集成电路依赖进口。三是创新成果转化效率低，产学研用结合不够。我国的科技成果转化率还不足10%，真正实现产业化的不到5%，而发达国家科技成果转化率高达40%～50%。

分析工业创新能力不足的根源，制度环境建设滞后是重要因素，具体包括：一是鼓励企业创新的政策落实不到位，高新技术企业认定门槛高、工业企业受惠面小，企业研发投入加计扣除政策执行难度大、程序繁琐。二是缺乏吸引社会资本支持创新的良好机制，私募股权投资基金、风险投资公司、创业投资企业等发展滞后，现行证券管理体制不能满足互联网服务、电子商务等创新型中小企业上市融资需求。三是支持科技型中小企业的体系不健全，特别是支撑创新的公共服务、公共平台不足。四是缺乏鼓励创新、宽容失败的社会氛围和制度环境，国有企业领导干部任期制、国家投资项目审计等制度有待进一步完善。

党的十八大提出，实施创新驱动发展战略，到2020年进入创新型国家行列。改革开放三十多年的实践证明，花钱买不来关键核心技术，我们必须下大力气提升产业创新能力，推动“中国制造”向“中国制造＋中国创造”转变。

（一）加强鼓励创新的制度和政策环境建设。按照行业发展特点设定差别化的高新技术企业认定标准，简化研发费用加计扣除政策的审核程序。建立健全直接融资市场体系，支持风险投资和创业投资企业发展。加大对科技型中小企业的金融支持力度，引导银行业金融机构为科技型中小企业提供贷款，进一步加强科技型中小企业创业投资基金的实施力度，支持科技银行发展。

（二）加快形成小微企业、大中企业、科研院所共同构成的技术创新“多级火箭助推机制”。强化企业创新主体作用，支持企业建立各类研发机构，并鼓励企业研发机构和科技型中小企业参与和承担国家科研任务。围绕传统产业转型升级和战略性新兴产业等领域，引导创新主体建立产业技术创新战略联盟，形成风险共担、利益共享机制。鼓励专业化、市场化的新型研发组织发展。

（三）加强关键核心技术攻关。继续实施“核高基”、新一代宽带无线移动通信网、高档数控机床与基础制造装备、大型飞机等国家科技重大专项，突破一批技术瓶颈，力争在先进制造、信息网络、系统软件等领域取得实质性进展。集中支持深海探采工程装备、基于机器人的自动化成型与加工装备、高精重型数控工作母机和特种加工机床等重点装备研发和产业化，促进装备制造业振兴发展。

（四）实施工业强基工程和共性技术开发。围绕装备制造、电子信息等重点领域，以发展关键基础材料、核心基础零部件（元器件）、先进基础工艺和产业技术基础等“四基”为目标，集中力量实施一批工程化、产业化和公共服务平台示范项目，组织企业、科研院所开展“一条龙”攻关，努力解决行业共性技术研发难题，推动工业基础能力迈上新台阶。

三、化解产能过剩矛盾

在市场经济下，适度产能过剩是正常现象，可由市场自行调节，也有利于形成有效的市场竞争。但过度的产能过剩不仅会造成社会资源的巨大浪费，阻碍产业结构升级，如果不及时加以化解，还可能引发市场恶性竞争、职工大量下岗、银行不良贷款增加等问题，形成系统性风险，影响民生和社会稳定大局。政府真正需要关注的是过度的产能过剩。当前，产能过剩呈现出以下基本特征：一是产能过剩行业基本上是原材料型、高能耗型行业。2012 年，粗钢、电解铝、水泥、平板玻璃、造船等行业产能利用率均低于 75%，加之大量在建和拟建项目，这些行业产能过剩矛盾仍在加剧。二是绝对产能过剩与相对产能过剩并存。钢铁、水泥、电解铝等行业产能已远远超过市场需求，出现了绝对产能过剩。但太阳能光伏、风电设备等行业产能过剩主要是外需急剧萎缩所致，可随着世界经济回升和国内市场启动得到缓解，属于相对产能过剩。三是总量过剩与结构性过剩并存。钢铁、平板玻璃、造船等行业主要是低端产能过剩，而高端产能不足。2012 年我国进口钢材 1366 万吨，特别是用于大型及超大型变压器、高档汽车、高档家电、风电、核电等高端装备制造的钢材还需要进口。

产能过剩既受经济周期波动影响，也有产业和市场内在规律因素，但根本原因还是相关体制机制不健全。一是不合理的经济结构和发展方式。长期以来我国产业发展方式粗放，高耗能、高物耗、高污染问题突出，低附加值产品比重偏高，产业结构不合理，产能无序扩张严重。二是相关体制改革不到位。在现行税制和政绩考核制度下，各地青睐两高一资等 GDP 和税收收入贡献较高行业的投资，客观上造成一些行业产能膨胀。在现行投资审批核准制度下，政府对企业投资干预过多，甚至出现违规审批情况，增加了市场交易成本，扭曲了企业决策行为。三是市场退出机制不健全。有关节能环保法律规定的惩罚力度不足，土地、能源、资源等要素成本没有完全内化为企业生产成本，难以对企业退出形成有效的倒逼机制。资本市场、产权交易市场不完善，无法满足企业退出有关产权交易和产权重组的需要。部分税收减免、补贴等优惠政策，容易诱发企业盲目投资冲动，也弱化了企业主动退出的意愿。

中央提出坚持把化解产能过剩作为产业结构调整的重点。我们必须按照“尊重规律、分业施策、多管齐下、标本兼治”的总原则和“四个一批”的思路，通过深化改革，落实责任，建立长效机制，稳扎稳打做好化解产能过剩工作。

（一）厘清政府和市场的边界。必须把思想和行动统一到中央的要求上来，不囿于一城一地的得失和眼前利益，坚定不移化解产能过剩。要加强统筹规划，建立政策联动机制，形成工作合力。坚持用“负面清单”的思想方法，发挥市场基础性作用，凡是市场和企业能决定的都交给市场和企业。增强中央与地方互动，及时发布全国及各地产能信息，对产能进行科学引导，防止在抑制产能过剩问题上“一刀切”，疏堵结合，既要考虑产能调整全局，又要顾及地方资源优势和发展经济的合理诉求，通过先进产能置换等方式逐步推动，用发展的办法解决前进中的问题。

（二）深化体制改革。深化投资管理体制改革，简政放权，最大限度地缩小审批、核准、备案范围，减少政府对企业投资活动的干预，落实企业的投资自主权。深化财税体制改革，形成有利于促进工业转型升级的税收制度。加快资源性产品价格改革，使土地、环保以及相关社会成本内化到企业成本中，发挥价格对引导经济行为、调整经济结构的积极作用。完善政府绩效考核和领导干部选拔任用机制，将创新、绿色、可持续发展以及社会效果等指标纳入政府考核体系，从制度上抑制投资冲动，减轻产能过剩压力。

（三）完善工作机制。政府要主动做好该做的事，综合运用经济的、法律的、技术的以及必要的行政手段抑制过剩产能。经济手段方面，通过实行差别电价等政策，提高产能过剩行业企业生产成本，倒逼企业退出过剩行业。法律手段方面，进一步修改完善节约能源、环境保护等法律法规，同时加强对工业企业执行环保、安全等法律法规和强制性标准的专项监督检查，建立协调统一的管理体系。技术手段方面，进一步完善节能环保标准，重点强化“两高一资”行业能耗、水耗、环保、资源综合利用，以及土地、安全等硬性约束指标，倒逼落后产能退出。

（四）加快产业自身转型升级步伐。加大企业技术改造力度，对应用新技术、新工艺进行节能和环保改造、生产高附加值产品、有市场需求的项目继续给予支持。积极推动企业开展跨地区、跨所有制的兼并重组，支持优势企业兼并或重组布局合理、技术装备先进、节能环保达标、土地利用合法但项目未经规范审批的企业，提高产业集中度。对于大多已进入产业发展成熟阶段、存在产能过剩和过度竞争的传统制造领域或产品，通过联合建立境外工业园区等方式，加快“走出去”步伐，充分利用国际市场消化过剩产能。

四、推动两化深度融合

信息网络技术是当今时代创新最活跃、带动性最强、渗透性最广的领域，正在引领新一轮工业革命。新一代信息技术与制造技术的充分交互，使制造业自动化、数字化、网络化水平显著提高，智能制造日益成为生产方式变革的方向，正在加速构建新型工业生产体系；新一代信息技术与新能源技术的深度融合，使智能电网、太阳能发电、分散式离网发电技术实现突破；新一代信息技术与材料技术交叉融合，使纳米复合材料等领域取得了一批新的重大进展。历史上我国错失了前几次工业革命的机遇，目前仍处于工业化进程中，没有时间也不可能再走西方发达国家先工业化后信息化的老路。推进信息化和工业化深度融合，既是积极应对新一轮工业革命、打造工业竞争新优势的战略选择，也是当前破解工业转型升级难题、促进工业持续健康发展的现实需要。

党的十八大提出，坚持走中国特色新型工业化、信息化、城镇化、农业现代化道路，促进四化同步发展。我们必须抓住以信息网络技术为核心的新一轮工业革命的历史性机遇，以推进两化融合为切入点，发挥工业化、信息化在四化同步发展中的战略支撑作用。

（一）将推进企业两化融合管理体系作为重要抓手。借鉴 ISO9000、ISO14000 的做法，制定企业两化融合管理体系，引导企业开展符合性认定，搭建公共服务平台，降低中小微企业信息化应用门槛，引导企业信息化水平逐步提升。

（二）将改造提升传统产业和培育发展新兴产业作为工作重点。加快重点领域装备智能化，推进生产过程和制造工艺智能化，推动智能制造生产模式集成应用。促进物联网、工业云、大数据等新技术新应用驱动的新型生产性服务业蓬勃发展，发展网络制造新型生产方式。

（三）将加强重点领域智能监测监管作为着力点。加快民爆行业安全生产监测监管，开展危险化学品危险特性公示，实现食品质量安全信息全程可追溯，促进稀土资源高效开采利用，以及提高重点行业能源利用智能化水平。

（四）将增强信息产业竞争力作为有效支撑。加快信息基础设施演进升级，实施“宽带中国”战略，加快4G网络建设和产业发展。推进集成电路、关键电子元器件、基础软件等核心技术创新，提升信息产业自主可控发展水平，增强两化融合形势下网络信息安全保障能力。

（五）将培育发展信息消费作为重要支点。适应智能手机、智能电视、移动互联网、云计算、物联网等新产品、新服务、新业态迅猛发展趋势，大力培育和发展信息消费，着力解决扩大信息消费中面临的信息基础设施滞后、产品服务创新供给能力不足、信息消费需求不足、信息消费环境不佳等瓶颈制约。以贯彻落实《国务院关于促进信息消费扩大内需的若干意见》为契机，加快实施“宽带中国”战略、信息惠民工程，丰富信息产品和信息消费内容，构建安全可信的信息消费环境，促进信息消费持续健康发展，为进一步推进两化深度融合和工业转型升级提供更加广阔的市场空间。

积极迎接新工业革命，加快我国制造业转型升级

在“新工业革命与增材制造国际研讨会”上的发言

工业和信息化部副部长　苏　波

（2013 年 6 月 26 日　北京）

各位来宾，朋友们：

大家下午好！今天，很高兴来参加“新工业革命与增材制造国际研讨会”，与大家一起探讨交流新工业革命和中国制造业转型升级的有关问题。工业是国民经济的重要组成部分，是推动经济增长的主要动力，也是经济结构调整和发展方式转变的主战场。在国际金融危机和新科技革命的冲击下，国际经济和产业发展环境发生深刻变化，对我国制造业转型升级带来深远影响。下面主要介绍三个方面的情况：

一、深刻把握新一轮科技和产业革命发展新趋势

近来，国际社会对新工业革命讨论比较多，尽管观点各有不同，但较为一致的看法是信息技术和制造业的融合，加上新材料、新能源等技术领域的重大突破，将引发新一轮科技和产业变革。

首先，信息网络成为支撑和引领新工业革命的关键力量。信息网络仍然是当前创新最为活跃的重要领域。在 2012 年全球 PCT 专利申请排名前 20 位的企业中，有 14 家是 ICT 企业。信息网络技术创新的密集发生，推动了云计算、物联网、电子商务、移动互联网、信息技术服务、数字内容、数字医疗、远程教育、位置服务等新产业新业态迅猛发展。同时，信息网络技术与其他领域技术的交叉融合，还不断推动相关领域的技术创新。如，信息网络技术与制造技术的充分交互，使制造业数字化、网络化和智能化水平显著提高；信息网络技术与能源技术的深度融合，使分布式发电和大规模并网技术实现突破；信息网

络技术与材料技术融合程度不断加深，使材料智能化趋势日益明显。

其次，多领域技术群体突破和交叉融合推动制造业生产方式深刻变革。增材制造、能源互联网、大数据等技术突破和广泛应用，不断推动制造业向网络化、智能化、柔性化和服务化转型。跨国企业将更多地通过网络将产品价值链分解到不同国家的配套协作企业，产品生产过程由全球范围内多个企业高效、快捷合作完成。生产过程将由新型传感器、智能控制系统、机器人、自动化成套生产线组成，未来机器人将出现在抛光、打磨、焊接、喷涂等越来越多的作业岗位，将会出现越来越多的“无人工厂”。人们可以利用增材制造技术对结构复杂、难加工的产品实现个性化、定制生产，灵活、柔性地根据客户需求生产出各种产品。同时，设计、制造和售后服务等过程充分整合，生产从以传统的产品制造为核心，转向提供具有丰富内涵的产品和服务，直至为顾客提供整体解决方案，制造业和服务业的界限越来越模糊。

第三，新一轮科技和产业革命将重塑全球产业竞争新格局。跨国公司凭借雄厚的技术基础，强大的研究开发能力和资源整合能力，加快前沿技术创新和产业化应用，力图进一步巩固其在全球产业竞争中的主导地位。谷歌、亚马逊、IBM通过加强技术创新和商业模式创新，在云计算服务与云计算解决方案提供领域处于全球领导地位；苹果、三星通过技术、产品、服务与用户体验的综合创新，占据了全球智能手机约50%的市场份额和99%的利润；西门子凭借其领先的一体化叶片技术、高效电机节能技术、智能电网技术，在新能源领域引领全球产业发展潮流。同时，发展中国家和广大中小企业也迎来转型跨越的良机。在新一轮科技和产业革命中，谁能率先取得突破并产生协同效应，就能取得发展的主动权。对于我国工业发展来说，加强前瞻部署，强化创新能力建设，突破产业化瓶颈，是应对新科技和产业革命的必然选择。

二、我国制造业发展面临新机遇新挑战

在经历了30多年的高速发展之后，我国制造业主要依靠低成本和廉价劳动力的时代基本结束了。无论是国际经济和产业发展环境变化带来的外部压力，还是我国经济发展的内部环境，都决定了我国制造业必须走转型升级之路，加快寻找新的增长方式。这是中国制造业必须坚持的战略选择。

（一）新机遇

一是新一轮科技和产业革命为我国制造业赶超发展提供了难得的战略机遇。同过去几轮科技革命中我国始终处于跟随状态相比，以新能源、节能环保、信息为主导的技术创新，更多的是建立在传统成熟技术基础上。因此，我

国制造业基于过去30多年发展所积累的技术基础和研发能力，比以往任何时候更接近世界先进水平。如，我国在第三代移动通信、高速列车、汽车动力电池、特高压输变电、禽流感疫苗、肿瘤靶向治疗等方面已经跨入了世界先进行列。如果我们能够抓住这一机遇，就完全有可能在若干重要领域实现对发达国家的赶超，成为产业发展的领导者。

二是持续快速增长的10亿人口级的国内市场将为我国制造业发展提供强有力的支撑。英法德等欧洲国家在其工业化的过程中，国内市场是千万人口级别的，美日俄是1亿级规模的，而我国则拥有一个快速增长的超过10亿人口级别的国内市场。这是任何一个国家在工业化、现代化过程中都未曾拥有过的。据测算，一个农民转化为市民，消费需求将会增加1万多元，潜在的基础设施和公共服务的投资需求将增加10万元。“十二五”期间，我国城镇化水平将提高4个百分点，将会吸纳4000万农村人口进城，带动4000多亿的消费需求，4万亿的投资需求。巨大的国内市场潜力，将成为我国推动制造业转型升级和工业化进程的最大机遇之一。

三是近期党中央国务院大力推进政府职能转变和简政放权，为激发市场主体发展活力和创造力带来了重大契机。深化改革是加快转变经济发展方式的关键，其核心是处理好政府和市场的关系。新一届政府成立以来，已两次召开国务院常务会议，明确提出最大限度减少对生产经营活动、一般投资项目和资质资格等的许可、审批，先后取消和下放了133项行政审批事项。简政放权，一方面是向市场、社会放权，减少对微观事务的干预，为转型提供“源头活水”；另一方面也是要改善宏观管理，增强政府服务能力，严格事后监管，营造有利于制造业转型升级的宏观环境。

（二）新挑战

一是国际金融危机的深层次影响持续显现，对出口导向特征明显的我国制造业形成较大的结构性制约。今年以来，世界经济出现了一些积极变化，但金融危机的深层次影响仍在持续，国际贸易形势不容乐观。今年4月世贸组织发布的年度报告显示，2012年世界贸易增速为2.0%，是1981年以来的最低值。今年前4个月，我国对美国、英国出口分别增长5%和5.7%，对日、韩、德、法四个重要贸易伙伴出口增长率分别为−3%、2.5%、−7.2%和−6.7%。为走出困境，欧美等国除采用传统贸易保护手段外，还通过“碳税”、劳工标准、社会责任等新规则来加强对国际产业竞争主导权的控制。发达国家进口需求疲弱、贸易保护主义抬头，对我国制造业发展的市场空间、出口模式等提出严峻挑战。

二是全球范围内围绕市场、资本和产业转移的竞争将更为激烈，我国制造业发展面临双重“挤压”。在中低端制造领域，印度、巴西、越南等新兴市场国家对国际直接投资的分流效应越来越明显。如近期宝马汽车宣布在印度南部投资2.1亿美元建立汽车组装厂；博世公司宣布两年内将在印度投资增加4.1亿美元，开发和生产柴油发动机。同时，高端制造领域向发达国家回流的“逆转移”趋势也已初现端倪。2011年，福特汽车公司宣布把1.2万个工作岗位从墨西哥和中国迁回美国，汽车配套产品供应商德国大陆集团也宣布，将在美国投资大约5亿美元兴建一座工厂，为美国市场生产轿车和卡车轮胎配套产品。可见，如不能尽快培育以知识产权、品牌、商业模式等为核心的新竞争优势，我国制造业发展将面临巨大挑战。

三是我国制造业发展中面临的不稳定不确定因素增多。今年1～4月全国规模以上工业增加值同比增长9.4%，增速同比回落1.6个百分点。从需求看，消费增长显著放缓，投资增速明显回落。一季度，社会消费品销售总额同比增长12.4%，比上年同期回落2.4个百分点；工业投资仅增长17.4%，增速同比回落6.5个百分点。从供给看，钢铁、电解铝、水泥、平板玻璃、船舶五大行业的产能过剩矛盾日益凸显。以船舶为例，现有产能8010万载重吨，产量6010万载重吨，产能利用率75%，在建产能还有272万载重吨。同时，企业生产综合成本上涨压力大、税费负担重等问题依然突出。综合各方面情况判断，今年上半年我国工业经济虽未出现大的起伏，但保持稳定增长难度加大。

三、加快推动制造业转型升级取得实质性进展

今年两会期间，克强总理提出打造“中国经济升级版”。工业承担着重要使命。我们既要增强危机意识和风险意识，看到当前形势变化对制造业转型升级提出更高的要求，也要坚定信心，抓住新一轮科技和产业革命带来的重大机遇，实施创新驱动发展战略，不断增强制造业核心竞争力。

一是提高制造业自主创新能力，培育发展战略性新兴产业。2011年，我国研发投入占全球比重达13.1%，成为仅次于美国的世界研发投入第二大国。但从核心技术、研发投入强度、累计专利授权量、基础研究等方面看，我国制造业研发创新能力与制造强国仍有较大差距。要围绕增材制造等重点领域，以核心装备、系统软件、基础材料、关键零部件等领域为重点，集中力量突破一批关键共性技术，加快形成一批先进的规模化生产能力。引导创新要素向企业集聚，完善以企业为主体、市场为导向、产学研相结合的技术创新体系，使企业真正成为创新主体。

二是加强企业技术改造，提高传统产业整体素质。去年9月，国务院发布了《关于促进企业技术改造的指导意见》，进一步加大了对技术改造工作的支持力度。近年来，各省市结合地方工业发展实际，不断完善技术改造扶持政策，探索出了一系列好的做法和经验。今后，还要继续加强对现有企业生产设施、装备、生产工艺条件进行改造提升，着力提高新产品开发能力和品牌建设能力，提高先进产能比重；围绕发展潜力大、带动性强的若干新兴领域，实施产业链升级改造工程，着力突破新兴产业发展的瓶颈制约。

三是推进“两化”深度融合，提高工业信息化水平。信息网络技术的广泛应用有力地推动了生产方式变革，经济增长完全可以建立在信息和知识投入所带来的生产效率提高的基础上。要把信息技术改造提升传统产业作为推动“两化”深度融合的切入点，深化信息技术在研发设计、生产制造、经营管理、市场营销等环节的应用，提高企业数字化、网络化和智能化水平。加快应用电子产品的开发和产业化，大力发展工业控制系统、大型管理软件等应用软件和行业解决方案，为全社会“两化”融合提供技术和产业支撑。

四是促进绿色低碳、清洁安全发展，增强可持续发展能力。今年年初，我国相当大一部分城市出现雾霾天气。中央领导高度重视，从今年开始，将综合采取多种手段，集中力量推动解决京津冀等重点区域大气污染、重点流域工业污染治理等问题。制造业转型升级的重要着力点之一就是促进产业绿色化、清洁化发展。要在产业方向、入驻企业和项目上，科学选择，严把入口关，严格控制“两高”和产能过剩行业新上项目；同时，还要鼓励企业通过采用先进技术、工艺、设备、材料，大力发展节能环保、环境风险评估、安全生产技术咨询等专业服务业，提高能源、资源的利用效率，降低废弃物排放量。

五是推动大企业和中小企业协调发展，优化产业组织结构。在汽车、钢铁、水泥等规模经济效益显著的行业，推动优势企业强强联合、跨地区兼并重组、境外并购和投资合作，培育发展一批具有自主知识产权、主业优势明显的大型企业集团。鼓励企业制定品牌发展战略，引导企业推进品牌的多元化、系列化、差异化，鼓励有实力的企业积极收购国外品牌，培育发展一批具有国际影响力的自主品牌。继续实施中小企业成长工程，支持中小企业专业化发展，提高生产工艺、产品和服务、市场专业化水平，完善中小企业服务体系，提高中小企业“专精特新”发展水平。

最后，预祝本次会议圆满成功，谢谢大家！

大力推进改革创新
加快工业转型升级

在第八届中国国际钢铁大会上的主旨报告

工业和信息化部副部长　苏　波

（2014 年 5 月 18 日）

尊敬的各位来宾，女士们、先生们、朋友们：

很高兴在生机勃勃的初夏时节，与来自世界各国的同行相聚北京，一同出席第八届中国国际钢铁大会。本届大会以“改革、创新、合作”为主题，深入探讨交流钢铁工业发展面临的重大问题，我认为对于中国钢铁工业以至世界钢铁工业发展，有着积极的促进作用。首先，我谨代表工业和信息化部，对大会的召开表示热烈的祝贺！

工业是中国国民经济的主体。进入新世纪以来，中国工业保持持续较快发展，总体规模、综合实力显著提升。2001～2013 年，全国规模以上工业增加值年平均增速超过 14%，为全球经济的稳定和发展做出了巨大贡献。多年来，中国工业对国民经济增长的年均贡献率超过 45%，在拉动国民经济增长、推动技术创新、促进城乡居民就业等方面发挥了重要作用。

当前，中国工业发展已经进入到新阶段，国内外环境正在发生广泛而深刻的变化，既有难得的机遇和有利条件，也面临着诸多可以预见和难以预见的困难、风险和挑战。中国经济社会发展基本面长期趋好，工业化、信息化、城镇化、农业现代化加速发展，国内市场潜力巨大，产业体系更加完备，劳动力素质明显改善，基础设施更加完善，生产要素和体制机制综合优势明显，工业发展有着广阔空间和巨大潜力。**但我们也清醒看到，**世界经济仍处于艰难复苏中，新的增长动力源尚不明朗；中国经济发展要素结构正在发生深刻变化，资源环境约束加剧，工业关键核心技术缺失、发展方式粗放、部分行业产能过剩严重等深层次矛盾和问题尚未根本解决。这些都需要我们高度重视。

当前和今后一个时期，我们将坚持把推进工业转型升级作为中心任务，稳中求进、改革创新，着力激发市场主体活力，着力强化创新驱动，着力推进两化深度融合，推动中国制造向中国创造转变、中国速度向中国质量转变、中国产品向中国品牌转变。

第一，坚持向改革要动力。市场中蕴藏着巨大的活力。中国工业过去 30 多年之所以能够取得巨大的成就，靠的是改革；今后要加快转型升级、实现更长时间更好的发展，同样也要靠改革。**我们将**大力推进全面深化改革，紧紧围绕使市场在资源配置中起决定性作用和更好发挥政府作用，继续加大简政放权力度，强化政府的战略规划制定、市场监管和公共服务职能，更多地释放改革红利，激发市场主体活力，提高资源配置效率，维护公平竞争的市场环境。**积极推动**完善基本经济制度，推动国有企业、财税、金融、科技、资源性产品价格等领域改革，为工业转型升级提供政策和机制保障。**开放也是改革。**我们将认真落实更加积极主动的开放战略，推动新一轮高水平对外开放。**重点是**进一步放开一般制造业，加强新形势下钢铁、汽车等重点行业产业政策的评估和调整；坚持出口和进口并重，引进国内短缺的产品、服务、技术和智力资源，鼓励通信、铁路、电站等大型成套设备出口；推动完善外资投资环境，鼓励外资更多投向高新技术、先进制造、节能环保等领域，更多投向中西部地区。

第二，加快产业结构调整优化。结构调整优化是转变发展方式的主攻方向。我们将坚持进退并举、有保有压，加快传统产业改造提升，培育发展战略性新兴产业，不断提升产业素质和竞争优势。**改造提升传统产业方面，**重点是加强企业技术改造，提高并严格执行能耗、环保和安全等行业准入标准，着力化解钢铁、电解铝、水泥、平板玻璃等行业产能严重过剩矛盾，加大淘汰落后产能力度，推进企业兼并重组，强化工业节能减排，着力加快航空、卫星及应用、轨道交通、海洋工程、智能制造等领域重大技术装备研制和技术开发。**发展壮大新兴产业方面，**重点是推动健全完善体制机制，着力突破关键核心技术，加强市场培育，在高端装备制造、新一代信息技术、新材料、生物医药等方面赶超先进，引领未来产业发展。**同时，**大力促进制造业与服务业融合发展，抓住“营改增”契机，支持工业设计研发、软件服务、品牌营销、信息技术、现代物流等生产性服务业的发展。

第三，扎实推进创新驱动发展。当前，科技进步对产业发展和结构调整的支撑和引领作用日益凸显。**我们将**坚持把创新驱动作为工业发展的原动力，大力加强创新能力建设，推进科技与经济紧密结合。**着力**健全技术创新市场导向机制，强化企业技术创新主体地位，充分发挥市场对技术研发方向、路线选择、要素价格、各类创新要求配置的导向机制，落实促进企业创新的财税政策，推动扩大研发费用加计扣除范围，研究实施设备加速折旧政策，改进财政补助方式，推动建设企业主导的产业创新联盟。**依托**国家科技重大专项，加大技术攻关力度，力争在信息技术、智能制造、节能环保、节能与新能源汽车等领域，突破一批重大关键核心技术。**针对**工业基础能力薄弱问题，深入实施工业强基工程，支持在原材料、装备制造、电子信息等重点领域突破一批关键共性技术。**大力**推进科技成果转化和产业化，加强政策引导，完善配套设施，搭建科技成果转化平台，不断提高工业发展的科技含量，使科技创新真正成为产业发展的核心要素。

第四，大力推进信息化和工业化深度融合。推进信息化和工业化深度融合，既是适应新科技革命和产业变革趋势的必然要求，也是中国工业破解转型升级难题、实现持续健康发展的现实选择。**我们将**加大推进信息化和工业化深度融合力度，坚持应用导向、基础先行、产业支撑、安全为要，积极营造良好环境，汇聚政策资源，加强信息网络技术广泛深入应用，促进工业高起点发展。**重点是**要加快建立和推广企业两化融合管理体系标准，发布两化融合管理体系基本要求和实施指南，选择部分企业开展贯标试点。**大力**促进信息技术与制造业融合创新，推进智能制造生产模式的集成应用，开发工业机器人等智能基础制造装备和成套装备，推进智能装备、工业软件在石化、机械加工等行业示范应用。**加强**重点领域智能监测监管体系建设，提高重点高危行业安全生产水平、重点行业能源利用智能化水平。**同时，**全面落实"宽带中国"战略，加快信息网络基础设施建设，大力发展现代信息技术产业，切实维护网络安全，为推进信息化和工业化深度融合提供有力的支撑和保障。

女士们、先生们：

钢铁工业是中国国民经济的重要基础性产业。经过改革开放特别是近十年来的快速发展，中国钢铁工业发展取得了举世瞩目的成就，技术装备水平大幅提高，品种质量明显改善，节能减排成效显著，创新能力持续增强，综合竞争力大幅提升。目前，中国已成为全球钢铁第一大生产和消费国，中国钢铁工业与世界钢铁工业发展联系日益紧密。

与中国工业整体情况相似，中国虽已迈入钢铁大国行列，但行业在快速发展中还存在一些突出问题。**主要是：**产能过剩矛盾突出，行业利润率低下，资源掌控能力弱，核心竞争力不强。近年来，随着应对国际金融危机刺激政策的陆续退出，特别是工业品出厂价格的持续下降和综合生产成本的快速上升，钢铁企业生产经营面临巨大压力。据钢铁工业协会反映的情况，今年一季度，重点统计大中型钢铁企业亏损超过23亿元，累计亏损面超过45%。如果考虑到国内外环境的深刻变化，当前钢铁工业所遇到的矛盾和困难是调整的阵痛，或者说过去的发展方式已经不适应新的发展环境和要求。要突破困境涅槃重生，实现持续健康发展，必须积极适应国家经济发展的新常态，加快企业战略调整转型升级。**当前和今后一个时期，**作为行业主管部门，我们将重点做好以下四方面的工作。

一是着力化解过剩产能。产能严重过剩是当前钢铁行业最为突出的问题。**我们将**综合采取多方面措施，严格控制新增产能，加快淘汰落后产能，加强行业规范管理，建立钢铁工业产能预警机制，营造公平竞争的市场环境，推动钢铁行业化解过剩产能尽快取得实效。**当务之急**是严格控制新增产能，重点是严格把关钢铁工业新建项目核准，指导地方做好在建违规项目清理，对新建项目严格执行“等量或减量”置换原则。**淘汰落后产能**是化解产能过剩的重要举措。2010年以来，我们已经累计淘汰炼铁落后产能8500万吨、炼钢5700万吨。今后还要加大这方面工作力度。今年的预期目标是淘汰落后钢铁能力2700万吨，确保提前一年完成“十二五”淘汰落后产能任务。**同时，**发挥价格、财税、金融、土地、贸易、生产许可等政策和规范准入管理之间的联动作用，迫使不符合规范准入要求的企业退出市场；通过制修订钢铁行业公平税赋政策，逐步取消进口钢材保税政策，实施差别化电价和惩罚性电价、水价，逼迫能耗、水耗、电耗达不到行业标准的产能退出市场。**我们希望**通过努力，从2013年到2017年年底，压缩钢铁产能8000万吨以上，使钢铁产能利用率达到合理水平。

二是持续推进技术进步与结构优化。这是钢铁行业转型升级的核心要求。当前，中国钢铁工业既有一部分企业在装备技术、品种质量等方面进入世界先进水平，也有相当一部分企业技术工艺落后、质量水平低下，影响着整个行业的健康发展。**我们将**充分发挥科技创新的引领支撑作用，加快钢铁工业结构调整步伐。**着力**提升创新能力，加快完善钢铁工业技术创新体系，探索钢铁、化工、建材等产业耦合工业园区建设，引导钢铁企业建立产业技术创新战略联盟，加强关键核心技术攻关和共性技术开发，支持企业开展对标挖潜工作。**大力**推进信息技术应用，在钢铁行业重点推广应用高炉专家系统、智能炼钢系统、智能在线质量控制系统等两化融合新技术，鼓励企业创新商业模式，主动开展跨界融合，应用互联网技术发展大宗钢铁产品电子商务平台。**同时，**积极清理消除体制机制障碍，支持优势企业跨区域兼并重组，鼓励具备实力的钢铁企业开展跨国并购，在全球范围内优化资源配置。支持引导钢铁产能向中西部地区有序转移。

三是全面推动产品升级换代。推进钢铁工业转型升级，关键是要加快产品升级换代，有效满足市场需求，提高市场竞争力。**近年来，**我们会同住建部大力推进高强钢筋推广应用，取得明显社会成效。**下一步，**我们将继续加强与住建部的合作，全面推广应用400MPa及以上高强钢筋、淘汰335MPa热轧带肋钢筋，在公共建筑和政府投资建设领域开展钢结构应用试点。**同时，**加快建立高性能电工钢生产应用示范平台，推进高端电工用钢产品的研发和应用，加快淘汰热轧硅钢片；完善标准检验和认证规范体系建设，加强高强船板、高品质铁路用钢和汽车用钢的推广应用工作。**对我们钢铁企业而言，**要把产品升级放在首位，将提高量大面广的钢材产品质量、档次和稳定性作为产品结构调整的重中之重，加快标准升级，全面提高钢铁产品性能和实物质量。

四是不断提升国际化水平。中国钢铁工业已与世界钢铁工业紧紧融合在一起，转型升级不能脱离全球化这个大背景。**我们将**研究解决钢铁行业外资准入限制问题，探索实行负面清单管理模式，支持国内钢铁企业引进国外先进工艺技术、管理理念和智力资源，合理引导外资投向中西部地区。**建立健全**贸易投资平台和“走出去”投融资综合服务平台，引导金融、咨询机构等多种力量与钢铁企业合作，支持有实力的钢铁企业在境外设立研发机构、生产基地和市场营销网络，鼓励和引导国内有条件的企业有计划、有步骤地实施境外铁矿资源开发，开展资源和价值链整合；建立企业强强联合走出去协调机制，探索钢铁工业与装备制造及服务联合出口的可行性，支持有实力的钢铁企业联合下游装备制造企业“走出去”。**进一步**加强国际对话与磋商，共同协商解决钢铁行业对外贸易中出现的各种纠纷，理顺资源、要素价格的市场形成机制，促成公平合理市场定价模式。**同时，**中国钢铁企业也要树立全球思维，积极主动顺应服务国家自贸区建设和对外区域合作发展战略，创新商业模式，加强与各国企业间的合作，不断提升国际化经营水平。

女士们、先生们：

全球经济从来没有像今天这样融合相依，也从来没有像今天这样需要合作共赢。中国工业愿与世界各国同行一道共同克服当下的困难，共享机遇和繁荣，努力开创发展的新局面。

最后，预祝本届大会取得圆满成功！祝各位嘉宾和朋友工作顺利、生活愉快、身体健康！

谢谢！

加强行业管理　化解产能过剩矛盾 促进钢铁工业转型升级

在中国钢铁工业协会四届六次常务理事（扩大）会议上的讲话

工业和信息化部原材料司副司长　苗治民

（2013 年 8 月 3 日　北京）

尊敬的各位领导，各位代表，同志们：

值此中国钢铁工业协会四届六次常务理事（扩大）会议在北京召开之际，我谨代表工业和信息化部原材料工业司对本次会议的召开表示热烈的祝贺！借此机会，我就工业和信息化部加强行业管理，化解产能过剩矛盾，推进钢铁工业转型升级谈几点意见，供大家参考。

一、钢铁行业发展回顾

1992 年初小平同志南巡讲话后，1993 年 GDP 增速达到 14%以上，钢铁市场需求和价格高涨。由于国内供给不足（当时粗钢产量只有 8956 万吨），进口钢材达到 3026 万吨，占 1993 年钢材需求量的 28%。由此刺激钢铁投资扩张，年投资增长率达到 52.3%，1996 年粗钢产量超过 1 亿吨。到 1997 年，受亚洲金融危机影响，下游市场需求萎缩，钢铁行业销售利润率只有 0.3%。为解决钢铁企业效益下降问题，当时冶金部要求 50 万吨以上国有重点大中型企业，带头按上年实际产量限产 10%。

2001 年到 2007 年，GDP 增速从 8.3%逐年提高到 14.2%，客观上形成了钢铁更大的市场需求空间，2001 年至 2005 年钢铁工业年投资增长率都在 30%以上，2003 年甚至达到 106%，2002 年至 2006 年钢铁产量年均增长达到 23.3%。为抑制钢铁工业投资过热，国家出台了《关于制止钢铁行业盲目投资的若干意见》（国办发〔2003〕103 号）等一系列文件，2004 年 6 月还查处了违规建设的“铁本”项目，多次调减出口退税和增加关税。在一系列宏观调控政策约束下，2006年钢铁工业投资增速降至2.3%，但前期投资形成的产能不断投产、达产，2006年和2007年粗钢产量增长率分别达到18.3%和16.3%，2007年粗钢产量增长到4.89亿吨。

2008年国际金融危机爆发，GDP增速陡然降低，政府采取了一系列政策措施加大固定资产投资，又推高了钢铁市场需求，2009年粗钢表观消费量同比增长1.14亿吨，增速高达24.8%，当年产量达到5.72亿吨，增长13.7%。在此背景下，国务院出台了《关于抑制部分行业产能过剩和重复建设引导产业健康发展若干意见的通知》（国发〔2009〕38号），提出了严格项目审批，加强环保、土地、金融监管，实行问责制等9项措施。2010年6月，国务院办公厅又下发了《关于进一步加大节能减排力度加快钢铁工业结构调整的若干意见》（国办发〔2010〕34号），首要措施就是坚决抑制钢铁产能过快增长。但受需求激增的带动，投资热度不减，抑制产能增长作用不明显。

自2011年四季度以来，受国际经济低迷、复苏乏力和国内经济增速放缓的影响，我国钢铁行业再次陷入低迷。2012年，粗钢产量达到7.17亿吨，同比增长了4.7%，国内钢材价格整体回到1994年的水平。今年上半年，粗钢产量再创新高，增速达到7.4%，而市场供大于求的状况没有改变，造成钢材价格持续低位，企业经营十分困难，经济效益甚微。

从以上钢铁工业发展历程来看，钢铁工业是国民经济的晴雨表，其投资和生产受建筑业、装备制造业和消费品工业等下游产业需求变化所左右。每一轮下游产业需求的增长，都刺激钢铁工业投资增加；每一轮下游产业需求的减少，都会带来钢铁产品产能过剩。随着国民经济发展钢铁工业规模不断扩张，钢铁工业在满足国民经济发展和国防建设需求的同时，粗放式的发展方式没有得到根本扭转。产能无序扩张（有部分企业没有得到审批，布局混乱）、产业集中度低（2012年粗钢产量前10家钢铁企业集团粗钢产量合计为3.29亿吨，占全国总产量的比重为45.94%）、资源保障力弱（2012年铁矿石对外依存度仍高达60%以上）、市场恶性竞争（钢材综合价格指数处于1994年水平）、环保压力大（京津冀、长三角、珠三角等环境问题）等问题日益显现。从行业管理的角度讲，突出体现在以下几方面：

一是现行管理方法不适应行业发展要求。十多年来，钢铁工业结构调整的重点是控制产能过快增长。冶金行业管理部门撤销以后，行业管理主要依靠行政审批管控投资，如严格控制新项目上马，银行不予贷款，土地不予供应等。但在巨大市场需求拉动下，在有产量就有效益的大环境中，企业更多地注重规模扩张，致使我国钢铁产能逐年攀升，2012 年粗钢产能规模高达 10 亿吨左右，产能利用率只有 72%。正像李克强总理指出的那样，“由于多种原因，像钢铁、水泥等行业上项目都是需要审批的，但多年来恰恰没有管住管好，以致造成产能严重过剩”。

二是钢铁工业成为各地投资的重点。钢铁工业属于典型的资金密集、人员密集型产业，关联带动性强。钢铁企业都是当地的利税大户、支柱产业，对地方经济发展、财政收入、吸引就业有着举足轻重的影响，成为地方重点支持的行业。某些市县几乎全部依靠钢铁企业来维持地区发展。投资体制机制不完善，致使地方和企业不按规划投资建设，钢铁工业布局混乱，产能盲目扩张。

三是公平竞争市场环境不完善催生了行业乱象。不同地区、不同企业在环保、质量、财税等方面执行标准不统一，缺乏公平竞争的市场环境。有的企业虽巨额亏损，但为了维护企业的社会功能，仍然继续生产；有的企业在地方政府鼓励下，仍然热衷于扩规模、铺摊子；有的企业在节能环保等要素成本上投入较低，靠牺牲环境换取短期利益。

总之，过去十几年中，在国民经济快速增长的带动下，钢铁工业处于靠量取胜的粗放式发展阶段，行业管理工作不能满足钢铁行业结构调整、转型升级的要求。

二、钢铁行业管理总体思路

工业和信息化部作为行业管理部门，主要是管规划、管政策、管标准，指导行业发展。组建五年以来，我们加强宏观引导，确保钢铁企业的市场主体地位，减少微观事务管理，更多地依靠市场手段，引导钢铁工业健康发展。今年新一届政府机构组建，政府机构改革重点是把职能转变作为核心，把行政审批制度改革作为突破口。把政府工作重点转到创造良好发展环境、提供优质公共服务、维护社会公平正义上来。既要把该放的权力放开放到位，又要把该管的事务管住管好。根据这些要求，我们提出了加强钢铁行业管理的总体思路是：

加强多部门合作（尤其是发展改革、环境保护、质量监督、城乡建设、交通等部门），加强地方工业主管部门执行体系建设，完善以社会组织（中国钢铁工业协会、中小冶金企业商会等）为依托的咨询体系，营造公平市场竞争环境。健全铁矿石资源保障体系，加强钢铁工业与下游用钢行业（特别是建筑业、装备制造业、交通运输业以及能源产业）合作，以科技创新、兼并重组和绿色循环低碳发展为抓手，化解产能过剩矛盾，提高企业核心竞争力，促进钢铁工业转型升级。

三、近期几项重点工作

中央经济工作会议已经明确，要充分利用国际金融危机形成的倒逼机制，把化解产能过剩矛盾作为工作重点，总的原则是尊重规律、分业施策、多管齐下、标本兼治。要加强对各个产能过剩行业发展趋势的预测，制定有针对性的调整和化解方案。

根据中央和国务院的要求，工信部原材料工业司联合中国钢铁协会认真学习我国其他行业化解产能过剩取得的成功经验，研究欧盟、日本、美国等国家化解钢铁产能过剩走过的历程，充分听取不同类型企业对化解钢铁产能过剩的建议，研究制定化解钢铁产能过剩的措施。当前重点做好以下几项工作：

（一）落实《钢铁行业规范条件》，营造行业公平的市场竞争环境

2012 年 8 月，我部修订了《规范条件》并向社会公告，自 2012 年 10 月 1 日起实施。《规范条件》充分考虑我国钢铁工业目前发展水平，以现有钢铁企业生产必须具备的基本条件为基础，注重可操作性。《规范条件》主要从产品质量、环境保护、能源消耗和资源综合利用、工艺与装备、生产规模、安全卫生和社会责任等 6 个方面提出了要求。这 6 个方面与现有钢铁企业的生产息息相关，也与我国人民生活和社会发展紧密联系，既是影响我国钢铁行业结构调整、综合实力提升的主要因素，也是影响社会协调发展的关键环节。

在产品质量方面：要求钢铁企业应具备完备的质量管理体系，产品质量符合国家和行业标准，两年内未发生过重大产品质量事故；对适用于生产许可制度管理的产品，明确需按照《工业品生产许可证管理条例》进行管理。

在环境保护方面：要求钢铁企业须具备健全的环境保护管理体系，配套必要的污染物治理设施；排污须持有排污许可证，达标排放。近两年内未发生重大环境污染事故或重大生态破坏事件。

在能源消耗和资源综合利用方面：要求钢铁企业须具备健全的能源管理体系，配备必要的能源（水）计量器具。有条件的企业应建立能源管理中心。主要生产工序能源消耗应符合单位产品能源消耗限额标准。在资源综合利用方面，选取吨钢新水消耗、固体废弃物综合利用率等综合性指标。

在工艺与装备方面：主要从冶炼环节着手，对焦炉、烧结机、高炉、转炉、电炉的容积或公称容量进行了规定，主要依据是《国务院关于进一步加强淘汰落后产能工作的通知》和《产业结构调整指导目录》。对落后的工艺装备须明确彻底淘汰。同时要求钢铁企业主体工序配备节能减排设备。

在生产规模方面：钢铁生产属于连续化规模化生产体系，随着技术水平的

提高，装备逐年向大型化发展。按照规范条件确定的冶炼设备水平，可比较科学地确定企业规模水平。同时为促进兼并重组，提高集中度，合并后的企业可视为一个企业核定规模。按照以上考虑，我们明确按 2010 年企业实际粗钢产量（普钢企业 100 万吨，特钢企业 30 万吨，合金钢比不低于 60%）核定生产规模，以防止企业为达到条件而单纯追求规模的扩张，进而加剧钢铁产能的无序增长。

在安全、卫生和社会责任方面：主要依据是《安全生产法》等国家有关安全生产和职业危害防治的法律法规、部门规章及标准，以及企业必须承担的依法纳税、给予职工应得报酬和福利等社会责任。

2013 年 4 月 28 日，工业和信息化部正式公告了第一批符合《钢铁行业规范条件》的 45 家企业。这 45 家钢铁企业占 2012 年全国粗钢产量的 41.4%，其中既包括宝钢、鞍钢、武钢等国有企业，也包含沙钢、方大特钢等民营企业。目前正在审理第二批申请企业，要加大这一批企业的核查力度，预计在 11 月完成审核。计划在明年初再组织一批，将 80%左右的现有钢铁产能纳入到规范管理范畴。

对于符合规范条件的企业，我们将会同有关部门支持发展，推动跨地区、跨所有制及区域内兼并重组，实施企业技术改造，优化产业结构和区域布局，实现结构调整和转型升级。对于不符合规范条件的企业，我们将综合运用融资、差别电价、财政奖励、考核问责等经济手段，节能、环保等法律约束和行政问责等必要的行政措施，逐步压缩其生存空间，迫其退出钢铁行业。

（二）加强钢铁工业与下游用钢产业合作，促进钢铁产品升级

我国主要工业行业今后都将处于由大到强转变的关键期，主要工业产品的升级换代都离不开高性能钢铁材料，建筑用钢占钢材消费的 50%左右，钢制部件占汽车等交通工具重量的 70%，占能源生产装备重量的 90%。因此，工业转型升级在一定程度上也依赖于钢铁材料的升级换代。钢铁产品升级换代的基本思路：

一是推动钢铁工业与建筑、装备制造、交通、能源等行业建立高性能钢铁材料生产应用合作机制。合作机制一般由政府部门和下游用钢行业龙头企业、部分钢铁企业、最终用户、科研单位、协会、金融机构等单位组成。

二是建设高性能钢铁材料应用示范平台。在龙头企业建立高性能钢铁材料应用示范平台，开展下游用钢行业使用高性能钢铁材料的应用研究和设计规范研究，以及新产品、新工艺、新技术的开发。

三是促进钢铁企业开发高性能钢铁材料。依靠战略性新兴产业、技术改造专项、强基工程、新材料重大科技专项等相关政策，支持钢铁企业联合下游用钢行业开发高性能钢铁材料。

四是加强钢铁产品标准和下游用钢设计规范的升级。修订完善高性能钢铁材料标准体系，重点推进量大面广、引领下游产业发展的重点产品标准升级，促进下游用钢设计规范的同步升级，推进高性能钢铁材料产品认证。

五是探索建设钢铁材料加工配送中心。引导建立钢铁企业、用户企业、金融机构参与的加工配送体系，提高钢铁企业市场竞争力，实现由材料供应商向服务商转变。

在建筑行业，我们继续加强与住建部合作，落实《关于加快应用高强钢筋的指导意见》，淘汰 235MPa 光圆钢筋和 335MPa 螺纹钢筋，开展高强钢筋分类认证，加快 600MPa 高强钢筋产品的应用技术研发。用高强钢筋替代目前大量使用的 335MPa 螺纹钢筋，平均节约钢材 12%以上，如基本淘汰 335MPa 螺纹钢筋，每年可减少螺纹钢筋使用量 1000 万吨以上。2012 年底，我国高强钢筋在钢筋产量中所占比重已达到 58%，在房屋建筑领域的应用比例达到 50%，分别比 2011 年提高 10 个百分点和 9 个百分点，比 2010 年提高 18 个百分点和 15 个百分点。但与到 2015 年底高强钢筋占钢筋生产总量 80%的目标还有不小的差距。今年将总结在河北、江苏、重庆、云南、新疆地区的示范经验，重点指导省会城市大量采用 400MPa 和 500MPa 高强钢筋，引导中小城市大量采用 400MPa 以上高强钢筋，年底开展一次检查。

在装备制造业，重点围绕汽车、船舶、电工等领域，重点促进减量化使用，淘汰落后产品，推动国内已经能够生产，目前还主要依靠进口的一部分高性能钢铁材料应用。今年上半年，工信部成立了高性能电工钢推广应用协调组，推进电工钢的上下游合作。支持建设高性能电工钢生产应用示范平台，推进高效电机和节能变压器应用示范。在节能电机试点工作的基础上，推进工业行业开展国产化高效电机和节能变压器示范。落实电工钢推广应用政策措施。到 2015 年，淘汰热轧硅钢片生产能力 100 万吨，电工钢产品质量性能明显提高，高性能电工钢的各项技术指标达到国际同类产品领先水平，国内市场占有率达到 90%以上，其中高磁感取向电工钢和高牌号无取向电工钢国内市场占有率分别不低于 75%和 85%；到 2015 年，实现电机产品升级换代，50%的低压三相笼型异步电动机产品、40%的高压电动机产品达到高效电机能效标准规范。

对于船舶用钢，工信部原材料司和部装备司组织召开了船舶用钢合作推进研讨会。交流了船舶用钢研发、生产及应用现状，着重围绕船舶用钢升级换代、降低空船重量和提高钢材一次利用率等方面存在的问题、难点以及改进措施进行了讨论。拟借鉴先进国家船用钢材标准的发展模式，结合国内当前船舶用钢在规格、公差控制、表面质量等方面的实际需求，由钢铁和船舶行业共同研究进一步制定船舶用钢分级分等和专用标准。拟采取先在部分骨干船舶企业、钢铁企业之间进行试点，逐步在行业推广后成为正式标准，并同步完善船舶用钢检验和认证规范。拟建立有利于促进行业发展的船用钢材价格形成机制，鼓励优质优价，引导产业合理分工和协作，实现利益共享和合作共赢，促进船用钢材和船舶建造质量的提升。

在交通、能源等行业，拟与交通部、能源局等部门合作，待机构调整到位后，我们将与这些部门相关同志进行沟通，共同商讨合作重点和合作方式。

（三）推进企业兼并重组，提高行业综合竞争力

据国家统计局统计，2013 年 6 月底，涉及黑色金属冶炼和压延加工的企业有 10905 家（我们调查的钢铁冶炼企业约有 600 多家）。既有钢铁联合企业，也有独立的炼铁、炼钢和轧钢企业。显然有这么多钢铁企业要进行布局优化和结构调整是有很大困难的。国内外竞争力较强的钢铁企业的发展历史证明，只有具有一定生产规模的钢铁企业，才能够在资源配置、原燃料采购、技术创新、下游市场等领域有一定的话语权。欧洲、美国、日本等国家钢铁企业从来没有停止并购，都在不断扩大规模。发达国家的钢铁产业在组织格局上均是为数不多的大型钢铁企业与若干个中小型钢铁企业并存，大型钢铁企业保持着技术优势、设备优势、规模优势，并具有较高的行业控制力。

2012 年我国钢铁集中度不升反降，据统计，粗钢产量前 5 家钢铁企业集团粗钢产量合计为 2.26 亿吨，占全国总产量的比重为 31.54％；粗钢产量前 10 家钢铁企业集团粗钢产量合计为 3.29 亿吨，占全国总产量的比重为 45.94％；粗钢产量前 15 家钢铁企业集团粗钢产量合计为 3.89 亿吨，占全国总产量的比重为 54.34％，分别比 2011 年前 5 家、前 10 家、前 15 家钢铁企业粗钢集中度指标低 2.17％、3.26％、3.76％。表明 2012 年我国钢铁企业兼并重组已进入“深水区”，推进重组需要在体制与机制上做根本性的变革。我国由于历史和区域地理分布原因，不可能只有几家钢铁企业，但有上万家钢铁企业一定会产生恶性竞争，再加上部分企业在地方利益驱动下，不按市场规律进行投资等企业活动，钢铁行业内伤严重，行业效益难以提高。近两年的运行情况充分说明了这个问题。

2010 年，国务院出台了《关于促进企业兼并重组的意见》（国发〔2010〕27 号），提出了消除企业兼并重组的制度障碍，加强对企业兼并重组的引导和政策扶持，改进对兼并重组的管理和服务，加强对企业兼并重组工作的领导。工信部牵头成立了协调小组，统筹兼并重组工作。今年 1 月，我部联合发改委、财政部等 12 部委联合发文《关于加快推进重点行业企业兼并重组的指导意见》（工信部联产业〔2013〕16 号），在工信部网站首页上，也专门建立了《企业兼并重组公共信息服务平台》，大家可访问这个网站，了解兼并重组政策及相关信息。

钢铁行业要继续贯彻落实《钢铁工业“十二五”发展规划》确定的兼并重组目标。对于大型优势企业跨地区兼并重组，离不开地方的支持，对于本地区的兼并重组，主要依靠地方政府的组织协调。地方政府是推进钢铁行业兼并重组的主要力量。我们将集中能够支持的政策支持这些地区开展兼并重组。目前，山东、河北都制定了兼并重组方案，云南、江西、黑龙江也提出了兼并重组方案。而对于重点钢铁企业如宝钢、鞍钢、武钢、首钢等，我们仍希望开展跨地区、跨所有制兼并重组，依靠大型钢铁企业的人才、技术、管理优势提高重组企业的综合竞争力，推动落后产能的退出实现化解过剩产能的目标。尤其是去年宝钢推进上海宝山地区钢铁产业结构调整可以看出，只要依靠大型优势企业，才能够推进行业的布局优化，才能够实现产业转移，才能够实现兼并重组、淘汰落后、技术改造、转型升级的道路。同时也大力支持钢铁企业通过兼并重组延伸产业链，鼓励钢铁企业与矿山、煤炭、焦化、流通企业的整合，推动有条件的钢铁企业实施（矿）煤电钢一体化发展。

（四）强化铁矿石保障体系建设，保障钢铁工业健康发展

我国对进口铁矿石的依存度长期居于高位，其中 2009 年一度高达近 70%，自 2010 年开始，中国对进口铁矿石的依存度开始下降，但仍维持在 60%以上。铁矿石问题是近几年钢铁行业突出问题，铁矿石价格飞涨不仅对钢铁工业，甚至国民经济都产生很大影响。2011 年，我部会同国家发展改革委、商务部、财政部、国土资源部等五个部委和有关单位，成立了铁矿石保障协调机制工作组，为建立健全我国铁矿石资源战略保障体系，探索新形势下铁矿石战略保障机制奠定了良好的基础。协调组近期拟从以下几个方面继续强化铁矿石保障体系建设。

一是推动中国铁矿石现货交易平台做大做强。中国铁矿石现货交易平台是协调机制工作组支持的铁矿石现货交易机构。要继续支持其发展、壮大，不断提升平台在铁矿石市场上的影响力和竞争力。大力引导、促进海外三大矿山在平台上的资源投放量，提高交易的透明度和公正性，增强在铁矿石定价方面的话语权。加强平台运营方与会员用户之间的对接交流，有针对性地开展个性化服务和相关业务培训。尽快完成平台的股份公司改制工作，逐步打造成独立运营的、业内普遍认可的第三方铁矿石现货交易机构。

二是要做好铁矿石流通秩序规范工作。根据国务院“简政放权”的有关要求，铁矿石流通管理职能进行了相应调整，总体来看不会对我国铁矿石进口形势带来较大影响。未来几年，国外主要矿山的产能将会有较大幅度增长，全球铁矿石供求形势将会发生明显变化。中国钢铁工业协会、中国五矿化工进出口商会要继续加强行业自律，规范流通秩序，共同维护公平、公正的铁矿石市场环境。

三是要探索合理的定价机制。铁矿石产品金融化趋势越发明显，钢铁企业要主动了解和熟悉期货交易业务，充分利用期货套期保值的避险功能，减少因铁矿石价格波动带来的经营风险，提高市场应对能力（最近证监会完成了铁矿石、铁合金、热轧板卷等产品的期货研究，争取国务院能够批准开展期货交易，钢铁企业要做好相关准备）。为平稳推进铁矿石期货交易，我们建议有关部门建立相互协调监管机制，加强有关业务培训。

四是加强铁矿石市场新问题及应对策略研究。积极探索建立铁矿石综合价格指数的方法和途径，发挥好中国铁矿石价格指数、上海钢联铁矿石价格指数、中国铁矿石现货交易平台等价格发现作用。

（五）加强科技创新对钢铁工业转型升级的支撑，提高企业市场竞争力

世界钢铁动态（WSD）发布最新一期世界级钢铁企业竞争力排名。在23个影响因素中，技术创新能力、规模、盈利能力等占比最高。前五位中没有一家中国企业（浦项钢铁、谢维尔、纽柯、新利佩茨克钢铁、京德勒西南钢铁分列前五位）。韩国浦项钢铁公司自2010年以来已经是连续第四年获评全球最具竞争力钢铁企业。在参与排名的34家钢铁企业中，我国钢铁企业共有5家入围，分别是宝钢（第11位）、沙钢（第22位）、鞍钢（第28位）、武钢（第30位）、马钢（第33位）。从整体上看，我国钢铁企业竞争力还比较弱。

“十二五”是钢铁工业实现转型升级的关键时期，钢铁工业要进一步推动科技创新活动深入开展。**一是要通过科技创新努力提高钢铁工业的质量和效益。**钢铁工业发展的着力点是要通过科技创新，改善和提升钢铁工业整体素质，着力提高钢铁工业发展的质量和效益，增强可持续发展能力，实现发展模式向内涵集约、质量效益型转变。**二是要通过科技创新努力掌握最先进的技术。**要通过科技创新，去突破制约产业优化升级的关键核心技术，发展高性能钢铁新材料，加快企业技术改造，加快推动发展动力从规模扩张向创新驱动转变。**三是要通过科技创新深入推进钢铁工业节能减排。**钢铁工业作为高耗能产业，要把建设资源节约型、环境友好型行业作为科技创新的重要着力点，进一步提高节能减排技术的效率和效益，结合企业实际推广先进适用技术，促进钢铁、化工、建材、煤炭等产业之间耦合发展，不断提高持续发展的能力。**四是打造钢铁行业关键共性技术、前沿技术研发应用平台。**加强政府引导，依托中介组织，整合钢铁企业、研究院所、高校、下游用户等单位的科技人才和科研设备，以项目为纽带，发挥集聚效应，建立符合我国国情和行业发展状况的协同创新平台，对重点项目予以资金、税收减免等政策支持，注重培养高端科技创新领军人才。**五是通过专项行动促进钢铁工业转型升级。**目前，工信部有工业转型升级、新材料、技术改造、节能减排、强基工程、产业示范基地、淘汰落后等资金渠道，都可以用以支持企业创新发展。通过专项行动的开展，提高行业科技创新水平，促进钢铁工业转型升级取得实效。

四、对协会工作几点建议

7 月 31 日国务院研究推进政府向社会力量购买公共服务工作。会议明确，将适合市场化方式提供的公共服务事项，交由具备条件、信誉良好的社会组织、机构和企业等承担。这不仅是深化社会领域改革的重大措施，也是推动政府职能转变，推进政事、政社分开，建设服务型政府的必然要求。

钢铁协会是钢铁企业与政府之间的桥梁和纽带，我们将一如既往支持中国钢铁工业协会工作，将一些公共服务事项交中国钢铁协会承担。继续定期开展工作交流，围绕行业重大问题，取得一致意见，支持行业发展。希望协会在做好行业日常信息统计的基础上，对行业运行走势和未来发展预判进行更加深入的研究，进一步加强与有关部门联系、沟通，多反映行业的声音，为行业出台相关政策提供支撑。组织协调好行业企业的生产自律工作，提高我国钢铁行业的整体竞争力。

同志们，钢铁工业转型升级任重而道远，离不开大家的共同努力，也离不开方方面面的支持。在行业不景气的大背景下，我们希望与大家一起携起手来，攻坚克难，不断破解行业发展中遇到的难题，提高钢铁行业竞争力。谢谢大家！

贯彻落实《化解产能严重过剩矛盾的指导意见》促进钢铁行业健康发展

在“钢铁行业贯彻落实国务院关于化解产能严重过剩矛盾的指导意见会议”上的讲话

工业和信息化部原材料司副司长　苗治民

（2013 年 11 月 17 日　北京）

各位代表，同志们：

今天，工业和信息化部原材料司和国家发展改革委产业协调司联合委托钢铁协会召开本次会议，就是为了做好《指导意见》在钢铁行业的贯彻落实工作，明确钢铁行业化解产能严重过剩矛盾的有关工作任务，指导地方发改、工信等部门以及企业进一步全面领会 41 号文件，并做好下一步工作。

国务院印发了《关于化解产能严重过剩矛盾的指导意见》（国发〔2013〕41 号，以下简称《指导意见》）后，11 月 4 日，我部和国家发展改革委在京联合召开电视电话会议，我部党组成员、总工程师朱宏任出席会议并就《指导意见》相关内容进行了解读，并对重点工作已经进行了安排。11 月 5 日，我部办公厅印发了《关于化解产能严重过剩矛盾重点工作任务分工的通知》，要求在总结目前工作的基础上，细化工作安排，明确责任，认真抓好贯彻落实工作。近期还将部内分工和相关工作要求印送给各地方。这也是形成合力加强协调配合的具体体现。

这项工作是发改委牵头，刚才发改委李司长全面解读了文件精神，讲得很深入、很详细。下面我就《指导意见》对钢铁行业化解产能严重过剩矛盾工作补充几点意见，特别是钢铁行业各项重点工作，供大家参考。

一、今年钢铁行业运行情况

今年钢铁行业的运行情况，鲜明地反映了 41 号文件中分析的产能过剩现象。今年1～10月份，全国生铁、粗钢和钢材（含重复材）产量分别为59845万吨、65248万吨和88832万吨，同比分别增长6.5％、8.3％和11.6％，比去年同期分别加快3.6个、6.2个和5.3个百分点；全国平均日产粗钢214.6万吨，相当于年产粗钢7.8亿吨水平。从各月情况来看，1～2月粗钢日产水平大幅攀升，3月有所回落，4月明显上升，5～7月小幅下降，8～9月又有所反弹。10月份，粗钢日产209.9万吨，为今年2月份以来首次跌破210万吨。

1～10月份，全国累计出口钢材5197万吨，同比增长13.6％；累计进口钢材1162万吨，同比增长0.6％；折合粗钢净出口4270万吨，同比增长19.0％。据估算，1～10月份全国粗钢表观消费量为6.1亿吨，同比增长7.6％。考虑钢材社会库存，实际消费增长远低于此水平。1～10月份，全国累计进口铁矿石66835万吨，同比增长10.1％；进口均价为129.1美元/吨，同比下降2.3％。

今年以来，全国主要市场五种钢材社会库存量在1～3月份大幅增加，4～10月份持续下降。至10月末，五种钢材库存量为1404万吨，环比下降2.7％，同比增长5.9％。1～10月份，钢铁协会CSPI钢材综合价格平均指数为103.47点，同比下降9.6点，降幅为8.5％。10月末，钢铁协会CSPI钢材综合价格指数为99.34点，与上年同期相比下降6.1点，降幅为5.7％。从各月情况看，1～2月份小幅上升，3～6月份持续回落，7～8月份小幅反弹，9～10月份又有所下降。

据中国冶金建设协会统计，今年上半年新启动工程中，新开工项目炼铁工程11个、产能1386万吨，炼钢工程7个、产能683万吨；新设计项目炼铁工程6个、产能280万吨，炼钢工程8个、产能140万吨；新规划项目钢铁联合企业或多工序工程2个，产能800万吨；新投产项目钢铁联合企业或多工序工程1个、产能300万吨，炼铁工程5个、产能692万吨，炼钢工程11个、产能100万吨。如果这些已开工在建、正在设计和正在规划项目全部投产形成产能，将增加炼铁产能约1.1亿吨、炼钢产能约7400万吨。

因此，鉴于产能过剩的严峻形势和潜在的破坏性，钢铁行业化解产能严重过剩矛盾迫在眉睫。这种状况持续发展下去，势必会加剧市场恶性竞争，造成行业亏损面扩大、企业职工失业、银行不良资产增加、能源资源瓶颈加剧、生态环境恶化等问题，直接危及产业健康发展，甚至影响到民生改善和社会稳定大局。

二、几项重点工作任务

《指导意见》与以往政策相比，更加注重统筹考虑经济发展、结构升级、社会稳定等多重因素，强调运用发展的思路、市场的手段、改革的措施解决问题。围绕化解产能过剩矛盾工作的总体要求、基本原则和主要目标，以及管住控制增量、调整优化存量、建立长效机制等要点，《指导意见》明确了八个方面的主要任务。同时，按照厘清政府和市场边界，充分发挥市场配置资源的基础性作用的要求，还提出了几个方面政策措施。对此，钢铁行业应重点抓好以下七项工作：

第一是坚决遏制产能盲目扩张，妥善处理违规产能。把产能盲目扩张的势头压下去，是当前的首要任务。严禁建设新增产能项目，分类处理在建和建成违规项目则是其中的重要环节。按照《指导意见》要求，我部将会同发展改革委、国土资源部、环境保护部等部门，把好审批关，严禁建设新增产能的钢铁项目，分类处理在建违规钢铁项目。指导地方政府按照工业转型升级规划和行业发展规划要求，依据产业结构调整指导目录、行业规范和准入条件，制定落实产能等量或减量置换方案，对在建和建成违规产能提出清理整顿意见。

第二是加强钢铁行业规范管理。我们将规范管理作为钢铁行业管理的基础性工作，分批公告符合《钢铁行业规范条件》的钢铁企业名单，对规范钢铁企业实行动态管理。2013 年 4 月，我部正式公告了第一批 45 家规范企业名单。目前我们正在审理第二批规范条件申请企业，预计 11 月底完成审核。计划明年初再审核完成一批规范条件申请企业，将符合规范条件要求的现有钢铁企业全部纳入规范条件管理范畴。同时，我们将逐步建立和完善“三位一体”的规范条件企业管理体系，除已经发布实施的《钢铁行业规范条件》外，我们正在着手制订《钢铁行业规范企业管理办法》和《钢铁行业规范条件实施导则》等文件，计划 2014 年上半年发布实施。拟组织行业专家每两年对我部公告的规范条件企业核查一次，督促企业加强技术改造，保持并达到规范条件要求，常抓不懈，将规范管理工作常态化。

应当说，钢铁行业规范管理工作的积极意义正在逐渐显现。第一批 45 家规范企业名单公告后，在行业内得到了广泛认同，未被公告的钢铁企业紧迫感愈加强烈，对照《规范条件》加强整改，力争达到各项标准要求。在第二批我们组织开展的规范条件申报企业现场核查时注意到，规范条件管理工作在促进行业整体水平提升、推动行业转型升级等方面已经起到了积极作用。主要表现在：一是钢铁企业高度重视《规范条件》申报工作。无论是省、市级工信管理部门还是钢铁企业，均将规范条件管理作为一项大事来抓。许多省市召开了落实规范条件管理宣贯会，进行规范条件的解读，引导企业达到规范条件要求；一些企业将规范条件的6个部分分解成若干细则，逐一对照检查整改。二是企业更加注重环境保护。规范将环保指标作为重点，许多企业加大了环保改造投入力度，申报企业基本建成烧结脱硫装置，个别未上烧结脱硫的企业也均有了建设计划，确保在2014年前建成。许多企业还对厂区绿化、厂容厂貌进行了整治。三是淘汰了一批落后产能。规范条件要求企业不得存有落后产能，个别还存有落后产能的企业加快了淘汰进度，拆除了小电炉、小转炉、小高炉。四是促进企业兼并重组。为达到规范条件要求的企业规模，一些地区在积极酝酿筹划组建区域性企业集团，推动实质性兼并重组，如云南、山东等地。五是促进企业管理水平的提高。规范条件要求企业须具备完备的产品质量管理体系，健全的环境保护、能源、安全生产和职业卫生管理体系。不少钢铁企业通过申报工作，积极开展相关的体系认证工作，完善了企业管理体系，提高了企业管理水平。总之，规范条件的实施，对钢铁企业来讲，不仅是一次简单的申报，更重要的是通过对照规范条件进行整改，企业的管理水平、生产装备、节能环保、清洁生产等均有了明显提高。

规范条件的实施，对化解过剩钢铁产能也将产生积极作用。我们将符合规范条件的钢铁企业纳入行业管理范畴，支持这些企业开展生产经营活动。对不符合条件又整改无望的企业，通过各种政策挤压其生存空间，迫其退出市场。

第三是推动钢铁产品升级换代。钢铁工业主要功能是为社会提供钢铁产品，推动钢铁产品升级换代是工业转型升级的要求。以下游需求为牵引，加强钢铁行业与下游用钢行业标准、规范的衔接，促进高性能钢材推广应用也是实现由钢铁制造商向材料服务商转变的要求。在建筑领域，我们将继续加强与住建部合作，落实《关于加快应用高强钢筋的指导意见》，利用规范企业核查、高强钢筋推广应用检查等，督促企业全面淘汰235MPa光圆钢筋，修订钢筋混凝土用钢标准，与中冶（北京）冶金产品认证中心开展高强钢筋分类认证和标识管理，加快400MPa及以上高强钢筋推广应用。近期我们将重点做好示范省份的评估工作，加大中小城市及偏远地区高强钢筋推广应用力度，年底会同住建部开展一次检查。

41号文中提出推广钢结构在建设领域的应用，提高公共建筑和政府投资建设领域钢结构使用比例，在地震等自然灾害高发地区推广轻钢结构集成房屋等抗震型建筑。我们将依托我部和住建部联合成立的绿色建材推广应用协调组，推动钢结构在建筑领域的应用，研究修订相关标准和规范，开展示范工程建设，扩大市场需求，消化部分过剩产能。在装备制造领域，目前重点做好电工用钢、船舶用钢的推广应用工作。积极支持建设高性能电工钢生产应用示范平台，推进高端电工用钢产品的研发和应用，推进高效电机和节能变压器应用示范，加快淘汰热轧硅钢片。结合国内当前船舶用钢在规格、公差控制、表面质量等方面的实际需求，由钢铁和船舶行业共同研究制定船舶用钢分级分等和专用标准。拟先在部分骨干船舶企业、钢铁企业进行试点，逐步在行业推广后成为正式标准，同步完善船舶用钢检验和认证规范。同时，通过推动钢铁行业上下游合作，支持规范企业科技创新，突破制约产业升级的关键核心技术，遴选出一批有发展潜力的强基工程项目。

以上三点是重中之重，做好以上三项工作对钢铁行业化解产能严重过剩矛盾具有十分重要意义。

第四是推进企业兼并重组和重点地区转型升级。优化产业组织结构，推动企业兼并重组、做强做大优势企业，是化解产能严重过剩矛盾的一项重要举措。同时，化解产能过剩矛盾还必须充分依靠企业自身，增强企业技术创新和管理创新能力，提升有效供给，创造有效需求，从根本上化解过剩产能、提高产业整体竞争力。目前我部正在会同企业兼并重组工作部际协调小组各成员单位，研究制订进一步促进企业兼并重组若干政策措施。加强企业兼并重组的信贷融资支持，丰富企业兼并重组支付方式和融资渠道，加强服务和管理，努力创造良好政策环境，支持和引导企业通过兼并重组整合压缩过剩产能。

另外，我们将积极推动与钢铁行业相关的金融体制改革，促进落实钢铁企业兼并重组配套政策措施，指导山东、河北、辽宁、江苏等地开展钢铁产业结构调整，做好重点省份钢铁过剩产能的压减工作。坚持等量或减量置换原则，着力推进山东、河北、云南、山西、四川等地的区域性兼并重组，提高产业集中度，维护区域内公平竞争的市场环境。会同发展改革委等部门着力推进重点区域钢铁产业转型升级，调动地方政府工作积极性，探索改革区域内金融、财税等支持政策，集中扶持手段和措施，推进钢铁产能化解。

第五是做好淘汰落后和过剩产能退出工作。全面完成2013年淘汰落后产能目标任务，争取提前一年完成“十二五”任务，在此基础上，进一步加大工作力度，力争在2015年底前全面完成“十二五”追加任务。我们将抓紧研究“十三五”淘汰落后产能目标任务。不再提高炼铁、炼钢等装备容积的淘汰标准，通过进一步强化环保、能源、安全生产等约束条件，也就是规范条件的落实，加快淘汰落后产能。同时，统筹好发展先进产能与淘汰落后产能的关系，考虑地方发展经济、产业升级和布局调整的现实情况，调动地方和企业加快转型升级的积极性、主动性。在钢铁项目建设和兼并重组推进方面，各地要按照有关要求，应以2012年底建成产能为基数，严格制订执行等量或减量置换方案，报省级人民政府同意后向社会公示，并报我部确认和公告，同时将置换产能按程序要求列入淘汰名单，监督落实，部内将制定相关的管理办法。各地要积极探索建立政府引导、企业自愿、市场化运作的产能置换指标交易制度，支持跨地区产能置换。

第六是引导产业合理转移，支持钢铁企业“走出去”。各地要结合本地区环境承载力、资源能源禀赋、产业基础、市场空间、物流运输等条件，合理确定重点发展的产业方向和优先承接发展的行业，积极推动钢铁产业向生产要素优势集中的地区转移，发挥比较优势、实现特色发展和差异化发展。要充分发挥产业政策的引导和约束作用，防止落后产能转移；为钢铁产业转移搭建实体对接平台，指导中西部地区有序承接产业转移。

另外，我们将会同发展改革委、商务部等部门，推动建立健全贸易投资平台和“走出去”投融资综合服务平台，设立境外经贸合作区。各地要用好丝绸之路经济带、中国东盟自贸区、中非经济合作等各类中外合作平台，加强与周边国家及南美、非洲国家的产业合作。支持有实力的钢铁企业与下游装备制造业一并“走出去”。不断丰富和完善中外钢铁对话和交流机制，适时调整产品进出口贸易政策，积极应对国际贸易摩擦。进一步发挥国家产业转移公共信息服务平台作用，发布境外投资、国内产业转移项目信息，通过信息手段促进区域间产业交流与合作，实现过剩产能的优化利用。

第七是发挥规划、政策、标准的引导和约束作用，完善行业管理。目前，冶金行业强制性产品标准约30多项，节能、环保等强制性标准10多项。在化解产能过剩工作中，我部将会同相关部门，要发挥标准的引导和约束作用。加强与产业政策、规划的紧密衔接，与财税、金融、环保、土地、贸易、价格、质量标准等政策的协调配合，共同发挥作用。要通过各项具体工作，把规划、政策、标准落到实处。根据化解产能过剩矛盾要求，尽快修订完善钢铁产业政策，提高产能严重过剩行业产品质量、技术装备、环境保护、能源消耗、综合利用、安全生产等标准，完善钢铁行业规范管理，通过产业政策和标准来引导行业健康发展。此外，我们拟利用好各地报送的规范企业申请材料，会同钢铁协会等单位研究建立健全我国钢铁行业基础信息平台，对企业的生产运营、装备水平、节能减排、生产规模、市场状况、项目建设等信息进行分类梳理，全面了解我国钢铁行业的现状。在此基础上，会同有关单位研究建立我国钢铁行业产能预警机制，及时发布钢铁行业产能利用、市场供需等相关信息，监测分析行业发展动态，为企业决策、行业管理提供参考。

三、几点工作要求

化解产能过剩矛盾工作是一项复杂的系统工程，任务十分艰巨。下面我就以上工作提几点工作要求：

一是加强部门间合作，形成合力，共同推进《指导意见》的贯彻落实。《指导意见》提出的任务和措施，涉及到行业管理、环境保护、土地政策、金融财政、职工安置、监督检查等方方面面的工作。各地工业和信息化主管部门要加强与发改委、环保等部门的协调与配合，形成部门间合力，实现政策联动，推进有关工作的落实，更重要的是建立长效机制。目前，我们与国家发改委、环保部、钢铁协会在钢铁行业规范条件评审公示中已建立了联动机制，与钢铁协会建立定期会商制度。

二是各地工业和信息化主管部门要履行好自身职责。各地要加强对钢铁企业的调研工作，摸清钢铁行业家底，确保各项工作抓实抓牢。并以此为依据，组织好本地区《钢铁行业规范条件》的材料申报工作，严格把好内容初审关，督促和指导钢铁企业按照《规范条件》要求，加强企业管理，提高企业节能、环保、安全、质量水平。另外，按照尊重历史、尊重事实的原则，以2012年底建成产能为基础，科学客观的制订等量或减量置换方案。与此同时，按照国办发34号文的要求，大力推动钢铁企业的区域性兼并重组，促进行业转型升级。

三是发挥好行业协会、中介机构的桥梁纽带作用。钢铁协会、全联中小冶金商会、各中介机构要充分发挥自身优势，研究钢铁行业的新问题、新情况，积极反映企业呼声，做好企业与政府之间的桥梁纽带作用。加强行业预警，监测行业发展最新动态，为政府行业管理、企业生产决策起好参谋、助手作用。

四是钢铁企业加强学习领会，做好贯彻落实工作。各钢铁企业要充分学习领会《指导意见》有关精神，结合自身特点，做好结构调整工作，不断挖掘自身潜力，严格执行环保、节能等方面有关要求，提升企业生产、技术以及管理水平，提高企业综合竞争力。涉及产能压减和项目建设的企业，尽早与地方发展改革和工业主管部门沟通，取得一致意见。要注意研究学习涉及钢铁行业的政策措施，做到主动积极应对。现在许多企业已经就宏观政策研究，专门建立了政策研究机构，如宏观经济研究院、政策研究室等。

同志们，钢铁行业化解产能过剩矛盾工作任重而道远，需要大家共同努力。我们共同去关心、支持企业，解决企业发展中存在的问题。希望大家一起携起手来，统一思想，攻坚克难，不断破解行业发展中遇到的困难，实现钢铁行业健康、有序发展。谢谢大家！

政策篇

·国务院·

国务院关于化解产能严重过剩矛盾的指导意见

国发〔2013〕41号

各省、自治区、直辖市人民政府，国务院各部委、各直属机构：

化解产能严重过剩矛盾是当前和今后一个时期推进产业结构调整的工作重点。为积极有效地化解钢铁、水泥、电解铝、平板玻璃、船舶等行业产能严重过剩矛盾，同时指导其他产能过剩行业化解工作，特制定本意见。

一、充分认识化解产能严重过剩矛盾的重要性和紧迫性

在市场经济条件下，供给适度大于需求是市场竞争机制发挥作用的前提，有利于调节供需，促进技术进步与管理创新。但产品生产能力严重超过有效需求时，将会造成社会资源巨大浪费，降低资源配置效率，阻碍产业结构升级。

受国际金融危机的深层次影响，国际市场持续低迷，国内需求增速趋缓，我国部分产业供过于求矛盾日益凸显，传统制造业产能普遍过剩，特别是钢铁、水泥、电解铝等高消耗、高排放行业尤为突出。2012年底，我国钢铁、水泥、电解铝、平板玻璃、船舶产能利用率分别仅为72%、73.7%、71.9%、73.1%和75%，明显低于国际通常水平。钢铁、电解铝、船舶等行业利润大幅下滑，企业普遍经营困难。值得关注的是，这些产能严重过剩行业仍有一批在建、拟建项目，产能过剩呈加剧之势。如不及时采取措施加以化解，势必会加剧市场恶性竞争，造成行业亏损面扩大、企业职工失业、银行不良资产增加、能源资源瓶颈加剧、生态环境恶化等问题，直接危及产业健康发展，甚至影响到民生改善和社会稳定大局。

当前，我国出现产能严重过剩主要受发展阶段、发展理念和体制机制等多种因素的影响。在加快推进工业化、城镇化的发展阶段，市场需求快速增长，

一些企业对市场预期过于乐观，盲目投资，加剧了产能扩张；部分行业发展方式粗放，创新能力不强，产业集中度低，没有形成由优强企业主导的产业发展格局，导致行业无序竞争、重复建设严重；一些地方过于追求发展速度，过分倚重投资拉动，通过廉价供地、税收减免、低价配置资源等方式招商引资，助推了重复投资和产能扩张；与此同时，资源要素市场化改革滞后，政策、规划、标准、环保等引导和约束不强，投资体制和管理方式不完善，监督检查和责任追究不到位，导致生产要素价格扭曲，公平竞争的市场环境不健全，市场机制作用未能有效发挥，落后产能退出渠道不畅，产能过剩矛盾不断加剧。

产能严重过剩越来越成为我国经济运行中的突出矛盾和诸多问题的根源。企业经营困难、财政收入下降、金融风险积累等，都与产能严重过剩密切相联。化解产能严重过剩矛盾必然带来阵痛，有的行业甚至会伤筋动骨，但从全局和长远来看，遏制矛盾进一步加剧，引导好投资方向，对加快产业结构调整，促进产业转型升级，防范系统性金融风险，保持国民经济持续健康发展意义重大。因此，要坚决控制增量、优化存量，深化体制改革和机制创新，加快建立和完善以市场为主导的化解产能严重过剩矛盾长效机制。这是一项复杂的系统工程，任务十分艰巨，要精心谋划、总体部署、统筹安排，积极稳妥加以推进。

二、总体要求、基本原则和主要目标

（一）总体要求

全面贯彻落实党的十八大精神，以邓小平理论、“三个代表”重要思想、科学发展观为指导，坚持以转变发展方式为主线，把化解产能严重过剩矛盾作为产业结构调整的重点，按照尊重规律、分业施策、多管齐下、标本兼治的总原则，立足当前，着眼长远，着力加强宏观调控和市场监管，坚决遏制产能盲目扩张；着力发挥市场机制作用，完善配套政策，“消化一批、转移一批、整合一批、淘汰一批”过剩产能；着力创新体制机制，加快政府职能转变，建立化解产能严重过剩矛盾长效机制，推进产业转型升级。

（二）基本原则

1. 坚持尊重市场规律与改善宏观调控相结合。发挥企业市场主体作用，强化企业责任意识；加强市场供需趋势研判和信息引导，综合运用法律、经济以及必要的宏观调控手段，加强政策协调，形成化解产能严重过剩矛盾、引导产业健康发展的合力。

2. 坚持开拓市场需求与产业转型升级相结合。保持投资合理增长，培育新的消费增长点，扩大国内市场规模，巩固拓展国际市场，消化国内过剩产能。强化需求升级导向，培育高端产品市场，促进产能结构优化，带动产业转型升级。

3. 坚持严格控制增量与调整优化存量相结合。严格要素供给和投资管理，遏制盲目扩张和重复建设；推进企业兼并重组，整合压缩过剩产能；实施境外投资和产业重组，转移国内过剩产能；强化资源能源和环境硬约束，加快淘汰落后产能；统筹区域协调发展，优化产业布局。

4. 坚持完善政策措施与深化改革创新相结合。完善和细化化解产能严重过剩矛盾的配套政策措施，建立中央和地方联动机制，加强协调服务，发挥部门合力，落实地方责任；深化重点领域改革和体制机制创新，形成有利于发挥市场竞争机制作用、有效化解产能严重过剩的体制机制环境。

（三）主要目标

通过5年努力，化解产能严重过剩矛盾工作取得重要进展：

1. 产能规模基本合理。钢铁、水泥、电解铝、平板玻璃、船舶等行业产能总量与环境承载力、市场需求、资源保障相适应，空间布局与区域经济发展相协调，产能利用率达到合理水平。

2. 发展质量明显改善。兼并重组取得实质性进展，产能结构得到优化；清洁生产和污染治理水平显著提高，资源综合利用水平明显提升；经济效益实现好转，盈利水平回归合理，行业平均负债率保持在风险可控范围内，核心竞争力明显增强。

3. 长效机制初步建立。公平竞争的市场环境得到完善，企业市场主体作用充分发挥。过剩行业产能预警体系和监督机制基本建立，资源要素价格、财税体制、责任追究制度等重点领域改革取得重要进展。

三、主要任务

（一）坚决遏制产能盲目扩张

严禁建设新增产能项目。严格执行国家投资管理规定和产业政策，加强产能严重过剩行业项目管理，各地方、各部门不得以任何名义、任何方式核准、备案产能严重过剩行业新增产能项目，各相关部门和机构不得办理土地（海域）供应、能评、环评审批和新增授信支持等相关业务。

分类妥善处理在建违规项目。对未按土地、环保和投资管理等法律法规履行相关手续或手续不符合规定的违规项目，地方政府要按照要求进行全面清理。凡是未开工的违规项目，一律不得开工建设；凡是不符合产业政策、准入标准、环保要求的违规项目一律停建；对确有必要建设的项目，在符合布局规划和环境承载力要求，以及等量或减量置换原则等基础上，由地方政府提出申请报告，报发展改革委、工业和信息化部并抄报国土资源部、环境保护部等相关职能部门，发展改革委、工业和信息化部、国土资源部、环境保护部等职能部门，在委托咨询机构评估的基础上出具认定意见，各相关部门依法依规补办相关手续。对未予认定的在建违规项目一律不得续建，由地方政府自行妥善处理；对隐瞒不报在建违规项目，一经查实，立即停建，金融机构停止发放贷款，国土、环保部门依据土地管理法、环境保护法等法律法规予以处理，对涉及失职渎职和权钱交易等问题的予以严肃查处，对监管不力的要严肃追究相关人员的责任。同时，按照谁违规谁负责的原则，做好债务、人员安置等善后工作。所有在建违规项目的处理结果均应向社会公开。

（二）清理整顿建成违规产能

全面清理整顿。各省级人民政府依据行政许可法、土地管理法、环境保护法等法律法规，以及能源消耗总量控制指标、产业结构调整指导目录、行业规范和准入条件、环保标准等要求，对产能严重过剩行业建成违规项目进行全面清理，提出整顿方案并向社会公示后，报发展改革委、工业和信息化部、国土资源部、环境保护部等部门备案；对不符合备案要求的，各有关部门要及时反馈意见。

加强规范管理。各级政府要加强对建成违规产能的规范管理，工业主管部门加强行业规范和准入管理，国土、环保部门严格监督检查，质检部门进行质量保障能力综合评价，依法颁发产品生产许可证。对工艺装备落后、产品质量不合格、能耗及排放不达标的项目，列入淘汰落后年度任务加快淘汰。

（三）淘汰和退出落后产能

坚决淘汰落后产能。分解落实年度目标，在提前一年完成“十二五”钢铁、电解铝、水泥、平板玻璃等重点行业淘汰落后产能目标任务基础上，通过提高财政奖励标准，落实等量或减量置换方案等措施，鼓励地方提高淘汰落后产能标准，2015年底前再淘汰炼铁1500万吨、炼钢1500万吨、水泥（熟料及粉磨能力）1亿吨、平板玻璃2000万重量箱。“十三五”期间，结合产业发展实际和环境承载力，通过提高能源消耗、污染物排放标准，严格执行特别排放限值要求，加大执法处罚力度，加快淘汰一批落后产能。中央企业在淘汰和退出落后产能方面要发挥示范带头作用。

引导产能有序退出。完善激励和约束政策，研究建立过剩产能退出的法律制度，引导企业主动退出过剩行业。分行业制修订并严格执行强制性能耗限额标准，对超过能耗限额标准和环保不达标的企业，实施差别电价和惩罚性电价、水价等差别价格政策。产能严重过剩行业项目建设，须制定产能置换方案，实施等量或减量置换，在京津冀、长三角、珠三角等环境敏感区域，实施减量置换。项目所在地省级人民政府须制定产能等量或减量置换方案并向社会公示，行业主管部门对产能置换方案予以确认并公告，同时将置换产能列入淘汰名单，监督落实。鼓励各地积极探索政府引导、企业自愿、市场化运作的产能置换指标交易，形成淘汰落后与发展先进的良性互动机制。

（四）调整优化产业结构

推进企业兼并重组。完善和落实促进企业兼并重组的财税、金融、土地等政策措施。协调解决企业跨地区兼并重组重大问题，理顺地区间分配关系，促进行业内优势企业跨地区整合过剩产能。支持兼并重组企业整合内部资源，优化技术、产品结构，压缩过剩产能。鼓励和引导非公有制企业通过参股、控股、资产收购等多种方式参与企业兼并重组。研究出台促进企业做优做强的指导意见，推动优强企业引领行业发展，支持和培育优强企业发展壮大，提高产业集中度，增强行业发展的协调和自律能力。

优化产业空间布局。科学制定产业布局规划，在坚决遏制产能盲目扩张和严控总量的前提下，有序推进产业布局调整和优化。按照区域发展总体战略要求，适应城镇化发展需要，结合地方环境承载力、资源能源禀赋、产业基础、市场空间、物流运输等条件，有序推进产业梯度转移和环保搬迁、退城进园，防止落后产能转移。支持跨地区产能置换，引导国内有效产能向优势企业和更具比较优势的地区集中，推动形成分工合理、优势互补、各具特色的区域经济和产业发展格局。

（五）努力开拓国内市场需求

扩大国内有效需求。适应工业化、城镇化、信息化、农业现代化深入推进的需要，挖掘国内市场潜力，消化部分过剩产能。推广钢结构在建设领域的应用，提高公共建筑和政府投资建设领域钢结构使用比例，在地震等自然灾害高发地区推广轻钢结构集成房屋等抗震型建筑；推动建材下乡，稳步扩大钢材、水泥、铝型材、平板玻璃等市场需求。优化航运运力结构，加快淘汰更新老旧运输船舶。

着力改善需求结构。强化需求升级导向，实施绿色建材工程，发展绿色安全节能建筑，制修订相关标准规范，提高建筑用钢、混凝土以及玻璃等产品使用标准，带动产品升级换代。推动节能、节材和轻量化，促进高品质钢材、铝材的应用，满足先进制造业发展和传统产业转型升级需要。加快培育海洋工程装备、海上工程设施市场。

(六) 积极拓展对外发展空间

巩固扩大国际市场。鼓励企业积极参加各类贸易促进活动，创新国际贸易方式。拓展对外工程承包领域，提升对外承包工程质量和效益，积极承揽重大基础设施和大型工业、能源、通信、矿产资源开发等项目，带动国内技术、装备、产品、标准和服务等出口，培育“中国建设”国际品牌。适应国际新规范、新公约、新标准要求，增强节能环保船舶设计制造能力，稳定船舶出口市场。

扩大对外投资合作。鼓励优势企业以多种方式“走出去”，优化制造产地分布，消化国内产能。建立健全贸易投资平台和“走出去”投融资综合服务平台。推动设立境外经贸合作区，吸引国内企业入园。按照优势互补、互利共赢的原则，发挥钢铁、水泥、电解铝、平板玻璃、船舶等产业的技术、装备、规模优势，在全球范围内开展资源和价值链整合；加强与周边国家及新兴市场国家投资合作，采取多种形式开展对外投资，建设境外生产基地，提高企业跨国经营水平，拓展国际发展新空间。

(七) 增强企业创新驱动发展动力

突破核心关键技术。利用市场机制和经济杠杆倒逼企业增强技术创新的内在动力，推动企业转型和产业升级，提升以产品质量、标准、技术为核心要素的市场竞争力。着力构建以企业为主体、市场为导向、产学研相结合的技术创新体系，集中精力突破、掌握一批关键共性技术。鼓励企业实施技术改造，推广应用更加节能、安全、环保、高效的钢铁、电解铝、水泥、平板玻璃工艺技术，提升高技术船舶、海洋工程装备设计制造能力。

加强企业管理创新。深化国有企业改革，引导国有资本从产能严重过剩行业向战略性新兴产业和公共事业领域转移。鼓励企业强化战略管理、培育知名品牌，加强产品创新、组织创新、商业模式创新，提升有效供给，创造有效需求。提高企业管理信息化水平，推进精细化管理。注重发挥企业家才能，加强创新型人才队伍建设，完善以人为本的企业人才激励机制。总结推广企业管理创新优秀成果，实施企业管理创新示范工程。

(八) 建立长效机制

创新政府管理。加强产业、土地、环保、节能、金融、质量、安全、进出口等部门协调配合，强化用地、用海和岸线审查，严格环保和质量监督管理，坚持银行独立审贷，形成法律法规约束下责任清晰的市场监管机制。深化投资体制改革，强化事中和事后纵横协管。加强对产能严重过剩行业动态监测分析，建立产能过剩信息预警机制。

营造公平环境。保障各种所有制经济依法平等使用生产要素、公平参与市场竞争、同等受到法律保护。切实减少对企业生产经营活动的行政干预，坚决清理废除地方政府在招商引资中采取土地、资源、税收、电价等损害公平竞争的优惠政策，以及地方保护、市场分割的限制措施。加强知识产权保护和质量体系建设，打击假冒伪劣产品，整顿规范市场秩序，形成有利于创新创业的市场环境。

完善市场机制。推进资源税改革和环境保护税立法。理顺资源、要素价格的市场形成机制，完善差别化价格政策，提高产业准入的能耗、物耗、水耗和生态环保标准，切实发挥市场配置资源的基础性作用。以资源环境承载力上限，倒逼超标产能退出、节能减排达标和自然环境改善。完善转移支付制度，建立生态环保补偿责任制。

四、分业施策

对产能严重过剩行业，要根据行业特点，开展有选择、有侧重、有针对性的化解工作。

钢铁。重点推动山东、河北、辽宁、江苏、山西、江西等地区钢铁产业结构调整，充分发挥地方政府的积极性，整合分散钢铁产能，推动城市钢厂搬迁，优化产业布局，压缩钢铁产能总量 8000 万吨以上。逐步提高热轧带肋钢筋、电工用钢、船舶用钢等钢材产品标准，修订完善钢材使用设计规范，在建筑结构纵向受力钢筋中全面推广应用 400 兆帕及以上强度高强钢筋，替代 335 兆帕热轧带肋钢筋等低品质钢材。加快推动高强钢筋产品的分类认证和标识管理。落实公平税赋政策，取消加工贸易项下进口钢材保税政策。

水泥。加快制修订水泥、混凝土产品标准和相关设计规范，推广使用高标号水泥和高性能混凝土，尽快取消 32.5 复合水泥产品标准，逐步降低 32.5 复合水泥使用比重。鼓励依托现有水泥生产线，综合利用废渣发展高标号水泥和满足海洋、港口、核电、隧道等工程需要的特种水泥等新产品。支持利用现有水泥窑无害化协同处置城市生活垃圾和产业废弃物，进一步完善费用结算机制，协同处置生产线数量比重不低于 10％。强化氮氧化物等主要污染物排放和能源、资源单耗指标约束，对整改不达标的生产线依法予以淘汰。

电解铝。2015 年底前淘汰 16 万安培以下预焙槽，对吨铝液电解交流电耗大于 13700 千瓦·时，以及 2015 年底后达不到规范条件的产能，用电价格在标准价格基础上上浮 10％。严禁各地自行出台优惠电价措施，采取综合措施推动缺乏电价优势的产能逐步退出，有序向具有能源竞争优势特别是水电丰富地区转移。支持电解铝企业与电力企业签订直购电长期合同，推广交通车辆轻量化用铝材产品的开发和应用。鼓励国内企业在境外能源丰富地区建设电解铝生产基地。

平板玻璃。制修订平板玻璃和制品标准和应用规范，在新建建筑和既有建筑改造中使用符合节能标准的门窗，鼓励采用低辐射中空玻璃，支持既有生产线升级改造，提高优质浮法玻璃原片比重。发展功能性玻璃，鼓励原片生产深加工一体化，平板玻璃深加工率达到50%以上，培育玻璃精深加工基地。加快河北、广东、江苏、山东等重点产区和环境敏感区域结构调整。支持联合重组，形成一批产业链完整、核心竞争力强的企业集团。

船舶。提高海洋开发装备水平，加强海洋保障能力建设，充分挖掘航运、海洋工程、渔业、行政执法、应急救援等领域船舶装备的国内需求潜力，调整优化船舶产品结构。加大出口船舶信贷金融扶持，鼓励有实力的企业建立海外销售服务基地。提高满足国际新规范、新公约、新标准的船舶产品研发和建造能力，鼓励现有造船产能向海洋工程装备领域转移，支持中小企业转型转产，提升高端产能比重。提高行业准入标准，对达不到准入条件和一年以上未承接新船订单的船舶企业实施差别化政策。支持企业兼并重组，提高产业集中度。

五、政策措施

1. 完善行业管理。充分发挥行业规划、政策、标准的引导和约束作用，落实工业转型升级规划和行业发展规划，修订完善钢铁、水泥产业政策和铝、水泥、平板玻璃、船舶行业准入条件。加强行业准入和规范管理，公告符合条件的生产线和企业名单。适时发布产能严重过剩行业产能利用、市场供需等相关信息。定期发布淘汰落后产能企业名单。加强产品质量管理，推行产能严重过剩行业产品质量分类监管。发挥行业协会在行业自律、信息服务等方面的重要作用。

2. 强化环保硬约束监督管理。加强环保准入管理，严格控制区域主要污染物排放总量，完善区域限批措施。抓紧研究完善污染物排放和环境质量标准，特别是对京津冀等环境敏感区域要提高相关环境标准。开展环境质量、重点污染源排放情况动态监测，对污染物排放超标企业实施限产、停产等措施。对产能严重过剩行业企业强化执法监督检查，曝光环境违法企业名单，加大处罚力度，责令限期整改，污染排放严重超标的企业要停产整顿，对经整改整顿仍不符合污染物排放标准和特别排放限值等相关规定的企业，予以关停。

3. 加强土地和岸线管理。强化项目用地、岸线管理，对产能严重过剩行业企业使用土地、岸线进行全面检查，对违规建设项目使用土地、岸线进行清理整顿，对发现的土地违法行为依法进行查处。加强对产能严重过剩行业新增使用土地、岸线的审核，对未经核准、备案的项目，一律不得批准使用土地、岸线。各地要取消产能严重过剩行业项目用地优惠政策。政府土地储备机构有偿收回企业环保搬迁、兼并重组、淘汰落后等退出的土地，按规定支付给企业的土地补偿费，可以用于支持企业做好善后处理工作和转型发展。

4. 落实有保有控的金融政策。对产能严重过剩行业实施有针对性的信贷指导政策，加强和改进信贷管理。对未取得合法手续的建设项目，一律不得放贷、发债、上市融资。依法保护金融债权。鼓励商业银行按照风险可控和商业可持续原则，加大对产能严重过剩行业企业兼并重组整合过剩产能、转型转产、产品结构调整、技术改造和向境外转移产能、开拓市场的信贷支持。对整合过剩产能的企业，积极稳妥开展并购贷款业务，合理确定并购贷款利率，贷款期限可延长至7年。大力发展各类机构投资，鼓励创新基金品种，开拓企业兼并重组融资渠道。加大企业“走出去”的贷款支持力度、适当简化审批程序，完善海外投资保险产品，研究完善“走出去”投融资服务体系，支持产能向境外转移。

5. 完善和规范价格政策。按照体现资源稀缺性和环境成本的原则，深化资源性产品价格改革。继续实施并完善非居民用水超定额加价和环保收费政策。完善差别电价政策，各地对产能严重过剩行业优惠电价政策进行清理整顿，禁止自行实行电价优惠和电费补贴。对钢铁、水泥、电解铝、平板玻璃等高耗能行业，能耗、电耗、水耗达不到行业标准的产能，实施差别电价和惩罚性电价、水价。

6. 完善财税支持政策。中央财政加大对产能严重过剩行业实施结构调整和产业升级的支持力度，各地财政结合实际安排专项资金予以支持。中央财政利用淘汰落后产能奖励资金等现有资金渠道，适当扩大资金规模，支持产能严重过剩行业压缩过剩产能。完善促进企业兼并重组的税收政策，鼓励企业重组，提高市场竞争力。对向境外转移过剩产能的企业，其出口设备及产品可按现行规定享受出口退税政策。修订完善资源综合利用财税优惠政策，支持生产高标号水泥、高性能混凝土以及利用水泥窑处置城市垃圾、污泥和产业废弃物。

7. 落实职工安置政策。各级政府要切实负起责任，将化解产能严重过剩矛盾中企业下岗失业人员纳入就业扶持政策体系。落实促进自主创业、鼓励企业吸纳就业和帮扶就业困难人员就业等各项政策，加强对下岗失业人员的免费职业介绍、职业指导等服务，提供职业培训，开展创业指导和创业培训，落实自主创业税费减免、小额担保贷款等政策，扶持下岗失业人员以创业带动就业。切实做好下岗失业人员社会保险关系接续和转移，按规定落实好其社会保障待遇，依法妥善处理职工劳动关系。

8. 建立项目信息库和公开制度。建立全国统一的投资项目信息库，充分发挥信息化在市场监管中的作用。结合取消和下放项目行政审批，以及加强事中、事后监管的要求，率先建立钢铁、电解铝等产能严重过剩行业项目信息库，涵盖现有生产企业在建项目和已核准或备案项目的动态情况。加强建设项目信息公开和服务，并与国土、环保、金融等信息系统互联互通，形成协同监管机制。同时，建立和完善举报查处制度，鼓励和引导社会参与监管。

9. 强化监督检查。把化解产能严重过剩矛盾工作列为落实中央重大决策部署监督检查的重要内容，加强对本意见贯彻落实情况的监督检查，落实地方政府主体责任。认真执法问责，对工作开展不力的地方和部门，进行通报批评，建立健全责任延伸制度。强化案件查办，对违法违规建设产能严重过剩行业项目监管不力的，按照国家有关规定追究相关责任人的责任。将遏制重复建设、化解产能严重过剩矛盾工作列入地方政府政绩考核指标体系。及时公开化解产能严重过剩进展情况，发挥新闻媒体舆论引导和社会公众的监督作用。

六、实施保障

各地区、各部门要进一步提高认识，把思想和行动统一到中央的决策部署上来，切实履行职责，加强协调配合，以高度的责任感、使命感和改革创新精神，合力推进化解产能严重过剩矛盾各项工作。国土资源部门要进一步加强供地用地管理，把好土地关口；环境保护部门要继续强化环境监管，管好环保门槛；金融部门要改进和加强信贷管理，用好信贷闸门。各有关部门要按照本意见的要求，根据职责分工抓紧制定配套文件，完善配套政策，确保各项任务得到贯彻实施。各省级人民政府对本地区化解产能严重过剩矛盾工作负总责，结合实际制定具体实施方案并组织实施，高度重视和有效防范社会风险，切实加强组织领导和监督检查，稳扎稳打做好化解产能严重过剩工作，保障本意见各项任务顺利实施。加强宣传引导，做好政策解读，营造化解产能严重过剩矛盾的良好社会氛围。

国务院

2013 年 10 月 6 日

（此件有删减）

国务院关于发布政府核准的投资项目目录（2013年本）的通知

国发〔2013〕47号

各省、自治区、直辖市人民政府，国务院各部委、各直属机构：

为进一步深化投资体制改革和行政审批制度改革，加大简政放权力度，切实转变政府投资管理职能，使市场在资源配置中起决定性作用，确立企业投资主体地位，更好发挥政府作用，加强和改进宏观调控，现发布《政府核准的投资项目目录（2013年本）》，并就有关事项通知如下：

一、企业投资建设本目录内的固定资产投资项目，须按照规定报送有关项目核准机关核准。企业投资建设本目录外的项目，实行备案管理。事业单位、社会团体等投资建设的项目，按照本目录执行。

二、法律、行政法规和国家制定的发展规划、产业政策、总量控制目标、技术政策、准入标准、用地政策、环保政策、信贷政策等是企业开展项目前期工作的重要依据，是项目核准机关和国土资源、环境保护、城乡规划、行业管理等部门以及金融机构对项目进行审查的依据。

对于钢铁、电解铝、水泥、平板玻璃、船舶等产能严重过剩行业的项目，国务院有关部门和地方政府要按照国务院关于化解产能严重过剩矛盾指导意见的要求，严格控制新增产能。

三、项目核准机关要改进完善管理办法，提高工作效能，认真履行核准职责，严格按照规定权限、程序和时限等要求进行审查。有关部门要密切配合，按照职责分工，相应改进管理办法，依法加强对投资活动的监管。对不符合法律法规规定以及未按规定权限和程序核准或者备案的项目，有关部门不得办理相关手续，金融机构不得提供信贷支持。

四、按照规定由国务院核准的项目，由发展改革委审核后报国务院核准。核报国务院核准的项目、国务院投资主管部门核准的项目，事前必须征求国务院行业管理部门的意见。由地方政府核准的项目，省级政府可以根据本地实际情况具体划分地方各级政府的核准权限。由省级政府核准的项目，核准权限不得下放。

五、法律、行政法规和国家有专门规定的，按照有关规定执行。

六、本目录自发布之日起执行，《政府核准的投资项目目录（2004 年本）》即行废止。

国务院
2013 年 12 月 2 日

（此件公开发布）

政府核准的投资项目目录（2013 年本）

一、农业水利

农业：涉及开荒的项目由省级政府核准。

水库：在跨界河流、跨省（区、市）河流上建设的项目由国务院投资主管部门核准，其余项目由地方政府核准。

其他水事工程：涉及跨界河流、跨省（区、市）水资源配置调整的项目由国务院投资主管部门核准，其余项目由地方政府核准。

二、能源

水电站：在主要河流上建设的项目由国务院投资主管部门核准，其余项目由地方政府核准。

抽水蓄能电站：由国务院行业管理部门核准。

火电站：分布式燃气发电项目由省级政府核准，其余项目由国务院投资主管部门核准。

热电站：燃煤背压热电项目由省级政府核准，其余燃煤热电项目由国务院投资主管部门核准；其余热电项目由地方政府核准。

风电站：由地方政府核准。

核电站：由国务院核准。

电网工程：跨境、跨省（区、市）±400 千伏及以上直流项目，跨境、跨省（区、市）500 千伏、750 千伏、1000 千伏交流项目，由国务院投资主管部门核准；非跨境、跨省（区、市）±400 千伏及以上直流项目，非跨境、跨省（区、市）750 千伏、1000 千伏交流项目，由国务院行业管理部门核准；其余项目由地方政府核准。

煤矿：国家规划矿区内新增年生产能力120万吨及以上煤炭开发项目由国务院行业管理部门核准，国家规划矿区内的其余煤炭开发项目由省级政府核准；其余一般煤炭开发项目由地方政府核准。国家规定禁止新建的煤与瓦斯突出、高瓦斯和中小型煤炭开发项目，不得核准。

煤制燃料：年产超过20亿立方米的煤制天然气项目，年产超过100万吨的煤制油项目由国务院投资主管部门核准。

原油：油田开发项目由具有石油开采权的企业自行决定，报国务院行业管理部门备案。

天然气：气田开发项目由具有天然气开采权的企业自行决定，报国务院行业管理部门备案。

液化石油气接收、存储设施（不含油气田、炼油厂的配套项目）：由省级政府核准。

进口液化天然气接收、储运设施：由国务院行业管理部门核准。

输油管网（不含油田集输管网）：跨境、跨省（区、市）干线管网项目由国务院投资主管部门核准，其余项目由省级政府核准。

输气管网（不含油气田集输管网）：跨境、跨省（区、市）干线管网项目由国务院投资主管部门核准，其余项目由省级政府核准。

炼油：新建炼油及扩建一次炼油项目由国务院投资主管部门核准。

变性燃料乙醇：由省级政府核准。

三、交通运输

新建（含增建）铁路：跨省（区、市）项目和国家铁路网中的干线项目由国务院投资主管部门核准，国家铁路网中的其余项目由中国铁路总公司自行决定并报国务院投资主管部门备案；其余地方铁路项目由省级政府按照国家批准的规划核准。

公路：国家高速公路网项目由国务院投资主管部门核准，国家高速公路网外的干线项目由省级政府核准；地方高速公路项目由省级政府按照国家批准的规划核准，其余项目由地方政府核准。

独立公路桥梁、隧道：跨境、跨重要海湾、跨大江大河（三级及以上通航段）的项目由国务院投资主管部门核准，其余项目由地方政府核准。

煤炭、矿石、油气专用泊位：在沿海（含长江南京及以下）新建港区和年吞吐能力1000万吨及以上项目由国务院投资主管部门核准，其余项目由省级政府核准。

集装箱专用码头：在沿海（含长江南京及以下）建设的项目由国务院投资主管部门核准，其余项目由省级政府核准。

内河航运：千吨级及以上通航建筑物项目由国务院投资主管部门核准，其余项目由地方政府核准。

民航：新建机场项目由国务院核准，扩建军民合用机场项目由国务院投资主管部门会商军队有关部门核准。

四、信息产业

电信：国际通信基础设施项目由国务院投资主管部门核准；国内干线传输网（含广播电视网）以及其他涉及信息安全的电信基础设施项目，由国务院行业管理部门核准。

五、原材料

稀土、铁矿、有色矿山开发：已查明资源储量5000万吨及以上规模的铁矿开发项目，由国务院投资主管部门核准；稀土矿山开发项目，由国务院行业管理部门核准；其余项目由省级政府核准。

钢铁：新增生产能力的炼铁、炼钢、热轧项目由国务院投资主管部门核准。

有色：新增生产能力的电解铝项目，新建氧化铝项目，由国务院投资主管部门核准。

石化：新建乙烯项目由国务院投资主管部门核准。

化工：年产超过50万吨的煤经甲醇制烯烃项目，年产超过100万吨的煤制甲醇项目，新建对二甲苯（PX）项目，由国务院投资主管部门核准；新建二苯基甲烷二异氰酸酯（MDI）项目由国务院行业管理部门核准。

化肥：钾矿肥、磷矿肥项目由省级政府核准。

水泥：由省级政府核准。

稀土：冶炼分离项目由国务院行业管理部门核准，稀土深加工项目由省级政府核准。

黄金：采选矿项目由省级政府核准。

六、机械制造

汽车：按照国务院批准的《汽车产业发展政策》执行。

船舶：新建 10 万吨级及以上造船设施（船台、船坞）项目由国务院投资主管部门核准。

七、轻工

烟草：卷烟、烟用二醋酸纤维素及丝束项目由国务院行业管理部门核准。

八、高新技术

民用航空航天：民用飞机（含直升机）制造、民用卫星制造、民用遥感卫星地面站建设项目，由国务院投资主管部门核准。

九、城建

城市快速轨道交通项目：由省级政府按照国家批准的规划核准。

城市供水：跨省（区、市）日调水 50 万吨及以上项目由国务院投资主管部门核准。

城市道路桥梁、隧道：跨重要海湾、跨大江大河（三级及以上通航段）的项目由国务院投资主管部门核准。

其他城建项目：由地方政府核准。

十、社会事业

主题公园：特大型项目由国务院核准，大型项目由国务院投资主管部门核准，中小型项目由省级政府核准。

旅游：国家级风景名胜区、国家自然保护区、全国重点文物保护单位区域内总投资 5000 万元及以上旅游开发和资源保护项目，世界自然和文化遗产保护区内总投资 3000 万元及以上项目，由省级政府核准。

其他社会事业项目：除国务院已明确改为备案管理的项目外，按照隶属关系由国务院行业管理部门、地方政府自行确定实行核准或者备案。

十一、金融

印钞、造币、钞票纸项目：由中国人民银行核准。

十二、外商投资

《外商投资产业指导目录》中有中方控股（含相对控股）要求的总投资（含增资）3 亿美元及以上鼓励类项目，总投资（含增资）5000 万美元及以上限制类（不含房地产）项目，由国务院投资主管部门核准。《外商投资产业指导目录》限制类中的房地产项目和总投资（含增资）小于5000万美元的其他限制类项目，由省级政府核准。《外商投资产业指导目录》中有中方控股（含相对控股）要求的总投资（含增资）小于3亿美元的鼓励类项目，由地方政府核准。

前款规定之外的属于本目录第一至十一条所列项目，按照本目录第一至十一条的规定核准。

外商投资企业的设立及变更事项，按现行有关规定由商务部和地方政府核准。

十三、境外投资

中方投资10亿美元及以上项目，涉及敏感国家和地区、敏感行业的项目，由国务院投资主管部门核准。

前款规定之外的中央管理企业投资项目和地方企业投资3亿美元及以上项目报国务院投资主管部门备案。

国内企业在境外投资开办企业（金融企业除外）事项，涉及敏感国家和地区、敏感行业的，由商务部核准；其他情形的，中央管理企业报商务部备案，地方企业报省级政府备案。

国务院关于印发大气污染防治行动计划的通知

国发〔2013〕37号

各省、自治区、直辖市人民政府，国务院各部委、各直属机构：

现将《大气污染防治行动计划》印发给你们，请认真贯彻执行。

国务院
2013年9月10日

大气污染防治行动计划

大气环境保护事关人民群众根本利益，事关经济持续健康发展，事关全面建成小康社会，事关实现中华民族伟大复兴中国梦。当前，我国大气污染形势严峻，以可吸入颗粒物（PM10）、细颗粒物（PM2.5）为特征污染物的区域性大气环境问题日益突出，损害人民群众身体健康，影响社会和谐稳定。随着我国工业化、城镇化的深入推进，能源资源消耗持续增加，大气污染防治压力继续加大。为切实改善空气质量，制定本行动计划。

总体要求：以邓小平理论、“三个代表”重要思想、科学发展观为指导，以保障人民群众身体健康为出发点，大力推进生态文明建设，坚持政府调控与市场调节相结合、全面推进与重点突破相配合、区域协作与属地管理相协调、总量减排与质量改善相同步，形成政府统领、企业施治、市场驱动、公众参与的大气污染防治新机制，实施分区域、分阶段治理，推动产业结构优化、科技创新能力增强、经济增长质量提高，实现环境效益、经济效益与社会效益多赢，为建设美丽中国而奋斗。

奋斗目标：经过五年努力，全国空气质量总体改善，重污染天气较大幅度减少；京津冀、长三角、珠三角等区域空气质量明显好转。力争再用五年或更长时间，逐步消除重污染天气，全国空气质量明显改善。

具体指标：到 2017 年，全国地级及以上城市可吸入颗粒物浓度比 2012 年下降 10%以上，优良天数逐年提高；京津冀、长三角、珠三角等区域细颗粒物浓度分别下降 25%、20%、15%左右，其中北京市细颗粒物年均浓度控制在 60 微克/立方米左右。

一、加大综合治理力度，减少多污染物排放

（一）加强工业企业大气污染综合治理。全面整治燃煤小锅炉。加快推进集中供热、“煤改气”、“煤改电”工程建设，到 2017 年，除必要保留的以外，地级及以上城市建成区基本淘汰每小时 10 蒸吨及以下的燃煤锅炉，禁止新建每小时 20 蒸吨以下的燃煤锅炉；其他地区原则上不再新建每小时 10 蒸吨以下的燃煤锅炉。在供热供气管网不能覆盖的地区，改用电、新能源或洁净煤，推广应用高效节能环保型锅炉。在化工、造纸、印染、制革、制药等产业集聚区，通过集中建设热电联产机组逐步淘汰分散燃煤锅炉。

加快重点行业脱硫、脱硝、除尘改造工程建设。所有燃煤电厂、钢铁企业的烧结机和球团生产设备、石油炼制企业的催化裂化装置、有色金属冶炼企业都要安装脱硫设施，每小时 20 蒸吨及以上的燃煤锅炉要实施脱硫。除循环流化床锅炉以外的燃煤机组均应安装脱硝设施，新型干法水泥窑要实施低氮燃烧技术改造并安装脱硝设施。燃煤锅炉和工业窑炉现有除尘设施要实施升级改造。

推进挥发性有机物污染治理。在石化、有机化工、表面涂装、包装印刷等行业实施挥发性有机物综合整治，在石化行业开展“泄漏检测与修复”技术改造。限时完成加油站、储油库、油罐车的油气回收治理，在原油成品油码头积极开展油气回收治理。完善涂料、胶粘剂等产品挥发性有机物限值标准，推广使用水性涂料，鼓励生产、销售和使用低毒、低挥发性有机溶剂。

京津冀、长三角、珠三角等区域要于 2015 年底前基本完成燃煤电厂、燃煤锅炉和工业窑炉的污染治理设施建设与改造，完成石化企业有机废气综合治理。

（二）深化面源污染治理。综合整治城市扬尘。加强施工扬尘监管，积极推进绿色施工，建设工程施工现场应全封闭设置围挡墙，严禁敞开式作业，施工现场道路应进行地面硬化。渣土运输车辆应采取密闭措施，并逐步安装卫星定位系统。推行道路机械化清扫等低尘作业方式。大型煤堆、料堆要实现封闭储存或建设防风抑尘设施。推进城市及周边绿化和防风防沙林建设，扩大城市

建成区绿地规模。

开展餐饮油烟污染治理。城区餐饮服务经营场所应安装高效油烟净化设施，推广使用高效净化型家用吸油烟机。

（三）强化移动源污染防治。加强城市交通管理。优化城市功能和布局规划，推广智能交通管理，缓解城市交通拥堵。实施公交优先战略，提高公共交通出行比例，加强步行、自行车交通系统建设。根据城市发展规划，合理控制机动车保有量，北京、上海、广州等特大城市要严格限制机动车保有量。通过鼓励绿色出行、增加使用成本等措施，降低机动车使用强度。

提升燃油品质。加快石油炼制企业升级改造，力争在2013年底前，全国供应符合国家第四阶段标准的车用汽油，在2014年底前，全国供应符合国家第四阶段标准的车用柴油，在2015年底前，京津冀、长三角、珠三角等区域内重点城市全面供应符合国家第五阶段标准的车用汽、柴油，在2017年底前，全国供应符合国家第五阶段标准的车用汽、柴油。加强油品质量监督检查，严厉打击非法生产、销售不合格油品行为。

加快淘汰黄标车和老旧车辆。采取划定禁行区域、经济补偿等方式，逐步淘汰黄标车和老旧车辆。到2015年，淘汰2005年底前注册营运的黄标车，基本淘汰京津冀、长三角、珠三角等区域内的500万辆黄标车。到2017年，基本淘汰全国范围的黄标车。

加强机动车环保管理。环保、工业和信息化、质检、工商等部门联合加强新生产车辆环保监管，严厉打击生产、销售环保不达标车辆的违法行为；加强在用机动车年度检验，对不达标车辆不得发放环保合格标志，不得上路行驶。加快柴油车车用尿素供应体系建设。研究缩短公交车、出租车强制报废年限。鼓励出租车每年更换高效尾气净化装置。开展工程机械等非道路移动机械和船舶的污染控制。

加快推进低速汽车升级换代。不断提高低速汽车（三轮汽车、低速货车）节能环保要求，减少污染排放，促进相关产业和产品技术升级换代。自2017年起，新生产的低速货车执行与轻型载货车同等的节能与排放标准。

大力推广新能源汽车。公交、环卫等行业和政府机关要率先使用新能源汽车，采取直接上牌、财政补贴等措施鼓励个人购买。北京、上海、广州等城市每年新增或更新的公交车中新能源和清洁燃料车的比例达到60%以上。

二、调整优化产业结构，推动产业转型升级

（四）严控“两高”行业新增产能。修订高耗能、高污染和资源性行业准

入条件，明确资源能源节约和污染物排放等指标。有条件的地区要制定符合当地功能定位、严于国家要求的产业准入目录。严格控制“两高”行业新增产能，新、改、扩建项目要实行产能等量或减量置换。

（五）加快淘汰落后产能。结合产业发展实际和环境质量状况，进一步提高环保、能耗、安全、质量等标准，分区域明确落后产能淘汰任务，倒逼产业转型升级。

按照《部分工业行业淘汰落后生产工艺装备和产品指导目录（2010年本）》、《产业结构调整指导目录（2011年本）（修正）》的要求，采取经济、技术、法律和必要的行政手段，提前一年完成钢铁、水泥、电解铝、平板玻璃等21个重点行业的“十二五”落后产能淘汰任务。2015年再淘汰炼铁1500万吨、炼钢1500万吨、水泥（熟料及粉磨能力）1亿吨、平板玻璃2000万重量箱。对未按期完成淘汰任务的地区，严格控制国家安排的投资项目，暂停对该地区重点行业建设项目办理审批、核准和备案手续。2016年、2017年，各地区要制定范围更宽、标准更高的落后产能淘汰政策，再淘汰一批落后产能。

对布局分散、装备水平低、环保设施差的小型工业企业进行全面排查，制定综合整改方案，实施分类治理。

（六）压缩过剩产能。加大环保、能耗、安全执法处罚力度，建立以节能环保标准促进“两高”行业过剩产能退出的机制。制定财政、土地、金融等扶持政策，支持产能过剩“两高”行业企业退出、转型发展。发挥优强企业对行业发展的主导作用，通过跨地区、跨所有制企业兼并重组，推动过剩产能压缩。严禁核准产能严重过剩行业新增产能项目。

（七）坚决停建产能严重过剩行业违规在建项目。认真清理产能严重过剩行业违规在建项目，对未批先建、边批边建、越权核准的违规项目，尚未开工建设的，不准开工；正在建设的，要停止建设。地方人民政府要加强组织领导和监督检查，坚决遏制产能严重过剩行业盲目扩张。

三、加快企业技术改造，提高科技创新能力

（八）强化科技研发和推广。加强灰霾、臭氧的形成机理、来源解析、迁移规律和监测预警等研究，为污染治理提供科学支撑。加强大气污染与人群健康关系的研究。支持企业技术中心、国家重点实验室、国家工程实验室建设，推进大型大气光化学模拟仓、大型气溶胶模拟仓等科技基础设施建设。

加强脱硫、脱硝、高效除尘、挥发性有机物控制、柴油机（车）排放净化、环境监测，以及新能源汽车、智能电网等方面的技术研发，推进技术成果

转化应用。加强大气污染治理先进技术、管理经验等方面的国际交流与合作。

（九）全面推行清洁生产。对钢铁、水泥、化工、石化、有色金属冶炼等重点行业进行清洁生产审核，针对节能减排关键领域和薄弱环节，采用先进适用的技术、工艺和装备，实施清洁生产技术改造；到2017年，重点行业排污强度比2012年下降30%以上。推进非有机溶剂型涂料和农药等产品创新，减少生产和使用过程中挥发性有机物排放。积极开发缓释肥料新品种，减少化肥施用过程中氨的排放。

（十）大力发展循环经济。鼓励产业集聚发展，实施园区循环化改造，推进能源梯级利用、水资源循环利用、废物交换利用、土地节约集约利用，促进企业循环式生产、园区循环式发展、产业循环式组合，构建循环型工业体系。推动水泥、钢铁等工业窑炉、高炉实施废物协同处置。大力发展机电产品再制造，推进资源再生利用产业发展。到2017年，单位工业增加值能耗比2012年降低20%左右，在50%以上的各类国家级园区和30%以上的各类省级园区实施循环化改造，主要有色金属品种以及钢铁的循环再生比重达到40%左右。

（十一）大力培育节能环保产业。着力把大气污染治理的政策要求有效转化为节能环保产业发展的市场需求，促进重大环保技术装备、产品的创新开发与产业化应用。扩大国内消费市场，积极支持新业态、新模式，培育一批具有国际竞争力的大型节能环保企业，大幅增加大气污染治理装备、产品、服务产业产值，有效推动节能环保、新能源等战略性新兴产业发展。鼓励外商投资节能环保产业。

四、加快调整能源结构，增加清洁能源供应

（十二）控制煤炭消费总量。制定国家煤炭消费总量中长期控制目标，实行目标责任管理。到2017年，煤炭占能源消费总量比重降低到65%以下。京津冀、长三角、珠三角等区域力争实现煤炭消费总量负增长，通过逐步提高接受外输电比例、增加天然气供应、加大非化石能源利用强度等措施替代燃煤。

京津冀、长三角、珠三角等区域新建项目禁止配套建设自备燃煤电站。耗煤项目要实行煤炭减量替代。除热电联产外，禁止审批新建燃煤发电项目；现有多台燃煤机组装机容量合计达到30万千瓦以上的，可按照煤炭等量替代的原则建设为大容量燃煤机组。

（十三）加快清洁能源替代利用。加大天然气、煤制天然气、煤层气供应。到2015年，新增天然气干线管输能力1500亿立方米以上，覆盖京津冀、长三角、珠三角等区域。优化天然气使用方式，新增天然气应优先保障居民生活或

用于替代燃煤；鼓励发展天然气分布式能源等高效利用项目，限制发展天然气化工项目；有序发展天然气调峰电站，原则上不再新建天然气发电项目。

制定煤制天然气发展规划，在满足最严格的环保要求和保障水资源供应的前提下，加快煤制天然气产业化和规模化步伐。

积极有序发展水电，开发利用地热能、风能、太阳能、生物质能，安全高效发展核电。到2017年，运行核电机组装机容量达到5000万千瓦，非化石能源消费比重提高到13%。

京津冀区域城市建成区、长三角城市群、珠三角区域要加快现有工业企业燃煤设施天然气替代步伐；到2017年，基本完成燃煤锅炉、工业窑炉、自备燃煤电站的天然气替代改造任务。

（十四）推进煤炭清洁利用。提高煤炭洗选比例，新建煤矿应同步建设煤炭洗选设施，现有煤矿要加快建设与改造；到2017年，原煤入选率达到70%以上。禁止进口高灰分、高硫分的劣质煤炭，研究出台煤炭质量管理办法。限制高硫石油焦的进口。

扩大城市高污染燃料禁燃区范围，逐步由城市建成区扩展到近郊。结合城中村、城乡结合部、棚户区改造，通过政策补偿和实施峰谷电价、季节性电价、阶梯电价、调峰电价等措施，逐步推行以天然气或电替代煤炭。鼓励北方农村地区建设洁净煤配送中心，推广使用洁净煤和型煤。

（十五）提高能源使用效率。严格落实节能评估审查制度。新建高耗能项目单位产品（产值）能耗要达到国内先进水平，用能设备达到一级能效标准。京津冀、长三角、珠三角等区域，新建高耗能项目单位产品（产值）能耗要达到国际先进水平。

积极发展绿色建筑，政府投资的公共建筑、保障性住房等要率先执行绿色建筑标准。新建建筑要严格执行强制性节能标准，推广使用太阳能热水系统、地源热泵、空气源热泵、光伏建筑一体化、“热—电—冷”三联供等技术和装备。

推进供热计量改革，加快北方采暖地区既有居住建筑供热计量和节能改造；新建建筑和完成供热计量改造的既有建筑逐步实行供热计量收费。加快热力管网建设与改造。

五、严格节能环保准入，优化产业空间布局

（十六）调整产业布局。按照主体功能区规划要求，合理确定重点产业发展布局、结构和规模，重大项目原则上布局在优化开发区和重点开发区。所有

新、改、扩建项目，必须全部进行环境影响评价；未通过环境影响评价审批的，一律不准开工建设；违规建设的，要依法进行处罚。加强产业政策在产业转移过程中的引导与约束作用，严格限制在生态脆弱或环境敏感地区建设“两高”行业项目。加强对各类产业发展规划的环境影响评价。

在东部、中部和西部地区实施差别化的产业政策，对京津冀、长三角、珠三角等区域提出更高的节能环保要求。强化环境监管，严禁落后产能转移。

（十七）强化节能环保指标约束。提高节能环保准入门槛，健全重点行业准入条件，公布符合准入条件的企业名单并实施动态管理。严格实施污染物排放总量控制，将二氧化硫、氮氧化物、烟粉尘和挥发性有机物排放是否符合总量控制要求作为建设项目环境影响评价审批的前置条件。

京津冀、长三角、珠三角区域以及辽宁中部、山东、武汉及其周边、长株潭、成渝、海峡西岸、山西中北部、陕西关中、甘宁、乌鲁木齐城市群等“三区十群”中的47个城市，新建火电、钢铁、石化、水泥、有色、化工等企业以及燃煤锅炉项目要执行大气污染物特别排放限值。各地区可根据环境质量改善的需要，扩大特别排放限值实施的范围。

对未通过能评、环评审查的项目，有关部门不得审批、核准、备案，不得提供土地，不得批准开工建设，不得发放生产许可证、安全生产许可证、排污许可证，金融机构不得提供任何形式的新增授信支持，有关单位不得供电、供水。

（十八）优化空间格局。科学制定并严格实施城市规划，强化城市空间管制要求和绿地控制要求，规范各类产业园区和城市新城、新区设立和布局，禁止随意调整和修改城市规划，形成有利于大气污染物扩散的城市和区域空间格局。研究开展城市环境总体规划试点工作。

结合化解过剩产能、节能减排和企业兼并重组，有序推进位于城市主城区的钢铁、石化、化工、有色金属冶炼、水泥、平板玻璃等重污染企业环保搬迁、改造，到2017年基本完成。

六、发挥市场机制作用，完善环境经济政策

（十九）发挥市场机制调节作用。本着“谁污染、谁负责，多排放、多负担，节能减排得收益、获补偿”的原则，积极推行激励与约束并举的节能减排新机制。

分行业、分地区对水、电等资源类产品制定企业消耗定额。建立企业“领跑者”制度，对能效、排污强度达到更高标准的先进企业给予鼓励。

全面落实“合同能源管理”的财税优惠政策，完善促进环境服务业发展的扶持政策，推行污染治理设施投资、建设、运行一体化特许经营。完善绿色信贷和绿色证券政策，将企业环境信息纳入征信系统。严格限制环境违法企业贷款和上市融资。推进排污权有偿使用和交易试点。

（二十）完善价格税收政策。根据脱硝成本，结合调整销售电价，完善脱硝电价政策。现有火电机组采用新技术进行除尘设施改造的，要给予价格政策支持。实行阶梯式电价。

推进天然气价格形成机制改革，理顺天然气与可替代能源的比价关系。

按照合理补偿成本、优质优价和污染者付费的原则合理确定成品油价格，完善对部分困难群体和公益性行业成品油价格改革补贴政策。

加大排污费征收力度，做到应收尽收。适时提高排污收费标准，将挥发性有机物纳入排污费征收范围。

研究将部分“两高”行业产品纳入消费税征收范围。完善“两高”行业产品出口退税政策和资源综合利用税收政策。积极推进煤炭等资源税从价计征改革。符合税收法律法规规定，使用专用设备或建设环境保护项目的企业以及高新技术企业，可以享受企业所得税优惠。

（二十一）拓宽投融资渠道。深化节能环保投融资体制改革，鼓励民间资本和社会资本进入大气污染防治领域。引导银行业金融机构加大对大气污染防治项目的信贷支持。探索排污权抵押融资模式，拓展节能环保设施融资、租赁业务。

地方人民政府要对涉及民生的“煤改气”项目、黄标车和老旧车辆淘汰、轻型载货车替代低速货车等加大政策支持力度，对重点行业清洁生产示范工程给予引导性资金支持。要将空气质量监测站点建设及其运行和监管经费纳入各级财政预算予以保障。

在环境执法到位、价格机制理顺的基础上，中央财政统筹整合主要污染物减排等专项，设立大气污染防治专项资金，对重点区域按治理成效实施“以奖代补”；中央基本建设投资也要加大对重点区域大气污染防治的支持力度。

七、健全法律法规体系，严格依法监督管理

（二十二）完善法律法规标准。加快大气污染防治法修订步伐，重点健全总量控制、排污许可、应急预警、法律责任等方面的制度，研究增加对恶意排污、造成重大污染危害的企业及其相关负责人追究刑事责任的内容，加大对违法行为的处罚力度。建立健全环境公益诉讼制度。研究起草环境税法草案，加

快修改环境保护法，尽快出台机动车污染防治条例和排污许可证管理条例。各地区可结合实际，出台地方性大气污染防治法规、规章。

加快制（修）订重点行业排放标准以及汽车燃料消耗量标准、油品标准、供热计量标准等，完善行业污染防治技术政策和清洁生产评价指标体系。

（二十三）提高环境监管能力。完善国家监察、地方监管、单位负责的环境监管体制，加强对地方人民政府执行环境法律法规和政策的监督。加大环境监测、信息、应急、监察等能力建设力度，达到标准化建设要求。

建设城市站、背景站、区域站统一布局的国家空气质量监测网络，加强监测数据质量管理，客观反映空气质量状况。加强重点污染源在线监控体系建设，推进环境卫星应用。建设国家、省、市三级机动车排污监管平台。到2015年，地级及以上城市全部建成细颗粒物监测点和国家直管的监测点。

（二十四）加大环保执法力度。推进联合执法、区域执法、交叉执法等执法机制创新，明确重点，加大力度，严厉打击环境违法行为。对偷排偷放、屡查屡犯的违法企业，要依法停产关闭。对涉嫌环境犯罪的，要依法追究刑事责任。落实执法责任，对监督缺位、执法不力、徇私枉法等行为，监察机关要依法追究有关部门和人员的责任。

（二十五）实行环境信息公开。国家每月公布空气质量最差的10个城市和最好的10个城市的名单。各省（区、市）要公布本行政区域内地级及以上城市空气质量排名。地级及以上城市要在当地主要媒体及时发布空气质量监测信息。

各级环保部门和企业要主动公开新建项目环境影响评价、企业污染物排放、治污设施运行情况等环境信息，接受社会监督。涉及群众利益的建设项目，应充分听取公众意见。建立重污染行业企业环境信息强制公开制度。

八、建立区域协作机制，统筹区域环境治理

（二十六）建立区域协作机制。建立京津冀、长三角区域大气污染防治协作机制，由区域内省级人民政府和国务院有关部门参加，协调解决区域突出环境问题，组织实施环评会商、联合执法、信息共享、预警应急等大气污染防治措施，通报区域大气污染防治工作进展，研究确定阶段性工作要求、工作重点和主要任务。

（二十七）分解目标任务。国务院与各省（区、市）人民政府签订大气污染防治目标责任书，将目标任务分解落实到地方人民政府和企业。将重点区域的细颗粒物指标、非重点地区的可吸入颗粒物指标作为经济社会发展的约束性

指标，构建以环境质量改善为核心的目标责任考核体系。

国务院制定考核办法，每年初对各省（区、市）上年度治理任务完成情况进行考核；2015 年进行中期评估，并依据评估情况调整治理任务；2017 年对行动计划实施情况进行终期考核。考核和评估结果经国务院同意后，向社会公布，并交由干部主管部门，按照《关于建立促进科学发展的党政领导班子和领导干部考核评价机制的意见》、《地方党政领导班子和领导干部综合考核评价办法（试行）》、《关于开展政府绩效管理试点工作的意见》等规定，作为对领导班子和领导干部综合考核评价的重要依据。

（二十八）实行严格责任追究。对未通过年度考核的，由环保部门会同组织部门、监察机关等部门约谈省级人民政府及其相关部门有关负责人，提出整改意见，予以督促。

对因工作不力、履职缺位等导致未能有效应对重污染天气的，以及干预、伪造监测数据和没有完成年度目标任务的，监察机关要依法依纪追究有关单位和人员的责任，环保部门要对有关地区和企业实施建设项目环评限批，取消国家授予的环境保护荣誉称号。

九、建立监测预警应急体系，妥善应对重污染天气

（二十九）建立监测预警体系。环保部门要加强与气象部门的合作，建立重污染天气监测预警体系。到 2014 年，京津冀、长三角、珠三角区域要完成区域、省、市级重污染天气监测预警系统建设；其他省（区、市）、副省级市、省会城市于 2015 年底前完成。要做好重污染天气过程的趋势分析，完善会商研判机制，提高监测预警的准确度，及时发布监测预警信息。

（三十）制定完善应急预案。空气质量未达到规定标准的城市应制定和完善重污染天气应急预案并向社会公布；要落实责任主体，明确应急组织机构及其职责、预警预报及响应程序、应急处置及保障措施等内容，按不同污染等级确定企业限产停产、机动车和扬尘管控、中小学校停课以及可行的气象干预等应对措施。开展重污染天气应急演练。

京津冀、长三角、珠三角等区域要建立健全区域、省、市联动的重污染天气应急响应体系。区域内各省（区、市）的应急预案，应于 2013 年底前报环境保护部备案。

（三十一）及时采取应急措施。将重污染天气应急响应纳入地方人民政府突发事件应急管理体系，实行政府主要负责人负责制。要依据重污染天气的预警等级，迅速启动应急预案，引导公众做好卫生防护。

十、明确政府企业和社会的责任，动员全民参与环境保护

（三十二）明确地方政府统领责任。地方各级人民政府对本行政区域内的大气环境质量负总责，要根据国家的总体部署及控制目标，制定本地区的实施细则，确定工作重点任务和年度控制指标，完善政策措施，并向社会公开；要不断加大监管力度，确保任务明确、项目清晰、资金保障。

（三十三）加强部门协调联动。各有关部门要密切配合、协调力量、统一行动，形成大气污染防治的强大合力。环境保护部要加强指导、协调和监督，有关部门要制定有利于大气污染防治的投资、财政、税收、金融、价格、贸易、科技等政策，依法做好各自领域的相关工作。

（三十四）强化企业施治。企业是大气污染治理的责任主体，要按照环保规范要求，加强内部管理，增加资金投入，采用先进的生产工艺和治理技术，确保达标排放，甚至达到“零排放”；要自觉履行环境保护的社会责任，接受社会监督。

（三十五）广泛动员社会参与。环境治理，人人有责。要积极开展多种形式的宣传教育，普及大气污染防治的科学知识。加强大气环境管理专业人才培养。倡导文明、节约、绿色的消费方式和生活习惯，引导公众从自身做起、从点滴做起、从身边的小事做起，在全社会树立起“同呼吸、共奋斗”的行为准则，共同改善空气质量。

我国仍然处于社会主义初级阶段，大气污染防治任务繁重艰巨，要坚定信心、综合治理，突出重点、逐步推进，重在落实、务求实效。各地区、各有关部门和企业要按照本行动计划的要求，紧密结合实际，狠抓贯彻落实，确保空气质量改善目标如期实现。

国务院关于加快发展节能环保产业的意见

国发〔2013〕30号

各省、自治区、直辖市人民政府，国务院各部委、各直属机构：

资源环境制约是当前我国经济社会发展面临的突出矛盾。解决节能环保问题，是扩内需、稳增长、调结构，打造中国经济升级版的一项重要而紧迫的任务。加快发展节能环保产业，对拉动投资和消费，形成新的经济增长点，推动产业升级和发展方式转变，促进节能减排和民生改善，实现经济可持续发展和确保2020年全面建成小康社会，具有十分重要的意义。为加快发展节能环保产业，现提出以下意见。

一、总体要求

（一）指导思想

牢固树立生态文明理念，立足当前、着眼长远，围绕提高产业技术水平和竞争力，以企业为主体、以市场为导向、以工程为依托，强化政府引导，完善政策机制，培育规范市场，着力加强技术创新，大力提高技术装备、产品、服务水平，促进节能环保产业快速发展，释放市场潜在需求，形成新的增长点，为扩内需、稳增长、调结构，增强创新能力，改善环境质量，保障改善民生和加快生态文明建设作出贡献。

（二）基本原则

创新引领，服务提升。加快技术创新步伐，突破关键核心技术和共性技术，缩小与国际先进水平的差距，提升技术装备和产品的供给能力。推行合同能源管理、特许经营、综合环境服务等市场化新型节能环保服务业态。

需求牵引，工程带动。营造绿色消费政策环境，推广节能环保产品，加快实施节能、循环经济和环境保护重点工程，释放节能环保产品、设备、服务的消费和投资需求，形成对节能环保产业发展的有力拉动。

法规驱动，政策激励。健全节能环保法规和标准，强化监督管理，完善政策机制，加强行业自律，规范市场秩序，形成促进节能环保产业快速健康发展的激励和约束机制。

市场主导，政府引导。充分发挥市场配置资源的基础性作用，以市场需求为导向，用改革的办法激发各类市场主体的积极性。针对产业发展的薄弱环节和瓶颈制约，有效发挥政府规划引导、政策激励和调控作用。

（三）主要目标

产业技术水平显著提升。企业技术创新和科技成果集成、转化能力大幅提高，能源高效和分质梯级利用、污染物防治和安全处置、资源回收和循环利用等关键核心技术研发取得重点突破，装备和产品的质量、性能显著改善，形成一大批拥有知识产权和国际竞争力的重大装备和产品，部分关键共性技术达到国际先进水平。

国产设备和产品基本满足市场需求。通过引进消化吸收和再创新，努力提高产品技术水平，促进我国节能环保关键材料以及重要设备和产品在工业、农业、服务业、居民生活各领域的广泛应用，为实现节能环保目标提供有力的技术保障。用能单位广泛采用“节能医生”诊断、合同能源管理、能源管理师制度等节能服务新机制改善能源管理，城镇污水、垃圾处理和脱硫、脱硝设施运营基本实现专业化、市场化、社会化，综合环境服务得到大力发展。建设一批技术先进、配套健全、发展规范的节能环保产业示范基地，形成以大型骨干企业为龙头、广大中小企业配套的产业良性发展格局。

辐射带动作用得到充分发挥。完善激励约束机制，建立统一开放、公平竞争、规范有序的市场秩序。节能环保产业产值年均增速在15%以上，到2015年，总产值达到4.5万亿元，成为国民经济新的支柱产业。通过推广节能环保产品，有效拉动消费需求；通过增强工程技术能力，拉动节能环保社会投资增长，有力支撑传统产业改造升级和经济发展方式加快转变。

二、围绕重点领域，促进节能环保产业发展水平全面提升

当前，要围绕市场应用广、节能减排潜力大、需求拉动效应明显的重点领域，加快相关技术装备的研发、推广和产业化，带动节能环保产业发展水平全面提升。

（一）加快节能技术装备升级换代，推动重点领域节能增效

推广高效锅炉。发展一批高效锅炉制造基地，培育一批高效锅炉大型骨干生产企业。重点提高锅炉自动化控制、主辅机匹配优化、燃料品种适应、低温烟气余热深度回收、小型燃煤锅炉高效燃烧等技术水平，加大高效锅炉应用推

广力度。

扩大高效电动机应用。推动高效电动机产业加快发展，建设15～20个高效电机及其控制系统产业化基地。大力发展三相异步电动机、稀土永磁无铁芯电机等高效电机产品，提高高效电机设计、匹配和关键材料、装备，以及高压变频、无功补偿等控制系统的技术水平。

发展蓄热式燃烧技术装备。建设一批以高效燃烧、换热及冷却技术为特色的制造基地，加快重大技术、装备的产业化示范和规模化应用。重点是综合采用优化炉膛结构、利用预热、强化辐射传热等节能技术集成，提高加热炉燃烧效率；在预混合蓄热结合、蓄热体材料研发、蓄热式燃烧器小型化方面力争取得突破。

加快新能源汽车技术攻关和示范推广。加快实施节能与新能源汽车技术创新工程，大力加强动力电池技术创新，重点解决动力电池系统安全性、可靠性和轻量化问题，加强驱动电机及核心材料、电控等关键零部件研发和产业化，加快完善配套产业和充电设施，示范推广纯电动汽车和插电式混合动力汽车、空气动力车辆等。

推动半导体照明产业化。整合现有资源，提高产业集中度，培育10～15家掌握核心技术、拥有知识产权和知名品牌的龙头企业，建设一批产业链完善的产业集聚区，关键生产设备、重要原材料实现本地化配套。加快核心材料、装备和关键技术的研发，着力解决散热、模块化、标准化等重大技术问题。

（二）提升环保技术装备水平，治理突出环境问题

示范推广大气治理技术装备。加快大气治理重点技术装备的产业化发展和推广应用。大力发展脱硝催化剂制备和再生、资源化脱硫技术装备，推进耐高温、耐腐蚀纤维及滤料的开发应用，加快发展选择性催化还原技术和选择性非催化还原技术及其装备，以及高效率、高容量、低阻力微粒过滤器等汽车尾气净化技术装备，实施产业化示范工程。

开发新型水处理技术装备。推动形成一批水处理技术装备产业化基地。重点发展高通量、持久耐用的膜材料和组件，大型臭氧发生器，地下水高效除氟、砷、硫酸盐技术，高浓度难降解工业废水成套处理装备，污泥减量化、无害化、资源化技术装备。

推动垃圾处理技术装备成套化。采取开展示范应用、发布推荐目录、完善工程标准等多种手段，大力推广垃圾处理先进技术和装备。重点发展大型垃圾焚烧设施炉排及其传动系统、循环流化床预处理工艺技术、焚烧烟气净化技术和垃圾渗滤液处理技术等，重点推广300吨/日以上生活垃圾焚烧炉及烟气净化成套装备。

攻克污染土壤修复技术。重点研发污染土壤原位稳定剂、异位固定剂，受污染土壤生物修复技术、安全处理处置和资源化利用技术，实施产业化示范工程，加快推广应用。

加强环境监测仪器设备的开发应用。提高细颗粒物（PM2.5）等监测仪器设备的稳定性，完善监测数据系统，提升设备生产质量控制水平。开发大气、水、重金属在线监测仪器设备，培育发展一批掌握核心技术、产品质量可靠、市场认可度高的骨干企业。加快大气、水等环境质量在线实时监测站点及网络建设，配备技术先进、可靠性高的环境监测仪器设备。

（三）发展资源循环利用技术装备，提高资源产出率

提升再制造技术装备水平。提升再制造产业创新能力，推广纳米电刷镀、激光熔覆成型等产品再制造技术。研发无损拆解、表面预处理、零部件疲劳剩余寿命评估等再制造技术装备。重点支持建立10～15个国家级再制造产业聚集区和一批重大示范项目，大幅度提高基于表面工程技术的装备应用率。

建设“城市矿产”示范基地。推动再生资源清洁化回收、规模化利用和产业化发展。推广大型废钢破碎剪切、报废汽车和废旧电器破碎分选等技术。提高稀贵金属精细分离提纯、塑料改性和混合废塑料高效分拣、废电池全组分回收利用等装备水平。支持建设50个“城市矿产”示范基地，加快再生资源回收体系建设，形成再生资源加工利用能力8000万吨以上。

深化废弃物综合利用。推动资源综合利用示范基地建设，鼓励产业聚集，培育龙头企业。积极发展尾矿提取有价元素、煤矸石生产超细纤维等高值化利用关键共性技术及成套装备。开发利用产业废物生产新型建材等大型化、精细化、成套化技术装备。加大废旧电池、荧光灯回收利用技术研发。支持大宗固体废物综合利用，提高资源综合利用产品的技术含量和附加值。推动粮棉主产区秸秆综合利用。加快建设餐厨废弃物无害化处理和资源化利用设施。

推动海水淡化技术创新。培育一批集研发、孵化、生产、集成、检验检测和工程技术服务于一体的海水淡化产业基地。示范推广膜法、热法和耦合法海水淡化技术以及电水联产海水淡化模式，完善膜组件、高压泵、能量回收装置等关键部件及系统集成技术。

（四）创新发展模式，壮大节能环保服务业

发展节能服务产业。落实财政奖励、税收优惠和会计制度，支持重点用能单位采用合同能源管理方式实施节能改造，开展能源审计和“节能医生”诊断，打造“一站式”合同能源管理综合服务平台，专业化节能服务公司的数量、规模和效益快速增长。积极探索节能量交易等市场化节能机制。

扩大环保服务产业。在城镇污水处理、生活垃圾处理、烟气脱硫脱硝、工业污染治理等重点领域，鼓励发展包括系统设计、设备成套、工程施工、调试运行、维护管理的环保服务总承包和环境治理特许经营模式，专业化、社会化服务占全行业的比例大幅提高。加快发展生态环境修复、环境风险与损害评价、排污权交易、绿色认证、环境污染责任保险等新兴环保服务业。

培育再制造服务产业。支持专业化公司利用表面修复、激光等技术为工矿企业设备的高值易损部件提供个性化再制造服务，建立再制造旧件回收、产品营销、溯源等信息化管理系统。推动构建废弃物逆向物流交易平台。

三、发挥政府带动作用，引领社会资金投入节能环保工程建设

（一）加强节能技术改造

发挥财政资金的引导带动作用，采取补助、奖励、贴息等方式，推动企业实施锅炉（窑炉）和换热设备等重点用能装备节能改造，全面推动电机系统节能、能量系统优化、余热余压利用、节约和替代石油、交通运输节能、绿色照明、流通零售领域节能等节能重点工程，提高传统行业的工程技术节能能力，加快节能技术装备的推广应用。开展数据中心节能改造，降低数据中心、超算中心服务器、大型计算机冷却耗能。

（二）实施污染治理重点工程

落实企业污染治理主体责任，加强大气污染治理，开展多污染物协同防治，督促推动重点行业企业加大投入，积极采用先进环保工艺、技术和装备，加快脱硫脱硝除尘改造，炼油行业加快工艺技术改造，提高油品标准，限期淘汰黄标车、老旧汽车。启动实施安全饮水、地表水保护、地下水保护、海洋保护等清洁水行动，加快重点流域、清水廊道、规模化畜禽养殖场等重点水污染防治工程建设，推动重点高耗水行业节水改造。实施土壤环境保护工程，以重金属和有机污染物为重点，选择典型区域开展土壤污染治理与修复试点示范。加大重点行业清洁生产推行力度，支持企业采用源头减量、减毒、减排以及过程控制等先进成熟清洁生产技术，实施汞污染削减、铅污染削减、高毒农药替代工程。

（三）推进园区循环化改造

引导企业和地方政府加大资金投入，推进园区（开发区）循环化改造，推动各类园区建设废物交换利用、能量分质梯级利用、水分类利用和循环使用、公共服务平台等基础设施，实现园区内项目、企业、产业有效组合和循环链

接，打造园区的“升级版”。推动一批国家级和省级开发区提高主要资源产出率、土地产出率、资源循环利用率，基本实现“零排放”。

（四）加快城镇环境基础设施建设

以地方政府和企业投入为主，中央财政适当支持，加快污水垃圾处理设施和配套管网地下工程建设，推进建筑中水利用和城镇污水再生利用。探索城市垃圾处理新出路，实施协同资源化处理城市废弃物示范工程。到 2015 年，所有设市城市和县城具备污水集中处理能力和生活垃圾无害化处理能力，城镇污水处理规模达到 2 亿立方米/日以上；城镇生活垃圾无害化处理能力达到 87 万吨/日以上，生活垃圾焚烧处理设施能力达到无害化处理总能力的 35%以上。加强城镇园林绿化建设，提升城镇绿地功能，降减热岛效应。推动生态园林城市建设。

（五）开展绿色建筑行动

到 2015 年，新增绿色建筑面积 10 亿平方米以上，城镇新建建筑中二星级及以上绿色建筑比例超过 20%；建设绿色生态城（区）。提高新建建筑节能标准，推动政府投资建筑、保障性住房及大型公共建筑率先执行绿色建筑标准，新建建筑全面实行供热按户计量；推进既有居住建筑供热计量和节能改造；实施供热管网改造 2 万公里；在各级机关和教科文卫系统创建节约型公共机构 2000 家，完成公共机构办公建筑节能改造 6000 万平方米，带动绿色建筑建设改造投资和相关产业发展。大力发展绿色建材，推广应用散装水泥、预拌混凝土、预拌砂浆，推动建筑工业化。积极推进太阳能发电等新能源和可再生能源建筑规模化应用，扩大新能源产业国内市场需求。

四、推广节能环保产品，扩大市场消费需求

（一）扩大节能产品市场消费

继续实施并研究调整节能产品惠民政策，实施能效“领跑者”计划，推动超高效节能产品市场消费。强化能效标识和节能产品认证制度实施力度，引导消费者购买高效节能产品。继续采取补贴方式，推广高效节能照明、高效电机等产品。研究完善峰谷电价、季节性电价政策，通过合理价差引导群众改变生活模式，推动节能产品的应用。在北京、上海、广州等城市扩大公共服务领域新能源汽车示范推广范围，每年新增或更新的公交车中新能源汽车的比例达到 60%以上，开展私人购买新能源汽车和新能源出租车、物流车补贴试点。到 2015 年，终端用能产品能效水平提高 15%以上，高效节能产品市场占有率提高到 50%以上。

（二）拉动环保产品及再生产品消费

研究扩大环保产品消费的政策措施，完善环保产品和环境标志产品认证制度，推广油烟净化器、汽车尾气净化器、室内空气净化器、家庭厨余垃圾处理器、浓缩洗衣粉等产品，满足消费者需求。放开液化石油气（LPG）市场管控，扩大农村居民使用量。开展再制造“以旧换再”工作，对交回旧件并购买“以旧换再”再制造推广试点产品的消费者，给予一定比例补贴，近期重点推广再制造发动机、电动机等。落实相关支持政策，推动粉煤灰、煤矸石、建筑垃圾、秸秆等资源综合利用产品应用。

（三）推进政府采购节能环保产品

完善政府强制采购和优先采购制度，提高采购节能环保产品的能效水平和环保标准，扩大政府采购节能环保产品范围，不断提高节能环保产品采购比例，发挥示范带动作用。政府普通公务用车要优先采购1.8升（含）以下燃油经济性达到要求的小排量汽车和新能源汽车，择优选用纯电动汽车，研究对硒鼓、墨盒、再生纸等再生产品以及汽车零部件再制造产品的政府采购支持措施。鼓励政府机关、事业单位采取购买服务的方式，提高能源、水等资源利用效率，降低使用成本。抓紧研究制定政府机关及公共机构购买新能源汽车的实施方案。

五、加强技术创新，提高节能环保产业市场竞争力

（一）支持企业技术创新能力建设

强化企业技术创新主体地位，鼓励企业加大研发投入，支持企业牵头承担节能环保国家科技计划项目。国家重点建设的节能环保技术研究中心和实验室优先在骨干企业布局。发展一批由骨干企业主导、产学研用紧密结合的产业技术创新战略联盟等平台。支持区域节能环保科技服务平台建设。

（二）加快掌握重大关键核心技术

充分发挥国家科技重大专项、科技计划专项资金等的作用，加大节能环保关键共性技术攻关力度，加快突破能源高效和分质梯级利用、污染物防治和安全处置、资源回收和循环利用、二氧化碳热泵、低品位余热利用、供热锅炉模块化等关键技术和装备。瞄准未来技术发展制高点，提前部署碳捕集、利用和封存技术装备。

（三）促进科技成果产业化转化

选择节能环保产业发展基础好的地区，建设一批产业集聚、优势突出、产学研用有机结合、引领示范作用显著的节能环保产业示范基地，支持成套装备

及配套设备、关键共性技术和先进制造技术的生产制造和推广应用。加强知识产权保护，推进知识产权投融资机制建设，鼓励设立中小企业公共服务平台、出台扶持政策，支持中小型节能环保企业开展技术创新和产业化发展。筛选一批技术先进、经济适用的节能环保装备设备，扩大推广应用。

（四）推动国际合作和人才队伍建设

鼓励企业、科研机构开展国际科技交流与合作，支持企业节能环保创新人才队伍建设。依托“千人计划”和海外高层次创新创业人才基地建设，加快吸引海外高层次人才来华创新创业。依托重大人才工程，大力培养节能环保科技创新、工程技术等高端人才。

六、强化约束激励，营造有利的市场和政策环境

（一）健全法规标准

加快制（修）订节能环保标准，逐步提高终端用能产品能效标准和重点行业单位产品能耗限额标准，按照改善环境质量的需要，完善环境质量标准和污染物排放标准体系，提高污染物排放控制要求，扩大监控污染物范围，强化总量控制和有毒有害污染物排放控制，充分发挥标准对产业发展的催生促进作用，推动传统产业升级改造。完善节能环保法律法规，推动加快制定固定资产投资项目节能评估和审查法，制定节能技术推广管理办法。严格节能环保执法，严肃查处各类违法违规行为，做好行政执法与刑事司法的衔接，依法加大对环境污染犯罪的惩处力度。认真落实执法责任追究制。加强对节能环保标准、认证标识、政策措施等落实情况的监督检查。加快建立节能减排监测、评估体系和技术服务平台。

（二）强化目标责任

完善节能减排统计、监测、考核体系，健全节能减排预警机制，强化节能减排目标进度考核，建立健全行业节能减排工作评价制度。将考核结果作为领导班子和领导干部综合考核评价的重要内容，纳入政府绩效管理，落实奖惩措施，实行问责制。完善节能评估和审查制度，发挥能评对控制能耗总量和增量的重要作用。落实万家企业节能量目标，加大对重点耗能企业节能的评价考核力度。落实节能减排目标责任制，形成促进节能环保产业发展的倒逼机制。

（三）加大财政投入

加大中央预算内投资和中央财政节能减排专项资金对节能环保产业的投入，继续安排国有资本经营预算支出支持重点企业实施节能环保项目。地方各级人民政府要提高认识，加大对节能环保重大工程和技术装备研发推广的投入

力度，解决突出问题。要进一步转变政府职能，完善财政支持方式和资金管理办法，简化审批程序，强化监管，充分调动各方面积极性，推动节能环保产业积极有序发展。

（四）拓展投融资渠道

大力发展绿色信贷，按照风险可控、商业可持续的原则，加大对节能环保项目的支持力度。积极创新金融产品和服务，按照现有政策规定，探索将特许经营权等纳入贷款抵（质）押担保物范围。支持绿色信贷和金融创新，建立绿色银行评级制度。支持融资性担保机构加大对符合产业政策、资质好、管理规范的节能环保企业的担保力度。支持符合条件的节能环保企业发行企业债券、中小企业集合债券、短期融资券、中期票据等债务融资工具。选择资质条件较好的节能环保企业，开展非公开发行企业债券试点。稳步发展碳汇交易。鼓励和引导民间投资和外资进入节能环保领域。

（五）完善价格、收费和土地政策

加快制定实施鼓励余热余压余能发电及背压热电、可再生能源发展的上网和价格政策。完善电力峰谷分时电价政策，扩大应用面并逐步扩大峰谷价差。对超过产品能耗（电耗）限额标准的企业和产品，实行惩罚性电价。严格落实燃煤电厂脱硫、脱硝电价政策和居民用电阶梯价格，推行居民用水用气阶梯价格。

深化市政公用事业市场化改革，完善供热计量价格和收费管理办法，完善污水处理费和垃圾处理费政策，将污泥处理费用纳入污水处理成本，完善对自备水源用户征收污水处理费的制度。改进垃圾处理费征收方式，合理确定收费载体和标准，提高收缴率和资金使用效率。对城镇污水垃圾处理设施、“城市矿产”示范基地、集中资源化处理中心等国家支持的节能环保重点工程用地，在土地利用年度计划安排中给予重点保障。严格落实并不断完善现有节能、节水、环境保护、资源综合利用的税收优惠政策。

（六）推行市场化机制

建立主要终端用能产品能效“领跑者”制度，明确实施时限。推进节能发电调度。强化电力需求侧管理，开展城市综合试点。研究制定强制回收产品和包装物目录，建立生产者责任延伸制度，推动生产者落实废弃产品回收、处理等责任。采取政府建网、企业建厂等方式，鼓励城镇污水垃圾处理设施市场化建设和运营。深化排污权有偿使用和交易试点，建立完善排污权有偿使用和交易政策体系，研究制定排污权交易初始价格和交易价格政策。开展碳排放权交易试点。健全污染者付费制度，完善矿产资源补偿制度，加快建立生态补偿机制。

（七）支持节能环保产业“走出去”和“引进来”

鼓励有条件的企业承揽境外各类环保工程、服务项目。结合受援国需要和我国援助能力，加大环境保护、清洁能源、应对气候变化等领域的对外援助力度，支持开展相关技术、产品和服务合作。培育建设一批国家科技兴贸创新基地。鼓励节能环保企业参加各类双边或国际节能环保论坛、展览及贸易投资促进活动等，充分利用相关平台进行交流推介，开展国际合作，增强“走出去”的能力。引导外资投向节能环保产业，丰富外商投资方式，拓宽外商投资渠道，不断完善外商投资软环境。继续支持引进先进的节能环保核心关键技术和设备。国家支持节能环保产业发展的政策同等适用于符合条件的外商投资企业。

（八）开展生态文明先行先试

在做好生态文明建设顶层设计和总体部署的同时，总结有效做法和成功经验，开展生态文明先行示范区建设。根据不同区域特点，在全国选择有代表性的100个地区开展生态文明先行示范区建设，探索符合我国国情的生态文明建设模式。稳步扩大节能减排财政政策综合示范范围，结合新型城镇化建设，选择部分城市为平台，整合节能减排和新能源发展相关财政政策，围绕产业低碳化、交通清洁化、建筑绿色化、服务集约化、主要污染物减量化、可再生能源利用规模化等挖掘内需潜力，系统推进节能减排，带动经济转型升级，为跨区域、跨流域节能减排探索积累经验。通过先行先试，带动节能环保和循环经济工程投资和绿色消费，全面推动资源节约和环境保护，发挥典型带动和辐射效应，形成节能减排、生态文明的综合能力。

（九）加强节能环保宣传教育

加强生态文明理念和资源环境国情教育，把节能环保、生态文明纳入社会主义核心价值观宣传教育体系以及基础教育、高等教育、职业教育体系。加强舆论监督和引导，宣传先进事例，曝光反面典型，普及节能环保知识和方法，倡导绿色消费新风尚，形成文明、节约、绿色、低碳的生产方式、消费模式和生活习惯。

各地区、各部门要按照本意见的要求，进一步深化对加快发展节能环保产业重要意义的认识，切实加强组织领导和协调配合，明确任务分工，落实工作责任，扎实开展工作，确保各项任务措施落到实处，务求尽快取得实效。

国务院

2013年8月1日

（此件有删减）

国务院关于印发“十二五”国家自主创新能力建设规划的通知

国发〔2013〕4 号

各省、自治区、直辖市人民政府，国务院各部委、各直属机构：

现将《“十二五”国家自主创新能力建设规划》印发给你们，请认真贯彻执行。

国务院

2013 年 1 月 15 日

（此件有删减）

“十二五”国家自主创新能力建设规划（摘选）

为贯彻落实《中华人民共和国国民经济和社会发展第十二个五年规划纲要》、《国家中长期科学和技术发展规划纲要（2006～2020 年）》和《中共中央　国务院关于深化科技体制改革加快国家创新体系建设的意见》（中发〔2012〕6 号），引导创新主体行为，指导全社会加强自主创新能力建设，加快推进创新型国家建设，制定本规划。本规划主要涉及创新基础设施、创新主体、创新人才队伍和制度文化环境等方面。

一、建设基础与面临形势

（一）建设基础

“十一五”期间，我国坚持把增强自主创新能力作为科学技术发展的战略基点和提高综合国力的关键，大力推进科技进步和创新，强化了对经济社会发展和国家安全保障的支撑。

1. 激励自主创新的法律和政策效果初步显现。修订了科学技术进步法和专利法，公布实施反垄断法、企业所得税法等法律法规，为自主创新提供了有力的法律制度保障。国家中长期科技发展规划纲要配套政策及其实施细则逐步落实，财政科技投入和全社会研发投入年均增长超过 20％，全社会研究开发投入占国内生产总值的比例由 1.39％提高到 1.76％。国家中长期人才规划纲要和教育规划纲要颁布实施，高层次、高技能人才队伍不断壮大，从事研发活动人员数量跃居世界首位。国家知识产权战略纲要颁布实施，发明专利授权量大幅增长，上升到世界第三位。

2. 自主创新基础条件不断完善。实施《国家自主创新基础能力建设“十一五”规划》和《2004～2010 年国家科技基础条件平台建设纲要》，建设了一批达到或接近国际先进水平的重大科技基础设施，构建了科技资源开放共享的全国大型科学仪器设备协作共用网，国家重点实验室和野外观测台站（网）分别达到 327 家和 105 个，国家工程中心、国家工程实验室、国家认定企业技术中心分别达到 391 家、91 家、729 家，各类国家检测中心、产品检测实验室等加快发展，科技进步和创新的物质技术基础进一步夯实。

3. 创新主体发展能力明显提升。技术创新工程有效推进，以企业为主体的技术创新体系建设取得积极进展，企业研发经费、研发人员和发明专利授权量年均分别增长 25％、15％和 30％，涌现出一大批具有国际竞争力的创新型企业。知识创新工程、“211 工程”和“985 工程”加快实施，公益类科研机构改革进一步深化，高等院校和科研院所的原始创新能力显著增强。国家技术转移示范机构、国家大学科技园、生产力促进中心和科技孵化器等科技中介服务机构不断壮大，分别达到 134 家、86 家、2200 多家和 1000 多家，创新创业服务能力明显提升。

4. 创新驱动经济社会发展的作用不断增强。超级计算机、移动通信、高速列车、大型飞机和核能等领域取得一批标志性创新成果并实现产业化，形成了若干新的经济增长点。新一代可循环钢铁流程工艺、清洁煤电成套装备、特高压输变电、新能源汽车和半导体照明等一批核心关键技术取得突破，为提升产业竞争力和促进节能减排降耗作出了积极贡献。超级稻、矮败小麦、禽流感疫苗、肿瘤靶向治疗、抗肝炎新药以及生产安全、食品安全和污染控制等领域的重大技术研发与推广应用，为农业增产和民生改善提供了技术保障。

（二）面临形势

“十二五”是我国建设创新型国家的关键时期，全面建成小康社会、加快转变经济发展方式对自主创新能力建设提出了更高、更紧迫的要求。

1. 加强创新能力建设是提升国家竞争力的迫切要求。国际金融危机影响深远，主要国家纷纷调整创新战略，不断优化创新政策环境，加大创新基础设施建设投入，世界进入依靠创新繁荣实体经济的深度调整期。创新全球化加速了人才、技术等创新要素的国际流动，为各国提升创新能力带来了重大机遇和严峻挑战。要在全球经济大调整、大变革中掌握主动权，必须加快提升创新能力，抢占科技发展制高点，构筑国际竞争新优势。

2. 加强创新能力建设是实现重大科技突破的重要举措。当前，能源资源、信息通信、人口健康、现代农业和先进材料等关系现代化建设进程的重要领域正孕育革命性突破，将催生一批战略性新兴产业，引发以绿色、健康和智能为特征的新产业革命，推动产业结构重大调整。要避免与新科技革命和产业革命带来的重大历史机遇失之交臂，必须实现创新能力质的飞跃。

3. 加强创新能力建设是加快转变经济发展方式的重要支撑。当前经济、产业的竞争已前移到科技进步和创新能力的竞争，特别是随着我国工业化迅速推进，劳动力、原材料和环境保护等成本持续上升，经济社会发展面临的资源能源和生态环境约束压力进一步加大，迫切需要依靠创新实现转型发展。我国经济总量已跃居世界第二位，主要产业面临由大转强的艰巨任务，迫切需要以提高经济增长质量和效益为中心，强化创新驱动，加快实现产业结构优化升级和经济发展方式转变。

4. 加强创新能力建设是破解社会发展难题的客观需要。解决好人民群众普遍关心的基本公共服务问题，构建和谐社会，迫切需要加快教育、医疗卫生、文化和公共安全等重要社会服务领域创新能力建设，构筑惠及全民的低成本、高质量、广覆盖的社会服务保障体系，缩小城乡、区域间基本公共服务保障水平的差距，满足国民基本公共服务需求。

当前，我国自主创新能力建设仍存在一些突出问题，主要表现在：创新能力建设缺乏系统前瞻布局，与世界先进水平相比还有较大差距；创新资源配置重复分散、使用效率不高、共享不足；企业创新动力和活力不足，技术创新的主体作用没有得到充分发挥；投入不足与结构不合理并存，持续投入机制尚未形成；知识产权保护等创新环境有待完善。面对新形势和新要求，必须把科技创新作为提高社会生产力和综合国力的战略支撑，摆在国家发展全局的核心位置，以战略眼光和全球视野，抓住机遇，应对挑战，充分利用现有基础，着力加强薄弱环节，以更大力度推进我国自主创新能力建设。

二、指导思想、建设目标和总体部署

（一）指导思想

以邓小平理论、“三个代表”重要思想、科学发展观为指导，着眼国家全局性和长远性发展需求，实施创新驱动发展战略，以体制机制改革为保障，统筹创新能力建设布局，加强自主创新的物质技术基础和人才队伍建设，促进创新资源合理配置，增强创新主体动力和全社会创新活力，更加注重协同创新，全面提升原始创新、集成创新和引进消化吸收再创新的能力和水平，加快创新型国家建设，为经济社会发展提供有力保障。

（二）建设目标

到“十二五”末，我国自主创新能力建设的目标是：

1. 创新基础条件建设布局更加合理。投入运行和在建的重大科技基础设施总量接近50个，形成一批世界一流的科学中心。重点建设和完善100家国家工程中心，新建若干家国家工程（重点）实验室，认定一批国家级企业技术中心，产业技术创新、重大技术装备研制和重点工程设计的支撑条件更加完善。

2. 重点领域创新能力明显提升。农业、制造业、战略性新兴产业、能源和综合交通运输等产业创新能力大幅提升，教育、医疗卫生、文化和公共安全等社会领域创新能力建设取得重要进展。

3. 创新主体实力明显增强。企业技术创新主体地位进一步强化，大中型工业企业研发投入占主营业务收入比例达到1.5％，一批创新型企业进入世界500强。建成若干一流科研机构，创新能力和研究成果进入世界同类科研机构前列；建设一批高水平研究型大学，一批优势学科达到世界一流水平，关键核心技术的有效供给能力明显提升。

4. 区域创新能力布局不断优化。初步形成东中西部分工协作、功能互补、多层次合作的区域创新体系。区域性创新服务平台建设得到加强。

5. 创新环境更加完善。创新人才队伍结构更加合理，涌现一批高端创新人才、工程技术人才和创新服务人才，每万名就业人员的研发人力投入达到43人·年。知识产权保护得到切实加强。每万人发明专利拥有量提高到3.3件，专利质量和专利技术实施率明显提高。

（三）总体部署

“十二五”时期，我国自主创新能力建设的总体部署是：加强政府统筹规划指导，更加发挥市场在资源配置中的基础性作用，引导社会创新主体积极参与，重点推进科学研究实验设施和各类创新基地建设，加强科技资源整合共享和高效利用，健全国家标准、计量、检测和认证技术体系，支撑科技跨越发展；加快推进重点产业关键核心技术研发和工程化能力建设，提升重点社会领域创新能力和公共服务水平，构建各具特色、协调发展的区域创新体系，支撑经济社会创新发展；加强创新主体能力、人才队伍和制度等创新环境建设，深化国际交流与合作，强化知识产权创造、运用、保护和管理能力，激发全社会创新活力，提高创新效率和效益。

三、加强科技创新基础条件建设

（一）科学研究实验设施

1. 规划建设国家重大科技基础设施。瞄准科技前沿和国家重大战略需求，坚持有所为、有所不为，以能源科学、生命科学、地球系统与环境科学、粒子物理和核物理科学、空间和天文科学、材料科学、工程技术科学等7个领域为重点，统筹国家重大科技基础设施建设布局。“十二五”时期，综合考虑科学目标、技术基础、科研需求和工程队伍等因素，优先安排海底科学观测网、转化医学研究设施、中国南极天文台等16项重大科技基础设施建设。

2. 加强国家重点实验室建设。按照明确定位、完善布局、规范管理、共建共享的原则，进一步加强国家（重点）实验室建设。围绕重大科技任务、重大科学工程、重大科学方向探索开展国家实验室建设。加强高等学校和科研院所国家重点实验室建设，打造国际一流水平的基础研究骨干基地。在明确定位标准、系统规划设计的基础上建设企业国家重点实验室，引领和带动行业技术进步。积极推进港澳地区国家重点实验室伙伴实验室建设。围绕部门、地方优势和特色，培育国家重点实验室。

3. 提高科研装备水平。加强科学规划和系统设计，改善科研装备条件，进一步提高现有科研仪器设备的使用效率。继续推进重大科研装备自主研制，探索科研装备自主开发有效模式。强化重大科学仪器设备开发和应用，增强科研条件资源的自主装备能力。

4. 稳步推进国家野外科学观测研究站（网）建设。加强农业、气象、生态、环保、交通、水利等领域野外科学观测研究站（网）建设。加快推进野外科学观测研究站（网）的信息化，改善观测环境和科研条件，形成一批联网运行和资源共享的综合性、专业性野外科学观测研究基地。

（二）科技资源与信息平台

1. 加强自然科技资源库建设。继续开展自然科技资源的搜集、保藏和安全保护，整合和完善科学植物园、动植物种质资源库、微生物菌（毒）种和人类遗传资源库、临床样本和疾病信息资源库、实验材料和标准物质资源库、岩矿化石和生物标本资源库。

2. 推动重点领域科技资源平台建设。在信息、生物、新材料、航空航天、能源、海洋、节能减排等重点领域以及新兴、前沿和交叉学科领域，推动多学科交叉集成、面向社会开放服务的科技资源平台建设。

3. 加快科学数据平台建设。实施科研信息化应用推进工程，强化国家重要科研信息化基础设施的综合应用和服务能力。加强中国科技资源共享网建设，构建科技资源从数据获取、存储、处理、挖掘到开放共享的完整信息服务链。建设集中与分散相结合的国家科学数据中心群，形成国家科学数据分级分类共享服务体系。抢救濒临丢失的重要科学数据。继续加强专利、工艺、标准、科技报告等科技文献资源的整合和开放。

（三）标准计量检测认证平台

1. 加强标准和认证认可体系建设。完善国家和行业技术标准资源服务平台，加强标准化与科技创新、产业升级协同发展，加快关键技术标准研制，提高参与制定国际标准的能力。推进科技基础条件平台标准化工作，加强科技资源标准化整理工作，提高数字化表达水平。完善信息安全产品国家认证制度，突破食品安全、碳排放、新能源、节能环保、交通运输工具、再制造、农业和生物、医药、现代服务业等领域认证认可关键技术，提升标准和认证认可技术支撑能力。

2. 加强检验检测平台建设。整合资源，构建以国家级机构为龙头、区域性机构为基础、企业及社会检测资源为补充的检验检测体系。重点支持战略性新兴产业、现代服务业、现代农业等产业和领域检验检测能力建设，研制关键检测技术、方法和装备。在产业集聚地和主要进出口口岸规划建设一批综合性检验检测平台，增强适应产业创新和国际化发展的检验检测能力。

3. 积极推进计量测试平台建设。掌握基本物理常数、量子基准关键技术及精确测量先进方法、国际关键比对技术与方法，前瞻布局建设和完善计量基标准和重大精密测量基础设施，构建产业发展急需的计量测试平台；在新材料、新能源、智能电网、生物与食品安全、先进制造、应对气候变化、环境保护、城市矿产、医药安全和国防建设等领域形成满足需求的有效测量和溯源能力，健全高端分析仪器量值溯源体系，构建满足国内需求并与国际接轨的国家计量基标准和量值传递体系。

四、增强重点产业持续创新能力

（一）农业创新能力

1. 加强农业技术创新平台建设。围绕我国粮食安全、种业发展、主要农产品供给、农产品质量安全、生物安全、农林生态保护等，加强农业重点实验室、农业应用研究示范基地、科学观测实验站、品种改良中心、种质库（圃）等创新基地和平台建设。依托公益性行业科研专项等国家科技计划，围绕动植物良种、生态林业、生态农业、海洋农业、农机装备、新型肥药、农产品精深加工、高效栽培、绿色种植、健康养殖、节本降耗、节水灌溉、植物病虫害统防统治、动物疫病防控、农业防灾减灾、农业农村信息化、水文水资源监测、水土流失防控、河口海岸滩涂开发治理和保护等方面重大技术需求，建设和完善一批关键共性技术创新平台。开展农业面源污染监测、防治科技攻关，提升农业可持续发展的能力。结合实施转基因生物新品种培育科技重大专项、粮食丰产科技工程和种业科技创新工程等，建设产学研结合、育繁推一体化的现代种业创新体系，增强良种良法开发和推广应用能力。

2. 推进农业创新资源集聚。推进现代农业产业技术体系建设，完善以产业需求为导向、以农产品为单元、以产业链为主线、以综合试验站为基点的新型农业科技资源组合模式。积极培育以企业为主导的农业产业技术创新战略联盟，推进国家农业高新技术产业示范区和国家农业科技园区建设，构建适应高产、优质、高效、生态、安全农业发展要求的技术体系。

3. 加快农业技术推广体系建设。健全乡镇或区域性农业技术推广、动植物疫病防控、农产品质量监管等公共服务机构，构建以国家农技推广机构为主导，农业科研单位、有关学校、农民专业合作社、涉农企业、群众性科技组织、农民技术人员广泛参与的多元化农技推广体系，促进农业科技信息传播和成果推广应用。加快重大关键农业技术推广应用和农机农艺融合。大力实施科技特派员农村科技创业行动，鼓励创办领办科技型企业和技术合作组织，继续完善农业科技专家大院、星火科技 12396 等科技服务模式。继续实施星火计划、科技富民强县专项行动计划、科普惠农兴村计划，全面提升现代农业专业化、社会化技术服务和推广应用能力。

（二）制造业创新能力

1. 加强制造业共性技术创新平台建设。以制造业结构调整和优化升级必需的基础工艺、基础材料、基础元器件、关键零部件和软件系统为重点，集聚、整合产业链各环节的创新资源，创新组织模式，搭建一批关键共性技术研发和工程化平台，为提升制造业新技术和新产品开发能力提供有力支撑。

2. 提高重大成套技术装备开发能力。围绕重大成套技术装备设计验证以及节能减排、资源综合利用和循环经济等关键技术开发，完善和提升产业技术创新、检测检验和系统验证服务等平台，培育发展专业化的工业设计、研发机构。完善相应的研发和推广应用体系，提升重大成套技术装备的系统设计能力和集成创新能力、配套产业的新技术和新产品开发能力。

3. 推动工业化和信息化深度融合。加强生产过程智能化和生产装备数字化应用示范，提升集散控制、数字控制等自动化和信息化技术集成创新能力。推进国家新型工业化产业示范基地建设。实施制造业信息化科技工程。根据行业技术发展要求，培育和发展网络制造等现代制造模式，促进“生产型制造”向“服务型制造”转变。

专栏 1　制造业创新能力建设重点	
1	装备制造 机械基础零部件、基础工艺、高端仪器仪表、先进实用农机装备、煤机装备、海洋技术装备等设计、实验及检测，制造信息化、快速制造和再制造。
2	船舶 散货船、油船、集装箱船等传统船型升级换代，船用中低速柴油机、船用电站，高技术船舶、绿色船舶设计制造，数字化船型设计数据库。
3	汽车 高效内燃机、高效传动与驱动、材料与结构轻量化、整车优化、普通混合动力、汽车节能技术等研发试验平台。
4	钢铁 新一代钢铁可循环流程工艺技术，高性能、高质量及升级换代关键钢材品种。
5	有色金属 高效、低耗、低污染新型冶炼、共伴生矿高效利用、矿山尾矿综合利用、有色金属短流程低能耗加工等技术与装备。
6	石化 大型特大型石化技术装备。
7	建材 无机非金属材料、非金属矿精深加工及节能减排、资源综合利用。
8	轻工 新型电池、农用新型塑料、酶制剂、食品加工、节能环保电光源、绿色智能家电。
9	纺织 高新技术纤维和新一代功能性、差别化纤维，高效节能纺纱、织造和印染以及产业用纺织品。

（三）战略性新兴产业创新能力

1. 加强战略性新兴产业创新平台和标准化建设。前瞻部署一批前沿技术研发平台，完善一批产业关键核心技术创新平台，重点建设一批工程化验证平台，为培育战略性新兴产业提供有力支撑。强化战略性新兴产业知识产权与技术标准前瞻布局，支持以企业为核心的专利战略联盟和技术标准联盟建设，掌握一批主导产业发展的知识产权和有国际影响力的技术标准，抢占战略性新兴产业技术发展制高点。

2. 推进战略性新兴产业创新成果应用示范。实施战略性新兴产业创新成果应用示范工程。依托产业创新资源聚集区，布局建设一批重大成果应用示范基地，支持商业模式创新，探索政府采购支持新方式，发展产业链完善、创新能力强、特色鲜明的创新集群，提升战略性新兴产业关键技术的工程化和产业化能力。

专栏2　战略性新兴产业创新能力建设重点	
1	节能环保 高效节能、低耗零排、环境安全、资源循环利用。
2	新一代信息技术 新一代无线通信、卫星移动通信、下一代广播电视网、下一代互联网、云计算、物联网、新型显示技术、半导体照明，信息技术服务。
3	生物 新药创制、高性能诊疗设备，合成生物与先进生物制造，医药、重要农作物及畜禽、微生物菌（毒）种等基因资源信息库。
4	高端装备制造 航空产品、卫星载荷研制，智能控制系统、高档数控机床、轨道交通装备、深海运载和探测技术装备、深部矿产资源探测装备。
5	新能源 新一代核电装备、大型风电机组系统集成及零部件设计试验平台，新型太阳能发电、智能电网、下一代生物燃料、大规模储能。
6	新材料 新型功能材料、先进结构材料、高性能复合材料、分离膜材料、有机硅材料、纳米材料、共性基础材料。
7	新能源汽车 插电式混合动力汽车、纯电动汽车、燃料电池汽车、车用动力电池、驱动电机、动力总成、管理控制系统。

（略）

六、强化区域创新发展能力

（一）加快建设各具特色的区域创新体系

结合区域经济社会发展的特色和优势，加快区域创新能力布局建设，构建运行高效的区域创新网络，鼓励创新资源密集的区域率先实现创新驱动发展，支持具有特色创新资源的区域加快提高创新能力。东部地区要发挥开放和科教资源密集优势，集聚国际创新资源，重点提升长江三角洲、珠江三角洲、京津冀等区域的自主创新能力，支撑产业高端化、国际化发展。中部地区要发挥承东启西区位和产业技术基础齐全的优势，强化与东西部地区的人才、技术和设备等创新要素对接，加强产业配套创新能力建设。西部地区要发挥特色资源和产业优势，加快产业技术研发与产业化能力建设，形成若干有较强创新能力的特色优势资源综合利用加工基地、新能源基地和先进装备制造基地。东北地区等老工业基地要发挥产业和科技基础较强的优势，强化现代产业科技支撑体系，推动高端装备制造业发展和传统制造业转型升级，加快新型工业化进程。以交通、水利、农业、气象、质检、环保等为重点，推进跨区域公共技术创新和服务平台建设，探索建立有效的跨区运行机制和模式，着力解决水污染控制、大气污染防治、污染土壤修复、农业面源污染防治、公共安全等综合性问题。

（二）推进重点创新集聚区建设与发展

加强北京中关村、武汉东湖、上海张江等国家自主创新示范区建设，推进体制机制创新和政策先行先试，加快创新支撑条件建设，探索创新驱动发展的新思路、新模式。推动国家高新技术产业开发区和国家经济技术开发区以提升自主创新能力为核心的“二次创业”，加快建立服务于知识技术密集型产业发展的共性技术创新平台和公共服务平台，优化创新创业环境，增强园区自主创新和持续发展能力。推进国家创新型试点城市建设，带动形成一批各具特色、充满活力的省级创新型城市，构建特色鲜明、优势互补的创新型城市群，培育若干有国际影响力的区域经济增长极。

七、推进创新主体能力建设

（一）加强企业技术创新基础能力建设

1. 深入实施国家技术创新工程。鼓励产业技术创新战略联盟按产业发展需求构建创新链，推进创新型企业建设，加大对企业创新基础能力建设支持力度，促进创新资源向企业集聚。鼓励符合条件的企业承担或参与企业国家重点实验室、工程实验室、工程中心以及中试和技术转移平台建设，鼓励企业承担国家和地方科技计划项目。深化转制院所改革，增强行业关键共性技术开发服务能力和技术辐射能力。

2. 加强企业研发机构建设。采取有效政策措施，引导企业加大产业发展前沿技术研发力度。实施企业技术创新百强工程，重点建设一批国家认定企业技术中心，大力发展省市、行业认定企业技术中心，完善重大新产品研发与技术升级支撑体系。鼓励有条件的企业在海外建立研发中心，提升企业新产品、新工艺和新技术开发能力。

3. 推进中小企业创新服务体系建设。在中小企业集聚区布局建设一批技术创新服务平台，增强产品创新、工艺创新和服务创新支撑能力。实施中小企业信息化推进工程，完善第三方信息化应用服务平台，搭建行业应用平台，加快中小企业信息化建设步伐。

专栏5　企业技术创新基础能力建设重点	
1	国家技术创新工程 以提升企业自主创新能力和产业核心竞争力为主旨，促进政产学研用紧密结合，进一步创新管理，着力建立企业主导产业技术研发创新的体制机制，引导和支持创新要素向企业集聚。构建一批支撑经济结构战略性调整的产业技术创新战略联盟，建设完善一批面向企业的技术创新服务平台，培育形成一批具有较强国际竞争力的创新型企业，推动一批重大科技成果产业化应用，培育一批高端化、集约化、专业化的创新型园区。
2	企业技术创新百强工程 选择高技术产业、国民经济支柱产业和我国具有比较优势的重点产业的行业排头兵企业，培育百家在产业自主创新中具有领军作用的大企业集团和创新优势企业，培育一批组织健全、实力雄厚的企业研究开发机构。

（二）提升高等院校和科研院所创新能力

深入实施“211工程”、“985工程”和“高等学校创新能力提升计划”，重点完善基础研究、应用基础研究平台，整合高等院校优势创新资源，建设一批高水平研究型大学，加强跨学科交叉研究机构、跨校研究中心建设，增强高等院校创新人才培养能力、基础研究和前沿技术创新能力。持续稳定支持基础研究类和社会公益类科研机构，实施中科院“创新2020”，在重点领域形成国际一流的优势学科和研究基地，大幅提升科研院所原始创新能力和重大技术系统集成能力。依托具有较强研究开发和技术辐射能力的科研院所，利用现有基础条件和综合优势，合理布局一批国家重大公益性科技基础设施。大力推动协同创新，建立与产业、区域经济紧密结合的技术研发和成果转化机制，提升高校和科研院所服务国家重大需求、支撑产业结构调整和促进区域协调发展的能力。

专栏6　高等院校和科研院所创新能力建设重点	
1	高等学校创新能力提升计划 瞄准科学前沿和国家发展重大需求，加强重点学科建设，有效整合创新资源，构建协同创新的新模式与新机制，认定并支持一批“2011计划协同创新中心”，集聚和培养一批拔尖创新人才，取得一批重大标志性成果，提高高等学校创新能力。
2	中科院“创新2020” 建设基础前沿科学中心、战略高技术研发中心和重大公益性科技综合研究中心以及国家宏观决策科技支持系统，组织实施战略性先导科技专项，优化布局建设区域创新集群和开放共享的创新基础设施，着力解决关系国家全局和长远发展的基础性、战略性、前瞻性重大科技问题。

（三）增强科技中介机构创新服务能力

1. 积极推进各类科技中介服务机构发展。引导科技中介服务机构向服务专业化、功能社会化、组织网络化、运行规范化方向发展。加强骨干中介机构技术服务能力建设，提升技术服务设备水平，培养高水平人才和从业人员。推动中介机构应用现代科学技术，创新服务方式与手段，推动业务向技术集成、产品设计、工艺配套以及管理咨询等领域拓展。发挥行业协会、学会和产业组织作用，加强对科技咨询、技术评估、信息服务和创业投资服务等中介服务机构的指导，增强中介机构专业化服务能力。

2. 提高科技中介机构服务创新的水平。以提高创业服务能力为重点，大力推进大学科技园、留学人员创业园、科技企业孵化器发展，为科技型初创企业提供优质、高效、全方位服务。以加速创新成果转移扩散为目标，增强国家技术转移中心、生产力促进中心和技术交易中心等组织专业化服务能力。大力发展创业投资服务机构，吸引社会资金支持创新活动。加强科技信息机构的信息采集与综合加工能力建设，提升政策咨询与评估机构的决策咨询与技术支撑能力，面向社会提供科技信息和决策咨询服务以及第三方技术评估服务。

（四）进一步深化企业主导的产学研合作

加强协同创新，积极探索推进产学研相结合的有效模式。鼓励行业骨干企业与高等院校、科研院所、上下游企业、行业协会等共建研发组织，建设产业关键共性技术创新平台。支持企业牵头组织高等院校和科研院所共同承担国家科技计划项目，探索企业选题、共同研发的新模式。建立企业主导的产业技术创新战略联盟，强化其组织技术创新合作、创新平台建设、技术转移扩散、人才联合培养等功能。

八、加强创新人才队伍建设

（一）科技创新领军人才

实施创新人才推进计划和青年人才开发计划，设立科学家工作室，依托高等院校、科研院所和大型骨干企业，加快建设一批创新人才培养示范基地和国家青年英才培养基地，培养造就一批世界水平的科学家、中青年科技创新领军人才、科技创新创业人才和青年拔尖人才等。统筹实施“千人计划”等引才引智计划，在前沿技术和新兴产业领域建设一批海外高层次人才创新创业基地，为引进的世界科技发展前沿战略科学家、学术带头人和优秀创新团队提供研发条件保障。推荐优秀科学家参与国际科技组织和重大国际科技合作计划并担任重要职务，增强我国科技创新领军人才运用国内外科技资源的能力。

（二）产业创新紧缺人才

以国家科技计划和重大工程为平台，以产业技术创新战略联盟和产学研合作项目为纽带，建设一批工程创新实训基地，实施专业技术人才知识更新工程，加快培养经济社会发展重点领域紧缺专门人才。实施国家高技能人才振兴计划，依托大型骨干企业、职业院校和职业培训机构，加快国家级高技能人才培养和实训基地建设。深入实施“卓越工程师教育培养计划”，推行校企合作、工学结合和顶岗实习等高技能人才培养模式，造就一大批工程技术领军人才和具有创新意识的高技能人才。加快工程教育和工程师资格国际互认进程，培养专业化、国际化、复合型工程技术人才队伍。加强基层农业技术推广人才队伍建设。鼓励支持生产一线人员立足本职岗位开展技术创新，提升科学素质和劳动技能。

（三）创新创业服务人才

加强服务于创新创业的各类人才培养。以服务科研开发为目标，培养一批具有较高专业技能的科研支撑人员。着眼产业技术发展需求，培养一批了解产业科技前沿和市场需求的信息分析专门人才。围绕提高创业服务水平，培养一批人事代理、人才测评、心理咨询、人才选拔、就业指导等方面专业人才。依托国家知识产权人才培训基地，加快国家（地方）知识产权人才库和专业人才信息网络建设，重点培养社会急需的企业知识产权管理和中介服务人才。实施科普人才队伍建设工程，加强科普人才培养与在职培训，壮大科普人才队伍。

（四）完善创新人才使用激励机制

改进科技成果管理制度，鼓励探索知识、技术、管理、技能等要素参与分配的机制，探索有利于创新人才发挥作用的多种分配方式，支持企业创新人才以股权、期权等多种形式参与收益分配。鼓励非职务创新。逐步完善政府奖励、用人单位奖励和社会奖励互为补充的多层次创新奖励体系，按照国家有关规定规范和鼓励社会力量设立创新奖项，表彰在创新活动中作出突出贡献的公民或者组织。布局建设一批人才特区，探索创新人才培养、使用、流动、评价制度，为创新创业人才开发提供示范。建立创业基地，通过创业辅导、资助启动资金、税收减免等多种方式，支持创新创业人才开发。

九、完善创新能力建设环境

（一）整合共享创新资源

积极推进体制机制改革，促进创新资源有效共享、高效利用，加强科技资源和科技产出调查，统筹创新资源配置，深化跨部门、跨区域和跨行业开放合作，完善公共科技资源共建共享机制。完善财政资金支持的科技基础设施运行管理和绩效评估机制，推进高等院校和科研院所构建多种模式的创新资源开放共享机制，鼓励和引导创新资源向社会开放。加强国家、行业、地方的重点实验室、工程中心、工程实验室和公共技术服务平台的统筹衔接，完善部省会商、院地合作、部门共建等协同机制，促进中央与地方创新资源优化配置及有效整合。

（二）加强知识产权创造、运用、保护和管理

加快构建以国家知识产权数据中心为核心、区域（行业）知识产权信息服务中心为支撑、知识产权中介服务机构与维权援助机构为基础的知识产权信息服务体系，提升知识产权信息公共服务能力。强化国家科技重大专项、国家科技计划的知识产权前瞻布局，加强重大科技项目知识产权全过程管理。落实完善国家资助开发的科研成果授权和利益分享机制。建立重大经济活动知识产权审议机制，构建知识产权分析预警体系，提高知识产权创造和布局针对性。深入开展企事业单位知识产权试点示范工作，实施中小企业知识产权战略推进工程和知识产权优势企业培育工程，增强企事业单位的知识产权运用能力。加强知识产权专业服务机构、知识产权维权援助机构的技术支撑能力和知识产权价值评估能力建设，促进知识产权转移转化。大力推进使用正版软件。完善知识产权保护措施，依法惩治侵犯知识产权的违法犯罪行为，为科技创新营造良好环境。

（三）推进科学普及能力建设

构建开放程度高、延伸范围广的信息化、网络化全国科普设施体系，合理规划科技馆、自然科学博物馆等科普设施建设。推进科研机构、高等院校向社会开放，开展科普活动。引导社会加大科普投入，繁荣科普创作。推进科技计划成果科普化，推动科普网站、虚拟博物馆和虚拟科技馆建设，利用手机、互联网和移动电视等新媒体技术和手段，创新科普传播方式方法，提升科学资源的普及效率和水平。完善全国科普信息资源共享和交流平台，完善国家科普统计制度，集成国内外科普信息资源，健全科普资源配送体系。

（四）大力培育创新文化

营造“尊重知识、尊重人才、鼓励探索、宽容失败”的创新文化氛围，开展创新方法培训，强化科学精神、创造性思维和创新能力教育培训。拓宽创新文化传播渠道，支持产业组织、社会公益组织和有关国际组织联合搭建创新交流平台，打造若干具有国际影响的创新论坛，加强自主创新成果展示；引导和支持电视台、电台、网络、手机、报刊等传播创新理念，宣传创新案例，报道创新动态，普及创新知识。

（五）提升国际合作水平

根据我国发展需要，制定科技发展国际化战略，积极开展全方位、多层次、高水平的科技国际合作。加大引进国际科技创新资源的力度。加强我国科研机构、高等院校、企业与国外科研机构的合作交流，合理规划、有序推进联合实验室、联合研究中心建设。在具备条件的地方和行业，建立与发展需求密切结合的国际技术转移中心，形成不同层次、不同形式的国际科技合作平台。积极参与气候变化、重大疾病、公共安全等全球性重大科技合作，大力推进政府间合作和科研项目合作，不断探索合作新模式。加强内地与港澳台地区科技交流，建立更加紧密的科技合作关系。

十、规划实施

（一）加强组织领导

各相关部门要高度重视，充分发挥积极性和主动性，抓紧制定具体措施，分解任务，明确责任，创新机制，确保规划提出的各项任务落到实处。各地区要结合本地区特点和发展需求，制订相应专项规划，切实推进本地区自主创新能力建设。建立部门之间、中央与地方之间的工作会商制度和协调机制，加强相关规划的有机衔接，形成共同推进规划落实的良好局面。

（二）完善支持政策措施

深入贯彻落实科学技术进步法等相关法律法规，进一步完善促进国家自主创新能力建设的法律法规和政策，加强产业政策、财税政策、金融政策等与创新能力建设的衔接协调。根据世界贸易组织的有关规定，进一步研究并完善支持企业创新和科研成果产业化的财税金融政策，全面落实企业研发费用加计扣除、企业研究开发仪器设备加速折旧、进口国内不能生产的研发设施税收减免等税收激励政策，加快建立和完善知识产权质押贷款、风险投资等投融资政策。鼓励采用和推广具有自主知识产权的技术标准。建立健全技术产权交易市场。

（三）保障资金投入

进一步完善和落实促进全社会研发经费逐步增长的相关政策措施，探索建立多元化、多渠道、多层次的科技投入体系。发挥政府在科技投入中的引导作用，鼓励和吸引全社会加大对自主创新能力建设的投入力度。推进金融机构、社会团体、企业、个人以及国外投资者参与高水平的研发设施建设。

（四）强化监督评估

强化规划实施的监测、评估和督促检查，采取有效措施解决规划实施中遇到的问题，根据实际情况及时调整和完善规划的具体任务部署。建立综合评价和第三方评价制度，完善考核指标体系和监督机制，鼓励社会各界积极参与规划实施的监督。

国务院关于取消和下放一批行政审批项目等事项的决定

国发〔2013〕19 号

各省、自治区、直辖市人民政府，国务院各部委、各直属机构：

第十二届全国人民代表大会第一次会议批准的《国务院机构改革和职能转变方案》明确提出，要减少和下放投资审批事项，减少和下放生产经营活动审批事项，减少资质资格许可和认定，取消不合法不合理的行政事业性收费和政府性基金项目。经研究论证，国务院决定，取消和下放一批行政审批项目等事项，共计 117 项。其中，取消行政审批项目 71 项，下放管理层级行政审批项目 20 项，取消评比达标表彰项目 10 项，取消行政事业性收费项目 3 项；取消或下放管理层级的机关内部事项和涉密事项 13 项（按规定另行通知）。另有 16 项拟取消或下放的行政审批项目是依据有关法律设立的，国务院将依照法定程序提请全国人民代表大会常务委员会修订相关法律规定。

各地区、各部门要认真做好取消和下放管理层级行政审批项目等事项的落实和衔接工作，切实加强后续监管。要按照深化行政体制改革、加快转变政府职能的要求，继续坚定不移推进行政审批制度改革，清理行政审批等事项，加大简政放权力度。要健全监督制约机制，加强对行政审批权运行的监督，不断提高政府管理科学化、规范化水平。

附件：1. 国务院决定取消和下放管理层级的行政审批项目目录（共计 91 项）
2. 国务院决定取消的评比、达标、表彰项目目录（共计 10 项）
3. 国务院决定取消的行政事业性收费项目目录（共计 3 项）

国务院
2013 年 5 月 15 日

（此件公开发布）

附件 1

国务院决定取消和下放管理层级的行政审批项目目录

（共计 91 项，其中取消 71 项、下放 20 项）

序号	项目名称	实施机关	设定依据	处理决定	备 注
1	企业投资扩建民用机场项目核准	国家发展改革委	《国务院关于投资体制改革的决定》（国发〔2004〕20 号）	取消	对取消的投资审批项目，国土资源、环保、安全生产监管等有关部门要切实履行职责，加强监管，投资主管部门通过备案发现不符合国家有关规划和产业政策要求的投资项目，要通知有关部门和机构，在职责范围内依法采取措施，予以制止
2	企业投资城市轨道交通车辆、信号系统和牵引传动控制系统制造项目核准	国家发展改革委	《国务院关于投资体制改革的决定》（国发〔2004〕20 号）	取消	对取消的投资审批项目，国土资源、环保、安全生产监管等有关部门要切实履行职责，加强监管，投资主管部门通过备案发现不符合国家有关规划和产业政策要求的投资项目，要通知有关部门和机构，在职责范围内依法采取措施，予以制止
3	企业投资纸浆项目核准	国家发展改革委	《国务院关于投资体制改革的决定》（国发〔2004〕20 号）	取消	对取消的投资审批项目，国土资源、环保、安全生产监管等有关部门要切实履行职责，加强监管，投资主管部门通过备案发现不符合国家有关规划和产业政策要求的投资项目，要通知有关部门和机构，在职责范围内依法采取措施，予以制止
4	企业投资日产 300 吨及以上聚酯项目核准	国家发展改革委	《国务院关于投资体制改革的决定》（国发〔2004〕20 号）	取消	对取消的投资审批项目，国土资源、环保、安全生产监管等有关部门要切实履行职责，加强监管，投资主管部门通过备案发现不符合国家有关规划和产业政策要求的投资项目，要通知有关部门和机构，在职责范围内依法采取措施，予以制止

续表

序号	项目名称	实施机关	设定依据	处理决定	备　注
5	企业投资日处理糖料1500吨及以上项目核准	国家发展改革委	《国务院关于投资体制改革的决定》（国发〔2004〕20号）	取消	对取消的投资审批项目，国土资源、环保、安全生产监管等有关部门要切实履行职责，加强监管，投资主管部门通过备案发现不符合国家有关规划和产业政策要求的投资项目，要通知有关部门和机构，在职责范围内依法采取措施，予以制止
6	企业投资年产100万吨及以上新油田开发项目核准	国家发展改革委	《国务院关于投资体制改革的决定》（国发〔2004〕20号）	取消	对取消的投资审批项目，国土资源、环保、安全生产监管等有关部门要切实履行职责，加强监管，投资主管部门通过备案发现不符合国家有关规划和产业政策要求的投资项目，要通知有关部门和机构，在职责范围内依法采取措施，予以制止
7	企业投资年产20亿立方米及以上新气田开发项目核准	国家发展改革委	《国务院关于投资体制改革的决定》（国发〔2004〕20号）	取消	对取消的投资审批项目，国土资源、环保、安全生产监管等有关部门要切实履行职责，加强监管，投资主管部门通过备案发现不符合国家有关规划和产业政策要求的投资项目，要通知有关部门和机构，在职责范围内依法采取措施，予以制止
8	企业投资冷轧项目核准	国家发展改革委	《国务院关于投资体制改革的决定》（国发〔2004〕20号）	取消	对取消的投资审批项目，国土资源、环保、安全生产监管等有关部门要切实履行职责，加强监管，投资主管部门通过备案发现不符合国家有关规划和产业政策要求的投资项目，要通知有关部门和机构，在职责范围内依法采取措施，予以制止

续表

序号	项目名称	实施机关	设定依据	处理决定	备注
9	企业投资乙烯改扩建项目核准	国家发展改革委	《国务院关于投资体制改革的决定》（国发〔2004〕20号）	取消	对取消的投资审批项目，国土资源、环保、安全生产监管等有关部门要切实履行职责，加强监管，投资主管部门通过备案发现不符合国家有关规划和产业政策要求的投资项目，要通知有关部门和机构，在职责范围内依法采取措施，予以制止
10	企业投资医学城、大学城及其他园区性建设项目核准	国家发展改革委	《国务院关于投资体制改革的决定》（国发〔2004〕20号）	取消	对取消的投资审批项目，国土资源、环保、安全生产监管等有关部门要切实履行职责，加强监管，投资主管部门通过备案发现不符合国家有关规划和产业政策要求的投资项目，要通知有关部门和机构，在职责范围内依法采取措施，予以制止
11	企业投资精对苯二甲酸（PTA）、甲苯二异氰酸酯（TDI）项目及对二甲苯（PX）改扩建项目核准	国家发展改革委	《国务院关于投资体制改革的决定》（国发〔2004〕20号）	取消	对取消的投资审批项目，国土资源、环保、安全生产监管等有关部门要切实履行职责，加强监管，投资主管部门通过备案发现不符合国家有关规划和产业政策要求的投资项目，要通知有关部门和机构，在职责范围内依法采取措施，予以制止
12	企业投资卫星电视接收机及关键件、国家特殊规定的移动通信系统及终端等生产项目核准	国家发展改革委	《国务院关于投资体制改革的决定》（国发〔2004〕20号）	取消	对取消的投资审批项目，国土资源、环保、安全生产监管等有关部门要切实履行职责，加强监管，投资主管部门通过备案发现不符合国家有关规划和产业政策要求的投资项目，要通知有关部门和机构，在职责范围内依法采取措施，予以制止

续表

序号	项目名称	实施机关	设定依据	处理决定	备　注
13	企业投资F1赛车场项目核准	国家发展改革委	《国务院关于投资体制改革的决定》（国发〔2004〕20号）	取消	对取消的投资审批项目，国土资源、环保、安全生产监管等有关部门要切实履行职责，加强监管，投资主管部门通过备案发现不符合国家有关规划和产业政策要求的投资项目，要通知有关部门和机构，在职责范围内依法采取措施，予以制止
14	价格评估人员执业资格认定	国家发展改革委	《国务院对确需保留的行政审批项目设定行政许可的决定》（国务院令第412号）	取消	
15	电力用户向发电企业直接购电试点	国家能源局	《国家电力监管委员会、国家发展和改革委员会关于印发〈电力用户向发电企业直接购电试点暂行办法〉的通知》（电监输电〔2004〕17号） 《国家电力监管委员会、国家发展和改革委员会、国家能源局关于完善电力用户与发电企业直接交易试点工作有关问题的通知》（电监市场〔2009〕20号）	取消	
16	电力市场份额核定	国家能源局	《电力监管条例》（国务院令第432号）	取消	
17	卫星地面接收设施生产企业指定	工业和信息化部	《卫星电视广播地面接收设施管理规定》（国务院令第129号）	取消	
18	电信业务经营者拍卖码号审批	工业和信息化部	《国务院对确需保留的行政审批项目设定行政许可的决定》（国务院令第412号）	取消	
19	通信信息网络系统集成企业资质认定	工业和信息化部	《国务院对确需保留的行政审批项目设定行政许可的决定》（国务院令第412号）	取消	

续表

序号	项目名称	实施机关	设定依据	处理决定	备注
20	通信用户管线建设企业资质认定	工业和信息化部	《国务院对确需保留的行政审批项目设定行政许可的决定》(国务院令第412号)	取消	
21	通信建设工程概预算人员资格认定	工业和信息化部	《国务院对确需保留的行政审批项目设定行政许可的决定》(国务院令第412号)	取消	
22	通信建设监理企业资质认证和监理工程师资格认定	工业和信息化部	《国务院对确需保留的行政审批项目设定行政许可的决定》(国务院令第412号) 《国务院关于第六批取消和调整行政审批项目的决定》(国发〔2012〕52号)	取消	
23	举办全国性人才交流会审批	人力资源社会保障部	《国务院对确需保留的行政审批项目设定行政许可的决定》(国务院令第412号)	取消	
24	安全培训机构资格认可	安全监管总局	《国务院对确需保留的行政审批项目设定行政许可的决定》(国务院令第412号)	取消	
25	只读类光盘生产设备引进、增加与更新审批	新闻出版广电总局	《国务院对确需保留的行政审批项目设定行政许可的决定》(国务院令第412号)	取消	
26	设立出版物全国连锁经营单位审批	新闻出版广电总局	《出版管理条例》(国务院令第594号)	取消	
27	举办全国性出版物订货、展销活动审批	新闻出版广电总局	《国务院办公厅关于保留部分非行政许可审批项目的通知》(国办发〔2004〕62号)	取消	
28	在境外展示、展销国内出版物审批	新闻出版广电总局	《国务院办公厅关于保留部分非行政许可审批项目的通知》(国办发〔2004〕62号)	取消	

续表

序号	项目名称	实施机关	设定依据	处理决定	备　注
29	国际船舶运输经营者之间兼并、收购审核	交通运输部	《中华人民共和国国际海运条例》(国务院令第335号)	取消	
30	承担船舶油污损害民事责任保险的商业性保险机构和互助性保险机构的确定	交通运输部	《防治船舶污染海洋环境管理条例》(国务院令第561号)	取消	
31	国际船舶代理业务审批	交通运输部	《中华人民共和国国际海运条例》(国务院令第335号)	取消	
32	船舶修造、水上拆解地点确定	交通运输部直属海事局	《防治船舶污染海洋环境管理条例》(国务院令第561号)	取消	
33	从事内河船舶船员服务业务审批	省级地方海事机构	《中华人民共和国船员条例》(国务院令第494号)	取消	
34	企业铁路专用线与国铁接轨审批	原铁道部	《国务院对确需保留的行政审批项目设定行政许可的决定》(国务院令第412号)	取消	
35	企业自备车辆参加铁路运输审批	原铁道部	《国务院对确需保留的行政审批项目设定行政许可的决定》(国务院令第412号)	取消	
36	水利工程开工审批	水利部	《国务院对确需保留的行政审批项目设定行政许可的决定》(国务院令第412号)	取消	
37	水文监测资料使用审查	水利部	《中华人民共和国水文条例》(国务院令第496号) 《国务院对确需保留的行政审批项目设定行政许可的决定》(国务院令第412号)	取消	

续表

序号	项目名称	实施机关	设定依据	处理决定	备　注
38	大中型水利工程移民安置监督评估单位资质认定	水利部	《大中型水利水电工程建设征地补偿和移民安置条例》（国务院令第471号）	取消	
39	农作物种子质量检验机构考评员的考核评定	农业部	《农作物种子质量检验机构考核管理办法》（农业部令第12号）	取消	
40	渔业船舶设计、修造单位资格认定	农业部	《国务院对确需保留的行政审批项目设定行政许可的决定》（国务院令第412号）	取消	
41	渔业污染事故调查鉴定机构资格认定	农业部	《国务院办公厅关于保留部分非行政许可审批项目的通知》（国办发〔2004〕62号）	取消	
42	远洋渔业船舶、渔业科研船和教学实习船的船名核定	农业部	《中华人民共和国船舶登记条例》（国务院令第155号）	取消	
43	石油、天然气、煤层气对外合作合同审批	商务部	《中华人民共和国对外合作开采海洋石油资源条例》（国务院令第607号） 《中华人民共和国对外合作开采陆上石油资源条例》（国务院令第606号）	取消	
44	境内单位或者个人从事境外商品期货交易品种核准	商务部	《期货交易管理条例》（国务院令第489号）	取消	
45	“中国服务外包基地城市”认定	商务部、工业和信息化部、科技部、财政部	《商务部关于实施服务外包“千百十工程”的通知》（商资发〔2006〕556号） 《商务部、信息产业部关于开展“中国服务外包基地城市”认定工作有关问题的通知》（商资函〔2006〕102号）	取消	

续表

序号	项目名称	实施机关	设定依据	处理决定	备　注
46	对纳税人申报方式的核准	税务机关	《中华人民共和国税收征收管理法实施细则》（国务院令第362号）	取消	
47	印制有本单位名称发票的审批	税务总局	《中华人民共和国发票管理办法》（国务院令第587号）	取消	
48	中外合作办学机构以及内地与香港特别行政区、澳门特别行政区、台湾地区合作办学机构聘任校长或者主要行政负责人核准	教育部	《中华人民共和国中外合作办学条例》（国务院令第372号）	取消	
49	高等学校部分特殊专业及特殊需要的应届毕业生就业计划审批	教育部	《国务院办公厅关于保留部分非行政许可审批项目的通知》（国办发〔2004〕62号）	取消	
50	非营利性科研机构认定	科技部、财政部、税务总局	《国务院办公厅关于保留部分非行政许可审批项目的通知》（国办发〔2004〕62号）	取消	
51	社会力量设立的面向全国、跨国境和跨省区域的科学技术奖登记	科技部	《国家科学技术奖励条例》（国务院令第396号） 《社会力量设立科学技术奖管理办法》（1999年12月26日科学技术部令第3号发布，2006年2月5日科学技术部令第10号修订）	取消	
52	国家级示范生产力促进中心认定	科技部	《国务院办公厅关于保留部分非行政许可审批项目的通知》（国办发〔2004〕62号）	取消	

续表

序号	项目名称	实施机关	设定依据	处理决定	备　注
53	中外合资经营、中外合作经营的演出经纪机构名称、住所、法定代表人或者主要负责人、营业性演出经营项目变更审批	文化部	《营业性演出管理条例》（国务院令第528号）	取消	
54	香港特别行政区、澳门特别行政区投资者在内地投资设立合资、合作、独资经营的演出经纪机构名称、住所、法定代表人或者主要负责人、营业性演出经营项目变更审批	文化部	《营业性演出管理条例》（国务院令第528号）	取消	
55	台湾地区投资者在内地投资设立合资、合作经营的演出经纪机构名称、住所、法定代表人或者主要负责人、营业性演出经营项目变更审批	文化部	《营业性演出管理条例》（国务院令第528号）	取消	
56	世界博览会标志使用许可合同备案	工商总局	《世界博览会标志保护条例》（国务院令第422号） 《特殊标志管理条例》（国务院令第202号）	取消	
57	外国人乘自备交通工具在华旅游审批	公安部	《国务院对确需保留的行政审批项目设定行政许可的决定》（国务院令第412号）	取消	

续表

序号	项目名称	实施机关	设定依据	处理决定	备　注
58	专项海洋环境预报服务资格认定	国家海洋局	《国务院对确需保留的行政审批项目设定行政许可的决定》(国务院令第412号)	取消	
59	建立国家级苗木花卉市场审批	国家林业局	《国家林业局关于加快林木种苗发展的意见》(林场发〔2004〕135号)	取消	
60	全国经济林、花木之乡命名	国家林业局	《国家林业局办公室关于印发〈全国经济林、花木之乡命名工作管理暂行办法〉、〈全国经济林、花卉示范基地命名工作管理暂行办法〉、〈关于审批主办全国性经济林产品节（会）活动的暂行规定〉的通知》(办造字〔2002〕51号)	取消	
61	主办全国性经济林产品节（会）活动审批	国家林业局	《国家林业局关于印发〈全国性经济林产品节（会）管理规定〉的通知》(林造发〔2010〕269号)	取消	
62	全国经济林、花卉示范基地命名	国家林业局	《国家林业局办公室关于印发〈全国经济林、花木之乡命名工作管理暂行办法〉、〈全国经济林、花卉示范基地命名工作管理暂行办法〉、〈关于审批主办全国性经济林产品节（会）活动的暂行规定〉的通知》(办造字〔2002〕51号)	取消	

续表

序号	项目名称	实施机关	设定依据	处理决定	备注
63	国家林业局重点开放性实验室命名	国家林业局	《林业部关于印发〈林业部重点开放性实验室评审办法〉、〈林业部重点开放性实验室管理办法〉的通知》(林科通字〔1994〕133号)	取消	
64	林业科技示范县审批	国家林业局	《国家林业局关于印发〈“百县千村万户”林业科技示范行动实施方案〉的通知》(林科发〔2008〕97号)	取消	
65	天保工程示范点建设单位审批	国家林业局	《国家林业局关于开展天然林保护工程第一批示范点建设工作的通知》(林天发〔2005〕49号)	取消	
66	天保工程森工企业职工“四险补助”和混岗职工安置办法、安置标准审批	国家林业局	《国家林业局关于做好天然林保护工程区森工企业职工“四险补助”和混岗职工安置等工作的通知》(林计发〔2006〕92号)	取消	
67	天保工程森工企业下岗职工一次性安置审批	国家林业局	《财政部、国家林业局关于做好森工企业下岗职工一次性安置工作的通知》(财农〔2000〕83号)	取消	
68	开办烟草专卖品交易市场审批	国家烟草局	《中华人民共和国烟草专卖法实施条例》(国务院令第223号)	取消	
69	烟草基因工程事项审批	国家烟草局	《国务院办公厅关于保留部分非行政许可审批项目的通知》(国办发〔2004〕62号)	取消	

续表

序号	项目名称	实施机关	设定依据	处理决定	备注
70	厂办大集体改革试点审批	国务院 国资委	《国务院关于同意东北地区厂办大集体改革试点工作指导意见的批复》(国函〔2005〕88号) 《国务院办公厅印发关于中部六省实施比照振兴东北地区等老工业基地和西部大开发有关政策的通知》(国办函〔2008〕15号)	取消	
71	出入境检验检疫报检员从业注册	出入境检验检疫机构	《中华人民共和国进出口商品检验法实施条例》(国务院令第447号)	取消	
72	企业投资在非主要河流上建设的水电站项目核准	国家发展改革委	《国务院关于投资体制改革的决定》(国发〔2004〕20号)	下放地方政府投资主管部门	
73	企业投资分布式燃气发电项目核准	国家发展改革委	《国务院关于投资体制改革的决定》(国发〔2004〕20号)	下放省级投资主管部门	
74	企业投资燃煤背压热电项目核准	国家发展改革委	《国务院关于投资体制改革的决定》(国发〔2004〕20号)	下放省级投资主管部门	
75	企业投资风电站项目核准	国家发展改革委	《国务院关于投资体制改革的决定》(国发〔2004〕20号)	下放地方政府投资主管部门	
76	企业投资330千伏及以下电压等级的交流电网工程项目，列入国家规划的非跨境、跨省(区、市)500千伏电压等级的交流电网工程项目核准	国家发展改革委	《国务院关于投资体制改革的决定》(国发〔2004〕20号)	下放地方政府投资主管部门	

续表

序号	项目名称	实施机关	设定依据	处理决定	备　注
77	企业投资钾矿肥、磷矿肥项目核准	国家发展改革委	《国务院关于投资体制改革的决定》（国发〔2004〕20号）	下放省级投资主管部门	
78	企业投资国家规划矿区内新增年生产能力低于120万吨的煤矿开发项目核准	国家发展改革委	《国务院关于投资体制改革的决定》（国发〔2004〕20号）	下放省级投资主管部门	
79	企业投资非跨境、跨省（区、市）的油气输送管网项目核准	国家发展改革委	《国务院关于投资体制改革的决定》（国发〔2004〕20号）	下放省级投资主管部门	
80	企业投资除稀土矿山开发项目和已探明工业储量5000万吨及以上规模的铁矿开发项目外的其他矿山开发项目（不含煤矿、铀矿）核准	国家发展改革委	《国务院关于投资体制改革的决定》（国发〔2004〕20号）	下放省级投资主管部门	
81	企业投资稀土深加工项目核准	国家发展改革委	《国务院关于投资体制改革的决定》（国发〔2004〕20号）	下放省级投资主管部门	
82	企业投资城市快速轨道交通项目按照国家批准的规划核准	国家发展改革委	《国务院关于投资体制改革的决定》（国发〔2004〕20号）	下放省级投资主管部门	
83	企业投资国家重点风景名胜区、国家自然保护区、全国重点文物保护单位区域内总投资5000万元以上的旅游开发和资源保护项目，世界自然和文化遗产保护区内总投资3000万元及以上的项目核准	国家发展改革委	《国务院关于投资体制改革的决定》（国发〔2004〕20号）	下放省级投资主管部门	

续表

序号	项目名称	实施机关	设定依据	处理决定	备　注
84	外国企业常驻代表机构登记	工商总局	《外国企业常驻代表机构登记管理条例》（国务院令第584号）	下放省级工商行政管理部门	
85	外国（地区）企业在中国境内从事生产经营活动核准	工商总局	《国务院对确需保留的行政审批项目设定行政许可的决定》（国务院令第412号）	下放省级工商行政管理部门	
86	外国文艺表演团体、个人来华在非歌舞娱乐场所进行营业性演出审批	文化部	《营业性演出管理条例》（国务院令第528号）	下放省级文化行政部门	
87	中央管理的建筑施工企业安全生产许可	住房城乡建设部	《安全生产许可证条例》（国务院令第397号）	下放省级住房城乡建设行政部门	
88	实验动物出口审批	科技部	《实验动物管理条例》（1988年10月31日国务院批准，1988年11月14日国家科学技术委员会令第2号发布，根据2011年1月8日《国务院关于废止和修改部分行政法规的决定》修改）	下放省级科技行政管理部门	
89	实验动物工作单位从国外进口实验动物原种登记单位指定	科技部	《实验动物管理条例》（1988年10月31日国务院批准，1988年11月14日国家科学技术委员会令第2号发布，根据2011年1月8日《国务院关于废止和修改部分行政法规的决定》修改）	下放省级科技行政管理部门	
90	加工利用国家限制进口、可用作原料的废五金电器、废电线电缆、废电机等企业认定	环境保护部	《国务院对确需保留的行政审批项目设定行政许可的决定》（国务院令第412号）	下放省级环境保护行政部门	
91	经营高危险性体育项目许可	体育总局	《全民健身条例》（国务院令第560号）	下放省级以下体育行政主管部门	

附件 2

国务院决定取消的评比、达标、表彰项目目录（共计 10 项）

序号	项目名称	主办单位	处理决定
1	部级电子工程设计奖评选	工业和信息化部	取消
2	中国工艺美术大师评选	工业和信息化部	取消部门评选，转由中国轻工业联合会举办
3	民爆行业企业信息化和工业化融合评估	工业和信息化部	取消
4	全国居民家庭经济状况核对示范单位命名	民政部	取消
5	全国财政协作研究课题评比	财政部	取消部门评比，转由中国财政学会举办
6	全国农村优秀人才评选	人力资源社会保障部	并入全国杰出创业技术人才评选
7	留学人员创业园评估	人力资源社会保障部	取消
8	劳动保障监察“两网化”管理标准执行情况评估	人力资源社会保障部	取消
9	城镇房屋拆迁管理规范化考核	住房城乡建设部	取消
10	全路节能环保绿化先进集体、先进个人评选	原铁道部	取消

附件 3

国务院决定取消的行政事业性收费项目目录（共计 3 项）

序 号	项　目	收费部门	依　据	处理决定
1	电子工程概预算人员培训费	工业和信息化部门	《国家计委、财政部关于电子工程建设概预算人员培训费收费标准的通知》（计价格〔2000〕876 号）	取消
2	烟草制品及原辅材料检验费	烟草部门	《国家物价局、财政部关于发布烟草专卖系统行政事业性收费项目及标准的通知》（价费字〔1992〕187 号）	取消
3	保密证表包装材料费	保密部门	《国家保密局、国家物价局、财政部关于保密工作部门执行有关管理规定收取工本费问题的通知》（国保〔1991〕48 号）	取消

国务院关于印发循环经济发展战略及近期行动计划的通知

国发〔2013〕5号

各省、自治区、直辖市人民政府，国务院各部委、各直属机构：

现将《循环经济发展战略及近期行动计划》印发给你们，请认真贯彻执行。

附件：循环经济发展战略及近期行动计划

国务院

2013年1月23日

（此件公开发布）

循环经济发展战略及近期行动计划
（摘选）

目　　录

前　　言

发展循环经济是我国的一项重大战略决策，是落实党的十八大推进生态文明建设战略部署的重大举措，是加快转变经济发展方式，建设资源节约型、环境友好型社会，实现可持续发展的必然选择。

近年来，各地区、各部门大力推动循环经济发展，循环经济理念进一步确立，产业体系逐步完善，发展水平不断提高，经济、社会和环境效益进一步显现。当前，我国已进入全面建成小康社会的决定性阶段，随着工业化、城镇化和农业现代化持续推进，我国能源资源需求将呈刚性增长，废弃物产生量将不断增加，经济增长与资源环境之间的矛盾更加突出，发展循环经济的要求更为迫切。

为指导和推动循环经济加快发展，实现“十二五”规划纲要提出的资源产出率提高15%的目标，国家编制了《循环经济发展战略及近期行动计划》，对发展循环经济作出战略规划，对今后一个时期的工作进行具体部署。各地区、各部门要从战略和全局的高度，充分认识加快发展循环经济的重要意义，落实工作责任，完善工作机制，加强协调配合，进一步加大工作力度，采取切实有效的措施，确保完成各项目标任务，全面提高生态文明水平。

第一章　现状与形势

第一节　“十一五”循环经济发展取得的主要成效

循环经济理念逐步树立。国家把发展循环经济作为一项重大任务纳入国民经济和社会发展规划，要求按照减量化、再利用、资源化，减量化优先的原则，推进生产、流通、消费各环节循环经济发展。一些地方将发展循环经济作为实现转型发展的基本路径。

循环经济试点取得明显成效。经国务院批准，在重点行业、重点领域、产业园区和省市开展了两批国家循环经济试点，各地区结合实际开展了本地循环经济试点。通过试点，总结凝练出60个发展循环经济的模式案例，涌现出一大批循环经济先进典型，探索了符合我国国情的循环经济发展道路。

法规标准体系初步建立。循环经济促进法于2009年1月1日起施行，标志着我国循环经济进入法制化管理轨道。公布实施了《废弃电器电子产品回收处理管理条例》、《再生资源回收管理办法》等法规规章，发布了200多项循环经济相关国家标准。一些地区制定了地方循环经济促进条例。

政策机制逐渐完善。深化资源性产品价格改革，实行了差别电价、惩罚性电价、阶梯水价和燃煤发电脱硫加价政策。实施成品油价格和税费改革，提高了成品油消费税单位税额，逐步理顺成品油价格。中央财政设立了专项资金支持实施循环经济重点项目和开展示范试点。开展资源税改革试点，制定了鼓励生产和购买使用节能节水专用设备、小排量汽车、资源综合利用产品和劳务等的税收优惠政策。完善了环保收费政策。出台了支持循环经济发展的投融资政策。

技术支撑不断增强。将循环经济技术列入国家中长期科技发展规划，支持了一批关键共性技术研发。实施了一批循环经济技术产业化示范项目，推广应用了一大批先进适用的循环经济技术。汽车零部件再制造技术已达到国际领先水平，废旧家电和报废汽车回收拆解、废电池资源化利用、共伴生矿和尾矿资源回收利用等一大批技术和装备取得突破。

产业体系日趋完善。产业废物综合利用已形成较大规模，产业循环链接不断深化，再生资源回收体系逐步完善，垃圾分类回收制度逐步建立，“城市矿产”资源利用水平得到提升，再制造产业化稳步推进，餐厨废弃物资源化利用开始起步。

"十一五"以来，通过发展循环经济，我国单位国内生产总值能耗、物耗、水耗大幅度降低，资源循环利用产业规模不断扩大，资源产出率有所提高，初步扭转了工业化、城镇化加快发展阶段资源消耗强度大幅上升的势头，促进了结构优化升级和发展方式转变，为保持经济平稳较快发展提供了有力支撑，为改变"大量生产、大量消费、大量废弃"的传统增长方式和消费模式探索出了可行路径。

表1 "十一五"时期循环经济发展情况

指标名称	单位	2005年	2010年	2010年比2005年提高/%
能源产出率	万元/吨(标准煤)	1	1.24	24
水资源产出率	元/立方米	41.9	66.7	59
矿产资源总回收率	%	30	35	[5]
共伴生矿综合利用率	%	35	40	[5]
工业固体废物综合利用量	亿吨	7.70	16.18	110.1
工业固体废物综合利用率	%	55.8	69	[13.2]
主要再生资源回收利用总量	亿吨	0.84	1.49	77.4
主要再生有色金属产量占有色金属总产量比重	%	19.3	26.7	[7.4]
农业灌溉用水有效利用系数	—	0.45	0.5	11.1
工业用水重复利用率	%	75.1	85.7	[10.6]
秸秆综合利用率	%		70.6	

注：1. 能源产出率、水资源产出率按2010年可比价计算。
2. 主要再生资源包括废金属、废纸、废塑料、报废汽车、废轮胎、废弃电器电子产品、废玻璃、废铅酸电池等。
3. 主要再生有色金属包括再生铜、再生铝、再生铅三种。
4. [ ]内为提高的百分点。

同时必须清醒地看到，我国循环经济发展规模还有待扩大、发展水平有待提高，主要表现在：循环经济理念尚未在全社会得到普及，一些地方和企业对发展循环经济的认识还不到位；循环经济促进法配套法规规章尚不健全，生产者责任延伸等制度尚未全面建立；部分资源性产品价格形成机制尚未理顺，有利于循环经济发展的产业、投资、财税、金融等政策有待完善；循环经济技术创新体系和先进适用技术推广机制不健全，技术创新能力亟须加强；统计基础工作比较薄弱，评价制度不健全，循环经济能力建设、服务体系、宣传教育等有待加强。这些矛盾和问题已严重制约循环经济的发展，必须尽快加以研究解决。

第二节　循环经济发展面临的形势

资源约束强化。我国主要资源人均占有量远低于世界平均水平，加上增长方式仍较粗放，国内资源供给难以保障经济社会发展需要，能源、重要矿产、水、土地等资源短缺矛盾将进一步加剧，重要资源对外依存度将进一步攀升，可持续发展面临能源资源瓶颈约束的严峻挑战。

环境污染严重。我国环境状况总体恶化的趋势尚未得到根本遏制，重点流域水污染严重，一些地区大气污染问题突出，“垃圾围城”现象较为普遍，农业面源污染、重金属和土壤污染问题严重，重大环境事件时有发生，给人民群众身体健康带来危害。

应对气候变化压力加大。我国是最易受气候变化影响的国家之一，气候变化导致农业生产不稳定性增加，局部地区干旱高温危害严重，生物多样性减少，生态系统脆弱性增加。近年来，我国温室气体排放快速增长，人均排放量不断攀升，减排压力不断加大。

绿色发展成为国际潮流。近年来，为应对国际金融危机和全球气候变化的挑战，发达国家纷纷加快发展绿色产业，将其作为推进经济增长和转型的重要途径，一些国家利用技术优势，在国际贸易中制造绿色壁垒。在新一轮经济科技的竞争中，走绿色低碳循环的发展道路是必然的选择。

无论是从国内能源资源供给和生态环境承载能力看，还是从全球发展趋势和温室气体排放空间看，我国都无法继续靠粗放型的增长方式推进现代化进程。当前我国已进入全面建成小康社会的关键时期，也是发展循环经济的重要机遇期，必须积极创造有利条件，着力解决突出矛盾和问题，加快推进循环经济发展，从源头减少能源资源消耗和废弃物排放，实现资源高效利用和循环利用，改变“先污染、后治理”的传统模式，推动产业升级提升和发展方式转变，促进经济社会持续健康发展。

第二章 指导思想、基本原则和主要目标

第一节 指导思想

以邓小平理论、“三个代表”重要思想、科学发展观为指导，落实节约资源和保护环境的基本国策，围绕提高资源产出率，遵循“减量化、再利用、资源化，减量化优先”的原则，坚持统筹规划、重点突破、全面推进相结合，因地制宜、示范引领、推广普及相结合，制度创新、技术创新、管理创新相结合，政府推动、企业实施、公众参与相结合，健全激励约束机制，积极构建循环型产业体系，推动资源再生利用产业化，推行绿色消费，形成覆盖全社会的资源循环利用体系，加快转变经济发展方式，推进资源节约型、环境友好型社会建设，提高生态文明水平。

第二节 基本原则

强化理念，减量优先。推动全社会树立减量化、再利用、资源化的循环经济理念，坚持减量化优先，从源头上减少生产、流通、消费各环节能源资源消耗和废弃物产生，大力推进再利用和资源化，促进资源永续利用。

完善机制，创新驱动。健全法规标准，完善经济政策，充分发挥市场配置资源的基础性作用，形成有效的激励和约束机制，增强发展循环经济的内生动力。加强制度创新、技术创新、管理创新，提升循环经济发展水平。

改造存量，优化增量。对现有各类产业园区、重点企业进行循环化改造，提高资源产出率。产业园区、企业和项目要从规划、设计、施工、运行、管理等各环节贯彻循环经济的要求。按照自然资源开发利用和产品生产制造产业即动脉产业的特点，统筹对废弃物资源化利用相关产业即静脉产业进行合理布局，推动动脉产业与静脉产业协同发展。

示范引领，全面推进。在农业、工业、服务业各产业，城市、园区、企业各层面，生产、流通、消费各环节培育一批循环经济示范典型，全面推广循环经济典型模式，推动循环经济形成较大规模。

因地制宜，突出特色。根据主体功能定位、区域经济特点、资源禀赋和环境承载力等状况，科学确定各地区循环经济发展重点，合理规划布局，发挥区域优势，突出地方特色，切实发挥循环经济促进经济转型升级的作用。

高效利用，安全循环。提高资源利用效率，推动资源由低值利用向高值利

用转变，提高再生利用产品附加值，避免资源低水平利用和“只循环不经济”。强化监管，防止资源循环利用过程中产生二次污染，确保再生产品质量安全，实现经济效益与环境效益、社会效益相统一。

第三节 主要目标

循环经济发展的中长期目标是：循环型生产方式广泛推行，绿色消费模式普及推广，覆盖全社会的资源循环利用体系初步建立，资源产出率大幅提高，可持续发展能力显著增强。到“十二五”末的目标（近期目标）是：主要资源产出率比“十一五”末提高15%，资源循环利用产业总产值达到1.8万亿元。

表2 “十二五”时期循环经济发展主要指标

指标名称	单位	2010年	2015年	2015年比2010年提高/%
主要资源产出率提高	%			15
能源产出率	万元/吨(标准煤)	1.24	1.47	18.5
水资源产出率	元/立方米	66.7	95.2	43
建设用地土地产出率提高	%			43
资源循环利用产业总产值	万亿元	1.0	1.8	80
矿产资源总回收率	%	35	40	[5]
共伴生矿综合利用率	%	40	45	[5]
工业固体废物综合利用量	亿吨	16.18	31.26	93.2
工业固体废物综合利用率	%	69	72	[3]
主要再生资源回收利用总量	亿吨	1.49	2.14	43.6
主要再生资源回收率	%	65	70	[5]
主要再生有色金属产量占有色金属总产量比重	%	26.7	30	[3.3]
农业灌溉水有效利用系数	—	0.5	0.53	6
工业用水重复利用率	%	85.7	>90	[>4.3]
城镇污水处理设施再生水利用率	%	<10	>15	[>5]
城市生活垃圾资源化利用比例	%		30	
秸秆综合利用率	%	70.6	80	[9.4]
综合利用发电装机容量	万千瓦	2600	7600	192.3

注：1. 主要资源产出率的资源核算品种包括：3种能源资源（煤炭、石油、天然气），9种矿产资源（铁矿、铜矿、铝土矿、铅矿、锌矿、镍矿、石灰石、磷矿、硫铁矿），木材和工业用粮。

2. 主要资源产出率、能源产出率、水资源产出率、资源循环利用产业总产值按2010年可比价计算。

3. 综合利用发电指煤矸石、煤泥、油母页岩等低热值燃料发电。

第三章　构建循环型工业体系

在工业领域全面推行循环型生产方式，实施清洁生产，促进源头减量；推进企业间、行业间、产业间共生耦合，形成循环链接的产业体系；鼓励产业集聚发展，实施园区循环化改造，实现能源梯级利用、水资源循环利用、废物交换利用、土地节约集约利用，促进企业循环式生产、园区循环式发展、产业循环式组合，构建循环型工业体系。到 2015 年，单位工业增加值能耗、用水量分别比 2010 年降低 21％、30％，工业固体废物综合利用率达到 72％，50％以上的国家级园区和 30％以上的省级园区实施了循环化改造。

第一节　煤炭工业

推动煤矿绿色开采。根据资源赋存条件选择先进高效的开采技术，推广矸石充填、以矸换煤等即采即填技术工艺，鼓励采用保水开采、煤与瓦斯共采等开采方式，提高煤炭资源回采率。

推进煤系共伴生资源综合开发利用。加强煤系高岭土（岩）、油母页岩、硅藻土、石墨、膨润土、耐火土等共伴生矿综合利用，提高产品附加值。鼓励煤层气发电或将煤层气作为矿区、城市的生产生活用气。推动矿井水用于矿区补充水源和周边地区生产、生活和生态用水。

实施系统节能降耗。鼓励煤矿和选煤厂开展系统节能，淘汰老旧设备和选煤工艺，加强工序能耗管理，加大风机、水泵及选煤厂技术改造，加强洗煤废水循环利用，减少电耗、水耗和介质消耗。加大煤泥脱水技术的攻关力度，提高煤泥利用率。

推进矿区生态环境保护。鼓励利用矿区矸石对采空区进行填充，对沉陷区进行立体生态整治，利用矸石、灰渣等进行土地复垦，发展生态农业和旅游业等适宜产业。鼓励复垦土地的再利用。

构建煤基循环经济产业链。推进煤矸石、洗中煤、煤泥发电以及煤矸石制砖和生产水泥，构建煤-电-建材产业链。推进煤制烯烃、煤制乙二醇、煤制合成氨等已纳入国家相关规划的示范项目建设，构建煤-焦-化等煤基多联产产业链。

到 2015 年，原煤入洗率达到 60％以上，煤矸石综合利用率达到 75％，煤层气（瓦斯）抽采利用率达到 60％，煤层气发电装机容量超过 285 万千瓦，低热值煤炭资源综合利用发电装机容量达到 7600 万千瓦，矿井水综合利用率达到 75％，土地复垦率达到 60％。

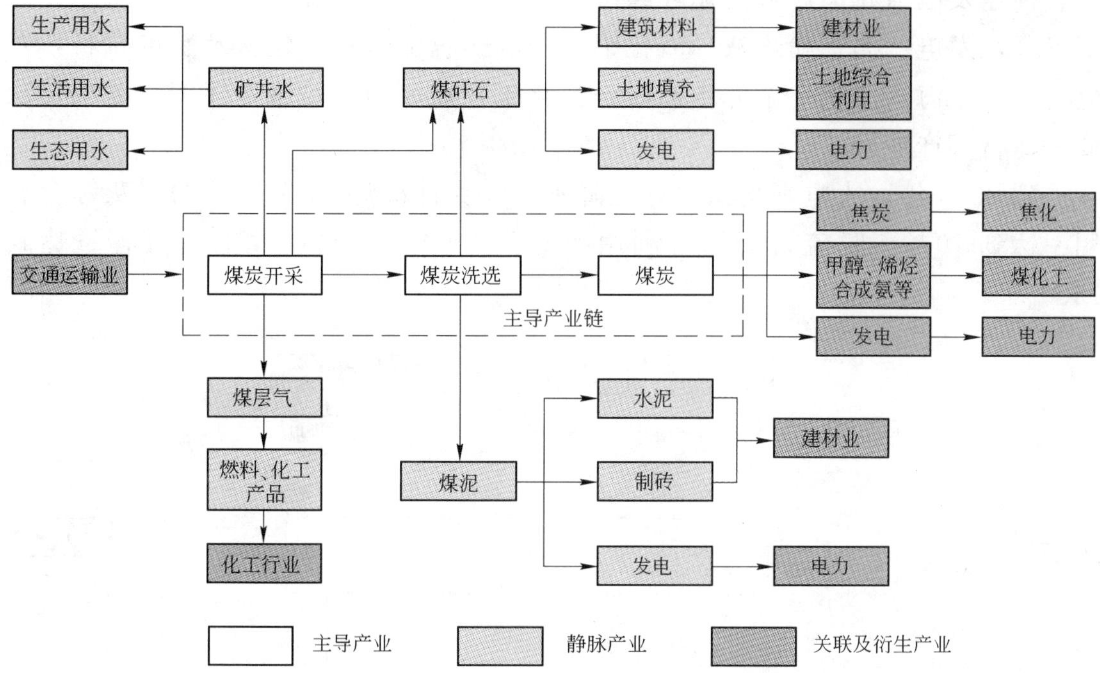

图1　煤炭工业发展循环经济基本模式图

第二节　电力工业

加强节能降耗。调整优化电源结构，淘汰落后小火电机组，提高火电机组技术装备水平。加大锅炉、风机、水泵等设备节能改造，推广等离子无油点火等节能技术，降低厂用电率。鼓励发展热电联产和热电冷三联供，严格实行“以热定电”。加快智能电网建设和电网节能技术改造，提高电网传输效率，有效降低线损。在有条件的地方鼓励将中水、海水等非常规水源作为冷却水。

推进粉煤灰、脱硫石膏综合利用。鼓励利用粉煤灰生产建材产品，推广粉煤灰在市政建设、筑路等工程中的应用，有序推进在高铝粉煤灰中提取氧化铝，支持粉煤灰经超细化加工作为造纸、橡胶等的填充材料。鼓励利用脱硫石膏生产纸面石膏板、高档装饰建材及改良盐碱土壤等。

支持可再生能源发电和资源综合利用电厂建设。加强准入监管，优先支持风能、太阳能、生物质能等可再生能源发电以及符合条件的煤层气、煤矸石、余热余压、垃圾等综合利用电厂并网发电。强化电力调度交易监管，推行节能发电调度，提高可再生能源和综合利用电厂发电量比例，促进区域间电力交易，减少“窝电”。推广分布式能源。

构建发电与相关产业的循环经济链。构建发电—粉煤灰—建材、筑路、建筑工程，发电—高铝粉煤灰—氧化铝，发电—脱硫石膏—建材及装饰材料，发电—余热—海水淡化—浓海水制盐—盐化工，煤矸石、垃圾、污泥—发电—灰渣—建材等产业链。

到2015年，火电平均供电煤耗降到325克标准煤/千瓦时，粉煤灰综合利用率达到70%，脱硫石膏综合利用率达到80%，生物质发电装机容量达到1300万千瓦。

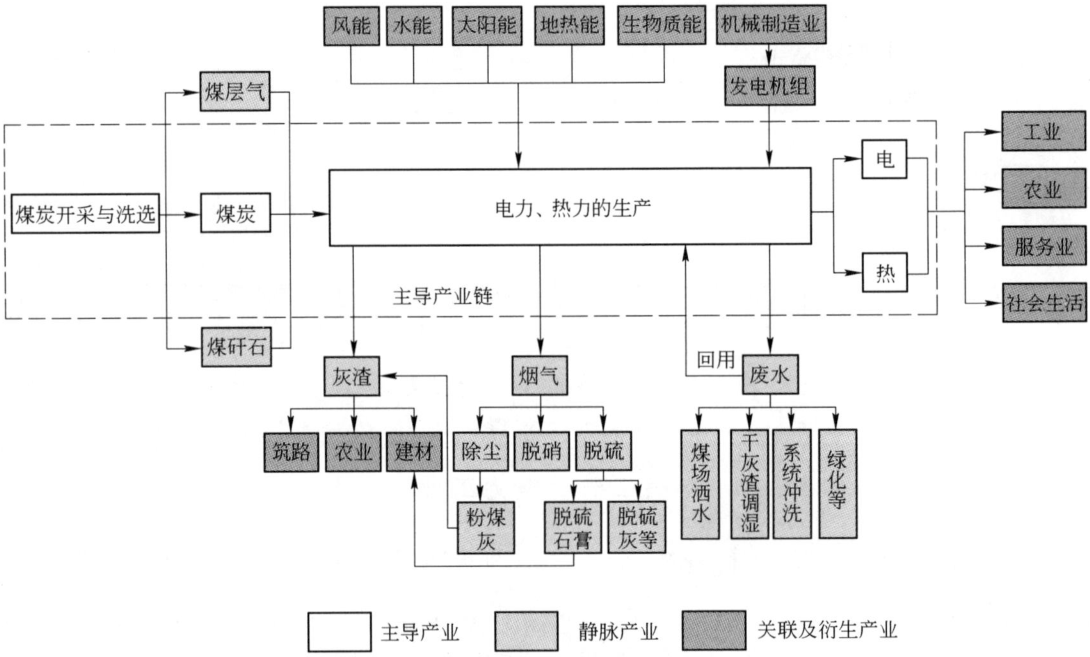

图2　电力工业发展循环经济基本模式图

第三节　钢铁工业

推进铁矿石资源综合开发利用。加强低品位矿产及难分选矿产综合利用。推动高磷铁矿、高硫铁矿中磷、硫等伴生元素的提取利用。推进铁尾矿伴生金属的高效提取利用、富铁老尾矿低成本再选和低铁富硅尾矿高值整体利用。鼓励利用尾矿砂生产建材、进行井下充填和开展生态环境治理等。

强化节能降耗。加快淘汰落后高炉、转炉等。推广连铸坯热送热装和直接轧制技术。优化烧结、球团生产工艺，提高精料水平。优化高炉炉料结构。推广干熄焦、干法除尘、烧结余热回收、干式压差发电（TRT）、高效喷煤、蓄热式燃烧、全燃煤气发电等技术。推动建立企业能源管理中心。

推动余热余压、固体废物和废水资源化利用。大力推广焦炉、高炉、转炉副产煤气回收利用和各工序余热余压发电，鼓励燃气蒸汽联合循环发电。鼓励转炉渣、含铁尘泥、氧化铁皮回炉烧结，利用高炉渣、转炉渣生产水泥等建材产品。推动利用焦油、焦炉煤气、粗苯等焦化副产品生产化工产品。鼓励建立企业内部水循环系统，对废水进行分质串级循环利用。

鼓励钢铁生产系统与社会生活系统循环链接。在有条件的地区，鼓励钢铁企业利用余热资源为城市供暖供热，利用再生水、矿井水、海水淡化水等非常规水补充新水。大力推动钢铁企业消纳铬渣、废塑料等废弃物。建立废钢回收体系，支持钢铁企业建设废钢加工配送基地。

构建钢铁行业循环经济产业链。构建焦化、冶炼-副产煤气、余热余压-发电，冶炼-废渣-建材，冶炼-含铁尘泥-烧结，炼焦-焦油、煤气-化工产品，冶炼-钢铁产品-废钢铁-电炉炼钢等产业链。

到2015年，吨钢综合能耗降到580千克标准煤，吨钢耗新水量降到4立方米，废钢回收利用量达到1.3亿吨，冶炼废渣综合利用率达到97%，重点钢铁企业焦炉干熄焦普及率达到95%以上。

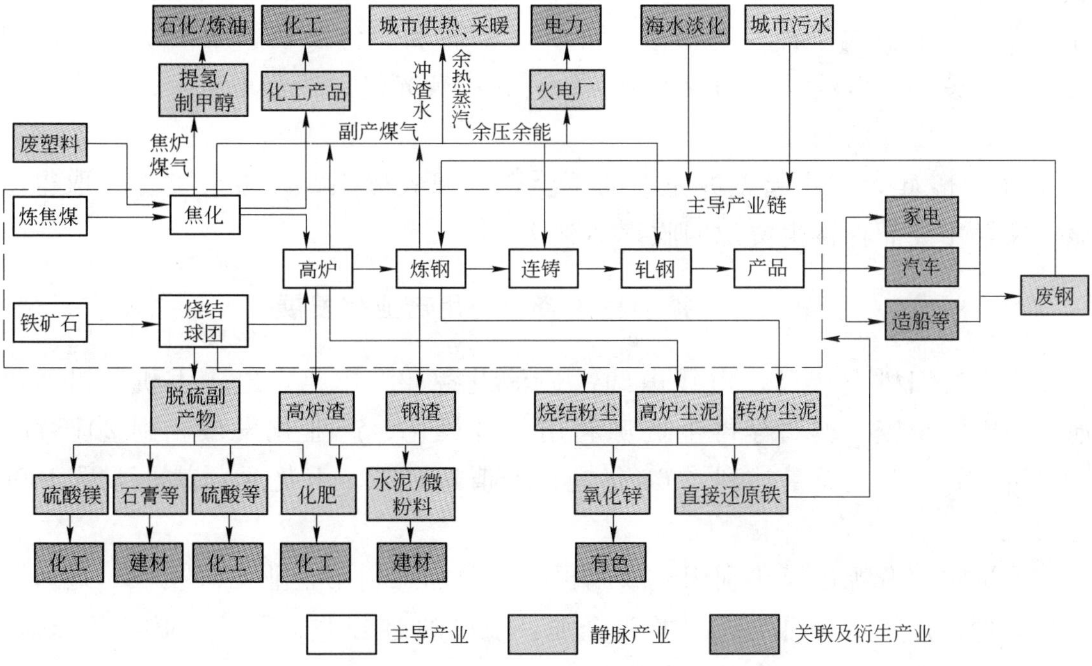

图3 钢铁工业发展循环经济基本模式图

（略）

第六章　推进社会层面循环经济发展

加快完善再生资源和垃圾分类回收体系，推动再生资源利用产业化，发展再制造，推进餐厨废弃物资源化利用，实施绿色建筑行动和绿色交通行动，推行绿色消费，实施大循环战略，加快建设循环型社会。

第一节　完善再生资源回收体系

完善再生资源回收网络。加快建设城市社区和乡村回收站点、分拣中心、集散市场三位一体的回收网络。鼓励各类投资主体积极参与建设、改造回收站点，建设符合环保要求的专业分拣中心，逐步建设一批分拣技术先进、环保处理设施完备、劳动保护措施健全的废旧商品回收分拣集聚区。

健全生活垃圾分类回收体系。完善生活垃圾分类回收、密闭运输、集中处理体系，在社区及家庭推行垃圾分类排放。鼓励居民分开盛放和投放厨余垃圾，建立高水分有机生活垃圾收运系统，实现厨余垃圾单独收集、循环利用。

加强重点再生资源回收。落实有关优惠政策，做好废金属、废塑料、废玻璃、废纸等传统再生资源的回收，提高回收率。创新回收方式，强化监督管理，推进废电器电子产品、报废汽车、废旧轮胎、包装物、废旧纺织品的回收，推动废铅酸电池、废镉镍电池、废弃含汞荧光灯、废温度计、废弃农药包装物等有害废物的回收。

到 2015 年，构建起先进完整的再生资源回收体系，垃圾分类工作取得明显进展，主要品种再生资源回收率达到 70%。

第二节　推动再生资源利用产业化发展

推动废旧机电产品、电线电缆、通信设备、汽车、家电、手机、铅酸电池、塑料、橡胶、玻璃等再生资源利用的规模化、产业化发展。到 2015 年，主要再生资源利用总量达到 2.66 亿吨，产值达到 1.2 万亿元，就业人员 1800 万人。

推进再生资源规模化利用。鼓励再生资源加工利用企业集聚发展，进行园区化管理。加快培育再生资源龙头企业，鼓励通过兼并、重组、联营等方式，加快行业整合力度，提高产业集中度。

推进再生资源高值化利用。加快淘汰落后生产工艺和技术设备，推动再生资源分选、拆解、破碎、加工利用技术和装备升级。支持再生资源利用企业延长产业链，加快形成覆盖分拣、拆解、加工、资源化利用和无害化处理等环节的完整产业链，着力加强深度加工利用，提高产品附加值。提高废弃电器电子产品、报废机动车、报废船舶等的拆解及利用水平。做好执法部门罚没产品的回收利用工作。

推进再生资源清洁安全利用。严格执行环保、安全、卫生、质量标准，推动再生资源利用企业建设完善的环保设施，规范再生资源拆解、利用行为，避免二次污染，确保生产环节清洁安全和再生利用产品质量安全。

第三节　发展再制造

建立旧件逆向回收体系。支持建立以汽车4S店、特约维修站点为主渠道，回收拆解企业为补充的汽车零部件回收体系。规范建立专业化再制造旧件回收企业和区域性再制造旧件回收物流集散中心。积极利用现有再生资源回收网络，回收计算机服务器、硒鼓、墨盒等易回收产品。开展消费者交回旧件并以置换价购买再制造产品（以旧换再）的工作，扩大再制造旧件回收规模。

抓好重点产品再制造。重点推进机动车零部件、机床、工程机械、矿山机械、农用机械、冶金轧辊、复印机、计算机服务器以及墨盒、硒鼓等的再制造，探索航空发动机、汽轮机再制造，继续推进废旧轮胎翻新。

推动再制造产业化发展。支持建设再制造产业示范基地，促进产业集聚发展。支持再制造企业加快技术升级改造。建立再制造产品质量保障体系和销售体系，促进再制造产品生产与售后服务一体化。鼓励专业化再制造服务公司为企业提供整体解决方案和专项服务。建立再制造旧件回收、产品营销、溯源等信息化管理系统。

到2015年，实现年再制造发动机80万台，变速箱、起动机、发电机等800万件，工程机械、矿山机械、农用机械等20万台（套），再制造产业年产值达500亿元左右。

（略）

第八节　实施大循环战略

在推动企业内部、园区内部、产业内部实行清洁生产和资源循环利用的基础上，遵循生态循环规律，实施大循环战略，推动产业之间、生产与生活系统之间、国内外之间的循环式布局、循环式组合、循环式流通，加快构建循环型社会，全面推进循环发展，实现资源利用可循环、环境容量可承载、经济发展可持续。

推进产业循环式组合。加强物质流分析和管理，科学规划，统筹产业带、产业园区和基地的空间布局，消除各种限制性障碍，打破地区封锁和部门利益，搭建循环经济技术、市场、产品等公共服务平台，鼓励企业间、产业间建立物质流、资金流、产品链紧密结合的循环经济联合体，促进工业、农业、服务业等产业间循环链接、共生耦合，实现资源跨企业、跨行业、跨产业、跨区域循环利用。中西部地区在承接产业转移时，要按照产业循环式组合的要求，推进产业集聚发展，合理布局建设项目，避免走先污染、后治理的老路。东部地区要通过推进产业循环式组合，促进产业结构优化升级。

促进生产与生活系统的循环链接。构建布局合理、资源节约、环保安全、循环共享的生产生活共生体系。推动生产系统的余能、余热等在社会生活系统中的循环利用，推动煤层气、沼气、高炉煤气和焦炉煤气等资源在城市居民供热、供气以及出租车等方面的应用，鼓励在有条件的地区发展煤层气公共汽车。推动中水在社会生活系统中的应用，提高城市生活污水在工业生产系统中的应用水平。完善再生水用于农业浇灌的标准，开展示范应用。推动矿井水用作生活、生态用水。推动沿海缺水地区利用海水淡化水作为企业生产和生活用水。推进钢铁、电力、水泥行业等生产过程协同资源化处理废弃物，将生活废弃物作为生产过程的原料、燃料。

推进资源循环利用国内外大循环。充分利用国内外两个市场、两种资源，不断增强经济社会发展的能源资源保障能力。加快转变对外经济发展方式，推进加工贸易转型升级，提升我国产业在全球产业分工中的价值。在实施“走出去”战略和对外援助时，把循环经济理念融入到规划、建设、施工、运行、管理等各环节，加强绿色循环低碳工程建设，树立我国负责任、注重可持续发展的大国形象。扩大再生资源进口种类和规模。严格再生资源进口监管，对沿海地区以进口再生资源加工利用为主的企业和项目实行圈区化管理，推进进口再生资源的清洁、安全和高效利用。

第七章　实施循环经济“十百千”示范行动

通过实施循环经济“十百千”示范行动，实现技术突破和管理创新，推动循环经济形成较大规模。

第一节　实施循环经济十大示范工程

资源综合利用示范工程。推动共伴生矿及尾矿、工业固体废物、道路和建筑废物综合利用以及非常规水源利用。建设60个矿产资源综合利用示范基地。建设8个煤系共伴生高岭土、铝矾土综合利用工程和30个煤层气、煤矸石、矿井水综合利用工程。建设30个黑色和有色金属共伴生矿及尾矿有价组分提取和综合利用工程。建设2～3个赤泥综合利用示范基地，3～5个高铝粉煤灰综合利用基地，实施一批冶炼废渣、化工废渣、脱硫石膏和磷石膏等工业副产石膏综合利用工程。建设6个建筑和道路废物资源化利用示范工程。建设20个海水淡化示范项目，20个雨水收集利用和再生水利用示范工程。

产业园区循环化改造示范工程。选择100家基础条件好、改造潜力大的国家级和省级开发区开展循环化改造示范。支持改造30个化工、纺织、制革等单一产业园区，推动延伸产业链；支持改造60个综合性园区和重化工集中的园区，推动产业间横向耦合、纵向延伸、循环链接；支持改造10个工农业复合型产业园区，推动农林产品及副产物深加工利用。通过示范，凝练和推广一批适合我国国情的园区循环化改造范式，提高园区主要资源产出率、土地产出率、资源循环利用率，基本实现“零排放”。

再生资源回收体系示范工程。建设80个左右网点布局合理、管理规范、回收方式多元化、重点品种回收率高的再生资源回收体系示范城市，规范建设100个废旧商品回收分拣集聚区，培育100个组织化规模化程度高、技术先进的龙头企业，推动一批商贸流通企业参与回收体系，促进再生资源交易和流通，提高再生资源回收率。

“城市矿产”基地建设示范工程。建设50个技术先进、环保达标、管理规范、利用规模化、辐射作用强的国家“城市矿产”示范基地，推动废钢铁、废有色金属、废塑料、废橡胶等再生资源集中拆解处理、集中治理污染、合理延伸产业链，促进“城市矿产”资源高值化利用和集聚化发展，切实解决再生资源利用中存在的经营分散、技术落后、利用水平低和二次污染等问题。

再制造产业化示范试点工程。建设5～10个国家级再制造产业示范基地，推动再制造业集聚发展。选择30家左右具有一定基础的汽车零部件再制造企业开展示范，重点支持建立发动机、变速箱等旧件回收、再制造加工、检测和质量控制体系。选择一批企业开展机床、工程机械、农业机械、矿山机械、办公用品等再制造试点。培育20家左右再制造专业化服务机构。

餐厨废弃物资源化利用和无害处理示范试点工程。选择100个城市开展餐厨废弃物资源化利用和无害化处理示范试点，支持回收利用体系和能力建设。通过示范试点，建立符合我国国情的覆盖餐厨废弃物产生、收集、运输、处理全过程的管理制度，健全标准和规范，完善工艺技术路线，实现餐厨废弃物安全、高效利用和无害化处理。

生产过程协同资源化处理废弃物示范工程。发挥建材、钢铁、电力等行业消纳废弃物的功能，培育60家左右协同资源化处理废弃物示范企业，消纳铬渣、污泥、生活垃圾、危险废物等。通过示范，推动建立相关技术标准和规范，探索建立企业与政府在协同资源化处理废弃物方面的合作机制。

农业循环经济示范工程。在13个粮食主产区、棉秆等单一品种秸秆集中度高的地区以及交通干道、机场、高速公路沿线等重点地区，实施秸秆综合利用试点示范工程。支持建设一批农产品加工副产物资源化利用、稻田综合种养植（殖）、畜禽粪便能源化利用、工厂化循环水养殖节水示范工程。结合富营养化江河湖泊综合治理，支持建设水上经济植物规模化种植示范工程。实施以农村生活、生产废弃物处理利用和村级环境服务设施建设为重点的农村清洁工程。

循环型服务业示范工程。选择100家左右管理水平较高的餐饮住宿企业开展绿色化改造示范工程。培育1000家零售业节能环保示范企业。选择一批物流企业开展绿色物流示范试点。选择一批旅游景区实施旅游业循环经济示范工程。通过实施示范工程，推动服务行业实行清洁生产，推行绿色服务模式，引导消费者建立绿色消费方式。

资源循环利用技术产业化示范推广工程。选择基础较好、技术力量较强的科研单位或大型企业，支持建设一批循环经济重点工程实验室、技术中心、工程研究中心和质量检测中心。加强源头减量、循环利用、再制造、零排放、产业链接等循环经济关键共性技术研发。构建产学研对接平台和科研成果产业化机制，建设一批资源循环利用技术产业化示范基地和示范项目，加大先进适用技术的推广应用力度。

第二节　创建百个循环经济示范城市（县）

选择100个左右城市（县），创建国家循环经济示范城市（县）。示范城市（县）要全面推行循环型生产方式和绿色消费模式，率先构建起覆盖全社会的资源循环利用体系，资源产出率提高幅度超出全国平均水平，通过发展循环经济探索实现转型发展的道路。

第三节　培育千家循环经济示范企业（园区）

选择1000家骨干企业或园区，树立循环经济典型。示范企业（园区）的资源产出率、土地产出率、单位产值能耗、物耗、水耗、产业废弃物综合利用率、工业用水重复利用率等指标达到国内领先水平和国际先进水平。

实施循环经济"十百千"示范行动，以企业自主投资为主，国家和地方政府通过现有政策和资金渠道给予必要的资金支持。中央补助资金重点支持相关公益性基础设施、公共服务平台、重点项目、能力建设及关键共性技术产业化示范和推广应用。鼓励金融机构和社会主体将资金投向循环经济重大工程。鼓励企业通过自有资本、银行贷款、上市融资、发行债券等方式实施循环经济重大工程。

第八章　保障措施

第一节　完善经济政策

产业政策。落实《产业结构调整指导目录》、《外商投资产业指导目录》、《限制用地项目目录》和《禁止用地项目目录》。进一步提高高耗能、高耗水、高耗地、高排放行业准入门槛，严格节能、环保、土地、安全方面的约束。发布国家鼓励、限制和淘汰的技术、工艺、设备、材料和产品名录，再制造产品目录和限制生产、销售的一次性产品名录及管理办法。鼓励煤矸石、余热余压、垃圾和沼气等发电上网。研究制定在脱硫石膏产生量大的地区限制开采天然石膏的政策。保障符合国家产业政策和投资管理规定的循环经济项目用地。

投资政策。各级政府要将循环经济项目列为重点投资领域。加强固定资产投资项目资源循环利用管理，项目申请报告和可行性研究报告应包含循环经济相关内容。发挥政府投资的引导作用，吸引社会各类资金投向循环经济。

价格和收费政策。深化资源性产品价格改革，进一步发挥市场机制在资源性产品价格形成中的作用。推行城市居民生活用水阶梯式价格和非居民用水超定额累进加价制度。试行居民用电阶梯电价制度，完善电力峰谷分时电价政策，加大差别电价、惩罚性电价实施力度，完善鼓励煤矸石、余热余压、垃圾和沼气等发电的价格政策，试行脱硝价格政策。对污泥处理处置费用，研究实行纳入污水处理收费和财政补贴共同承担的政策。研究减征实现废水“零排放”企业和园区污水处理费的政策，严格执行对实现废水“零排放”的企业免征排污费的政策。研究鼓励生产过程协同资源化处理废弃物的价格政策。研究建立建筑垃圾排放收费制度，改革生活垃圾处理收费方式，提高征收率。研究建立餐厨废弃物处理收费制度。

财政政策。中央和省级人民政府依法设立循环经济发展专项资金，支持循环经济重大工程、重点项目及能力建设。创新循环经济发展专项资金支持方式，扩大财政资金的杠杆效应。落实并完善废弃电器电子产品处理基金征收补贴政策。研究鼓励再制造产品推广应用和强制回收产品、包装物的专项政策。加大新型墙体材料专项基金对发展新型墙体材料的支持力度。研究制定激励流通企业采购节能环保产品的政策。对已报废老旧农机并取得回收拆解证明的农民，优先给予农机购置补贴。对属排污费资金支持范围的循环经济类项目给予优先支持。国有资本经营预算要支持企业发展循环经济项目。建立对国家认定再生产品的推广机制。加大政府采购支持力度，优先采购节能节水环保产品和再生利用产品。

税收政策。继续落实和完善资源综合利用税收优惠政策。研究制定并完善促进再生资源回收体系建设的税收政策。研究完善减少使用一次性消费品的税收政策。对国内不能生产、国家鼓励引进的循环经济技术装备，在规定范围内减免进口关税。研究完善鼓励资源性产品进口的关税政策。积极推进环境税费改革。

金融政策。鼓励银行业金融机构对循环经济重点项目和循环经济“十百千”示范工程给予包括信用贷款在内的多元化信贷支持，创新信贷产品，拓宽抵押担保范围，完善担保方式。支持循环经济示范试点企业发行企业（公司）债券、项目收益债券、可转换债券和短期融资券、中期票据等直接融资工具。探索循环经济示范试点园区内的中小企业发行集合债券、集合票据。支持符合条件的资源循环利用企业申请境内外上市和再融资。鼓励设立循环经济创业投资基金，研究设立循环经济产业投资基金。各地要根据国家有关政策制定支持循环经济发展的配套投融资政策和实施方案。

第二节　健全法规和标准

加快法规建设。完善循环经济促进法相关配套法规规章，研究制定限制商品过度包装条例、循环经济发展专项资金管理办法、汽车零部件再制造管理办法、再制造旧件和再制造产品进出口管理目录及管理办法、强制回收的产品和包装物名录及管理办法、餐厨废弃物管理及资源化利用条例、农业机械报废回收办法等法规规章。加快修订报废汽车回收管理办法、商品零售场所塑料袋有偿使用管理办法。

建立健全标准和计量体系。加快制定可降解产品、再生利用产品、餐厨废弃物资源化产品、利废建材等产品标准和农业机械禁用及报废标准，完善节能、节水、资源综合利用产品标准。健全过度包装商品标准。制定生产过程协同资源化处理废弃物，再生资源回收、拆解、利用和再制造质量控制等相关规范。深化循环经济标准化试点工作。建立完善循环经济计量检测体系。

第三节　加强管理监督

实行生产者责任延伸制度。完善相关法律法规，建立生产者责任延伸制度，推动生产者落实废弃产品回收、处理等责任。落实废弃电器电子产品处理基金管理办法。研究建立强制回收产品和包装物、汽车、轮胎、手机、充电器生产者责任制。

加强循环经济管理。继续开展资源综合利用企业（产品）和资源综合利用电厂认定。开展循环经济项目、企业、园区认定试点。强化再生资源回收企业备案管理。对报废汽车、废弃电器电子产品拆解企业依法实行严格的资质管理。对资源消耗量和废物排放量大的重点企业实施动态跟踪管理。继续巩固“限塑”成果，适时研究扩大“限塑”范围。深入推进禁止生产和使用实心黏土砖工作。建立低效用地评价机制，规范推进农村建设用地和工矿废弃土地复垦利用。研究制定管理措施，在有条件使用再生水的地区限制将城市自来水作为城市道路清扫、城市绿化和景观用水。鼓励建设静脉产业园，对生活垃圾、餐厨废弃物、建筑废弃物、“城市矿产”等资源化利用和无害化处理实行园区化管理。

探索市场化管理机制。研究建立强制回收产品和包装物、重点再生利用产品、汽车零部件等再制造产品的标识管理制度。研究建立循环经济认证认可体系。鼓励专业化服务公司采用市场化模式对企业和园区进行循环化改造。研究试行手机、充电器、饮料瓶等废旧产品押金回收制度。

加强监督检查。组织开展循环经济促进法、清洁生产促进法、节约能源法等法律法规的执法监督行动。加强对地方政府、各类产业园区、企业落实循环经济政策措施情况的监督检查。组织开展国家循环经济相关名录执行情况的监督检查。加大对生产、销售过度包装商品行为的查处力度。严厉查处资源综合利用、再生资源拆解处理造成二次污染的企业。加强对再制造产品标识使用的监督检查，强化产品质量监管。

第四节　强化技术和服务支撑

加快共性关键技术开发。制定循环经济科技发展规划，在国家、地方科技计划（专项）中，加大对循环经济共性关键技术研发的支持力度。支持建立各类循环经济技术支撑机构。推动组建重点领域循环经济产业联盟，加强产学研用结合，共同研究解决循环经济关键和共性技术问题。引进、消化、吸收和再创新循环经济关键技术和装备。

加强技术装备产业化示范。实施循环经济技术产业化示范工程，重点支持共伴生矿和尾矿综合开发和回收利用、废物资源化利用、可回收利用材料、有毒有害原材料替代、再制造、再生资源高值利用、延长产业链和相关产业链接、“零排放”等关键技术和装备产业化示范。

加快先进适用技术推广应用。加强循环经济技术推广体系建设。建立循环经济技术遴选、评定及推广机制。发布国家鼓励的循环经济技术、工艺、设备名录。探索通过政府买断的方式对先进适用技术进行推广应用。实施循环经济“走出去”战略，加快具有竞争力的循环经济关键技术装备的出口。

健全循环经济服务体系。培育和扶持一批为发展循环经济提供规划、设计、建设、改造、运营的专业化服务公司。鼓励发展循环经济信息服务业。鼓励科研院所、行业协会等为企业提供循环经济技术、管理等咨询服务。鼓励构建全国性、区域性、行业性的废弃物逆向物流交易平台、交易中心或交易市场。鼓励建立循环经济产品、技术、装备等的展示、展览、交易平台。

第五节　建立循环经济统计评价制度

完善循环经济统计制度。健全循环经济统计指标体系，完善统计核算方法，建立统计核算制度和数据发布制度。建立健全循环经济统计调查制度，做好数据采集和分析工作。开展区域层面资源产出率统计试点。发布国家层面资源产出率指标。

建立循环经济评价体系。制定循环经济评价指标体系，把资源产出率作为评价循环经济发展成效的综合性指标。研究制定循环经济示范城市（县）、园区、企业评价指标体系。研究建立区域循环经济发展成效评价机制，对发展循环经济成绩显著的单位和个人依法给予表彰和奖励。

加强统计能力建设。加强循环经济统计基础工作，各级统计部门要有人员负责循环经济统计，保障必要的工作经费。推动企业健全计量器具，完善统计台账，提高统计的准确性和及时性。

第六节　强化宣传教育和人才培养

加大宣传力度。组织开展形式多样的宣传培训活动，通过广播电视、报刊杂志、互联网、手机等多种途径普及循环经济知识，宣传典型案例，推广示范经验。新闻单位要加大循环经济公益宣传力度，在重要版面、重要频道、重要时段增加报道频次。鼓励开展各种形式的循环文化创意活动。在全国建设一批技术先进、管理规范、特征显著、教育示范作用强的循环经济教育示范基地。开展“反食品浪费行动”，推动餐饮企业、机关和企事业单位食堂、公务宴请、家庭等各方面节约粮食。

强化教育和人才培养。把循环经济理念和知识纳入基础教育、职业教育、高等教育相关课程，研究在高等学校、职业学校设置循环经济类专业。制定循环经济培训纲要，编制循环经济培训教材，实施循环经济培训计划。鼓励教材重复使用，降低循环利用成本。利用各级党校、行政学院和高等学校的培训力量，加强对各级领导干部、政府及企业管理人员的循环经济培训。

第七节　积极开展交流合作

积极开展国际交流与合作。加强与有关国际组织、政府在循环经济领域的交流与合作，研究和借鉴国际先进经验，鼓励从海外引进循环经济技术和管理等方面的高层次人才。将循环经济作为中国对外援助培训的重要内容，利用各种国际交流平台，宣传循环经济理念和模式。建设中日韩循环经济示范基地。

积极开展两岸三地交流与合作。加强与香港、澳门、台湾在循环经济领域的交流，开展人才、技术、项目的深度合作，不断拓展合作内容，创新合作方式，共同推动绿色发展。

第八节　加强组织领导

国务院建立健全发展循环经济组织协调机制，研究有关重大问题，部署重大任务，把握实施进度和效果，进行定期监督检查。各级人民政府和有关部门要切实履行职责，扎实开展工作，确保完成各项目标任务。

地方各级人民政府对本地区发展循环经济工作负总责，切实加强组织领导和统筹协调，建立相应的工作机制，抓紧编制实施本地区循环经济发展规划和年度推进计划，出台配套政策，明确任务分工，做到层层有责任，逐级抓落实。

国务院有关部门要按照职责分工做好相关工作，出台配套政策措施，加强协调配合，形成工作合力。充分发挥发展循环经济部际联席会议的作用，发展改革委要会同有关部门加强对计划实施的指导、支持以及监督和评估，制定实施全国循环经济年度推进计划，针对计划实施中出现的新情况新问题，适时提出解决办法，重大问题及时向国务院报告。

国务院关于印发全国资源型城市可持续发展规划（2013～2020年）的通知

国发〔2013〕45号

各省、自治区、直辖市人民政府，国务院各部委、各直属机构：

现将《全国资源型城市可持续发展规划（2013～2020年）》印发给你们，请认真贯彻执行。

国务院

2013年11月12日

（此件公开发布）

全国资源型城市可持续发展规划

（2013～2020年）

资源型城市是以本地区矿产、森林等自然资源开采、加工为主导产业的城市（包括地级市、地区等地级行政区和县级市、县等县级行政区）。资源型城市作为我国重要的能源资源战略保障基地，是国民经济持续健康发展的重要支撑。促进资源型城市可持续发展，是加快转变经济发展方式、实现全面建成小康社会奋斗目标的必然要求，也是促进区域协调发展、统筹推进新型工业化和新型城镇化、维护社会和谐稳定、建设生态文明的重要任务。本规划根据《中华人民共和国国民经济和社会发展第十二个五年规划纲要》、《全国主体功能区规划》等编制，是指导全国各类资源型城市可持续发展和编制相关规划的重要依据。

规划范围包括262个资源型城市，其中地级行政区（包括地级市、地区、自治州、盟等）126个，县级市62个，县（包括自治县、林区等）58个，市辖区（开发区、管理区）16个。

规划期为2013～2020年。

一、规划背景

我国资源型城市数量多、分布广，历史贡献巨大、现实地位突出。新中国成立以来，资源型城市累计生产原煤529亿吨、原油55亿吨、铁矿石58亿吨、木材20亿立方米，“一五”时期156个国家重点建设项目中有53个布局在资源型城市，占总投资额的近50%，为建立我国独立完整的工业体系、促进国民经济发展作出了历史性的贡献。

2001年以来，在党中央、国务院坚强领导和各方面共同努力下，以资源枯竭城市转型为突破口的资源型城市可持续发展工作取得了阶段性成果，政策体系逐步完善，工作机制初步建立，资源枯竭城市经济社会发展重现生机与活力。

但是，当前国际政治经济不确定性、不稳定性上升，国内经济发展中不平衡、不协调、不可持续问题突出，由于内外部因素叠加，新旧矛盾交织，资源型城市可持续发展面临严峻挑战，加快转变经济发展方式的任务十分艰巨。

资源枯竭城市历史遗留问题依然严重，转型发展内生动力不强。尚有近7000万平方米棚户区需要改造，约14万公顷沉陷区需要治理，失业矿工人数达60多万，城市低保人数超过180万。产业发展对资源的依赖性依然较强，采掘业占二次产业的比重超过20%，现代制造业、高技术产业等处于起步阶段。人才、资金等要素集聚能力弱，创新水平低，进一步发展接续替代产业的支撑保障能力严重不足。

资源富集地区新矛盾显现，可持续发展压力较大。部分地区开发强度过大，资源综合利用水平低。生态环境破坏严重，新的地质灾害隐患不断出现。高耗能、高污染、高排放项目低水平重复建设，接续替代产业发展滞后。资源开发、征地拆迁等引发的利益分配矛盾较多，维稳压力大。资源开发与经济社会发展、生态环境保护之间不平衡、不协调的矛盾突出。

促进资源型城市可持续发展的长效机制亟待完善，改革任务艰巨。资源开发行为方式有待进一步规范，调控监管机制有待健全，反映市场供求关系、资源稀缺程度和环境损害成本等的资源性产品价格形成机制尚未完全形成。资源开发企业在资源补偿、生态建设和环境整治、安全生产及职业病防治等方面的主体责任仍未落实到位。扶持接续替代产业发展的政策体系不够完善，支持力度不足。资源收益分配改革涉及深层次的利益格局调整，矛盾错综复杂。

促进资源型城市可持续发展，对于维护国家能源资源安全、推动新型工业化和新型城镇化、促进社会和谐稳定和民族团结、建设资源节约和环境友好型社会具有重要意义。目前，我国已经进入了全面建成小康社会的决定性阶段，对资源型城市可持续发展提出了新的要求，迫切需要统筹规划、协调推进。

二、总体要求

（一）指导思想

以邓小平理论、“三个代表”重要思想、科学发展观为指导，深入贯彻落实党的十八大精神，按照“五位一体”总布局，以加快转变经济发展方式为主线，进一步深化改革开放，依靠体制机制创新，统筹推进新型工业化和新型城镇化，培育壮大接续替代产业，加强生态环境保护和治理，保障和改善民生，建立健全可持续发展长效机制；坚持统筹协调、分类指导，努力化解历史遗留问题，破除城市内部二元结构，加快资源枯竭城市转型发展，有序开发综合利用资源，提升城市综合服务功能，促进资源富集地区协调发展，走出一条有中国特色的资源型城市可持续发展之路。

（二）基本原则

分类引导，特色发展。根据资源保障能力和经济社会可持续发展能力对资源型城市进行科学分类，将资源型城市划分为成长型、成熟型、衰退型和再生型四种类型，明确不同类型城市的发展方向和重点任务，引导各类城市探索各具特色的发展模式。

有序开发，协调发展。牢固树立生态文明理念，加强资源开发规划和管理，严格准入条件，引导资源规模化、集约化开发，提高资源节约和综合利用水平，强化生态保护和环境整治，推进绿色发展、循环发展、低碳发展，实现资源开发与城市发展的良性互动。

优化结构，协同发展。坚持把经济结构转型升级作为加快资源型城市可持续发展的主攻方向，充分发挥市场机制作用，改造提升传统资源型产业、发展绿色矿业，培育壮大接续替代产业，加快发展现代服务业，鼓励发展战略性新兴产业，推进资源型城市由单一的资源型经济向多元经济转变。

民生为本，和谐发展。以解决人民群众最关心、最直接、最现实的问题为突破口，千方百计扩大就业，大力改善人居环境，加快健全基本公共服务体系，使资源型城市广大人民群众共享改革发展成果，促进社会和谐稳定。

（三）规划目标

到 2020 年，资源枯竭城市历史遗留问题基本解决，可持续发展能力显著增强，转型任务基本完成。资源富集地区资源开发与经济社会发展、生态环境保护相协调的格局基本形成。转变经济发展方式取得实质性进展，建立健全促进资源型城市可持续发展的长效机制。

资源保障有力。资源集约利用水平显著提高，资源产出率提高 25 个百分点，形成一批重要矿产资源接续基地，重要矿产资源保障能力明显提升，重点国有林区森林面积和蓄积量稳步增长，资源保障主体地位进一步巩固。

经济活力迸发。资源性产品附加值大幅提升，接续替代产业成为支柱产业，增加值占地区生产总值比重提高 6 个百分点，服务业发展水平明显提高，多元化产业体系全面建立，产业竞争力显著增强。国有企业改革任务基本完成，非公有制经济和中小企业快速发展，形成多种所有制经济平等竞争、共同发展的新局面。

人居环境优美。矿山地质环境得到有效保护，历史遗留矿山地质环境问题的恢复治理率大幅提高，因矿山开采新损毁的土地得以全面复垦利用，新建和生产矿区不欠新账。主要污染物排放总量大幅减少，重金属污染得到有效控制。重点地区生态功能得到显著恢复。城市基础设施进一步完善，综合服务功能不断增强，生态环境质量显著提升，形成一批山水园林城市、生态宜居城市。

社会和谐进步。就业规模持续扩大，基本公共服务体系逐步完善，养老、医疗、工伤、失业等社会保障水平不断提高，住房条件明显改善。城乡居民收入增幅高于全国平均水平，低收入人群的基本生活得到切实保障。文化事业繁荣发展，矿区、林区宝贵的精神文化财富得到保护传承。

专栏 1　全国资源型城市可持续发展主要指标

指　　标	2012 年	2015 年	2020 年	年均增长
一、经济发展				
地区生产总值（万亿元）	15.7	19.8	29.1	8%
采矿业增加值占地区生产总值比重（%）	12.8	11.3	8.8	[−4]
服务业增加值占地区生产总值比重（%）	32	35	40	[8]
二、民生改善				
城镇居民人均可支配收入（元）	16033	＞20200	＞29700	＞8%
农村居民人均纯收入（元）	7607	＞9600	＞14100	＞8%

城镇登记失业率（%）	4.5	＜5	＜5	
棚户区改造完成率（%）		＞95	100	
单位地区生产总值生产安全事故死亡率降低（%）				[60]
三、资源保障				
新增重要矿产资源接续基地（处）				[20]
资源产出率提高（%）				[25]
森工城市森林覆盖率（%）	62	62.6	63.6	[1.6]
四、生态环境保护				
历史遗留矿山地质环境恢复治理率（%）	28	35	45	[17]
单位国内生产总值能源消耗降低（%）				[28]
主要污染物排放总量减少（%）	化学需氧量			[15]
	二氧化硫			[15]
	氨氮			[17]
	氮氧化物			[17]

注：[　] 内为到2020年的累计数。有关约束性指标以国家或相关地区下达的为准。

（四）发展机制

实现资源型城市可持续发展目标，必须从根本上破解经济社会发展中存在的体制性、机制性矛盾，统筹兼顾，改革创新，加快构建有利于可持续发展的长效机制。

开发秩序约束机制。严格执行矿产资源勘查开发准入和分区管理制度，优化资源勘查开发布局和结构，大力发展绿色矿业，调控引导开发时序和强度，构建集约、高效、协调的资源开发格局。研究建立资源开发与城市可持续发展协调评价制度，开展可持续发展预警与调控，促进资源开发和城市发展相协调。严格执行环境影响评价和“三同时”制度（即防治污染措施必须与建设项目主体工程同时设计、同时施工、同时投产使用），强化同步恢复治理。严格执行森林采伐限额，控制森林资源采伐强度。

产品价格形成机制。深化矿产资源有偿使用制度改革，科学制定资源性产品成本的财务核算办法，把矿业权取得、资源开采、环境治理、生态修复、安全生产投入、基础设施建设等费用列入资源性产品成本构成，建立健全能够灵活反映市场供求关系、资源稀缺程度和环境损害成本的资源性产品价格形成机制。

资源开发补偿机制。按照“谁开发、谁保护，谁受益、谁补偿，谁污染、谁治理，谁破坏、谁修复”的原则，监督资源开发主体承担资源补偿、生态建设和环境整治等方面的责任和义务，将企业生态环境恢复治理成本内部化。对资源衰竭的城市，国家给予必要的资金和政策支持。建立资源产地储备补偿机制，完善森林生态效益补偿制度。

利益分配共享机制。合理调整矿产资源有偿使用收入中央和地方的分配比例关系，推进资源税改革，完善计征方式，促进资源开发收益向资源型城市倾斜。坚持以人为本，以保障和改善民生为重点，优化资源收益分配关系，探索建立合理的利益保障机制，支持改善资源产地居民生产生活条件，共享资源开发成果，努力实现居民收入增长和经济发展同步提高。

接续替代产业扶持机制。国家的重大产业项目布局适当向资源型城市倾斜。对符合条件的接续替代产业龙头企业、集群在项目审核、土地利用、贷款融资、技术开发等方面给予支持，引导资源型城市因地制宜探索各具特色的产业发展模式。将发挥政府投资带动作用与激发市场活力相结合，在建立稳定的财政投入增长机制同时，引导和鼓励各类生产要素向接续替代产业集聚。

三、分类引导各类城市科学发展

资源型城市数量众多，资源开发处于不同阶段，经济社会发展水平差异较大，面临的矛盾和问题不尽相同。遵循分类指导、特色发展的原则，根据资源保障能力和可持续发展能力差异，本规划将资源型城市划分为成长型、成熟型、衰退型和再生型四种类型，明确各类城市的发展方向和重点任务。

（一）规范成长型城市有序发展

成长型城市资源开发处于上升阶段，资源保障潜力大，经济社会发展后劲足，是我国能源资源的供给和后备基地。应规范资源开发秩序，形成一批重要矿产资源战略接续基地。提高资源开发企业的准入门槛，合理确定资源开发强度，严格环境影响评价，将企业生态环境恢复治理成本内部化。提高资源深加工水平，加快完善上下游产业配套，积极谋划布局战略性新兴产业，加快推进新型工业化。着眼长远，科学规划，合理处理资源开发与城市发展之间的关系，使新型工业化与新型城镇化同步协调发展。

（二）推动成熟型城市跨越发展

成熟型城市资源开发处于稳定阶段，资源保障能力强，经济社会发展水平较高，是现阶段我国能源资源安全保障的核心区。应高效开发利用资源，提高资源型产业技术水平，延伸产业链条，加快培育一批资源深加工龙头企业和产业集群。积极推进产业结构调整升级，尽快形成若干支柱型接续替代产业。高度重视生态环境问题，将企业生态环境恢复治理成本内部化，切实做好矿山地质环境治理和矿区土地复垦。大力保障和改善民生，加快发展社会事业，提升基本公共服务水平，完善城市功能，提高城镇化质量。

（三）支持衰退型城市转型发展

衰退型城市资源趋于枯竭，经济发展滞后，民生问题突出，生态环境压力大，是加快转变经济发展方式的重点难点地区。应着力破除城市内部二元结构，化解历史遗留问题，千方百计促进失业矿工再就业，积极推进棚户区改造，加快废弃矿坑、沉陷区等地质灾害隐患综合治理。加大政策支持力度，大力扶持接续替代产业发展，逐步增强可持续发展能力。

（四）引导再生型城市创新发展

再生型城市基本摆脱了资源依赖，经济社会开始步入良性发展轨道，是资源型城市转变经济发展方式的先行区。应进一步优化经济结构，提高经济发展的质量和效益，深化对外开放和科技创新水平，改造提升传统产业，培育发展战略性新兴产业，加快发展现代服务业。加大民生投入，推进基本公共服务均等化。完善城市功能，提高城市品位，形成一批区域中心城市、生态宜居城市、著名旅游城市。

四、有序开发综合利用资源

坚持有序开发、高效利用、科学调控、优化布局，努力增强资源保障能力，促进资源开发利用与城市经济社会协调发展。

（一）加大矿产资源勘查力度

提高成熟型和成长型城市资源保障能力。重点围绕资源富集地区开展矿产资源潜力评价、储量利用调查和矿业权核查，全面掌握矿产资源储量和开发潜力。在成矿条件有利、资源潜力较大、勘查程度总体较低的资源型城市，圈定找矿靶区，开展后续矿产资源勘查，争取发现新的矿产地。用8～10年时间，新建一批石油、天然气、铀、铁、铜、铝、钾盐等重要矿产勘查开发基地，形成一批重要矿产资源战略接续区。

推进衰退型城市接替资源找矿。加大资金投入，中央和省级财政专项资金、地质勘查基金向衰退型城市倾斜。加大矿山深部和外围找矿力度，重点围绕老矿区开展深部资源潜力评价，推进重要固体矿产工业矿体的深度勘查。优先在成矿条件有利、找矿前景好、市场需求大的资源危机矿山实施接替资源找矿项目，力争发现一批具有较大规模的隐伏矿床，延长矿山服务年限。

（二）统筹重要资源开发与保护

有序提高重要资源生产能力。重点加强石油、天然气、铀、铁、铜、铝、钾盐等资源开采力度。根据资源供需形势和开发利用条件，加快推进成长型和成熟型城市资源开发基地建设，鼓励与资源储量规模相适应的规模化经营，提升机械化开采水平。深入挖掘衰退型城市资源潜力，加大稳产改造力度，延缓大中型危机矿山产量递减速度，促进新老矿山有序接替。

加强重要优势资源储备与保护。选择部分资源富集地区，加快建设石油、特殊煤种和稀缺煤种、铜、铬、锰、钨、稀土等重点矿种矿产地储备体系。合理调控稀土、钨、锑等优势矿种开采总量，严厉打击非法违法开采和超指标开采。强化森工城市重点林区森林管护与保护，2015 年起全面停止大小兴安岭、长白山林区的天然林主伐，建设国家木材战略资源后备基地。

专栏 2　重要资源供应和后备基地
石油后备基地：唐山市、榆林市、克拉玛依市、鄯善县等。
天然气后备基地：鄂尔多斯市、延安市、庆阳市、库尔勒市等。
煤炭后备基地：呼伦贝尔市、六盘水市、榆林市、哈密市、鄂尔多斯市等。
铜矿后备基地：金昌市、德兴市、哈巴河县、垣曲县等。
铝土矿后备基地：孝义市、百色市、清镇市、陕县等。
钨矿后备基地：郴州市、栾川县等。
锡矿后备基地：河池市、马关县等。
锑矿后备基地：桃江县、晴隆县等。
稀土矿后备基地：包头市、赣州市、韶关市、凉山彝族自治州等。
木材后备基地：大兴安岭地区、延边朝鲜族自治州、白山市、伊春市等。

（三）优化资源开发布局

形成集约高效的资源开发格局。重点开采区主要在资源相对集中、开发利用条件好、环境容量较大的成长型和成熟型城市布局，创新资源开发模式，积极引导和支持各类生产要素集聚，着力促进大中型矿产地整装开发，实现资源的规模开发和集约利用。支持资源枯竭城市矿山企业开发利用区外、境外资源，为本地资源深加工产业寻找原料后备基地，鼓励中小型矿企实施兼并重组。落实主体功能区规划要求，严格限制重点生态功能区和生态脆弱地区矿产资源开发，逐步减少矿山数量，禁止新建可能对生态环境产生不可恢复破坏性影响的矿产资源开采项目。

统筹推进资源开发与城市发展。新建资源开发项目必须符合矿产资源规划和土地利用总体规划，并与城市总体规划相衔接。尽可能依托现有城市产业园区作为后勤保障和资源加工基地，避免形成新的孤立居民点和工矿区。引导已有资源开发项目逐步有序退出城区，及时实施地质环境修复和绿化。合理确定矿区周边安全距离，在城市规划区、交通干线沿线以及基本农田保护区范围内，禁止露天开采矿产资源，严格控制地下开采。资源开发时，要严格开展环境影响评价，最大限度减少资源开发对居民生活的影响和生态空间占用，努力形成与城市发展相协调的资源开发模式。

（四）促进资源节约与综合利用

提高矿产资源采选回收水平。严格实施矿产资源采选回收率准入管理，从严制定开采回采率、采矿贫化率和选矿回收率等新建矿山、油田准入标准，并对生产矿山、油田进行定期监督检查。严格执行《矿产资源节约与综合利用鼓励、限制和淘汰技术目录》，引导资源开采企业使用先进适用工艺技术，切实提高矿产资源采选回收水平。充分利用低品位、共伴生矿产资源，重点加强有色金属、贵金属、稀有稀散元素矿产等共伴生矿产采选回收。

强化废弃物综合利用。研究推广先进适用的尾矿、煤矸石、粉煤灰和冶炼废渣等综合利用工艺技术。在资源开发同时，以煤矸石、尾矿等产生量多、利用潜力大的矿山废弃物为重点，配套建设综合利用项目，努力做到边产生、边利用。要因地制宜发展综合利用产业，积极消纳遗存废弃物。森工城市要提高林木采伐、造材、加工剩余物及废旧木质材料的综合利用水平，实现林木资源的多环节加工增值。支持资源型城市建设资源综合利用示范工程（基地）。

（五）发展绿色矿业

转变矿业发展方式。将绿色矿业理念贯穿于资源开发利用全过程，坚持开采方式科学化、资源利用高效化、企业管理规范化、生产工艺环保化、矿山环境生态化的基本要求，促进资源合理利用、节能减排、生态环境保护和矿地和谐，实现资源开发的经济效益、生态效益和社会效益协调统一。

建设绿色矿山。改革创新资源管理制度，逐步完善分地域、分行业的绿色矿山建设标准，不断提高矿山建设的标准和水平，严格资源开发准入和监管，使新建矿山按照绿色矿山的标准进行规划、设计和建设。对生产矿山进一步加强监督，督促矿山企业按照绿色矿山建设标准改进开发利用方式，切实落实企业责任。

五、构建多元化产业体系

依托资源型城市产业基础，发挥比较优势，大力发展接续替代产业，增强科技创新能力，积极推进新型工业化，提升产业竞争力，实现产业多元发展和优化升级。

（一）优化发展资源深加工产业

支持资源优势向经济优势转化，有序推进资源产业向下游延伸，大力发展循环经济。推动石油炼化一体化、煤电化一体化发展，有序发展现代煤化工，提高钢铁、有色金属深加工水平，发展绿色节能、高附加值的新型建材。统筹考虑资源、环境、市场等条件，支持成长型和成熟型城市打造若干产业链完整、特色鲜明、主业突出的资源深加工产业基地。淘汰落后产能，加快技术改造，提升产品档次和质量。推进森工城市发展木材精深加工，实现林木资源的多环节加工增值。

（二）培育壮大优势替代产业

适应市场需求变化和科技进步趋势，充分发挥比较优势，积极发展传统优势产业和战略性新兴产业，努力培育新的支柱产业。做大做强矿山、冶金等大型成套装备和工程机械等传统优势产业，培育发展化工装备、环保及综合利用装备制造产业，加快模具、关键零部件等配套产业发展。大力发展纳米材料、高性能稀土材料等新材料产业，鼓励发展可再生能源和清洁能源，在有条件的城市发展风电、光伏发电、生物质能等新能源产业。支持发展生物产业和节能环保产业。

（三）积极发展吸纳就业能力强的产业

坚持产业结构转型升级与扩大就业良性互动。大力发展带动就业能力强、市场前景好的劳动密集型产业，扶持一批形式多样的小型微型企业，重点解决困难群体就业问题，到 2020 年，累计吸纳 500 万失业矿工、林区失业工人、棚户区改造回迁居民及失地农民再就业。支持农牧资源丰富城市发展农牧产品深加工，鼓励森工城市依托特色林下资源发展食用菌、山野菜等绿色食品加工业。引导劳动力和原材料成本优势明显的城市发展纺织、服装、玩具、家电等消费品工业。加大技术改造投入，提高劳动密集型产品附加值。落实金融、税收等优惠政策，完善服务体系，营造促进小型微型企业健康发展的政策环境。

专栏3　吸纳就业产业重点培育工程
矿区吸纳就业产业培育工程：利用矿区现有厂房和设施，大力发展纺织、服装、食品等劳动密集型产业，每年重点支持100个吸纳就业项目，到2020年，累计培育发展10000个小型微型企业，解决矿区150万失业矿工再就业。 林区吸纳就业产业培育工程：依托林区丰富的林木资源和良好的生态环境，大力发展林下种植养殖、农林产品深加工及生态旅游等劳动密集型产业，每年重点支持50个吸纳就业项目，到2020年，累计培育发展3000个小型微型企业，解决林区50万失业工人再就业。 棚户区改造回迁居民再就业工程：结合棚户区改造工程，以集中连片棚户区为重点，着力发展吸纳就业能力强的企业和产业项目，到2020年，累计解决200万棚户区改造回迁居民再就业。针对万人以上规模的棚户区改造项目，配套建设吸纳就业产业集聚区；针对千人以上规模的棚户区改造项目，重点扶持可以充分吸纳回迁居民就业的企业；针对千人以下规模的棚户区改造项目，支持家庭服务企业发展，加大社区公益性岗位开发力度。 失地农民再就业工程：加快种植养殖基地建设，大力发展非农产业，每年重点支持100个农民创业产业项目，到2020年，累计培育发展10000个乡镇企业，解决100万失地农民再就业。

（四）大力发展特色服务业

结合资源型城市产业基础和发展导向，积极发展类型丰富、特色鲜明的现代服务业。依托资源产品优势，建设一批煤炭、铁矿石、原油、木材等资源产品和钢铁、建材、化工等重要工业产品区域性物流中心。大力发展资源产业托管服务、工程和管理咨询。在有效保护资源基础上，鼓励生态环境优良的森工城市发展休闲度假旅游，支持自然山水资源丰富的城市发展自然风光旅游，推进工业历史悠久的城市发展特色工业旅游，扶持革命遗址集中的城市发展红色旅游。引导社区商业和家庭服务业发展，完善棚户区改造回迁居民区服务网点建设。支持有条件的城市积极发展金融服务、服务外包、文化创意、人力资源、会展等现代服务业。

专栏4　资源型城市重点旅游区
矿山工业旅游：河北唐山开滦煤矿国家矿山公园、辽宁阜新海州露天矿国家矿山公园、安徽淮北国家矿山公园、江西景德镇高岭国家矿山公园、山东枣庄中兴煤矿国家矿山公园、湖北黄石国家矿山公园、云南东川国家矿山公园、甘肃白银火焰山国家矿山公园、甘肃金昌国家矿山公园等。 红色旅游：抚顺战犯管理所旧址、赣州市中央苏区政府根据地红色旅游系列景区（点）、枣庄市台儿庄大战遗址、百色市左右江红色旅游系列景区（点）、泸州市古蔺县红军四渡赤水太平渡陈列馆、延安市延安革命纪念地系列景区（点）、白银市会宁县红军长征会师旧址等。

自然风光旅游：大同市云冈石窟、忻州市五台山风景名胜区、内蒙古鄂尔多斯响沙湾旅游景区、长白山景区、黑龙江黑河五大连池景区、南平市武夷山风景名胜区、焦作市云台山风景名胜区、湖北省神农架旅游区、广东省韶关市丹霞山景区、安顺市黄果树大瀑布景区、陕西渭南华山景区、石嘴山市沙湖旅游景区、阿勒泰地区富蕴县可可托海景区、新疆天山天池风景名胜区等。

人文历史旅游：山西晋城皇城相府生态文化旅游区、内蒙古鄂尔多斯成吉思汗陵旅游区、济宁曲阜明故城（三孔）旅游区、河南省平顶山市尧山—中原大佛景区、延安市黄帝陵景区等。

（五）合理引导产业集聚发展

加强规划统筹，优化产业布局，引导产业向重点园区和集聚区集中，形成集约化、特色化的产业发展格局。制定严格的行业、产业分类用地标准，提高土地利用水平。依托原有基础，改造和建设一批特色鲜明的专业化产业园区和集聚区，加强交通、供水、供电等配套基础设施建设，搭建产业集聚发展的重要载体和平台。以科技含量、环保水平、投资强度、吸纳就业能力为标准，积极培育和引进一批龙头骨干企业。完善产业链条，提升产业配套能力，促进关联产业协同发展，打造各具特色的产业集群。到2020年，创建10个接续替代产业示范城市，培育50个接续替代产业集群，改造建设100个接续替代产业园区和集聚区。

专栏5　重点培育的接续替代产业集群

资源深加工产业集群：鞍山市滑石和方解石深加工产业集群、鸡西市石墨精深加工产业集群、枣庄市煤炭深加工产业集群等。

吸纳就业产业集群：阜新市皮革产业集群、白山市人参产业集群、辽源市袜业产业集群、大兴安岭地区蓝莓开发产业集群、伊春市木制工艺品产业集群、石嘴山市脱水蔬菜加工产业集群、濮阳市清丰家具产业集群等。

先进制造业产业集群：抚顺市工程机械装备制造产业集群、盘锦市船舶配套产业集群、大庆市石油石化装备制造产业集群、铜陵市电子材料产业集群、枣庄市机床产业集群、韶关市轻型装备制造产业集群等。

资源综合利用产业集群：锡林浩特市清洁能源产业集群、盘锦市塑料和新型建材产业集群、鸡西市煤炭资源综合利用产业集群、松原市生物质能源产业集群、铜陵市铜基新材料产业集群等。

文化创意产业集群：大庆市文化创意产业集群、徐州市文化创意产业集群、景德镇市陶瓷文化创意产业集群、济宁市曲阜文化创意产业集群、枣庄市台儿庄文化创意产业集群等。

六、切实保障和改善民生

努力破除城市内部二元结构，积极扩大就业，提升社会保障水平，完善基本公共服务，改善生产生活环境，促进社会和谐稳定，稳步提升城镇化质量和水平，使资源开发和经济发展成果惠及广大人民群众。

（一）促进就业和再就业

把扩大就业放在资源型城市经济社会发展的优先位置。发挥政府投资和重大项目建设对就业的带动作用。扶持劳动密集型产业、服务业和小型微型企业发展，大力发展家庭服务业。完善和落实小额担保贷款、财政贴息、场地安排等鼓励自主创业政策，健全创业服务体系，促进各类群体创业带动就业。加快建立专业化、信息化、产业化的人力资源服务体系，加强职业中介和就业信息服务。多渠道开发公益性工作岗位，优先支持失业矿工、林区失业工人、工伤残疾人员、棚户区改造回迁居民及失地农民等困难群体再就业。加强职业技能培训体系建设，重点扶持50个技工院校、100个再就业培训基地、200个职业技能实训中心（基地）。

（二）加快棚户区改造

大力推进城市和国有工矿（煤矿）棚户区以及林区棚户区改造，加大政府投入，落实税收、土地供给和金融等方面的配套支持政策，力争到2015年基本完成资源型城市成片棚户区改造任务。做好供排水、供暖、供气、供电、道路、垃圾收运处理等基础设施以及学校、医院等服务设施的建设，切实加强新建小区社会化管理和服务工作，支持建设一批吸纳搬迁居民就业的企业和项目，巩固改造成果，确保搬迁居民能够安居乐业。研究开展采煤沉陷区民房搬迁维修改造工程后评估工作，对维修后受损状况继续恶化的沉陷区民房实施搬迁。

（三）加强社会保障和医疗卫生服务

进一步完善基本养老、基本医疗、失业、工伤、生育等社会保险制度，积极推进各类困难群体参加社会保险，扩大社会保险覆盖面，努力实现应保尽保，逐步提高保障水平。逐步解决关闭破产集体企业退休人员参加医疗保险、“老工伤”人员纳入工伤保险等历史遗留问题。完善城乡最低生活保障和社会救助制度。研究解决失地农民的社会保障问题。加快矿区社会保障服务设施建设，构建社会保障管理服务网络。完善基层医疗卫生服务体系，提高矿区医疗机构医疗服务水平和应急救治能力。加大对尘肺病、慢性胃炎、皮肤病等矿业工人职业病和常见病的预防和救治力度。

（四）营造安全和谐的生产生活环境

树立安全发展理念，加强安全生产管理，以煤矿、非煤矿山、交通运输、建筑施工、危险化学品、冶金等行业和领域为重点，推进企业安全生产标准化建设，严格安全生产准入制度，强化监督检查和隐患排查治理，严厉打击非法违法生产、经营和建设行为。防范治理粉尘、高毒物质等重大职业危害和环境危害。增强应急管理能力，加大重点城市矿山地质灾害隐患排查力度，建立滑坡、泥石流、沉陷、崩塌等地质灾害调查评估、监测预警、防治和应急体系。提高森工城市的森林防火水平和应急能力。切实维护群众权益，针对资源开发、征地拆迁、企业重组和破产、环境污染等突出矛盾和问题，加强和改进信访工作，努力化解社会矛盾，建立健全群众诉求表达和利益协调机制。

七、加强环境治理和生态保护

把生态文明建设放在突出地位，融入可持续发展工作全过程，坚持开发和保护相互促进，着力推进绿色发展、循环发展、低碳发展，切实解决生态环境问题，为资源型城市可持续发展提供支撑。

（一）加强矿山地质环境恢复治理

按照“谁破坏，谁治理”的原则，将企业的生态环境恢复治理成本内部化。深入开展采矿沉陷区、露天矿坑等重大矿山地质环境问题治理，对属于历史遗留或责任人已经灭失的地质结构复杂、危害严重、治理难度大的深部采空区等突出地质环境问题治理给予重点支持。切实做好尾矿库闭库后期管理工作，加大对石油、地下水、卤水等液体矿产资源开采造成的水位沉降漏斗、土地盐碱化等问题的治理力度。防范地下勘探、采矿活动破坏地下水系，选择部分地下水体破坏严重城市率先开展地下水修复试点。大力推进废弃土地复垦和生态恢复，支持开展历史遗留工矿废弃地复垦利用试点，积极引导社会力量参与矿山环境治理。新建矿区要科学规划、合理布局，加强对矿产资源开发规划和建设项目的环境影响评价工作，切实预防环境污染和生态破坏。加强对资源开采活动的环境监理，严格执行“三同时”制度，强化同步恢复治理。

专栏6　矿山地质环境重点治理工程

塌陷区重点治理工程：邢台市东兴煤矿区、邯郸市峰峰煤矿区、大同市王村煤矿区、包头市石拐煤矿区、九台市营城煤矿区、双鸭山市岭东区煤矿区、枣庄市枣陶煤田闭坑矿区、淄博市淄博煤田闭坑矿区、永城市东西城区间采煤塌陷区、华蓥市瓦店高顶煤矿区、毕节市织金县织河煤矿区、黔南布依族苗族自治州荔波县茂兰煤矿区、开远市开远小龙潭煤矿区等。

大型矿坑重点治理工程：阜新市海州煤矿区、抚顺市西露天煤矿区、鹤岗市岭北煤矿区、铜陵市铜官山铜矿区、赣州市寻乌县河岭稀土矿区、大冶市还地桥矿区等。

滑坡泥石流重点治理工程：三明市大田县银顶格—川石多金属矿区、钟祥市朱堡埠磷矿区、韶关市乐昌五山镇萤石矿区、昆明市东川区东川铜矿区、玉溪市易门县易门铜矿区、铜川市川口石灰岩矿区、渭南市潼关县东桐峪—西桐峪金矿区等。

地下水破坏重点治理工程：辽河油田盘锦油区、辽源市泰信煤矿、中原油田濮阳油区、郴州市苏仙区金属矿区、泸州市叙永县落卜片区硫铁矿、玉门油田等。

（二）强化重点污染物防治

严格执行重点行业环境准入和排放标准，把主要污染物排放总量控制指标作为新建和改扩建项目审批的前置条件。强化火电、冶金、化工、建材等高耗能、高污染企业脱硫脱硝除尘，加强挥发性有机污染物、有毒废气控制和废水深度治理。到 2015 年，城市水功能区主要水质达标率不低于所在省份平均指标。防范地下勘探、采矿活动污染地下水体，取缔水源保护区内违法建设项目和排污口，加快现有污水处理厂升级改造。到 2020 年，实现工业废水排放完全达标。加强煤矸石、粉煤灰、冶炼和化工废渣等大宗工业固体废物的污染防治和综合治理，矿区和产业集聚区实行污染物统一收集和处置，规范危险废物管理，加快城镇生活垃圾处理设施建设。到 2020 年，工业固体废弃物（不包括尾矿）综合利用率达到 85％以上。积极开展重金属污染综合治理，以采矿、冶炼、化学原料及其制品等行业为重点，严格控制汞、铬、镉、铅和类金属砷等重金属排放总量。加大资金技术投入，选择部分问题突出城市开展矸石山、尾矿库综合治理和重金属污染防治试点工程。

专栏 7　污染物防治重点治理工程

重金属污染重点治理试点工程：葫芦岛市杨家杖子开发区钼矿区、灵宝市金矿区、赣州市大余县钨矿区、冷水江市锡矿山锑矿区、常宁市水口山铅锌矿区、韶关市仁化凡口铅锌矿区、铜仁市贵州汞矿区、个旧市个旧锡矿区等。

尾矿库污染综合治理试点工程：临汾市临钢塔儿山铁矿区、马鞍山市姑山铁矿区、平顶山市舞钢铁矿区、大冶市铜绿山铁矿区、泸州市大树硫铁矿区、渭南市韩城阳山庄铁矿区等。

矸石山污染综合治理试点工程：唐山市古冶区煤矿区、乌海市骆驼山煤矿区、鸡西市大恒山煤矿区、淮北市烈山煤矿区、萍乡市安源煤矿区、新泰市华源煤矿区、灵武市磁窑堡煤矿区等。

（三）大力推进节能减排

抑制高耗能产业过快增长，严格固定资产投资项目节能评估审查，把好能耗增量关口。继续加大冶金、建材、化工、电力、煤炭等行业落后产能和工艺技术设备淘汰力度，完善落后产能退出机制。推动重大节能技术产品规模化生产和应用，继续组织实施热电联产、余热余压利用、锅炉（窑炉）改造、建筑节能等节能重点工程。提高工业用水效率，促进重点用水行业节水技术改造，加强矿井水循环利用，到 2020 年矿业用水复用率达到 90%以上。推动城市能源计量示范建设，推广应用低碳技术，鼓励使用低碳产品，有效控制温室气体排放。鼓励废弃物减量化、资源化和无害化利用，推动产业循环式组合，鼓励构建跨行业、跨企业资源循环利用产业体系，促进原材料、能量梯级利用和高效产出。

（四）促进重点地区生态建设

统筹新疆、内蒙古、西藏、青海等资源富集且生态脆弱地区的资源开发与生态保护，走出一条在保护中发展、在发展中保护的可持续发展之路。根据主体功能区规划要求，合理控制资源开发强度，提高环境准入标准，尽可能减少对自然生态系统的干扰。加强重点生态功能区保护和管理，严格限制矿产资源开发，禁止新建可能对生态环境产生不可恢复破坏性影响的矿产资源开采项目，增强涵养水源、保持水土、防风固沙能力，维护生态系统的稳定性和完整性。加快推进大小兴安岭、长白山等重点林区森工城市的生态保护与经济转型，结合实施天然林保护工程，逐步调减采伐量，强化森林管理与保护，加快森林资源培育，切实巩固退耕还林成果。高度重视资源开采引发的水土流失、土地沙化、湿地萎缩等生态问题，切实做好恢复治理工作。

八、加强支撑保障能力建设

加强基础设施和软环境建设，完善城市功能，增强发展动力和活力，营造良好的发展氛围，为资源型城市可持续发展提供强有力的保障。

（一）加快城镇基础设施建设

科学规划城市的区域功能定位和产业布局，增强城市辐射带动能力，健全生产、生活、居住和休闲功能区。加强城市公共服务设施建设，完善城市的文化、科教、金融、商贸、休闲娱乐等功能。加大城市给排水、供热、供气和垃圾收运处理等市政公用设施的建设改造力度，加快建设一批污水处理、大气污染防治等环保项目。结合城区工矿废弃地整理，建设总量适宜、景观优美的城市绿地和景观系统。完善交通运输网络，有序推进煤炭、矿石、石油等运输专线和多种方式统筹布局的货运枢纽站场建设，支持符合条件的城市建设支线机场。加大支持力度，解决资源枯竭城市基础设施落后、基本公共服务缺失问题。加强城区与工矿区联系，推动城区市政公用设施向矿区、林区对接和延伸。

（二）加强人才队伍建设

统筹推进党政、企业经营管理、专业技术、高技能、社会工作等各类人才队伍建设，提升整体素质和创新能力，满足资源型城市对人才的多元化需求。大力开展职业教育和在岗培训，加强职业教育和实训基地建设，提高生产一线人员科学素质和劳动技能。大力推进专业技术人才和管理人才培训与交流。依托重点企业、重大科研项目、重大工程、高等院校、科研院所等，引进和培养一批创新型人才，加大创新投入，逐步实现以科技进步和管理创新驱动可持续发展。在具备条件的城市，建立归国人员创业平台，吸引在外留学人员到资源型城市创业。加强干部队伍建设，建立中央国家机关、大型国有企业、发达地区与资源枯竭城市的干部交流机制。营造有利于人才培养和成长的环境，引导各类人才向资源型城市流动。

（三）加快推进改革开放

理顺资源产权关系，健全资源产权交易机制，规范探矿权、采矿权交易市场，促进资源产权有序流转和公开、公平、公正交易。强化资源开采企业的社会责任，建立和谐共赢的矿地关系。深化国有企业改革，建立现代企业制度，推动优势企业跨地区、跨所有制兼并重组。全面落实促进非公有制经济发展的政策措施，鼓励民营资本进入能源资源开发、接续替代产业发展等领域。加快推进厂办大集体改革，稳步推进国有林场、国有林区管理体制改革。支持资源型城市加快融入区域经济一体化进程，促进生产要素合理流动。鼓励发达地区城市对口帮扶资源枯竭城市转型发展，支持资源型城市积极承接产业转移。提高利用外资水平，积极引导外资更多地投向节能环保、新能源和新材料、现代服务业等领域，鼓励外资参与矿山生态环境恢复。鼓励有实力的企业走出去，投资境外能源资源开发及深加工项目。

（四）挖掘传承精神文化资源

适应时代需求，大力宣传资源型城市创业历程和涌现出的王进喜、雷锋、马永顺、郭明义等模范人物事迹，传承和发扬资源型城市无私奉献、艰苦奋斗、改革创新的精神，为可持续发展注入源源不竭的精神动力。全面增强开放意识、市场意识和竞争意识，切实树立科学发展理念。开展群众性精神文明创建活动，倡导敬业诚信、勤劳致富、团结友善的社会风尚。做好资源型城市精神文化遗产和工业遗产挖掘、抢救和保护工作，支持创作以资源型城市艰苦奋斗和开拓创新为主题的文化艺术作品，保护和利用好反映资源型城市发展历程和先进人物事迹的博物馆、纪念馆和教育示范基地。

专栏 8 资源型城市重点精神文化设施
大同煤矿遇难矿工"万人坑"展览馆、抚顺雷锋纪念馆、阜新万人坑死难矿工纪念馆、日伪统治时期辽源煤矿死难矿工文物馆、铁人王进喜同志纪念馆、大庆油田历史陈列馆、安源路矿工人运动纪念馆。

九、支持政策和保障措施

进一步完善促进资源型城市可持续发展的政策体系，做好规划的贯彻落实，保障规划目标和重点任务的完成。

（一）规划实施的政策体系

建立健全可持续发展长效机制。强化开发秩序约束机制，研究制定资源开发与城市可持续发展协调评价办法，以成长型和成熟型城市为重点，加强可持续发展预警与调控。加快推进资源税改革，研究完善矿业权使用费征收和分配政策，健全资源性产品价格形成机制。研究建立资源型企业可持续发展准备金制度，健全资源开发补偿机制和利益分配共享机制。进一步落实接续替代产业扶持机制，充分发挥市场机制作用，调动社会力量，推动接续替代产业发展。

加强分类指导的政策措施。根据分类指导的原则，研究制定全国资源型城市可持续发展分类指导意见，通过针对性政策措施引导和支持不同类型资源型城市实现特色发展。做好资源枯竭城市转型年度绩效考核评价工作，完善"有进有出、奖惩分明、滚动推进"的支持机制，继续加大中央财政转移支付力度。选择典型的资源富集地区、城市和资源型企业开展可持续发展试点，积极探索各具特色的发展模式。

着力解决重点难点问题。继续安排资源型城市吸纳就业、资源综合利用、多元化产业培育和独立工矿区改造试点中央预算内投资专项，支持资源型城市转型发展。对符合条件的接续替代产业在项目审核、土地利用、融资服务等方面给予支持。继续加大对历史遗留矿山地质环境问题恢复治理的资金支持。引导和鼓励金融机构在防范信贷风险的前提下加大对资源型城市可持续发展的信贷支持力度，创新合作模式。

推进资源型城市可持续发展立法。推动修改完善与资源型城市可持续发展相关的现有法律法规，抓紧研究制定资源型城市可持续发展条例，明确政府、企业和其他社会组织在促进资源型城市可持续发展方面的权利和义务，协调和规范各利益相关主体之间的关系，为可持续发展提供制度保障。

（二）规划实施的保障措施

加强组织领导。国务院有关部门要按照职能分工，搞好政策衔接，在项目建设、资金投入、体制机制创新等方面给予积极支持，帮助解决规划实施中遇到的重大问题。各有关省级人民政府要切实负起总责，做好统筹协调，加强对资源型城市可持续发展工作的组织领导，出台配套政策措施，明确工作责任，确保规划提出的各项任务落到实处。各资源型城市要按照本规划加快制定实施方案，明确工作时序和重点，落实责任主体，建立和完善工作机制。涉及的重大政策和建设项目按程序另行报批。

完善考核指标。建立资源型城市可持续发展统计体系，制订和完善有利于资源型城市可持续发展的绩效评价考核体系和具体考核办法，把资源有序开发、接续替代产业发展、安全生产、失业问题解决、棚户区搬迁改造、矿山环境恢复治理、林区生态保护等工作情况，作为综合考核评价的重要内容。

严格监督检查。发展改革委要会同有关部门做好政策协调，对规划实施情况进行跟踪分析和监督检查，加强对可持续发展情况的动态监测，建立健全规划定期评估制度。根据评估结果，及时对规划范围、综合分类结果、重点任务等进行动态调整，不断优化政策措施和实施方案。完善社会监督机制，鼓励企业和公众积极参与规划的实施和监督。

加大宣传力度。采取多种形式、全方位地宣传资源型城市可持续发展的重要性，形成人人关心可持续发展、全社会支持转型工作的良好氛围。

附件：1. 全国资源型城市名单（2013 年）

2. 资源型城市综合分类（2013 年）

附件 1

全国资源型城市名单（2013 年）

所在省（区、市）	地级行政区	县级市	县（自治县、林区）	市辖区（开发区、管理区）
河北（14）	张家口市、承德市、唐山市、邢台市、邯郸市	鹿泉市、任丘市	青龙满族自治县、易县、涞源县、曲阳县	井陉矿区、下花园区、鹰手营子矿区
山西（13）	大同市、朔州市、阳泉市、长治市、晋城市、忻州市、晋中市、临汾市、运城市、吕梁市	古交市、霍州市、孝义市		
内蒙古（9）	包头市、乌海市、赤峰市、呼伦贝尔市、鄂尔多斯市	霍林郭勒市、阿尔山市*、锡林浩特市		石拐区
辽宁（15）	阜新市、抚顺市、本溪市、鞍山市、盘锦市、葫芦岛市	北票市、调兵山市、凤城市、大石桥市	宽甸满族自治县、义县	弓长岭区、南票区、杨家杖子开发区
吉林（11）	松原市、吉林市*、辽源市、通化市、白山市*、延边朝鲜族自治州	九台市、舒兰市、敦化市*	汪清县*	二道江区
黑龙江（11）	黑河市*、大庆市、伊春市*、鹤岗市、双鸭山市、七台河市、鸡西市、牡丹江市*、大兴安岭地区*	尚志市*、五大连池市*		
江苏（3）	徐州市、宿迁市			贾汪区
浙江（3）	湖州市		武义县、青田县	
安徽（11）	宿州市、淮北市、亳州市、淮南市、滁州市、马鞍山市、铜陵市、池州市、宣城市	巢湖市	颍上县	
福建（6）	南平市、三明市、龙岩市	龙海市	平潭县、东山县	

续表

所在省（区、市）	地级行政区	县级市	县（自治县、林区）	市辖区（开发区、管理区）
江西（11）	景德镇市、新余市、萍乡市、赣州市、宜春市	瑞昌市、贵溪市、德兴市	星子县、大余县、万年县	
山东（14）	东营市、淄博市、临沂市、枣庄市、济宁市、泰安市、莱芜市	龙口市、莱州市、招远市、平度市、新泰市	昌乐县	淄川区
河南（15）	三门峡市、洛阳市、焦作市、鹤壁市、濮阳市、平顶山市、南阳市	登封市、新密市、巩义市、荥阳市、灵宝市、永城市、禹州市	安阳县	
湖北（10）	鄂州市、黄石市	钟祥市、应城市、大冶市、松滋市、宜都市、潜江市	保康县、神农架林区*	
湖南（14）	衡阳市、郴州市、邵阳市、娄底市	浏阳市、临湘市、常宁市、耒阳市、资兴市、冷水江市、涟源市	宁乡县、桃江县、花垣县	
广东（4）	韶关市、云浮市	高要市	连平县	
广西（10）	百色市、河池市、贺州市	岑溪市、合山市	隆安县、龙胜各族自治县、藤县、象州县	平桂管理区
海南（5）		东方市	昌江黎族自治县、琼中黎族苗族自治县*、陵水黎族自治县*、乐东黎族自治县*	
重庆（9）			铜梁县、荣昌县、垫江县、城口县、奉节县、云阳县、秀山土家族苗族自治县	南川区、万盛经济开发区

续表

所在省（区、市）	地级行政区	县级市	县（自治县、林区）	市辖区（开发区、管理区）
四川（13）	广元市、南充市、广安市、自贡市、泸州市、攀枝花市、达州市、雅安市、阿坝藏族羌族自治州、凉山彝族自治州	绵竹市、华蓥市	兴文县	
贵州（11）	六盘水市、安顺市、毕节市、黔南布依族苗族自治州、黔西南布依族苗族自治州	清镇市	开阳县、修文县、遵义县、松桃苗族自治县	万山区
云南（17）	曲靖市、保山市、昭通市、丽江市*、普洱市、临沧市、楚雄彝族自治州	安宁市、个旧市、开远市	晋宁县、易门县、新平彝族傣族自治县*、兰坪白族普米族自治县、香格里拉县*、马关县	东川区
西藏（1）			曲松县	
陕西（9）	延安市、铜川市、渭南市、咸阳市、宝鸡市、榆林市		潼关县、略阳县、洛南县	
甘肃（10）	金昌市、白银市、武威市、张掖市、庆阳市、平凉市、陇南市	玉门市	玛曲县	红古区
青海（2）	海西蒙古族藏族自治州		大通回族土族自治县	
宁夏（3）	石嘴山市	灵武市	中宁县	
新疆（8）	克拉玛依市、巴音郭楞蒙古自治州、阿勒泰地区	和田市、哈密市、阜康市	拜城县、鄯善县	

注：1. * 表示森工城市。

2. 资源型城市名单将结合资源储量条件、开发利用情况等进行动态评估调整。

附件 2

资源型城市综合分类（2013 年）

成长型城市（31 个）

地级行政区 20 个：朔州市、呼伦贝尔市、鄂尔多斯市、松原市、贺州市、南充市、六盘水市、毕节市、黔南布依族苗族自治州、黔西南布依族苗族自治州、昭通市、楚雄彝族自治州、延安市、咸阳市、榆林市、武威市、庆阳市、陇南市、海西蒙古族藏族自治州、阿勒泰地区；

县级市 7 个：霍林郭勒市、锡林浩特市、永城市、禹州市、灵武市、哈密市、阜康市；

县 4 个：颍上县、东山县、昌乐县、鄯善县。

成熟型城市（141 个）

地级行政区 66 个：张家口市、承德市、邢台市、邯郸市、大同市、阳泉市、长治市、晋城市、忻州市、晋中市、临汾市、运城市、吕梁市、赤峰市、本溪市、吉林市、延边朝鲜族自治州、黑河市、大庆市、鸡西市、牡丹江市、湖州市、宿州市、亳州市、淮南市、滁州市、池州市、宣城市、南平市、三明市、龙岩市、赣州市、宜春市、东营市、济宁市、泰安市、莱芜市、三门峡市、鹤壁市、平顶山市、鄂州市、衡阳市、郴州市、邵阳市、娄底市、云浮市、百色市、河池市、广元市、广安市、自贡市、攀枝花市、达州市、雅安市、凉山彝族自治州、安顺市、曲靖市、保山市、普洱市、临沧市、渭南市、宝鸡市、金昌市、平凉市、克拉玛依市、巴音郭楞蒙古自治州；

县级市 29 个：鹿泉市、任丘市、古交市、调兵山市、凤城市、尚志市、巢湖市、龙海市、瑞昌市、贵溪市、德兴市、招远市、平度市、登封市、新密市、巩义市、荥阳市、应城市、宜都市、浏阳市、临湘市、高要市、岑溪市、东方市、绵竹市、清镇市、安宁市、开远市、和田市；

县（自治县、林区）46 个：青龙满族自治县、易县、涞源县、曲阳县、宽甸满族自治县、义县、武义县、青田县、平潭县、星子县、万年县、保康县、神农架林区、宁乡县、桃江县、花垣县、连平县、隆安县、龙胜各族自治县、藤县、象州县、琼中黎族苗族自治县、陵水黎族自治县、乐东黎族自治县、铜梁县、荣昌县、垫江县、城口县、奉节县、秀山土家族苗族自治县、兴文县、开阳县、修文县、遵义县、松桃苗族自治县、晋宁县、新平彝族傣族自治县、兰坪白族普米族自治县、马关县、曲松县、略阳县、洛南县、玛曲县、大通回族土族自治县、中宁县、拜城县。

衰退型城市（67 个）

地级行政区 24 个：乌海市、阜新市、抚顺市、辽源市、白山市、伊春市、鹤岗市、双鸭山市、七台河市、大兴安岭地区、淮北市、铜陵市、景德镇市、新余市、萍乡市、枣庄市、焦作市、濮阳市、黄石市、韶关市、泸州市、铜川市、白银市、石嘴山市；

续表

县级市22个：霍州市、阿尔山市、北票市、九台市、舒兰市、敦化市、五大连池市、新泰市、灵宝市、钟祥市、大冶市、松滋市、潜江市、常宁市、耒阳市、资兴市、冷水江市、涟源市、合山市、华蓥市、个旧市、玉门市； 县（自治县）5个：汪清县、大余县、昌江黎族自治县、易门县、潼关县； 市辖区（开发区、管理区）16个：井陉矿区、下花园区、鹰手营子矿区、石拐区、弓长岭区、南票区、杨家杖子开发区、二道江区、贾汪区、淄川区、平桂管理区、南川区、万盛经济开发区、万山区、东川区、红古区。
再生型城市（23个）
地级行政区16个：唐山市、包头市、鞍山市、盘锦市、葫芦岛市、通化市、徐州市、宿迁市、马鞍山市、淄博市、临沂市、洛阳市、南阳市、阿坝藏族羌族自治州、丽江市、张掖市； 县级市4个：孝义市、大石桥市、龙口市、莱州市； 县3个：安阳县、云阳县、香格里拉县。

国务院办公厅关于金融支持经济结构调整和转型升级的指导意见

国办发〔2013〕67号

各省、自治区、直辖市人民政府，国务院各部委、各直属机构：

当前，我国经济运行总体平稳，但结构性矛盾依然突出。金融运行总体是稳健的，但资金分布不合理问题仍然存在，与经济结构调整和转型升级的要求不相适应。为深入贯彻党的十八大、中央经济工作会议和国务院常务会议精神，更好地发挥金融对经济结构调整和转型升级的支持作用，更好地发挥市场配置资源的基础性作用，更好地发挥金融政策、财政政策和产业政策的协同作用，优化社会融资结构，持续加强对重点领域和薄弱环节的金融支持，切实防范化解金融风险，经国务院同意，现提出以下指导意见。

一、继续执行稳健的货币政策，合理保持货币信贷总量

统筹兼顾稳增长、调结构、控通胀、防风险，合理保持货币总量。综合运用数量、价格等多种货币政策工具组合，充分发挥再贷款、再贴现和差别存款准备金动态调整机制的引导作用，盘活存量资金，用好增量资金，加快资金周转速度，提高资金使用效率。对中小金融机构继续实施较低的存款准备金率，增加“三农”、小微企业等薄弱环节的信贷资金来源。稳步推进利率市场化改革，更大程度发挥市场在资金配置中的基础性作用，促进企业根据自身条件选择融资渠道、优化融资结构，提高实体经济特别是小微企业的信贷可获得性，进一步加大金融对实体经济的支持力度。（人民银行牵头，发展改革委、工业和信息化部、财政部、银监会、证监会、保监会、外汇局等参加）

二、引导、推动重点领域与行业转型和调整

坚持有扶有控、有保有压原则，增强资金支持的针对性和有效性。大力支持实施创新驱动发展战略。加大对有市场发展前景的先进制造业、战略性新兴产业、现代信息技术产业和信息消费、劳动密集型产业、服务业、传统产业改

造升级以及绿色环保等领域的资金支持力度。保证重点在建续建工程和项目的合理资金需求，积极支持铁路等重大基础设施、城市基础设施、保障性安居工程等民生工程建设，培育新的产业增长点。按照“消化一批、转移一批、整合一批、淘汰一批”的要求，对产能过剩行业区分不同情况实施差别化政策。对产品有竞争力、有市场、有效益的企业，要继续给予资金支持；对合理向境外转移产能的企业，要通过内保外贷、外汇及人民币贷款、债权融资、股权融资等方式，积极支持增强跨境投资经营能力；对实施产能整合的企业，要通过探索发行优先股、定向开展并购贷款、适当延长贷款期限等方式，支持企业兼并重组；对属于淘汰落后产能的企业，要通过保全资产和不良贷款转让、贷款损失核销等方式支持压产退市。严禁对产能严重过剩行业违规建设项目提供任何形式的新增授信和直接融资，防止盲目投资加剧产能过剩。（发展改革委、工业和信息化部、财政部、商务部、人民银行、国资委、银监会、证监会、保监会、外汇局等按职责分工负责）

三、整合金融资源支持小微企业发展

优化小微企业金融服务。支持金融机构向小微企业集中的区域延伸服务网点。根据小微企业不同发展阶段的金融需求特点，支持金融机构向小微企业提供融资、结算、理财、咨询等综合性金融服务。继续支持符合条件的银行发行小微企业专项金融债，所募集资金发放的小微企业贷款不纳入存贷比考核。逐步推进信贷资产证券化常规化发展，盘活资金支持小微企业发展和经济结构调整。适度放开小额外保内贷业务，扩大小微企业境内融资来源。适当提高对小微企业贷款的不良贷款容忍度。加强对科技型、创新型、创业型小微企业的金融支持力度。力争全年小微企业贷款增速不低于当年各项贷款平均增速，贷款增量不低于上年同期水平。鼓励地方人民政府建立小微企业信贷风险补偿基金，支持小微企业信息整合，加快推进中小企业信用体系建设。支持地方人民政府加强对小额贷款公司、融资性担保公司的监管，对非融资性担保公司进行清理规范。鼓励地方人民政府出资设立或参股融资性担保公司，以及通过奖励、风险补偿等多种方式引导融资性担保公司健康发展，帮助小微企业增信融资，降低小微企业融资成本，提高小微企业贷款覆盖面。推动金融机构完善服务定价管理机制，严格规范收费行为，严格执行不得以贷转存、不得存贷挂钩、不得以贷收费、不得浮利分费、不得借贷搭售、不得一浮到顶、不得转嫁成本，公开收费项目、服务质价、效用功能、优惠政策等规定，切实降低企业融资成本。（发展改革委、科技部、工业和信息化部、财政部、人民银行、工

商总局、银监会、证监会、保监会、外汇局等按职责分工负责)

四、加大对“三农”领域的信贷支持力度

优化“三农”金融服务，统筹发挥政策性金融、商业性金融和合作性金融的协同作用，发挥直接融资优势，推动加快农业现代化步伐。鼓励涉农金融机构在金融服务空白乡镇设立服务网点，创新服务方式，努力实现农村基础金融服务全覆盖。支持金融机构开发符合农业农村新型经营主体和农产品批发商特点的金融产品和服务，加大信贷支持力度，力争全年“三农”贷款增速不低于当年各项贷款平均增速，贷款增量不低于上年同期水平。支持符合条件的银行发行“三农”专项金融债。鼓励银行业金融机构扩大林权抵押贷款，探索开展大中型农机具、农村土地承包经营权和宅基地使用权抵押贷款试点。支持农业银行在总结试点经验的基础上，逐步扩大县域“三农金融事业部”试点省份范围。支持经中央批准的农村金融改革试点地区创新农村金融产品和服务。(财政部、国土资源部、农业部、商务部、人民银行、林业局、法制办、银监会等按职责分工负责)

五、进一步发展消费金融促进消费升级

加快完善银行卡消费服务功能，优化刷卡消费环境，扩大城乡居民用卡范围。积极满足居民家庭首套自住购房、大宗耐用消费品、新型消费品以及教育、旅游等服务消费领域的合理信贷需求。逐步扩大消费金融公司的试点城市范围，培育和壮大新的消费增长点。加强个人信用管理。根据城镇化过程中进城务工人员等群体的消费特点，提高金融服务的匹配度和适应性，促进消费升级。(人民银行牵头，发展改革委、工业和信息化部、商务部、银监会等参加)

六、支持企业“走出去”

鼓励政策性银行、商业银行等金融机构大力支持企业“走出去”。以推进贸易投资便利化为重点，进一步推动人民币跨境使用，推进外汇管理简政放权，完善货物贸易和服务贸易外汇管理制度。逐步开展个人境外直接投资试点，进一步推动资本市场对外开放。改进外债管理方式，完善全口径外债管理制度。加强银行间外汇市场净额清算等基础设施建设。创新外汇储备运用，拓展外汇储备委托贷款平台和商业银行转贷款渠道，综合运用多种方式为用汇主体提供融资支持。(人民银行牵头，外交部、发展改革委、财政部、商务部、

海关总署、银监会、证监会、保监会、外汇局等参加）

七、加快发展多层次资本市场

进一步优化主板、中小企业板、创业板市场的制度安排，完善发行、定价、并购重组等方面的各项制度。适当放宽创业板对创新型、成长型企业的财务准入标准。将中小企业股份转让系统试点扩大至全国。规范非上市公众公司管理。稳步扩大公司（企业）债、中期票据和中小企业私募债券发行，促进债券市场互联互通。规范发展各类机构投资者，探索发展并购投资基金，鼓励私募股权投资基金、风险投资基金产品创新，促进创新型、创业型中小企业融资发展。加快完善期货市场建设，稳步推进期货市场品种创新，进一步发挥期货市场的定价、分散风险、套期保值和推进经济转型升级的作用。（证监会牵头，发展改革委、科技部、工业和信息化部、财政部、人民银行、工商总局、法制办等参加）

八、进一步发挥保险的保障作用

扩大农业保险覆盖范围，推广菜篮子工程保险、渔业保险、农产品质量保证保险、农房保险等新型险种。建立完善财政支持的农业保险大灾风险分散机制。大力发展出口信用保险，鼓励为企业开展对外贸易和“走出去”提供投资、运营、劳动用工等方面的一揽子保险服务。深入推进科技保险工作。试点推广小额信贷保证保险，推动发展国内贸易信用保险。拓宽保险覆盖面和保险资金运用范围，进一步发挥保险对经济结构调整和转型升级的积极作用。（保监会牵头，发展改革委、科技部、工业和信息化部、财政部、农业部、商务部、人民银行、林业局、银监会、外汇局等参加）

九、扩大民间资本进入金融业

鼓励民间资本投资入股金融机构和参与金融机构重组改造。允许发展成熟、经营稳健的村镇银行在最低股比要求内，调整主发起行与其他股东持股比例。尝试由民间资本发起设立自担风险的民营银行、金融租赁公司和消费金融公司等金融机构。探索优化银行业分类监管机制，对不同类型银行业金融机构在经营地域和业务范围上实行差异化准入管理，建立相应的考核和评估体系，为实体经济发展提供广覆盖、差异化、高效率的金融服务。（银监会牵头，人民银行、工商总局、法制办等参加）

十、严密防范金融风险

深入排查各类金融风险隐患，适时开展压力测试，动态分析可能存在的风险触点，及时锁定、防控和化解风险，严守不发生系统性区域性金融风险的底线。继续按照总量控制、分类管理、区别对待、逐步化解的原则，防范化解地方政府融资平台贷款等风险。认真执行房地产调控政策，落实差别化住房信贷政策，加强名单制管理，严格防控房地产融资风险。按照理财与信贷业务分离、产品与项目逐一对应、单独建账管理、信息公开透明的原则，规范商业银行理财产品，加强行为监管，严格风险管控。密切关注并积极化解“两高一剩”（高耗能、高污染、产能过剩）行业结构调整时暴露的金融风险。防范跨市场、跨行业经营带来的交叉金融风险，防止民间融资、非法集资、国际资本流动等风险向金融系统传染渗透。支持银行开展不良贷款转让，扩大银行不良贷款自主核销权，及时主动消化吸收风险。稳妥有序处置风险，加强疏导，防止因处置不当等引发新的风险。加快信用立法和社会信用体系建设，培育社会诚信文化，为金融支持经济结构调整和转型升级营造良好环境。（人民银行牵头，发展改革委、工业和信息化部、财政部、住房城乡建设部、法制办、银监会、证监会、保监会、外汇局等参加）

国务院办公厅
2013 年 7 月 1 日

（此件公开发布）

国务院办公厅关于强化企业技术创新主体地位全面提升企业创新能力的意见

国办发〔2013〕8号

各省、自治区、直辖市人民政府，国务院各部委、各直属机构：

《国家中长期科学和技术发展规划纲要（2006～2020年）》实施以来，以企业为主体、市场为导向、产学研相结合的技术创新体系建设取得积极进展，激励企业创新的政策措施逐步完善，企业研发投入的积极性不断提高，研发能力得到增强，重点产业领域取得一批创新成果，为产业升级和结构调整提供了有力支撑。但目前我国企业创新能力依然薄弱，许多领域缺乏具有自主知识产权的核心技术，企业尚未真正成为创新决策、研发投入、科研组织和成果应用的主体，制约企业创新的体制机制障碍仍然存在。为深入贯彻落实党的十八大精神和《中共中央　国务院关于深化科技体制改革加快国家创新体系建设的意见》（中发〔2012〕6号），全面提升企业创新能力，经国务院同意，现提出以下意见。

一、指导思想和主要目标

（一）指导思想

坚持以邓小平理论、“三个代表”重要思想、科学发展观为指导，围绕促进科技与经济社会发展紧密结合，统筹发挥市场配置资源的基础性作用和政府的引导支持作用，以深入实施国家技术创新工程为重要抓手，建立健全企业主导产业技术研发创新的体制机制，促进创新要素向企业集聚，增强企业创新能力，加快科技成果转化和产业化，为实施创新驱动发展战略、建设创新型国家提供有力支撑。

（二）主要目标

到2015年，基本形成以企业为主体、市场为导向、产学研相结合的技术创新体系。培育发展一大批创新型企业，企业研发投入明显提高，大中型工业企业平均研发投入占主营业务收入比例提高到1.5%，行业领军企业达到国际同类先进企业水平，企业发明专利申请和授权量实现翻一番。企业主导的产学研合作深入发展，建设一批产业技术创新战略联盟和产业共性技术研发基地，突破一批核心、关键和共性技术，形成一批技术标准，转化一批重大科技成果。企业创新环境进一步优化，形成一批资源整合、开放共享的技术创新服务平台，面向企业的科技公共服务能力大幅度提高，涌现出一大批富有活力的科技型中小企业和民办科研机构。到2020年，企业主导产业技术研发创新的体制机制更加完善，企业创新能力大幅度提升，形成一批创新型领军企业，带动经济发展方式转变实现重大进展。

二、重点任务

（一）进一步完善引导企业加大技术创新投入的机制

企业要按照社会主义市场经济体制的要求，不断深化自身改革，适应市场化和全球化竞争的需要，增强创新驱动发展的内在动力；要明确企业主要负责人对技术研发的责任，加强研发能力和品牌建设，建立健全技术储备制度，提高持续创新能力和核心竞争力。各级政府要鼓励和引导企业加大研发投入，大力培育创新型企业，充分发挥其对技术创新的示范引领作用。推进科研项目经费后补助工作，鼓励和引导企业按照国家战略和市场需求先行投入开展研发项目。建立健全国有企业技术创新的经营业绩考核制度，落实和完善国有企业研发投入视同利润的考核措施，加强对不同行业研发投入和产出的分类考核。中央国有资本经营预算产业升级与发展专项资金要加大对中央企业技术创新的支持力度。国家科技计划项目征集和指南编制要充分听取企业专家的意见，产业化目标明确的重大科技项目由有条件的企业牵头组织实施。加强国家科技奖励对企业技术创新的引导激励。

（二）支持企业建立研发机构

引导企业围绕市场需求和长远发展，建立研发机构，健全组织技术研发、产品创新、科技成果转化的机制，大幅度提高大中型工业企业建立研发机构的比例。在明确定位和标准的基础上，引导企业建设国家重点实验室，围绕产业战略需求开展基础研究。在行业骨干企业建设一批国家工程（技术）研究中心、国家工程实验室，支持企业开展技术成果工程化研究。加强国家认定企业技术中心和技术创新示范企业工作。对企业国家重点实验室、国家工程（技术）研究中心、国家认定的企业技术中心以及科技类民办非企业单位，依据相关规定给予进口科技开发用品或科教用品的税收优惠政策。对民办科研机构等新型研发组织，在承担国家科技任务、人才引进等方面与同类公办科研机构实行一视同仁的支持政策。

（三）支持企业推进重大科技成果产业化

建立健全按产业发展重大需求部署创新链的科研运行机制和政策导向，推进新技术、新材料、新工艺、新模式、高端装备等的集成应用，实施国家高技术产业化示范项目、国家科技成果转化引导基金、国家重大科技成果转化项目、国家文化科技创新工程等，大力培育发展战略性新兴产业。组织实施用户示范工程，采取政策引导、鼓励社会资本投入等方式，促进科技成果推广应用，运用高新技术改造提升传统产业。依托国家自主创新示范区、国家高新技术产业开发区、国家创新型（试点）城市、国家高技术产业基地、国家新型工业化示范基地、信息化与工业化融合示范区、国家农业科技园区、国家级文化和科技融合示范基地、国家现代服务业产业化基地等，完善技术转移和产业化服务体系，吸引企业在区内设立研发机构，集聚高端人才，培育发展创新型产业集群。

（四）大力培育科技型中小企业

国家中小企业发展专项资金、中小企业技术改造资金等要大力支持中小企业技术创新和改造升级。扩大科技型中小企业技术创新基金规模，继续实施科技型中小企业创业投资引导基金、新兴产业创投计划、中小企业创新能力建设计划和中小企业信息化推进工程，强化火炬计划、星火计划、国家重点新产品计划对中小企业产品和技术创新的政策引导作用，引导和支持中小企业创新创业。综合采用买（卖）方信贷、知识产权和股权质押贷款、融资租赁、科技小额贷款、公司（企业）债券、集合信托、科技保险等方式，支持科技型企业开展技术创新融资。为小型微型科技企业创造公平竞争的市场环境，促进其健康发展。

（五）以企业为主导发展产业技术创新战略联盟

支持行业骨干企业与科研院所、高等学校签订战略合作协议，建立联合开发、优势互补、成果共享、风险共担的产学研用合作机制，组建产业技术创新战略联盟。支持联盟按规定承担产业技术研发创新重大项目，制订技术标准，编制产业技术路线图，构建联盟技术研发、专利共享和成果转化推广的平台及机制。积极探索依托符合条件的联盟成员单位建设国家重点实验室。深入开展联盟试点，加强对联盟的分类指导和监督评估。围绕培育发展战略性新兴产业，结合实施国家科技重大专项，通过联盟研发重大创新产品，掌握核心关键技术，构建产业链。围绕改造提升传统产业，通过联盟开展共性技术攻关，解决制约产业升级的重大制造装备、关键零部件、基础原材料、基础工艺及高端分析检测仪器设备等难题。围绕发展现代服务业，通过联盟加强技术创新、商业模式创新和管理创新，培育现代服务业新业态。

（六）依托转制院所和行业领军企业构建产业共性技术研发基地

针对重点行业和技术领域特点和需求，在钢铁、有色金属、装备制造、建材、纺织、煤炭、电力、油气、新能源与可再生能源、电子信息、生物医药、化工、轻工、现代农业、现代服务业等产业，依托骨干转制院所、行业特色高等学校和行业领军企业，通过体制机制创新，整合相关科研资源，推动建设一批产业共性技术研发基地，加强共性技术研发和成果推广扩散。对产业共性技术研发基地的运行管理、技术扩散服务的绩效实行定期评价。

（七）强化科研院所和高等学校对企业技术创新的源头支持

鼓励科研院所和高等学校与企业共建研发机构，共建学科专业，实施合作项目，加强对企业技术创新的理论、基础和前沿先导技术支持。实施卓越工程师教育培养等计划，推行产学研合作教育模式和“双导师”制，鼓励高等学校和企业联合制定人才培养标准，共同建设课程体系和教学内容，共同实施培养过程，共同评价培养质量。推动科研院所、高等学校面向市场转移科技成果，有条件的科研院所、高等学校应建立专业技术转移机构和技术成果供需平台。完善落实股权、期权激励和奖励等收益分配政策，以及事业单位国有资产处置收益政策和人事考核评价制度，鼓励科研院所、高等学校科技人员转化科技成果。

（八）完善面向企业的技术创新服务平台

面向行业技术创新需求，促进科技资源整合和优势互补，推动形成一批专业领域技术创新服务平台，培育一批专业化、社会化、网络化的示范性科技中介服务机构。以中央财政资金为引导，带动地方财政和社会投入，支持围绕地方特色优势产业和战略性新兴产业创新发展的区域公共科技服务平台建设。推动平台面向中小企业提供研发设计、检验检测、技术转移、大型共用软件、知识产权、标准、质量品牌、人才培训等服务，提高专业化服务能力和网络化协同水平。探索通过购买公共服务等方式，引导建立促进技术创新服务平台有效运行的良好机制。加快建设技术交易市场体系、科技创业孵化网络和科技企业加速成长机制。

（九）加强企业创新人才队伍建设

在海外高层次人才引进计划、创新人才推进计划等相关重大人才工程和政策实施中，支持企业引进海外高层次人才，引导和支持归国留学人员创业。加强专业技术人才和高技能人才队伍建设，培养科技领军人才、优秀创新团队。加强对企业科研和管理骨干的培训。健全科技人才流动机制，鼓励科研院所、高等学校和企业创新人才双向流动和兼职。继续坚持企业院士专家工作站、博士后工作站、科技特派员等科技人员服务企业的有效方式，不断完善评价制度，构建长效机制，对于服务企业贡献突出的科技人员，采取优先晋升职务职称等奖励措施。广泛开展职工合理化建议、技术革新、技能大赛等群众性技术创新活动，对有突出贡献的职工优先晋升技术技能等级，充分调动职工参与技术创新的积极性，提高企业职工科技素质。

（十）推动科技资源开放共享

健全科技资源开放共享制度，深入开展全国科技资源调查，促进科技资源优化配置和高效利用。建立健全科研院所、高等学校、企业的科研设施和仪器设备等科技资源向社会开放的合理运行机制。加大国家重点实验室、国家工程实验室、国家工程（技术）研究中心、大型科学仪器中心、分析测试中心等向企业开放服务的力度，将资源开放共享情况作为其运行绩效考核的重要指标。加强对国家科技基础条件平台开放服务工作的绩效评价和奖励补助，积极引导其对企业开展专题服务。加强区域性科研设备协作，提高对企业技术创新的支撑服务能力。

（十一）提升企业技术创新开放合作水平

鼓励企业通过人才引进、技术引进、合作研发、委托研发、建立联合研发中心、参股并购、专利交叉许可等方式开展国际创新合作。加强国际科技创新信息收集分析，为企业开展国际科技合作提供服务。鼓励企业到海外建立研发机构，联合科研院所承担国际科技合作项目。支持企业参加各类国际标准组织，积极参与国际技术标准制修订。鼓励和支持企业向国外申请知识产权。加大国家科技计划开放合作力度，鼓励跨国公司依法在我国设立研发机构，与我国企业、科研院所和高等学校开展合作研发，共建研发平台，联合培养人才。

（十二）完善支持企业技术创新的财税金融等政策

完善和落实企业研发费用税前加计扣除政策，加大企业研发设备加速折旧政策的落实力度。完善高新技术企业认定办法，落实税收优惠政策。促进科技和金融结合，在风险可控原则下和国家允许的业务范围内，加大政策性银行对企业转化科技成果和进出口关键技术设备的支持力度，鼓励商业银行开发支持企业技术创新的贷款模式、产品和服务，加大对企业技术创新的融资支持。建立健全首台（套）重大技术装备保险机制，支持企业研发和推广应用重大创新产品。加大对符合条件的创新型企业上市融资以及已上市创新型企业再融资和市场化并购重组的支持力度，支持科技成果出资入股并确认股权。切实加强知识产权保护，依法惩治侵犯知识产权的违法犯罪行为。

三、组织实施

（一）加强组织领导，强化统筹推进

各地方、各部门要切实增强责任感和紧迫感，围绕全面实施创新驱动发展战略，加大推进技术创新的力度，全面提升企业创新能力。科技、发展改革、财政、教育、工业和信息化、农业、人力资源社会保障、国资、金融、工会等有关部门和单位要建立深入实施国家技术创新工程的联合推进机制，发挥各自优势，加强协同创新，形成工作合力。各地方要结合实际，制定贯彻本意见的具体方案。要充分调动各方面的积极性，共同推进企业技术创新工作。

（二）加强监测评估，务求取得实效

要加强分类指导，建立监测评价机制，对各项重点任务推进和各项政策措施落实的情况进行督促检查，定期总结和发布工作进展情况。逐步建立企业技术创新调查制度。对探索性强的政策任务要加强研究，通过试点积累经验，并及时总结推广。要加强宣传和舆论引导，大力宣传企业技术创新工作的重要意义、政策措施、进展成效和先进经验，营造有利于工作顺利推进的良好社会氛围。

国务院办公厅

2013 年 1 月 28 日

（此件公开发布）

· 工业和信息化部 ·

符合《钢铁行业规范条件（2012年修订）》企业名单（第一批）

中华人民共和国工业和信息化部

公　告

2013年第24号

依据《钢铁行业规范条件（2012年修订）》，经钢铁企业申报，地方工业主管部门预审，我部组织专家评审以及网上公示，现将第一批符合《钢铁行业规范条件（2012年修订）》的钢铁企业予以公告。

附件：符合《钢铁行业规范条件（2012年修订）》钢铁企业名单（第一批）

工业和信息化部
2013年4月28日

附件

符合《钢铁行业规范条件(2012年修订)》钢铁企业名单(第一批)

序号	企业名称	粗钢产量/万吨		企业主要装备	
		2010年	2012年	炼铁	炼钢
1	鞍钢股份有限公司	2165.7	2023.0	本部:$4\times2580m^3$、$3\times3200m^3$;鲅鱼圈:$2\times4038m^3$	本部:6×100t、2×150t、1×180t、3×260t转炉;鲅鱼圈:3×260t转炉
2	攀钢集团攀枝花钢钒有限公司	547.0	554.0	$3\times1200m^3$、$1\times1350m^3$、$1\times2000m^3$	5×120t转炉、2×120t提钒转炉
3	武汉钢铁股份有限公司	1662.0	1690.1	$1\times1536m^3$、$1\times2200m^3$、$1\times2600m^3$、$3\times3200m^3$、$1\times3800m^3$	3×90t、2×120t、2×150t、2×180t、3×250t转炉
4	武钢集团昆明钢铁股份有限公司	602.6	654.8	安宁分公司:$2\times510m^3$、$1\times1080m^3$、$1\times2000m^3$;红钢:$2\times1080m^3$、$1\times1350m^3$;玉钢:$3\times1080m^3$;新区:$1\times2500m^3$	安宁:3×32t、3×50t转炉;红钢:2×50t转炉、1×50t提钒转炉;玉钢:2×50t转炉,1×50t、1×120t提钒转炉;新区:2×120t转炉
5	广西柳州钢铁(集团)公司	1001.0	950.1	$2\times1500m^3$、$2\times2000m^3$、$1\times2650m^3$、$1\times2750m^3$	3×40t、3×120t、5×150t转炉
6	宝钢集团宝山钢铁股份有限公司(本部)	1600.0	1600.0	本部:2×COREX-3000;$1\times4350m^3$、$1\times4706m^3$、$1\times4747m^3$、$1\times4966m^3$	本部:3×150t、3×250t、3×300t转炉
7	宝钢集团新疆八一钢铁有限公司	671.3	754.9	$5\times430m^3$、$3\times2500m^3$	1×70t、1×110t电炉;3×40t、3×120t转炉

续表

序号	企业名称	粗钢产量/万吨		企业主要装备	
		2010年	2012年	炼铁	炼钢
8	宝钢集团广东韶关钢铁有限公司	503.6	550.5	1×420m^3、1×450m^3、1×750m^3、1×2200m^3、1×3200m^3	1×90t电炉；3×120t、2×130t转炉
9	天津天铁冶金集团有限公司	501.0	424.3	1×450m^3、4×700m^3、1×2500m^3	3×45t、2×180t转炉
10	天津钢铁集团有限公司	435.6	602.6	1×1080m^3、1×2000m^3、1×3200m^3	2×110t电炉；3×120t转炉
11	天津钢管集团股份有限公司	270.4	259.2	1×1000m^3	1×90t、1×100t、1×150t电炉
12	太原钢铁(集团)有限公司	834.3	1012.7	1×1650m^3、1×1800m^3、1×4350m^3	1×50t、1×90t、2×160t电炉；2×85t、1×90t、2×180t转炉
13	包头钢铁(集团)有限责任公司	1011.0	1018.5	1×1500m^3、1×1780m^3、1×2500m^3、3×2200m^3	4×80t、2×120t、2×210t转炉
14	本钢板材股份有限公司	1005.0	994.0	3×2600m^3、1×4747m^3	2×50t电炉；3×150t、4×180t转炉
15	凌源钢铁集团有限责任公司	344.1	356.3	2×450m^3、2×1000m^3、1×2300m^3	3×35t、3×120t转炉
16	抚顺新钢铁有限责任公司	310.0	314.8	2×420m^3、2×450m^3、1×580m^3	3×35t、1×40t转炉
17	西林钢铁集团有限公司	220.0	325.9	1×550m^3、1×1080m^3、2×1260m^3	2×50t电炉；4×120t转炉
18	黑龙江建龙钢铁有限公司	200.4	189.3	3×530m^3	2×60t转炉
19	南京钢铁集团有限公司	677.0	717.6	2×2000m^3、1×2550m^3	1×100t电炉；3×150t转炉

续表

序号	企业名称	粗钢产量/万吨		企业主要装备	
		2010年	2012年	炼铁	炼钢
20	江阴兴澄特种钢铁有限公司	512.0	453.1	2×450m^3、1×530m^3、1×3200m^3	2×40t、1×100t电炉；2×120t、2×150t转炉
21	江苏沙钢集团有限公司	1883.0	1980.4	4×480m^3、4×580m^3、1×1580m^3、3×2680m^3、1×5800m^3	1×75t、1×90t、3×100t、1×110t电炉；3×50t、6×180t转炉
22	江苏沙钢集团淮钢特钢股份有限公司	293.0	296.0	2×450m^3、2×580m^3	1×70t电炉；2×80t转炉
23	江苏永钢集团有限公司	650.0	723.4	4×450m^3、2×600m^3、1×700m^3、2×1080m^3	5×50t、2×120t转炉
24	中天钢铁集团有限公司	631.0	756.5	2×510m^3、2×550m^3、1×660m^3、2×850m^3、1×1000m^3、2×1250m^3	1×90t电炉；2×45t、1×65t、2×80t、3×120t转炉
25	常熟市龙腾特种钢有限公司	155.0	170.0	1×1080m^3	2×45t电炉、1×120t转炉
26	江苏申特钢铁有限公司	151.0	230.5	2×450m^3、1×1250m^3	2×120t转炉
27	杭州钢铁集团公司	349.4	324.9	2×750m^3、1×1250m^3	1×80t电炉；4×40t转炉
28	衢州元立金属制品有限公司	311.0	348.5	2×450m^3、2×1080m^3、1×1068m^3	5×70t转炉
29	马鞍山钢铁股份有限公司	1403.0	1733.9	2×420m^3、2×500m^3、1×1000m^3、2×2500m^3、2×4000m^3	1×110t电炉；4×40t、3×50t、1×60t、3×120t、2×300t转炉
30	福建省三钢(集团)有限责任公司	431.7	694.8	3×420m^3、2×1050m^3、1×1800m^3	2×100t、3×120t转炉
31	方大特钢科技股份有限公司	257.0	328.3	1×510m^3、2×1050m^3	2×65t、1×80t转炉
32	济钢集团有限公司	957.0	692.5	3×1750m^3、1×3200m^3	3×45t、3×120t、1×210t转炉

续表

序号	企业名称	粗钢产量/万吨		企业主要装备	
		2010年	2012年	炼铁	炼钢
33	莱芜钢铁集团有限公司	1251.0	1447.6	股份：6×1080m^3；银山型钢：2×1880m^3、1×3200m^3；永锋：2×530m^3、2×1080m^3	股份：1×50t电炉，3×50t、1×60t、2×120t转炉；银山型钢：3×120t转炉；永锋：2×60t、2×120t转炉
34	青岛钢铁有限公司	300.0	252.8	5×500m^3、1×625m^3	4×35t、2×80t转炉
35	安阳钢铁股份有限公司	792.0	544.6	4×450m^3、2×2000m^3	1×100t电炉；3×35t、1×100t、3×150t转炉
36	安钢集团信阳钢铁有限责任公司	210.0	229.6	4×600m^3	3×100t转炉
37	河南济源钢铁(集团)有限公司	260.0	325.2	4×508m^3、1×1200m^3	1×50t、1×60t、2×120t转炉
38	南阳汉冶特钢有限公司	268	202.6	2×450m^3、1×1260m^3	3×80t
39	湖北新冶钢有限公司	214.6	209.0	2×520m^3、1×1780m^3	2×70t电炉、2×20t高合金钢电炉；2×120t转炉
40	湖南华菱湘潭钢铁有限公司	720.0	649.7	1×1080m^3、1×1800m^3、2×2580m^3	3×80t、4×120t转炉
41	湖南华菱涟源钢铁有限公司	644.0	626.7	1×2200m^3、1×2800m^3、1×3200m^3	3×100t、2×210t转炉
42	衡阳华菱钢管有限公司	121.1	125.4	1×1080m^3	2×45t、1×90t电炉
43	重庆钢铁股份有限公司	451.5	522.3	3×2500m^3	3×210t转炉
44	四川省达州钢铁集团有限责任公司	235.0	303.0	1×430m^3、2×480m^3、1×1260m^3	3×120t转炉
45	首钢水城钢铁(集团)有限责任公司	328.2	501.5	1×788m^3、1×1200m^3、1×1350m^3、1×2380m^3	3×35t、3×100t转炉

符合《钢铁行业规范条件（2012 年修订）》企业名单（第二批）

中华人民共和国工业和信息化部

公　告

2014 年第 1 号

依照《钢铁行业规范条件（2012 年修订）》，经钢铁企业申报，地方工业和信息化主管部门预审，我部组织专家评审、现场核查以及网上公示，现将第二批符合《钢铁行业规范条件》的企业予以公告。

附件：符合《钢铁行业规范条件》企业名单（第二批）

工业和信息化部

2014 年 1 月 2 日

附件

符合《钢铁行业规范条件》企业名单(第二批)

序　号	申报央企、地方	企业名称	主要装备	
			炼　铁	炼　钢
1	宝钢集团有限公司	宁波钢铁有限公司	2×2500m^3	3×180t 转炉
2		宝钢特钢有限公司		4×40t、1×60t 电炉
3		宝钢不锈钢有限公司	1×750m^3、1×2500m^3	2×100t 电炉;2×120t、2×150t 转炉
4		宝钢德盛不锈钢有限公司	3×600m^3	1×70t、3×80t 转炉
5		上海梅山钢铁股份有限公司	1×1280m^3、1×3200m^3、1×4070m^3	3×150t、2×250t 转炉
6		南通宝钢钢铁有限公司	1×420m^3	2×50t、1×100t 电炉
7	鞍钢集团公司	攀钢集团西昌钢钒有限公司	2×1750m^3	2×200t 转炉;1×200t 提钒转炉
8		鞍钢集团朝阳鞍凌钢铁有限公司	1×2600m^3	2×120t 转炉
9	武汉钢铁(集团)公司	武汉钢铁集团鄂城钢铁有限责任公司	1×544m^3、1×620m^3、1×1080m^3、1×1800m^3、1×2600m^3	1×70t 电炉;2×35t、2×130t 转炉
10	中国五矿集团公司	五矿营口中板有限责任公司	4×450m^3、2×2300m^3	3×100t 转炉
11	新兴际华集团有限公司	新兴铸管股份有限公司(武安本部)	1×420m^3、1×460m^3、1×560m^3	2×80t 转炉
12		新疆金特钢铁股份有限公司	1×588m^3、1×1080m^3	3×40t 转炉
13		芜湖新兴铸管有限责任公司	2×620m^3	1×70t 电炉;2×50t 转炉

续表

序号	申报央企、地方	企业名称	主要装备	
			炼铁	炼钢
14	天津市	天津荣程联合钢铁集团有限公司	1×410m^3、2×588m^3、1×1200m^3、1×1380m^3	3×120t 转炉
15		天津天钢联合特钢有限公司	2×500m^3、3×1080m^3	3×120t 转炉
16		迁安轧一钢铁集团有限公司	3×450m^3、2×580m^3	2×40t、2×160t 转炉
17		天津天丰钢铁有限公司	1×580m^3、1×630m^3	3×40t 转炉
18		崇利制钢有限公司	3×505m^3	2×35t 转炉
19	河北省	唐山钢铁集团有限责任公司	2×2000m^3、2×3200m^3	4×55t、3×150t 转炉
20		邯郸钢铁集团有限责任公司	1×1000m^3、2×2000m^3、3×3200m^3	4×100t、2×120t、2×260t 转炉
21		石家庄钢铁有限责任公司	1×480m^3、1×580m^3、1×1080m^3	1×60t 电炉；2×60t 转炉
22		宣化钢铁集团有限责任公司	1×450m^3、1×1800m^3、1×2000m^3、2×2500m^3	3×120t、2×150t 转炉
23		承德钢铁集团有限公司	3×450m^3、1×1260m^3、3×2500m^3	4×40t、2×100t、2×120t、2×150t 转炉；1×80t、2×120t、1×150t 提钒转炉
24		首钢京唐钢铁联合有限责任公司	2×5500m^3	5×300t 转炉
25		河北省首钢迁安钢铁有限责任公司	2×2650m^3、1×4000m^3	5×210t 转炉
26		秦皇岛首秦金属材料有限公司	1×1200m^3、1×1780m^3	3×100t 转炉
27		唐山国丰钢铁有限公司	8×450m^3、2×1780m^3	1×40t、2×50t、3×80t、2×120t 转炉
28		唐山东华钢铁企业集团有限公司	1×550m^3、1×680m^3、1×1080m^3	1×120t、1×150t 转炉
29		唐山瑞丰钢铁(集团)有限公司	1×450m^3、2×680m^3、2×1080m^3、1×1350m^3	3×80t 转炉
30		迁安市九江线材有限责任公司	6×480m^3、6×1080m^3	5×50t、2×80t、3×100t 转炉

续表

序号	申报央企、地方	企业名称	主要装备	
			炼铁	炼钢
31	河北省	河北钢铁集团燕山钢铁有限公司	6×450m^3、2×1080m^3、2×2560m^3	2×35t、2×50t、4×180t转炉
32		河北钢铁集团松汀钢铁有限公司	2×450m^3、2×580m^3、2×1080m^3	2×100t、2×120t转炉
33		河北普阳钢铁有限公司	3×1050m^3	2×120t转炉
34		武安市裕华钢铁有限公司	3×600m^3、2×1080m^3	2×50t、2×120t转炉
35		河北文丰钢铁有限公司	2×460m^3、2×480m^3、1×550m^3	4×35t、1×120t转炉
36		邢台钢铁有限责任公司	2×420m^3、1×450m^3、1×1050m^3	3×50t、1×80t转炉
37		河北津西钢铁集团股份有限公司	8×550m^3、4×1280m^3	6×50t、2×100t转炉
38		唐山港陆钢铁有限公司	2×650m^3、4×1080m^3	3×75t、2×150t转炉
39		唐山东海钢铁集团特钢有限公司	1×680m^3、1×1080m^3、3×1350m^3	4×120t、1×130t转炉
40		河北敬业集团有限责任公司	3×450m^3、2×588m^3、3×1080m^3、6×1260m^3	4×50t、3×150t转炉
41		德龙钢铁有限公司	3×1080m^3	2×120t转炉
42		唐山市德龙钢铁有限公司	2×1080m^3	2×80t转炉
43		承德建龙特殊钢有限公司	1×650m^3、1×1350m^3	1×70t、1×120t转炉；1×70t提钒转炉
44		唐山建龙实业有限公司	3×450m^3	2×60t转炉
45		河北前进钢铁集团有限公司	3×450m^3、2×1080m^3	4×60t转炉
46		沧州中铁装备制造材料有限公司	3×2500m^3、1×1350m^3	3×180t转炉
47		涞源县奥宇钢铁有限公司	2×480m^3	2×45t转炉
48		唐山不锈钢有限责任公司	2×450m^3、2×550m^3	1×80t、2×100t转炉
49		唐山中厚板材有限公司	1×1580m^3、1×1780m^3	3×120t转炉
50		唐山市丰南区经安钢铁有限公司	2×1080m^3、1×1280m^3	1×60t、2×120t转炉

续表

序号	申报央企、地方	企业名称	主要装备	
			炼铁	炼钢
51	山西省	山西中阳钢铁有限公司	2×1080m^3、1×1780m^3	3×50t、2×120t 转炉
52		文水海威钢铁有限公司	6×450m^3、1×1800m^3	2×60t、1×120t 转炉
53		山西新泰钢铁有限公司	1×450m^3、1×1080m^3	2×90t 转炉
54		山西立恒钢铁股份有限公司	2×550m^3	2×65t 转炉
55		襄汾县星原钢铁集团有限公司	1×450m^3、2×550m^3	2×65t 转炉
56		山西通才工贸有限公司	1×450m^3、1×550m^3、1×1860m^3	2×65t、1×80t 转炉
57		海鑫钢铁集团有限公司	4×630m^3、1×1080m^3、1×1380m^3	1×80t、1×90t、2×120t 转炉
58		潞城市兴宝钢铁有限责任公司	2×550m^3	2×60t 转炉
59		山西宏达钢铁有限公司	1×450m^3、1×580m^3	2×40t 转炉
60	内蒙古自治区	赤峰远联钢铁有限责任公司	1×450m^3、1×500m^3、1×1280m^3	3×50t 转炉
61	辽宁省	东北特钢集团大连特殊钢有限责任公司	1×1260m^3	1×40t、1×50t、1×110t 电炉；1×110t 转炉
62		东北特钢集团抚顺特殊钢股份有限公司		2×30t、1×50t、1×60t 电炉
63		后英集团海城钢铁有限公司	2×450m^3、2×580m^3	2×80t 转炉
64	吉林省	吉林建龙钢铁有限责任公司	2×1800m^3	2×120t 转炉
65	黑龙江省	西林钢铁集团阿城钢铁有限公司	1×450m^3、1×1260m^3	2×65t 电炉；1×120t 转炉
66		东北特钢集团北满特殊钢有限责任公司	2×450m^3	2×40t、1×45t、1×90t 电炉；2×120t 转炉

续表

序号	申报央企、地方	企业名称	主要装备	
			炼铁	炼钢
67	江苏省	江苏省镔鑫特钢材料有限公司	2×1080m³	2×120t 转炉
68		连云港兴鑫钢铁有限公司	3×1080m³	2×120t 转炉
69		徐州东南钢铁工业有限公司	2×550m³、1×1280m³	2×60t、1×150t 转炉
70		盐城市联鑫钢铁有限公司	2×1080m³	1×70t 电炉；2×120t 转炉
71		江苏新长江实业集团有限公司	2×500m³	2×50t 转炉
72		徐州宝丰特钢有限公司	2×630m³	2×60t 转炉
73		常州东方特钢有限公司	3×550m³	4×40t 转炉
74		丹阳龙江钢铁有限公司	1×630m³、1×850m³	3×40t 转炉
75		徐州东亚钢铁有限公司	1×450m³、1×550m³	2×60t 转炉
76		扬州市秦邮特种金属材料有限公司	2×1080m³	2×120t 转炉
77		无锡新三洲特钢有限公司	1×450m³、1×660m³	1×50t 电炉；2×50t 转炉
78		江苏西城三联控股集团有限公司		2×50t、1×90t 电炉
79		江阴华西钢铁有限公司	2×450m³	2×40t 转炉
80		江苏鸿泰钢铁有限公司		2×60t、2×80t 电炉
81		张家港浦项不锈钢有限公司		1×60t、1×140t 电炉
82		江苏苏钢集团有限公司	1×450m³	1×100t 电炉
83		江苏华菱锡钢特钢有限公司		1×90t 电炉

续表

序号	申报央企、地方	企业名称	主要装备	
			炼铁	炼钢
84	浙江省	振石集团东方特钢股份有限公司		1×75t 电炉
85	福建省	福建三安钢铁有限责任公司	2×550m^3、1×1250m^3	3×50t 转炉
86		福建三宝钢铁有限公司	1×620m^3、1×1080m^3	1×70t、1×90t 电炉；2×100t 转炉
87	江西省	萍乡萍钢安源钢铁有限公司	3×450m^3、1×1080m^3	2×50t、1×60t 转炉
88		萍乡萍钢钢铁有限公司	2×420m^3、1×422m^3、1×450m^3	4×35t 转炉
89		九江萍钢钢铁有限公司	1×450m^3、1×1080m^3、2×1780m^3	2×60t、2×120t 转炉
90		新余钢铁集团有限公司	3×1050m^3、2×2500m^3	3×100t、2×210t 转炉
91	山东省	日照钢铁控股集团有限公司	2×450m^3、2×530m^3、2×580m^3、10×1080m^3	4×60t、4×120t 转炉
92		山东广富集团有限公司	2×450m^3、3×750m^3	1×50t、1×100t 电炉；2×60t、2×80t 转炉
93		山东西王特钢有限公司	2×1080m^3	2×80t 电炉；2×100t 转炉
94		山东传洋集团有限公司	3×630m^3	2×120t 转炉
95	河南省	舞阳钢铁有限责任公司		2×90t、1×100t 电炉；1×120t 转炉
96		沙钢集团安阳永兴钢铁有限公司	2×450m^3、2×580m^3	2×120t 转炉
97		安钢集团新普有限公司	2×600m^3	2×80t 转炉
98		安钢集团河南凤宝特钢有限公司	1×420m^3、1×450m^3、1×1080m^3	2×50t 转炉
99		河南亚新钢铁集团有限公司	3×630m^3	2×65t 转炉

续表

序号	申报央企、地方	企业名称	主要装备	
			炼铁	炼钢
100	湖北省	武汉顺乐不锈钢有限公司		4×50t 电炉
101	广东省	广东国鑫实业股份有限公司	2×1080m^3	2×100t 转炉
102		广东泰都钢铁实业股份有限公司	2×1080m^3	2×90t 转炉
103		珠海粤裕丰钢铁有限公司	4×450m^3	2×65t、1×70t 转炉
104		广东广青金属科技有限公司		2×75t 电炉
105		广东世纪青山镍业有限公司		1×120t 电炉
106	四川省	成渝钒钛科技有限公司	1×420m^3、4×460m^3、2×1250m^3	2×80t、3×120t 转炉；1×120t 提钒转炉
107		四川德胜集团钒钛有限公司	2×420m^3、1×1250m^3	1×50t、1×80t 转炉；1×50t 提钒转炉
108		四川西南不锈钢有限责任公司		2×70t 电炉
109	云南省	云南曲靖钢铁集团有限公司	5×450m^3、1×600m^3、1×630m^3、2×1080m^3	2×50t、1×120t 电炉；4×60t、1×80t 转炉
110	陕西省	陕西龙门钢铁（集团）有限责任公司	1×450m^3、4×1280m^3	4×60t、2×120t 转炉
111	甘肃省	酒泉钢铁（集团）有限责任公司	4×450m^3、1×1000m^3、2×1800m^3	1×100t 电炉；3×60t、3×120t 转炉
112		酒钢榆中钢铁有限责任公司	2×420m^3、1×2800m^3	2×40t、2×120t 转炉
113	青海省	西宁特殊钢股份有限公司	2×450m^3	2×35t、1×40t、1×60t 电炉；1×65t 转炉

2012年全国淘汰落后产能目标任务完成情况

中华人民共和国工业和信息化部 国家能源局 公　告

2013年第57号

根据《国务院关于进一步加强淘汰落后产能工作的通知》（国发〔2010〕7号）、《关于印发淘汰落后产能工作考核实施方案的通知》（工信部联产业〔2011〕46号），淘汰落后产能工作部际协调小组对各省（区、市）及新疆生产建设兵团2012年淘汰落后产能工作进行了考核，现将目标任务完成情况予以公告，欢迎社会各界予以监督。

2012年电力、煤炭、炼铁、炼钢等21个行业均完成了淘汰落后产能目标任务（见附件1）。全国共淘汰电力落后产能551.2万千瓦、煤炭4355万吨、炼铁1078万吨、炼钢937万吨、焦炭2493万吨、铁合金326万吨、电石132万吨、电解铝27万吨、铜（含再生铜）冶炼75.8万吨、铅（含再生铅）冶炼134万吨、锌（含再生锌）冶炼32.9万吨、水泥（熟料及粉磨能力）25829万吨、平板玻璃5856万重量箱、造纸1057万吨、酒精73.5万吨、味精14.3万吨、柠檬酸7万吨、制革1185万标张、印染325809万米、化纤25.7万吨、铅蓄电池（极板及组装）2971万千伏安时。

湖南省铅蓄电池行业、陕西省电力行业未完成2012年淘汰任务，其余地区均完成或超额完成年度任务。山西、辽宁、吉林、安徽、湖南、广东、海南、四川、重庆、贵州、云南、陕西等12省（市）及新疆生产建设兵团的42家企业，由于涉及职工安置、资产抵押、债权债务纠纷等问题，落后产能主体设备虽已关停，但尚未按要求彻底拆除（见附件2）。

按照《淘汰落后产能工作考核实施方案》要求，湖南、陕西两省人民政府，应在本公告发布后一个月内向工业和信息化部、能源局书面提出整改措施，限期整改。整改措施落实到位前，发展改革委、工业和信息化部、环境保护部、能源局等部门，严格控制国家安排的投资项目，对该地区未完成任务的行业，除涉及民生外，暂停项目审批。有关地方人民政府要加强对已关停但未彻底拆除落后设备企业的监管，制订工作方案，明确责任，确保不得恢复生产，直至彻底拆除。

附件：1. 2012 年全国淘汰落后产能目标任务完成情况
2. 2012 年未彻底拆除落后产能设备的企业名单

工业和信息化部　国家能源局
2013 年 11 月 21 日

附件 1

2012 年全国淘汰落后产能目标任务完成情况

单位：万吨（平板玻璃：万重量箱；制革：万标张；印染：万米；

铅蓄电池：万千伏安时；电力：万千瓦）

行业 地区	炼铁	炼钢	焦炭	铁合金	电石	电解铝	铜（含再生铜）冶炼	铅（含再生铅）冶炼	锌（含再生铅）冶炼	水泥（熟料及粉磨能力）
河　北	115		65	8.7			10	2.75		4632
山　西	55		927	9	4.7			2.15		2310
内蒙古	72	80	60	42.8	52.5		9.5			518.8
辽　宁	186			21.8			2.5	4.5		798.3
吉　林		30.28	30	3.55						407
黑龙江			70	3.5						41.5
上　海										
江　苏					1.5					755
浙　江		4.36								731
山　东	150	58	60	2.2			0.85			4361
河　南	160	190	160	13.77	1.96	17.9	8.42	41.46		150
安　徽	25		20		4.5					260
江　西	154	50	110	2.5	2.4	1	16.3	8.5		264.2
湖　北	68.6	287.8		2.2				9.3		393
湖　南		45	58	28.38	7.22	2	22.55	41.8	13.16	1767.4
广　东		45.9						0.8		1383
福　建	1.2	18		1.7						990
海　南										106
四　川	15	15	113	11.52	6.5				1	1517.4
重　庆	1.2	1	20	4.2	2.5			14.8	3	1025
广　西				35.17						1630
贵　州			133	87.8	5					541
云　南	20	65.5	245	3.6	1.25	0.76	5.14	0.4	4	168
陕　西			30	5.25	3			5.7	0.26	325
甘　肃	30			25.11		3.2	0.5		11.5	409.6
青　海		45		12.5						
宁　夏			235	0.65	24.1					124
新　疆	25	0.8	151		15	2.3		2		220.5
新疆兵团			6							
合　计	1078	937	2493	326	132	27	75.8	134	32.9	25829

续表

地区＼行业	平板玻璃	造纸	酒精	味精	柠檬酸	制革	印染	化纤	铅蓄电池（极板及组装）	电力	煤炭
河　北	1521	200	9.8			301.1	29290	1.6	856.6	31.7	234
山　西		18.55					1720		7	56.8	
内蒙古		24.4	1.5				400			40	
辽　宁	260	37.8					20880			5.55	239
吉　林		29.56							20		53
黑龙江		46.1	3				4250			1.5	21
上　海						60	1800		13.8		
江　苏		6	9.5			30	25480	6.8	206	127.32	
浙　江		15.25				30	53290	4.46	233	19.7	
山　东	133	51.66	18.7		2	119	50890	6.95	167	45.65	81
河　南	210	120.9	8	11.3		155.5	27900	0.7	23.79	29.5	165
安　徽		48.3	3		3	53	5760		355.8	13.7	190
江　西	120	60.8	3	3		25	12200		140	26	116
湖　北	590	30.7	1.5			3	29925		569.5		136
湖　南	90	120.26			2	110.2	22418	2.51	89.72	3.525	116
广　东	1781.5	5.5				94	17593		27	19.6	
福　建		72.2				4.5	7298	0.73		17.3	8
海　南											
四　川	560	57.43	3.18			25	7000	1.2	231.6	46.07	476
重　庆	310	6.46					2200	0.2	30	5.7	323
广　西		31				8				2.4	12
贵　州		1.15				5				50.35	1272
云　南											272
陕　西		9.1					3570			1.8	502
甘　肃	60	12.4	9.1			115		0.5			42
青　海							1845				12
宁　夏		20.2									27
新　疆	220	31.53	3.25			46.7	100			6.18	58
新疆兵团										0.9	
合　计	5856	1057	73.5	14.3	7	1185	325809	25.7	2971	551.2	4355

注：北京、天津、西藏2012年无任务。

附件 2

2012 年未彻底拆除落后产能设备的企业名单

单位：万吨（其中印染：万米；电力：万千瓦）

序号	省份	行业	企业名称	淘汰生产线（设备）型号及数量	产能
1	山西	焦炭	山西龙腾焦化有限公司	QRD-2002 型热回收焦炉 2 座 36 孔	15
2	辽宁	电力	营口春成银珠热电有限公司	1.2 万千瓦机组 1 台	1.2
3	辽宁	印染	辽阳三联染整有限公司	74 型染整生产线 1 条；74 型卷染机 2 台，74 型常温卷染机 11 台，74 型烧毛机 1 台，74 型定型机 2 台，74 型烘干机 1 台，74 型打包机 1 台	1500
4	辽宁	造纸	铁岭市华兴纸业有限公司	幅宽 2800mm 长网多缸纸机 2 台（8 网 16 缸），设计车速 100m/min	2.4
5	吉林	水泥	白山北华水泥有限公司	ϕ3m×60m 回转窑生产线 1 条	10
				ϕ2.4m×7.5m 生料磨机组 1 套 ϕ1.50m×5.7m 煤磨机组 2 套	33
6	吉林	水泥	德惠市鑫雨水泥有限责任公司	ϕ2.4m×13m 磨机组 3 套 ϕ2.2m×9m 磨机组 1 套	57
7	安徽	电力	国电宿州热点有限公司	12.5 万千瓦机组 1 台	12.5
8	湖南	铁合金	永州市零陵新闽源冶炼有限公司	6300 千伏安矿热炉 1 台	1
9	湖南	水泥	永州水泥有限责任公司	ϕ3m×10m 机立窑生产线 2 条	20
				ϕ3.4m×7m 粉磨机组 1 套 ϕ3.2m×13m 粉磨机组 1 套	100
10	湖南	造纸	宁远县恒信造纸厂	幅宽 1575mm 长网多缸纸机 1 台，设计车速 125m/min，2t 锅炉 1 台	0.6
11	湖南	造纸	邵阳市诚信造纸有限公司	幅宽 1575mm 型圆网纸机 1 台，设计车速 53m/min，浓缩机 2 台	0.7
12	湖南	造纸	邵阳市先锋纸业有限公司	幅宽 1880mm 长网多缸纸机 1 台，设计车速 220m/min 幅宽 1760mm 长网多缸纸机 1 台，设计车速 200m/min	0.6
13	湖南	水泥	临澧县怀化铁路双龙山水泥厂	ϕ2.8m×10m 机立窑生产线 2 条	15
				ϕ2.2m×7.5m 粉磨机组 2 套	24
14	广东	电力	顺德糖厂有限公司	0.6 万千瓦机组 3 台、1.2 万千瓦机组 3 台	5.4
15	广东	电力	东莞市金桦纸业有限公司	0.15 万千瓦机组 2 台	0.3
16	广东	电力	东莞市创盛电子有限公司	0.15 万千瓦机组 1 台	0.15

续表

序号	省份	行业	企业名称	淘汰生产线（设备）型号及数量	产能
17	广东	电力	珠海益力味精有限公司	1.2万千瓦机组2台、0.3万千瓦机组2台	2.7
18	广东	水泥	遂溪县北潭水泥厂	ϕ2.5m×10m机立窑1台	7
19	广东	水泥	广东省遂溪县海浪水泥厂	ϕ2.8m×10m机立窑2台	18
20	广东	水泥	茂名市天桥水泥厂	ϕ2.85m×10m机立窑1台	9
21	广东	水泥	汕头市散装水泥工业公司	ϕ2.2m×6.5m磨机1台	10
22	广东	印染	潮阳区谷饶鸿昌织造有限公司	LE33770型高温染锅10台	105
23	广东	印染	七海（广东）织染厂有限公司	BRUCKNER等型号定型机共7台、全新烘房式干纱机共15部、常温染色机共101台、T600绞纱染色机共73台、脱水机20台、丝光机共8台、干燥机共21台、烧毛机9台	5000
24	广东	印染	佛山市顺德区南方印染有限公司	3000t/h汽轮发电机组1套、35T锅炉系统2套、高温筒子染纱机9台、生化污水处理系统1套	3000
25	广东	印染	佛山市顺德区南新印染厂有限公司	卷布机6台、卷染机2台、定型机2台、皂洗机2台、漂机3台、染色机2台、磨毛机2台、烧毛机2台、退浆机2台、蒸化机2台、预缩机2台、脱水机1台、松布机1台、千布机2台、丝光机1台	3000
26	海南	水泥	海南农垦石碌水泥厂	ϕ2.6m×13m粉磨机组1台 ϕ2.2m×6.5m粉磨机组1台	20
27	四川	水泥	德阳市汉旺船头水泥有限公司	ϕ4.2m×12m机立窑1台 ϕ3.2m×12m机立窑1台	32
				ϕ2.2m×7.2m磨机3台	36
28	四川	水泥	四川绵竹川牛建材有限责任公司	ϕ3.2m×11m机立窑3台	12
				ϕ2.2m×7.5m磨机2台 ϕ1.83m×7.5m磨机1台 ϕ1.83m×7m磨机3台	56
29	四川	水泥	四川省德阳市东风水泥制造有限公司	ϕ3.2m×11m机立窑2台	24
				ϕ2.2m×6.5m磨机2台 ϕ1.83m×6.5m磨机1台	32
30	四川	水泥	威远县联雄水泥有限公司	ϕ2.5m×10m机立窑1台	7
31	四川	水泥	阿坝州四A公司	ϕ3.2m×12m机立窑2台	24
				ϕ3m×12m水泥磨1台 ϕ2m立磨1台	38
32	重庆	水泥	巫溪县先锋水泥有限责任公司	ϕ3m×11m机立窑1台	10

2013年钢铁行业淘汰落后产能企业名单

2013年钢铁行业淘汰落后产能企业名单

一、2013年炼铁淘汰落后产能企业名单

序号	省份	企业名称	淘汰生产线（设备）型号及数量	产能/万吨
1	河北	文安县新钢钢铁有限公司	380立方米高炉1座，430立方米高炉1座	80
2	山西	山西立恒钢铁股份有限公司	380立方米高炉2座	75
3	山西	交口县金象冶炼厂	318立方米高炉1座	29
4	江西	莲花县闽发钢铁有限公司	400立方米高炉1座	30
5	山东	冠县冠临金属制品有限公司	185立方米高炉1座	13
6	山东	冠县顺风金属制品有限公司	128立方米高炉2座	15
7	贵州	平坝县隆兴铁厂	128立方米高炉1座	10
8	贵州	威宁福海铸造有限公司（原威宁县建宁铁业有限公司）	200立方米、85立方米高炉2座	10
9	新疆	首钢伊犁钢铁有限公司	206立方米高炉1座	15

二、2013年炼钢淘汰落后产能企业名单

序号	省份	企业名称	淘汰生产线（设备）型号及数量	产能/万吨
1	河北	文安县新钢钢铁有限公司	30吨电炉2座	23.1
2	山西	襄汾县新金山特钢有限公司	30吨转炉3座	100
3	浙江	余姚市信源翔不锈钢有限公司	1.5吨中频炉2座	1
4	浙江	余姚市雄顺不锈钢有限公司	1.5吨中频炉2座，3吨中频炉4座，5吨精炼炉1座	3

续表

序号	省份	企业名称	淘汰生产线（设备）型号及数量	产能/万吨
5	浙江	余姚市宏润不锈钢制品厂	2吨中频炉2座	1.5
6	浙江	浙江中一特钢有限公司	10吨电炉2座	2.5
7	浙江	浙江康泰不锈钢有限公司	3吨电炉2座，10吨精炼炉2座	1.5
8	浙江	舟山市新城华亚铸钢厂	2.5吨电炉2座，5吨回火炉2座	1
9	安徽	铜陵市富鑫钢铁有限公司	60吨转炉2座（含600吨混铁炉一座，R6m 3机3流连铸机，R6m 5机5流连铸机和 $3800m^2$ 制氧机各一套等）	120
10	江西	新余市宝诚型材有限公司	30吨电炉1座	10
11	江西	新余华峰特钢有限公司	40吨电炉1座	5
12	山东	山东闽源钢铁有限公司（曾用名济南钢铁集团闽源钢铁有限公司）	30吨转炉3座	80
13	山东	山东传洋集团有限公司	30吨转炉3座	90
14	山东	山东兖州合金钢股份有限公司	30吨电炉2座	30
15	河南	南阳汉冶特钢有限公司	60吨转炉1座（2号转炉）	55
16	湖北	武汉武钢集团汉阳钢厂	30吨电炉3座	40
17	湖北	枝江市长松金属制品有限公司	30吨电炉3座	35
18	湖南	湖南株洲钢铁有限公司长盛分公司	30吨电炉1座	20
19	湖南	衡阳中钢衡重铸锻有限公司	40吨电炉2座，15吨熔铸炉2座	35
20	广东	乳源瑶族自治县得丰盛不锈钢有限公司	10吨电炉4座	8
21	重庆	重庆市壁山型钢厂	HX-15吨电炉1座	2.3
22	四川	天全县闽川钢铁冶炼厂	3吨电炉4座	2
23	四川	攀枝花钢城集团瑞钢工业有限公司	30吨EBT电弧炉2座	30
24	青海	西宁城西区红星金属制品厂	30吨中频炉4台、轧机1台	2
25	新疆	宝钢集团新疆八一钢铁有限公司	20吨转炉2座	50

三、2013年焦炭淘汰落后产能企业名单

序号	省份	企业名称	淘汰生产线（设备）型号及数量	产能/万吨
1	天津	天津天铁冶金集团有限公司	JN43-58Ⅱ型4.3米焦炉42孔×2	56
2	河北	邢台旭阳焦化有限公司	JNDK43-99D型4.3米焦炉1座60孔	40
3	山西	太原煤气化股份有限公司第二焦化厂	JN60型6米焦炉1组100孔	100
4	山西	太原化工股份有限公司	SC43-98型4.3米焦炉1组144孔	90
5	山西	山西盛华煤气焦化集团有限公司	TJL4350型4.3米焦炉1组105孔	60
6	山西	蒲县祥瑞煤焦化有限公司	畅翔Ⅴ型1组52孔	26
7	山西	蒲县兴旺洗煤有限公司	畅翔Ⅴ型1组60孔	25
8	山西	侯马大利焦化有限责任公司	HJ-41-Ⅳ型66孔	50
			TJL4350型焦炉50孔×2，设计产能60万吨	未建成
9	山西	孝义市东正冶金化工有限公司	SK3845型3.8米焦炉55孔×2	40
10	山西	孝义市骏业焦化有限责任公司	TJL4350D型4.3米焦炉56孔×1、43孔×1	60
11	山西	山西钢宇煤焦有限责任公司	4350D型4.3米焦炉24孔×2	34
12	山西	交口县兴荣冶炼有限公司	99Ⅳ型3.2米焦炉30孔×2，20孔×2	30
13	山西	吕梁东义集团煤气化有限公司	TJL-920型2.8米焦炉35孔×2，45孔×1	31
14	内蒙古	包钢钢联股份焦化厂	пвр型蓄热式4.3米机焦炉65孔×4	172
15	内蒙古	包头市大鹏金属有限公司	sj低温干馏方炉2座	10
16	安徽	长源（淮北）焦化有限公司	JN33-91型3.3米焦炉25孔×2、45孔×1	40
17	山东	金能科技股份有限公司	JNDK43型4.3米焦炉2座100孔	60
18	山东	新泰华源焦化有限公司	JN43-80型4.3米焦炉2座84孔	55
19	山东	山东钢铁股份有限公司	JN43-80型4.2米焦炉2座84孔	55
20	山东	潍坊市华昊热力有限公司	JNDK43-99D型4.3米焦炉2座100孔	40

续表

序号	省份	企 业 名 称	淘汰生产线（设备）型号及数量	产能/万吨
21	湖南	湖南省鑫龙玻璃制品有限责任公司	JND38 型 3.8 米捣固焦炉 3 座 64 孔	35
22	湖南	湖南兴工焦化有限公司	JND38 型 3.8 米捣固焦炉 4 座 144 孔	80
23	湖南	湖南省资兴焦电股份有限公司	84 型 3.8 米捣固焦炉 6 座 132 孔（24 孔 ×4，18 孔×2）	22
24	湖南	郴州市鲤鱼江中顺焦电有限公司	84 型 3.8 米捣固焦炉 36 孔×2	17.8
25	重庆	重庆永福实业有限公司	66V-D 型 2.8 米焦炉 2 座 55 孔	10
26	四川	开江县兴荣机焦有限公司	1.66-4G 型 3.2 米焦炉 2 座 50 孔，2.58 型焦炉 2 座 56 孔	12
27	四川	攀枝花市恒鼎煤焦化有限公司	2.8 米焦炉 4 座 162 孔	45
28	四川	攀枝花市圣达焦化有限公司	WKD-28 型 2.8 米焦炉 2 座 86 孔	30
29	贵州	赫章县顺达焦化厂	THD-99-Ⅲ型 3.2 米焦炉 1 座 24 孔	10
30	贵州	盘县松河华宝机焦厂	THD-99-Ⅲ型 3.24 米焦炉 1 座 55 孔	20
31	贵州	盘县羊场乡朝阳焦化厂	THD-99-Ⅲ型 3.24 米焦炉 1 座 92 孔	20
32	贵州	盘县天龙焦化厂	THD-99-Ⅲ型 2.83 米焦炉 2 座 56 孔	20
33	贵州	盘县乐民星世纪焦化厂	SX-38 型 3.8 米捣固焦炉 2 座 56 孔	20
34	贵州	盘县板桥镇雄峰焦化有限公司	THD99-Ⅱ型 2.84 米焦炉 2 座 52 孔	20
35	贵州	盘县宏盛机焦有限公司	THD99-Ⅱ型 3.8 米捣固焦炉 2 座 54 孔	20
36	新疆	伊宁县伊鑫半焦制品有限责任公司	单炉产能 5 万吨直立炭化炉 2 台	10
37	新疆	新疆金特钢铁股份有限公司	66 型机焦 2.5 米捣固焦炉 2 座 60（25＋35）孔	12
38	新疆	呼图壁县旭泰坤煤炭深加工有限公司	单炉产能 5 万吨直立炭化炉 2 台	10
39	新疆	新疆新兴宏汇煤炭制品有限公司	单炉产能 5 万吨直立炭化炉 2 台	10
40	新疆	新疆拓必利矿业能源有限公司	单炉产能 7.5 万吨直立炭化炉 6 台	45

续表

序号	省份	企业名称	淘汰生产线（设备）型号及数量	产能/万吨
41	新疆	新疆鑫磊化工有限公司	单炉产能 7.5 万吨直立炭化炉 6 台	45
42	新疆	玛纳斯县宏峰煤化工有限公司	单炉产能 5 万吨直立炭化炉 1 台	5
43	新疆	新疆宏汇煤炭制品有限公司	单炉产能 5 万吨直立炭化炉 2 台	10
44	新疆	呼图壁县新华夏煤焦化有限公司	单炉产能 5 万吨直立炭化炉 2 台	10
45	新疆	呼图壁县新盛煤炭制品有限责任公司	单炉产能 5 万吨直立炭化炉 2 台	10
46	新疆	沙湾县万丰工贸有限责任公司	单炉产能 7.5 万吨直立炭化炉 1 台	7.5
47	贵州	盘县红果镇飞腾焦化厂	畅翔Ⅳ-68D 型 4.4 米捣固焦炉 1 座 20 孔	15
48	贵州	六盘水鸣丰焦化有限公司	THD99-Ⅱ型 3.84 米捣固焦炉 1 座 50 孔	25
49	贵州	水城盛宇焦化有限公司	THD99-Ⅲ型 3.24 米焦炉 1 座 66 孔	20

四、2013 年铁合金淘汰落后产能企业名单

序号	省份	企业名称	淘汰生产线（设备）型号及数量	产能/万吨
1	河北	河北城大金属集团有限公司	2500 千伏安硅钙钡铝合金电炉 2 台	0.65
2	河北	河北世龙工具集团有限公司	3200 千伏安硅钙合金电炉 1 台	0.45
3	河北	河北魏县康达铁合金有限公司	1600 千伏安硅钙钡铝合金电炉 2 台，1800 千伏安硅钙钡铝合金电炉 2 台，2200 千伏安硅钙钡铝合金电炉 2 台	1.6
4	山西	大同晋能工业硅有限公司	9000 千伏安矿热炉（硅锰炉）2 台	3
5	山西	山西晋能集团金光铁合金有限公司	12500 千伏安矿热炉（硅锰炉）2 台	4
6	山西	原平市华远合金材料有限公司	1700 千伏安矿热炉（硅钙炉）2 台	0.12
7	山西	河曲县万达硅钙合金有限公司	2400 千伏安矿热炉（硅钙炉）1 台	0.15

续表

序号	省份	企业名称	淘汰生产线（设备）型号及数量	产能/万吨
8	山西	河曲县金阳硅钙合金有限公司	1800 千伏安矿热炉（硅钙炉）1 台，2400 千伏安矿热炉（硅钙炉）1 台	0.25
9	山西	保德县洪源硅钙合金有限公司	1800 千伏安矿热炉（硅钙炉）2 台	0.24
10	山西	偏关县鑫安铁合金有限公司	1500 千伏安矿热炉（硅钙炉）2 台	0.18
11	山西	平顺西沟鑫海冶炼有限公司	6300 千伏安矿热炉（硅锰炉）1 台，8000 千伏安矿热炉（硅锰炉）1 台	2.7
12	山西	运城市绛县开发区华晋铁合金有限公司	7000 千伏安矿热炉（硅锰炉）1 台	1.12
13	山西	山西晋博特钢有限公司	6300 千伏安矿热炉（镍铁炉）1 台	0.53
14	内蒙古	乌海市西龙冶金有限公司	7500 千伏安硅铁炉 1 台	0.6
15	内蒙古	内蒙古新元工贸有限公司	1800 千伏安硅钙炉 4 台	0.48
16	辽宁	锦州钛业有限公司	7500 千伏安硅锰合金矿热电炉 3 台	3.3
17	吉林	中钢集团吉林铁合金股份有限公司	6300 千伏安碳素锰铁矿热炉 2 台，2200 千伏安中低碳锰铁精炼电炉 1 台	4.2
18	福建	福建省尤溪冶金化工有限公司	3200 千伏安工业硅冶炼炉 1 台	0.216
19	江西	萍乡市增长合金厂	6300 千伏安硅铁矿热炉 4 台	2.5
20	江西	萍乡市锦宏新材料有限公司	6300 千伏安铁合金硅钙合金电炉 4 台	1
21	江西	江西省萍乡市方圆实业有限公司	6300 千伏安矿热炉（硅锰炉）5 台	1.5
22	江西	江西省萍乡市亿利矿业投资有限公司	14000 千伏安矿热炉（硅锰炉）6 台	3.5
23	河南	河南省淅川县广智源合金有限公司	6300 千伏安矿热炉（硅钡钙、硅铝钡钙）1 台	0.5
24	河南	河南省淅川铝业集团铁合金有限公司	9000 千伏安矿热炉（硅铝钡钙炉）1 台	0.82
25	湖北	郧县兴能电化有限公司	8000 千伏安矿热炉（硅铁）1 台	0.6
26	湖南	张家界新一元材料有限公司	3600 千伏安硅铝钡钙矿热炉 2 台，1800 千伏安硅铝钡钙矿热炉 1 台	1.2

续表

序号	省份	企业名称	淘汰生产线（设备）型号及数量	产能/万吨
27	湖南	涟源嘉鑫冶金有限公司	12500千伏安矿热炉1台	2
28	湖南	芷江春阳滩冶炼厂	6300千伏安矿热炉2台	0.72
29	湖南	靖州县宏泰硅业有限公司	6300千伏安矿热炉1台	0.45
30	湖南	湖南泰和冶金材料有限公司	6300千伏安矿热炉（硅锰炉）1台	1
31	湖南	永州市南电锰业有限公司	6300千伏安矿热炉1台	1.2
			5000吨/年电解金属锰生产线2条，200立方米化合桶9个	1
32	湖南	永州市鹏翔冶炼有限责任公司	6300千伏安矿热炉1台	1.2
33	湖南	永州市零陵区潇水冶化厂	6300千伏安矿热炉1台	1.2
34	湖南	耒阳市华乐锰业有限公司	6300千伏安矿热炉1台，13立方米高炉1台	1.8
35	湖南	湖南祁阳华湘冶金集团有限公司	6300千伏安矿热电炉硅锰合金生产线1条	1.2
36	湖南	永州市飞翔冶炼有限公司	6300千伏安矿热电炉硅锰合金生产线1条	1.2
37	湖南	祁阳金华冶金有限公司	6300千伏安矿热电炉硅锰合金生产线1条	1.2
38	湖南	祁阳利成冶炼有限公司	6300千伏安矿热电炉硅锰合金生产线1条	1.2
39	湖南	祁阳县鹏飞冶炼有限责任公司	6300千伏安矿热电炉硅锰合金生产线1条	1.2
40	湖南	溆浦县锰业总公司	7000吨/年电解金属锰生产线1条，150立方米化合桶4个	0.7
41	湖南	吉首市新天然化工贸易有限责任公司	5200吨/年电解金属锰生产线1条，170立方米化合桶5个	0.52
42	湖南	湖南省泸溪县电化厂	5200吨/年电解金属锰生产线1条，150立方米化合桶6个	0.52
43	湖南	泸溪县兴业冶化有限公司	5500吨/年电解金属锰生产线1条，150立方米化合桶5个	0.55
44	湖南	花垣县文华锰业有限责任公司	5200吨/年电解金属锰生产线2条，150立方米化合桶10个	1.04
45	湖南	花垣县汇丰矿业有限责任公司	5200吨/年电解金属锰生产线2条，152立方米化合桶9个	1.04

续表

序号	省份	企业名称	淘汰生产线（设备）型号及数量	产能/万吨
46	湖南	花垣县兴银锰业有限责任公司	6000吨/年电解金属锰生产线3条，160立方米化合桶16个	1.8
47	湖南	汨罗市瑞立特钢有限公司	1800千伏安-2型铁合金硅钙合金电炉1台，1800千伏安-1型铁合金硅钙合金电炉1台，2000千伏安变压器1台	0.4
48	湖南	娄底嘉鑫精炼有限公司	3500千伏安节能热装精炼炉1台	2
49	湖南	汝城县龙盛工贸有限公司	6300千伏安硅钙炉1台	0.6
50	湖南	汝城县鑫沙实业有限责任公司	6300千伏安硅铁炉1台，2500千伏安硅铁炉1台	0.8
51	湖南	郴州市金龙铁合金有限公司	2500千伏安硅钙炉2台	0.6
52	湖南	衡阳市力源动力制造有限公司	1800千伏安硅钙合金电炉3台	0.6
53	广西	广西上林县贵和冶化有限公司	3600千伏安硅锰矿热炉1台	0.7
54	广西	全州县鑫鑫铁合金有限责任公司	6300千伏安矿热炉1台	1
55	广西	全州县龙华铁合金有限公司	6300千伏安矿热炉1台	1
56	广西	全州县亨达冶炼有限责任公司	6300千伏安矿热炉1台	1
57	广西	全州县勇祥铁合金有限责任公司	6300千伏安矿热炉1台	1
58	广西	广西全州县大新铁合金厂	6300千伏安矿热炉1台	1
59	广西	防城港市闽盛矿业有限公司隆翔分公司	13立方米锰渣高炉1台	0.7
60	广西	广西平果鸿运冶炼有限责任公司凤梧分公司	6300千伏安矿热炉1台	1
61	广西	田东县锦华锰业有限公司靖西分公司（原靖西县锦华锰业有限公司）	6300千伏安矿热炉3台	3
62	广西	广西新振锰业集团有限公司	6300千伏安硅锰合金矿热炉1台	1

续表

序号	省份	企业名称	淘汰生产线（设备）型号及数量	产能/万吨
63	广西	广西大新龙腾锰品有限公司	6300千伏安硅锰合金矿热炉1台	1
64	广西	广西大新峰宇龙湖锰品有限公司	6300千伏安硅锰合金矿热炉1台	1
65	重庆	城口县通利铁合金有限责任公司	6300千伏安矿热电炉1台	1
66	重庆	重庆泰正矿产资源开发有限公司	28立方米冶炼富锰渣高炉2座	8
67	重庆	秀山县宋农锰业有限公司	5500千伏安整流变压器1台，4800千伏安整流变压器1台	1
68	重庆	重庆市秀山县锰业制品厂	3500千伏安整流变压器2台，1000千伏安整流变压器1台	1
69	重庆	重庆市鑫翔达锰业有限责任公司	6000千伏安整流变压器1台，170立方米化合桶4个	1
70	重庆	秀山恒丰锰业有限公司	6000千伏安整流变压器1台，200立方米化合桶4个	1
71	重庆	重庆鑫辉三角滩锰业有限公司	6500千伏安整流变压器1台，3200千伏安整流变压器1台	1
72	重庆	秀山宝精锰业有限公司	150立方米化合桶6个，5300千伏安整流变压器2台	1
73	重庆	秀山县长江电解锰厂	150立方米化合桶5个，5400千伏安整流变压器1台	0.5
74	重庆	重庆市秀山县鑫发电解锰厂	4000千伏安整流变压器2台，3000千伏安整流变压器1台	1
75	重庆	重庆益立锰业（集团）有限责任公司	200立方米化合桶8个，4000千伏安整流变压器1台，5000千伏安整流变压器2台	1
76	重庆	秀山望明锰业有限公司	150立方米化合桶7个，4800千伏安整流变压器2台	0.6
77	重庆	秀山县溶溪瑞兴电解金属锰厂	180立方米化合桶2个，4200千伏安整流变压器1台	0.5

续表

序号	省份	企业名称	淘汰生产线（设备）型号及数量	产能/万吨
78	重庆	秀山金星特种锰业有限公司	250立方米化合桶9个，6300千伏安整流变压器2台	1
79	四川	四川省峨边运兴电冶有限责任公司	6300千伏安矿热炉（高碳铬铁炉）3台	2.4
80	四川	四川省理成特种硅业有限责任公司	6300千伏安矿热炉1台	0.4
81	四川	广安市恒丰冶金有限公司	1800千伏安矿热炉1台	0.3
82	四川	四川省渠县锦弘电冶有限公司	6300千伏安铁合金矿热炉1台	0.6
83	四川	四川雅云冶化集团有限公司	3600千伏安矿热炉（硅钙炉）2台	0.5
84	四川	四川省渠县金钰电冶有限公司	6300千伏安铁合金矿热炉1台	0.6
85	四川	四川射洪金谷硅业有限公司	6300千伏安矿热炉2台	0.8
86	四川	大竹县升泰硅锰有限责任公司	6300千伏安矿热炉1台	0.8
87	四川	四川省宝兴县振兴铁合金厂	6300千伏安矿热炉1台，6300千伏安直流变压器1台	0.6
88	四川	四川鲸渤硅业有限责任公司	6300千伏安1台	0.4
89	四川	天全县金城冶金有限责任公司	3500千伏安矿热炉（硅钙钡、硅钙钡铝）1台	0.3
90	四川	四川天全县特种硅业有限公司	3600千伏安矿热炉（硅钙钡铝特种合金）5台	2
91	四川	四川荥经县特种合金厂	3600千伏安矿热炉（硅钙钡铝特种合金）6台	2.4
92	四川	宝兴县白玉明鑫硅业有限公司	6300千伏安矿热炉（工业硅）1台	0.4
93	四川	宝兴县新盛源铁合金有限责任公司	6300千伏安矿热炉1台	0.6
94	贵州	贵州省普定县云龙铁合金有限责任公司	6300千伏安（硅锰）矿热炉3台	3

续表

序号	省份	企业名称	淘汰生产线（设备）型号及数量	产能/万吨
95	贵州	贵州永诚铁合金冶炼有限公司	6300 千伏安（硅锰）矿热炉 2 台	2
96	贵州	贵州宇新硅材料发展有限公司	6300 千伏安（工业硅）矿热炉 1 台	0.4
97	贵州	关岭自治县天利铁合金有限责任公司	6300 千伏安（硅锰）矿热炉 1 台	1
98	贵州	贵州龙威矿业股份有限公司	6300 千伏安（硅锰）矿热炉 1 台	1
99	贵州	紫云县紫柏铁合金有限责任公司	6300 千伏安（硅锰）矿热炉 1 台	1
100	贵州	紫云恒华硅业有限公司	6300 千伏安（工业硅）矿热炉 4 台	1.5
101	贵州	贵州宏矶金属工业有限公司	6300 千伏安（工业硅）矿热炉 2 台	0.8
102	贵州	岑巩县华泉铁合金厂	6300 千伏安（硅锰）矿热炉 1 台	1
103	贵州	岑巩县顺发铁合金有限公司	6300 千伏安（高碳铬铁）矿热炉 1 台	1
104	贵州	岑巩县天榕锰业有限公司	6300 千伏安（硅锰）矿热炉 1 台	1
105	贵州	镇远县顺发铁合金有限公司	6300 千伏安（镍铁）矿热炉 1 台	1
106	贵州	贵州（亿祥）矿业集团镇远润达有限公司	6300 千伏安（硅锰）矿热炉 2 台	2
107	贵州	镇远县华建铁合金有限公司	6300 千伏安（高碳铬铁）矿热炉 1 台	1
108	贵州	铜仁市泰源铁合金有限公司	8000 千伏安（硅锰）矿热炉 1 台，9000 千伏安（硅锰）矿热炉 1 台	3
109	贵州	贵州省铜仁市湘黔硅厂	6300 千伏安（工业硅）矿热炉 1 台	0.4
110	贵州	贵州大龙铁合金集团玉屏巨力硅业有限公司	6300 千伏安（工业硅）矿热炉 1 台	0.4
111	贵州	贵州大龙铁合金集团玉屏三湘硅业有限公司	6300 千伏安（工业硅）矿热炉 1 台	0.4
112	贵州	贵州大龙铁合金集团海鸿硅业有限公司	6300 千伏安（工业硅）矿热炉 1 台	0.4
113	贵州	贵州大龙铁合金集团南方硅业有限公司	6300 千伏安（工业硅）矿热炉 1 台	0.4
114	贵州	贵州大龙铁合金集团五矿硅业有限公司	6300 千伏安（工业硅）矿热炉 1 台	0.4

续表

序号	省份	企业名称	淘汰生产线（设备）型号及数量	产能/万吨
115	贵州	威宁县闽航铁合金有限公司	6300千伏安（硅锰）矿热炉1台	1
116	贵州	贵州省六枝特区永盛冶炼有限公司	6300千伏安（工业硅）矿热炉1台	0.4
117	贵州	六枝特区德鑫合金有限公司	6300千伏安（硅锰）矿热炉1台	1
118	贵州	六枝特区磊鑫硅业有限公司	6300千伏安（工业硅）矿热炉1台	0.4
119	贵州	六枝特区永鑫硅业有限公司	6300千伏安（工业硅）矿热炉2台	0.8
120	贵州	六枝特区福星电冶有限公司	6300千伏安（硅铝）矿热炉2台	0.8
121	贵州	六盘水观音山泰隆锰业有限公司	6300千伏安（硅锰）矿热炉1台	1
122	贵州	兴义市昊威（集团）昌威冶炼有限公司（原博宇公司）	6300千伏安（硅锰）矿热炉1台	1
123	贵州	兴义市昊威（集团）公司长鑫冶炼有限公司	6300千伏安（硅锰）矿热炉1台	1
124	贵州	兴义市昊威（集团）公司金兴铁合金有限公司	6300千伏安（硅锰）矿热炉1台	1
125	贵州	亨册县金盛锰业有限公司	6300千伏安（硅锰）矿热炉1台	1
126	贵州	安龙县庆瑞铁合金有限责任公司	6300千伏安（硅锰）矿热炉1台	1
127	贵州	黔西南州博宇（集团）兴仁泰鑫冶炼有限公司	6300千伏安（硅锰）矿热炉1台	1
128	贵州	贞丰县大亚铁合金有限公司	9000千伏安（硅锰）矿热炉1台	1.6
129	贵州	博宇集团平洲铁合金有限公司	6300千伏安（硅锰）矿热炉2台	2
130	贵州	凯里市黔宇电解锰厂	150立方米化合桶6个，4000千伏安直流变压器2台	0.5
131	贵州	贵州省松桃汇丰锰业有限公司	90立方米化合桶2个，80立方米化合桶4个，60立方米化合桶2个，25立方米化合桶9个，5000千伏安直流变压器2台	1

续表

序号	省份	企业名称	淘汰生产线（设备）型号及数量	产能/万吨
132	贵州	铜仁市武陵冶化有限公司	140立方米化合桶7个， 170立方米化合桶5个， 5000、5800、6300千伏安直流变压器3台	1.8
133	贵州	贵州省铜仁市金丰锰业有限公司	150立方米化合桶7个， 5600千伏安直流变压器2台	1
134	贵州	贵州省铜仁市阳光锰业有限公司	169立方米化合桶4个， 6300千伏安直流变压器1台	0.6
135	贵州	贵州省万山特区万泰锰业有限公司	220立方米化合桶3个， 240立方米化合桶2个， 5000、10000千伏安直流变压器2台	1.2
136	贵州	贵州省镇远县西秀电冶厂	6300千伏安（硅锰炉）矿热炉1台	1
137	贵州	贵州省黎平连发冶炼有限公司	6300千伏安（工业硅）矿热炉1台	0.4
138	贵州	贵州省岑巩县东风锰业有限责任公司	5000千伏安电解槽2套	1
139	云南	罗平县康鑫铁合金冶炼有限公司	6300千伏安矿热炉1台	0.48
140	云南	宣威市天峰铁合金有限公司	6300千伏安硅锰矿热炉1台	1
141	云南	昌宁贞元冶炼硅有限公司	6300千伏安工业硅冶炼炉2台	0.7
142	陕西	神木县远大化工有限公司	1500千伏安硅钙炉4台	0.36
143	陕西	府谷县兴耀硅钙有限责任公司	1500千伏安硅钙炉2台	0.18
144	陕西	府谷县府太铁合金有限责任公司	13500千伏安矿热炉（硅铁）2台	2.2
145	陕西	陕西省府谷县黄河福利铁合金厂	6300千伏安矿热炉（硅锰）2台	2
146	陕西	府谷县汇丰化工有限责任公司	25000千伏安矿热炉（硅铁）1台	2
147	陕西	府谷县永泰铁合金有限责任公司	1500千伏安矿热炉（硅钙）2台	0.23
148	陕西	安康市华泽农产品有限公司	6300千伏安矿热炉（硅锰炉）1台	1

续表

序号	省份	企业名称	淘汰生产线（设备）型号及数量	产能/万吨
149	陕西	安康市明信铁合金冶炼有限公司	6300千伏安矿热炉（硅锰炉）2台	2
150	陕西	安康市鑫通金属有限公司	0.25万吨电解金属锰生产线2条，100立方米化合桶13个	0.5
151	甘肃	兰州新陇铁合金有限公司	3600千伏安矿热炉（硅钙炉）2台，4200千伏安直流变压器2台	0.5
152	甘肃	兰州恒源铬铁有限公司	5000千伏安（硅钙炉）2台，6300千伏安（高碳铬铁炉）2台，5000千伏安直流变压器2台，6300千伏安直流变压器2台	2.8
153	甘肃	窑街煤电集团甘肃兴元铁合金有限责任公司	5600千伏安矿热炉（硅钙炉）1台，5600千伏安直流变压器1台	0.3
154	甘肃	永登建业稀有合金有限公司	4000千伏安矿热炉（硅钙炉）1台，4000千伏安直流变压器1台	0.4
155	甘肃	永登博宇金属制品有限公司	4000千伏安矿热炉（硅钙炉）1台，4000千伏安直流变压器1台	0.4
156	甘肃	甘肃银顺冶炼厂	6300千伏安矿热炉（硅铁炉）1台，6300千伏安直流变压器1台	0.6
157	甘肃	嘉峪关巨大冶炼有限公司	6300千伏安矿热炉（硅铁炉）2台	1.1
158	甘肃	金昌市水源炉料有限公司	6300千伏安矿热炉（硅铁炉）1台，6300千伏安直流变压器1台	0.6
159	甘肃	金昌同威铁合金有限责任公司	6300千伏安矿热炉（硅铁炉）2台，6300千伏安直流变压器2台	1.2
160	甘肃	景泰永顺磨料有限责任公司	6300千伏安矿热炉（硅铁炉）1台，6300千伏安直流变压器1台	0.6
161	甘肃	玉门市金德源冶炼有限责任公司	6300千伏安矿热炉（硅锰炉）1台	0.5
162	甘肃	玉门市冶元铁合金有限公司	6300千伏安矿热炉（铬铁炉）1台	0.7
163	甘肃	肃北托甫聚能矿业有限责任公司	6300千伏安矿热炉（高碳铬铁炉）1台	1
164	甘肃	庆阳市长庆桥铁合金有限责任公司	6300千伏安矿热炉（硅铁炉）1台，6300千伏安直流变压器1台	0.5
165	甘肃	临夏县双城铁合金厂	6300千伏安矿热炉（高碳铬铁炉）1台	0.6
166	甘肃	永靖县锦祥研磨有限公司	6300千伏安矿热炉（硅铁炉）1台	0.6

续表

序号	省份	企业名称	淘汰生产线（设备）型号及数量	产能/万吨
167	甘肃	永靖县盐锅峡联营金属冶炼厂	6300千伏安矿热炉（硅铁炉）1台	0.5
168	甘肃	永靖县水电碳化硅厂	8000千伏安矿热炉（硅铁炉）1台	0.8
169	甘肃	永靖县盐锅峡福利化工厂	6300千伏安矿热炉（硅铁炉）1台	0.5
170	甘肃	永靖县刘家峡金星碳化硅福利厂	8000千伏安矿热炉（硅铁炉）1台	0.8
171	甘肃	永靖县盐锅峡焦家铅锌冶炼厂	6300千伏安矿热炉（硅铁炉）1台	0.5
172	甘肃	永靖县盐锅峡三联电石厂	6300千伏安矿热炉（硅铁炉）1台	0.5
173	甘肃	永靖县恒丰冶金有限责任公司	6300千伏安矿热炉（硅铁炉）1台	0.6
174	甘肃	永靖县坤顺碳化硅有限责任公司	8000千伏安矿热炉（硅铁炉）1台	0.6
175	甘肃	永靖县红日光伏科技材料有限公司	8000千伏安矿热炉（硅铁炉）1台	0.7
176	甘肃	东乡县东深塑胶电子有限公司	6300千伏安矿热炉（硅铁炉）1台	0.6
177	甘肃	东乡县前锦硅铁有限责任公司	6300千伏安矿热炉（硅铁炉）1台	0.6
178	甘肃	临夏州昌泰铁合金有限责任公司	6300千伏安矿热炉（硅铁炉）1台	0.6
179	青海	青海西电铁合金有限公司	6300千伏安矿热炉2台	0.8
180	青海	青海多巴福利特种合金有限公司	4500千伏安矿热炉2台	0.6
181	宁夏	宁夏天净冶金有限公司鑫兴冶金分公司	6300千伏安矿热炉（硅铁炉）3台	1.8
182	宁夏	宁夏惠冶镁业集团有限公司	6300千伏安矿热炉（硅铁炉）2台	1.2
183	宁夏	宁夏英力特河滨冶金有限公司	6300千伏安矿热炉（硅铁炉）3台	1.8
184	新疆	新疆钢铁雅满苏矿业有限责任公司	6000千伏安矿热炉（硅铁炉）2台	1

钢铁企业能源审计指南

工信部节〔2013〕15号

各省、自治区、直辖市及计划单列市、新疆生产建设兵团工业和信息化主管部门：

为进一步贯彻落实《节约能源法》、《“十二五”节能减排综合性工作方案》、《工业节能“十二五”规划》的要求，深入挖掘工业节能潜力，提高能源利用效率，按照试点先行、逐步推进的原则，我部选择能源消耗量大、节能工作基础较为扎实的钢铁和建材行业编制了《钢铁企业能源审计指南》和《建材企业能源审计指南》。现印发你们，请遵照执行。

附件：1. 钢铁企业能源审计指南

2. 建材行业能源审计指南（略）

工业和信息化部

2013年1月10日

附件 1

钢铁企业能源审计指南

工业和信息化部

前　　言

企业能源审计是审计单位依据国家有关的节能法规和标准规范，对企业能源利用的物理过程和财务过程进行的检验、核查和分析评价。审计的目的在于发现能源利用中存在的问题，判断问题产生的原因，查找节能潜力，提出改进措施和建议。审计的基本方法包括调查研究和分析比较，程序一般分为前期准备、审计启动、审计实施和报告编制四个阶段。

为指导钢铁企业科学、规范地开展能源审计，分析用能现状，挖掘节能潜力，提高能源利用效率，降低能源消耗，参照《企业能源审计技术通则》(GB/T 17166)等相关标准规范，制定本指南。

本指南适用于从事焦化、烧结（球团）、炼铁、炼钢、轧钢生产的钢铁企业及钢铁联合企业。

一、前期准备

（一）明确审计任务

根据能源审计目的和要求，结合企业实际情况，确定能源审计的类型、范围、审计期和对比期。

1. 明确审计类型和范围。能源审计按照审计的深入程度可分为初步能源审计和详细能源审计，按工作范围可分为专项能源审计和全面能源审计，按审计的委托方可分为外部审计和内部审计。根据任务要求和企业生产经营、能源消费等基本情况，确定能源审计的类型、范围和边界。

2. 确定审计期和对比期。根据能源审计的任务要求，确定能源审计的审计期和对比期。审计期通常为一年或其他特定的时间区段；对比期通常为审计期的前一个周期或上一个审计期。

（二）组建审计组

根据审计任务，组建审计组。审计组组长应熟悉国家和企业所在地节能法规政策，了解钢铁生产的工艺、装备，具备丰富的能源审计工作经验。审计组应包括熟悉节能法规、标准规范、钢铁生产的工艺、装备及节能技术的人员，以及具备计量、统计、财务等相关专业知识的人员。

内部审计时，审计组可由被审计企业有关人员和一定数量的外部专家组成；外部审计时，审计组由审计方和被审计企业相关人员共同组成。被审计企业参与人员应包括企业负责人、能源管理人员、业务熟练的检验、计量、统计、财务及工艺设备技术人员等，重点用能单位应包括能源管理负责人。审计组人员可参照表1格式填写。

表 1　能源审计组成员表

序　号	姓　名	审计工作职务	职　称	从事专业
审计机构人员				
1				
2				
⋮				
企业参与人员				
1				
2				
⋮				

（三）确定审计依据

根据审计任务和企业的实际情况确定审计依据，主要包括以下内容：

1. 相关法律、法规、产业政策及有关规划；

2. 相关能耗限额标准、行业节能设计等标准规范；

3. 节能技术、装备、产品等推荐目录或指南；

4. 国家公布的高耗能落后生产工艺、设备和产品淘汰目录。

钢铁企业能源审计依据详见附录 2。

二、审计启动

（一）划分审计单元

钢铁企业一般生产规模较大，通常具有多层次的部门（或下属企业）。为便于钢铁企业能源审计的实施，根据审计任务、企业生产情况及组织结构，按照“边界清晰、数据完备、行业通用”的原则，可将企业划分成数个审计单元。审计单元应具有独立统计计量、核算能力，一般为企业的一个分厂或一个车间。

（二）部署审计任务

审计组根据审计任务要求，结合企业生产经营情况，编制符合企业生产实际的工作计划，明确审计内容、任务分工及进度要求，组织召开能源审计动员会，开展能源审计的宣传和培训。

（三）收集资料

根据审计部署，收集企业生产经营及能源利用等详细资料。

(1) 企业概况。包括企业性质，组织结构与职能分工，主要产品、生产能力、产量，能源消费量和能源消费结构以及用能系统概况等。

（2）能源管理概况。包括能源管理组织结构及人员配置，能源管理岗位及职责划分，能源管理制度文件及节能规划文件等。

（3）企业生产工艺装备情况。包括审计期内主要生产工艺流程，生产设备的规格型号、数量、生产能力等，主要耗能设备的清单及对比期以来的能效测试报告、监测报告等。

（4）企业能源统计计量情况。包括能源统计计量系统设置及人员配置，计量和统计的制度文件，计量器具配置情况（表），以及计量网络图和检定记录等。

（5）企业能源消费及能源平衡情况。包括审计期和对比期各类能源统计月度与年度报表、能源平衡表、网络图、能源成本报表、企业能源折标煤系数及分品种能源热值测试报告等。

（6）主要能耗指标情况。包括审计期和对比期企业吨钢综合能耗、吨钢耗电、吨钢耗新水、吨钢余能余热利用量（包括发电量）、煤气回收率、能源亏损、工序能耗、单位产值能耗等，以及各审计单元燃料、电力、蒸汽等消耗指标。

（7）节能技术应用情况及效果。对比期以来节能改造项目实施情况及效果，包括节能技术、设备应用情况及效果，余能余热回收利用和信息化技术改造（能源管理中心等）情况及效果等。

已实施的节能改造项目实施效果可参照表2格式汇总。

表2　已实施节能改造项目汇总表

序号	项目名称	项目建设内容	项目起始时间	投运时间	总投资（万元）	能耗指标		实际节能量（万吨标煤/年）
						改造前	改造后	
1								
2								
⋮								

（8）其他。审计期内企业所在地节能监察机构出具的监察文件，重点用能单位上报的能源利用状况报告，上个审计期的能源审计报告等。

三、审计实施

（一）能源管理审计

1. 能源管理状况

核查企业（审计单元）能源管理机构设置、能源管理人员配备和能源管理部门的职责划分情况，重点用能企业能源管理负责人设置和备案情况。

分析汇总能源输入、加工转换、输配、使用、回收利用等环节各项管理制度制定情况，现场核查各项制度的执行情况。核查企业（审计单元）节能目标制定、分解、考核情况，节能宣传和培训制度的制定、执行情况，节能项目实施及管理情况，能源管理体系建设和认证情况。

按照国家及地方有关政策法规以及《工业企业能源管理导则》（GB/T 15587）、《能源管理体系要求》（GB/T 22336）等标准的要求，对企业能源管理状况进行评估，并根据企业（审计单元）具体情况，绘制企业（审计单元）能源管理网络图。

企业能源管理制度建设情况可参照表3格式汇总。

表3 企业能源管理制度建设情况汇总表

序号	制度名称	是否制定		实施时间	执行情况
		是	否		
1	节能目标责任制、能源消耗定额、考核标准和节能奖惩制度				
2	能源采购和审批管理制度				
3	能源财务管理制度				
⋮	⋮				

2. 能源计量状况

核查企业（审计单元）能源及耗能工质计量器具配备及检定情况，编制企业计量器具一览表或计量网络图。评估企业能源及耗能工质计量器具配备、检定是否符合《用能单位能源计量器具配备和管理通则》（GB 17167）、《钢铁企业能源计量器具配备和管理要求》（GB/T 21368）及地方和企业标准的相关要求，是否满足生产工艺和使用环境的具体要求。

能源计量器具配置情况可参照表4格式汇总。

表4 能源计量器具配置表

序号	能源类别	用能单位				次级用能单位				基本用能单元			
		应装台数	安装台数	配备率(%)	完好率(%)	应装台数	安装台数	配备率(%)	完好率(%)	应装台数	安装台数	配备率(%)	完好率(%)
1	煤炭												
2	天然气												
3	电力												
4	蒸汽												
⋮	⋮												

3. 能源统计状况

核查企业（审计单元）能源统计的内容、方法、数据采集频度、数据分析情况及报表形式等，判断是否符合国家对企业能源统计的要求，能否满足企业自身能源管理的要求。开展企业统计数据校核与平衡验证，确保数据的准确性。

（二）能源利用审计

通过调查、核查、现场盘查，分析各审计单元主要工艺参数和运行数据，核查各审计单元能源流向，测算重点用能设备的效率，必要时对重点用能设备进行现场能效测试。

企业主要生产设备和用电设备可参照表 5 和表 6 格式汇总。

（1）评估各审计单元主要工艺装备是否符合《产业结构调整指导目录》、《钢铁行业规范条件》、《焦化行业准入条件》以及《钢铁企业节能设计规范》（GB 50632）等政策和标准规范的要求。

（2）参照《用能设备能量测试导则》（GB/T 6422）、《工业燃料炉热平衡测定与计算基本规则》（GB/T 13338）等标准规范，根据审计需要，委托有资质的机构对焦炉、烧结机、球团焙烧机（竖炉、链箅机-回转窑）、高炉、热风炉、转炉、电炉、精炼炉、加热炉、热处理炉等重点用能设备进行必要的现场测试。现场测试设备应满足能耗量大、能效水平低、对比期以来未实施能效测试等条件，具体测试清单应根据审计需要确定。

分析上述设备的测试数据和运行记录，参照《用能设备能量平衡通则》（GB/T 2587）、《设备热效率计算通则》（GB/T 2588）等标准规范，开展热平衡分析，计算热效率，分析设备用能合理性。

（3）根据《锅炉节能技术监督管理规程》（TSG G0002）要求，核查工业锅炉能效测试情况，对不符合要求的，应按照《工业锅炉能效测试与评价规则》（TSG G0003）委托有资质的机构进行现场能效测试。根据能效测试结果进行工业锅炉热平衡分析，计算热效率，分析用能合理性。

（4）根据《节约用电管理办法》要求，核查各审计单元风机、水泵、压缩机、轧机等主要用电设备电能平衡测试情况，对不符合要求的，应开展现场电平衡测试。根据运行记录和测试结果，按照《评价企业合理用电技术导则》（GB/T 3485）等标准，结合企业装备实际情况，选择重点用电设备评估其用电合理性。

（5）参照《评价企业合理用电技术导则》（GB/T 3485）、《企业供配电系统节能监测方法》（GB/T 16664）等标准规范，计算变压器的负载系数、配电损失以及各审计单元和企业功率因数，评估企业用电设备的无功补偿合理性和供配电系统用能合理性。

核查各审计单元非节能灯具的数量、功率、运行管理方式等情况，评估照明系统用能合理性。

（6）参照《工业余热术语、分类、等级及余热资源量计算方法》（GB/T 1028），测算各审计单元余热资源量。

（7）核查各审计单元能源消耗的品种、数量，核算各种耗能工质消耗、余能余热回收利用量等指标，分析能源利用存在的问题。

（8）核查企业能源管理中心建设情况，评估其应用水平。

表5 主要生产设备表

序号	设备名称	规格型号	设备数量（台、套、座）	设备生产能力（万吨）	节能措施	备注
1	焦炉（孔）					
⋮	⋮					
2	烧结机（平方米）					
⋮	⋮					
3	球团设备					
3.1	竖炉					
3.2	焙烧机					
3.3	链算机-回转窑					
⋮	⋮					
4	炼铁高炉（立方米）					
⋮	⋮					
5	炼钢设备					
	（一）转炉（吨）					
⋮	⋮					
	（二）电炉（吨）					
⋮	⋮					
	（三）精炼炉（吨）					
⋮	⋮					
6	连铸机					

续表 5

序号	设备名称	规格型号	设备数量（台、套、座）	设备生产能力（万吨）	节能措施	备注
7	钢压延加工设备					
	（一）窑炉					
7.1	均热炉					
7.2	加热炉					
7.3	热处理炉					
⋮	⋮					
	（二）初轧及开坯机					
7.4	初轧机					
7.5	开坯机					
⋮	⋮					
	（三）钢材加工设备					
7.6	大型型钢轧机					
7.7	普通中型型钢轧机					
7.8	普通小型型钢轧机					
7.9	热轧无缝钢管轧机					
⋮	⋮					

注：在备注栏填写其他必要的设备参数。

表 6　主要用电设备表

序号	设备名称	规格型号	配套电机型号	功率（千瓦）	数量	年运行时间（时）	所在部门	备注
一、通用设备								
1	风机							
	⋮							
2	空压机							
	⋮							
3	水泵							
	⋮							
4	破碎机							
	⋮							
⋮	⋮							

续表 6

序号	设备名称	规格型号	配套电机型号	功率（千瓦）	数量	年运行时间（时）	所在部门	备注
二、专业设备								
1	轧机							
	⋮							
2	矫直机							
	⋮							
3	卷取机							
	⋮							
⋮	⋮							

注：在备注栏填写技改名称，如变频、联动控制等。

（三）能源效率分析

1. 平衡分析

（1）核查企业铁素流情况，分析企业铁素损耗及其平衡情况，核算金属收得率等指标。

（2）开展企业煤炭、焦炭、天然气、煤气、蒸汽、电力、水、气体（氧气、氮气、压缩空气）等各类能源和耗能工质的平衡分析，编写企业能源平衡表，绘制企业能源网络图，必要时绘制企业能流图，评价企业用能合理性。

2. 能源利用指标测算

（1）核定产品产量。产品产量是指符合标准要求的合格产品数量，产品产量核定时，在制品、半成品等应按相关标准折算为制成品，非标准品应折算为相当的标准品。应根据财务部门的账目、凭证，营销部门的资料和记录，产品车间的报表和记录，仓库物资盘查，管理部门出厂登记和化验记录等关联性资料，核定各审计单元产品产量。

核定结果可参照表 7 格式汇总。

表 7　企业审计期和对比期产品产量表

序号	产品名称	单位	审计期		对比期	
			产量	合格率	产量	合格率
＊＊审计单元						
1						
2						
⋮						

(2) 核算企业余能余热资源的种类、数量，回收利用量，余能余热发电装机容量，吨产品发电量等指标。

(3) 核算企业焦化、烧结、球团、炼铁、转炉炼钢、电炉炼钢等工序能耗，审计工序能耗是否满足《粗钢生产主要工序单位产品能源消耗限额》(GB 21256)、《焦炭单位产品能源消耗限额》(GB 21342) 的规定。参照《综合能耗计算通则》(GB/T 2589) 等，核算企业连铸、轧钢工序能耗、吨钢综合能耗、单位产值综合能耗、吨钢耗电，以及吨钢耗新水等指标，并注明各指标统计范围。

能源消耗指标可参照表 8 格式汇总。

表 8 审计期主要能源消耗指标汇总表

序 号	指 标 名 称	计量单位	数值	说明
1	总体指标			
1.1	各种能源消耗量			
	⋮			
1.2	各种产品量	t		
	⋮			
1.3	吨钢综合能耗（标准煤）	kg		
1.4	吨钢余能余热回收量	GJ		
1.5	吨钢余能余热发电量	kW·h		
1.6	余能余热回收率	%		
1.7	企业自发电率	%		
1.8	吨钢耗电	kW·h		
1.9	吨钢耗新水	t		
1.10	铁钢比			
1.11	金属收得率	%		
2	焦化			
2.1	各种能源消耗量			
	⋮			
2.2	焦炭产量	t		
2.3	工序能耗（标准煤）	kg/t		
2.4	炼焦煤焦比			
2.5	吨煤焦炉煤气回收量	m^3		
2.6	焦炉煤气放散率	%		
2.7	吨焦余热回收量	GJ		
2.8	吨焦发电量（CDQ）	kW·h		
2.9	吨焦蒸汽消耗量（标准煤）	kg		
2.10	焦炭干熄率	%		

续表 8

序　号	指 标 名 称	计量单位	数值	说明
3	烧结（球团）			
3.1	各种能源消耗量			
	⋮			
3.2	产品产量	t		
	⋮			
3.3	工序能耗（标准煤）	kg/t		
3.4	吨产品余热回收量	GJ		
3.5	吨产品余热发电量	kW·h		
4	炼铁			
4.1	各种能源消耗量			
	⋮			
4.2	生铁产量	t		
4.3	工序能耗（标准煤）	kg/t		
4.4	焦比（标准煤）	kg/t		
4.5	喷煤比	kg/t		
4.6	燃料比（标准煤）	kg/t		
4.7	吨铁发电量（TRT）	kW·h		
4.8	吨铁高炉煤气回收量	m^3		
4.9	高炉煤气放散率	%		
5	转炉炼钢			
5.1	各种能源消耗量			
	⋮			
5.2	产品产量	t		
5.3	铁水用量	t/t		
5.4	废钢比			
5.5	工序能耗（标准煤）	kg/t		
5.6	吨产品余热蒸汽回收量	GJ		
5.7	吨产品转炉煤气回收量	m^3		
6	电炉炼钢			
6.1	各种能源消耗量			
	⋮			
6.2	产品产量	t		
6.3	铁水用量	t/t		
6.4	工序能耗（标准煤）	kg/t		
6.5	吨产品余热回收量	GJ		

续表 8

序　号	指 标 名 称	计量单位	数值	说明
7	连铸			
7.1	各种能源消耗量			
	⋮			
7.2	产品产量	t		
7.3	工序能耗（标准煤）	kg/t		
8	轧钢（热轧冷轧）			
8.1	各种能源消耗量			
	⋮			
8.2	各产品产量	t		
	⋮			
8.3	工序能耗（标准煤）	kg/t		
8.4	吨产品余热回收量	GJ		
8.5	热送热装率	%		

（4）参照表 9 格式核算各类能源消费成本情况。分析各类能源成本占能源成本的比例以及企业能源成本占生产成本的比例。

表 9　能源成本汇总表

能源种类		单　位	单价（元）	数　量	费用（万元）	备　注
外购	焦炭					
	电力					
	洗精煤					
	⋮					
自产	焦炭					
	电力					
	焦炉煤气					
	⋮					
外销	焦炉煤气					
	蒸汽					
	电力					
	⋮					

3. 能耗指标影响因素分析

分析生产负荷变化、产品结构调整、节能措施落实、能源及原料变化和运行参数调整等因素对能耗指标的影响。

4. 对标分析

对企业审计期和对比期能耗指标、能源成本进行对比，根据变化趋势，分析原因。可根据企业的工艺技术装备水平，选取同类型标杆企业进行对比，寻找能源利用存在的差距。

（四）节能潜力分析

（1）分析企业购入能源、库存管理、供应各环节的能源管理状况，指标考核、奖惩机制落实以及设备维护管理等情况，查找管理方面的缺失和不足。

（2）分析企业生产工艺的先进性和生产组织的合理性，指出节能潜力。

（3）分析企业落后设备的淘汰/改造和节能产品使用情况；分析设备选型及运行控制的合理性。指出节能潜力。

（4）分析企业在能源梯级利用、余能余热资源回收利用、能源损失控制和非能源物质节约等方面存在的问题，指出节能潜力。

（5）分析能源结构优化、新能源和可再生能源替代的可行性，指出节能潜力。

（五）节能措施建议

（1）提出企业实施节能目标责任制、落实能源管理负责人制度、宣传培训等加强能源管理的措施建议，分析预期节能效果。

（2）提出企业产品、原料、能源等结构调整的措施建议，分析预期节能效果。

（3）提出节能技术改造措施建议。项目建议应包括技术路线、项目建设内容、投资、节能效益等。

节能措施建议可参照表10格式汇总。

表10　项目建议表

序号	项目名称	项目建设内容	总投资（万元）	预期节能效果（万吨/年）	建议实施时间
1					
2					
⋮					

注：建议应包括管理改进、结构调整及技术改造方面内容。

四、报告编制

现场审计结束后，编写能源审计报告，与企业核实后，提交最终报告。企业能源审计报告分扉页、摘要、目录、正文、附件五部分内容。报告格式可参考附录3。

附录1　钢铁企业主要生产工序工艺介绍

一、焦化工序

焦化是炼焦煤在隔绝空气条件下加热到1000℃左右（高温干馏），通过热分解和结焦产生焦炭、焦炉煤气和炼焦化学产品的工艺过程。焦化工序一般由备煤车间、炼焦车间、回收车间、焦油加工车间、苯加工车间、脱硫车间和废水处理车间等组成。某厂焦化工序工艺流程如图1所示。

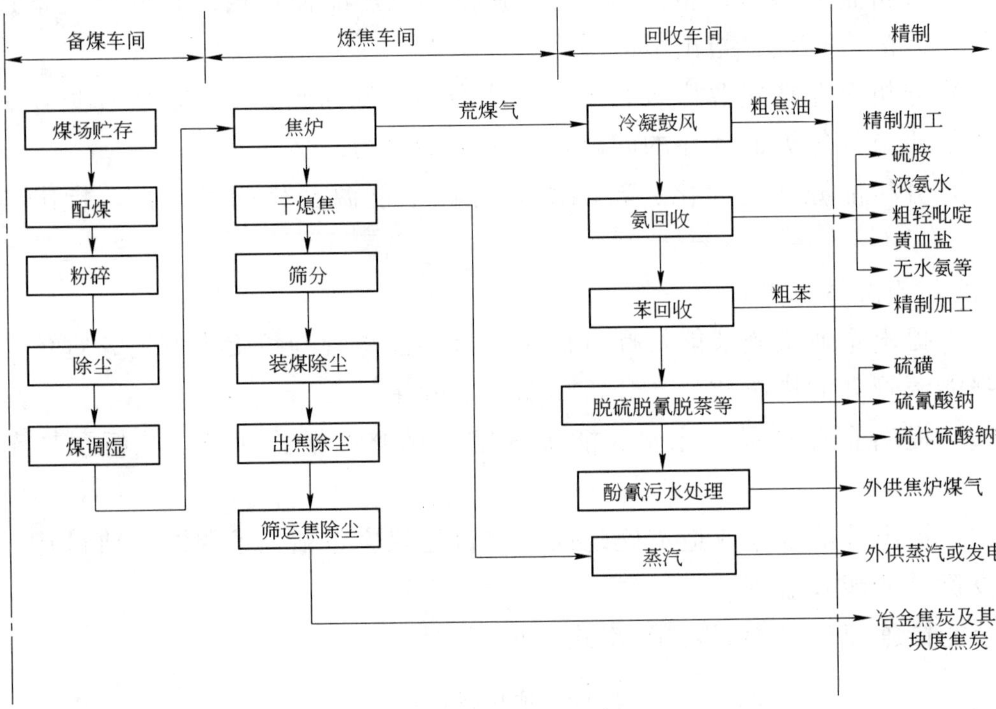

图1　某厂焦化工艺流程图

焦化工序能源消耗主要集中在焦炉上。图2为某厂焦炉热平衡示意图。炼焦过程中，炽热的焦炭和高温的烟气、煤气带走了大量的余热资源，焦化工序能源节约点主要集中在余热及焦炉煤气回收利用方面。

二、烧结工序

烧结是高炉炼铁生产前，将各种粉状含铁原料，配入适量的燃料和熔剂，加入适量的水，经混合和造球后在烧结设备上使物料发生一系列物理化学变化，烧结成块的过程。某厂烧结工序工艺流程如图3所示。

烧结过程是热加工过程，在目前普遍采用冷矿工艺的情况下，烧结过程又

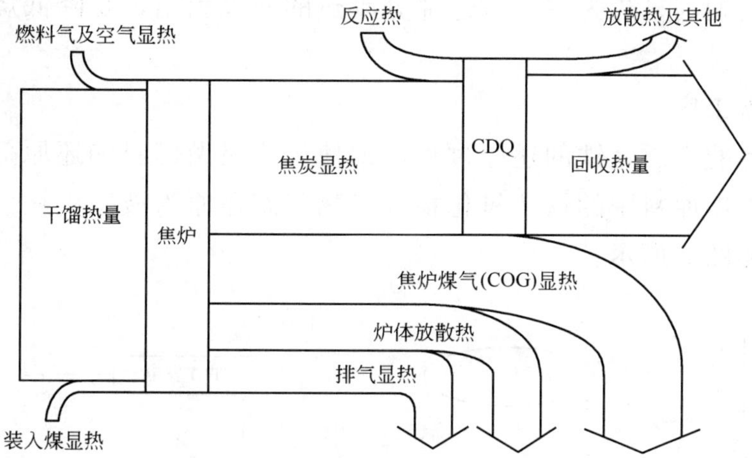

图 2 某厂焦炉热平衡示意图

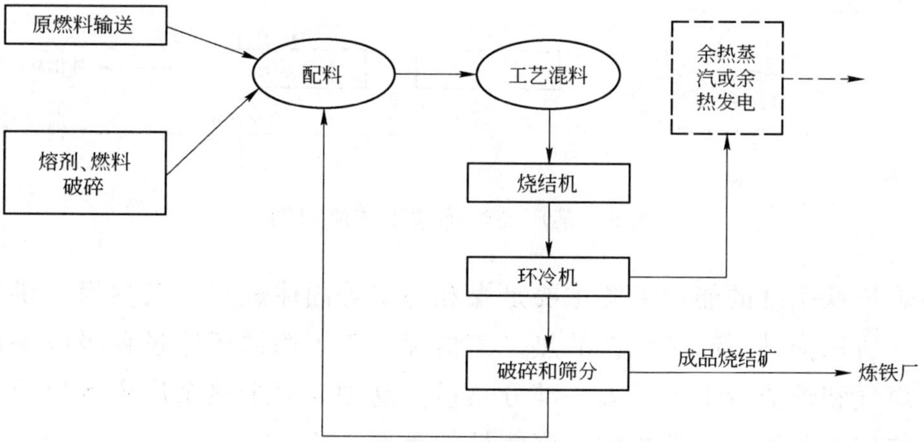

图 3 烧结工艺流程图

可分为烧结和冷却两个环节。图 4 为某厂烧结热平衡示意图。在热支出中以烧

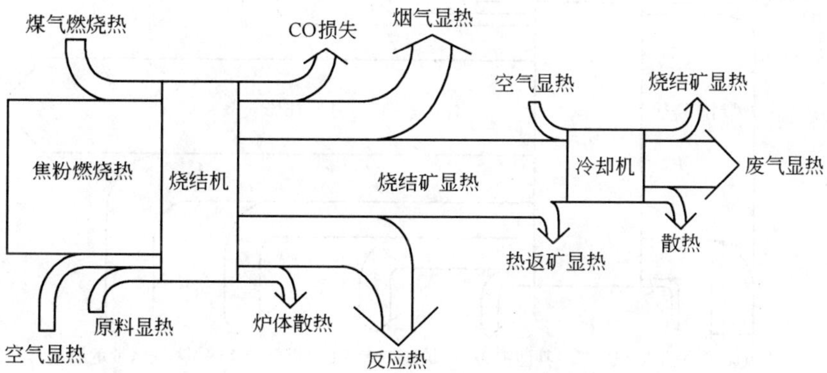

图 4 某厂烧结热平衡示意图

结矿显热和废烟气显热为主，对这部分废热的回收利用，是降低烧结工序能耗的主要手段。

三、炼铁工序

高炉冶炼的本质是铁的还原过程，即使用焦炭做燃料和还原剂，在高温下将铁矿石或含铁原料中的铁从氧化物或矿物状态还原为液态生铁。某厂炼铁工序工艺流程如图 5 所示。

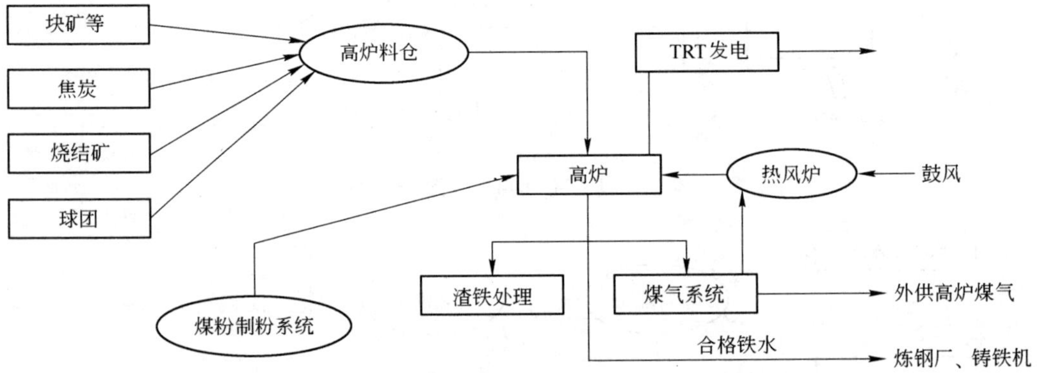

图 5　某厂高炉炼铁工艺流程图

高炉炼铁系统的能量来源主要是煤和焦炭等固体燃料以及热风炉供入的热风。图 6 所示为某厂高炉炼铁的热平衡情况。除了炼铁还原过程吸收一部分热量外，煤气和炉渣带走了很大一部分热量。高炉煤气余热余压资源以及炉渣余热资源的回收利用是降低炼铁工序能耗的重要手段。

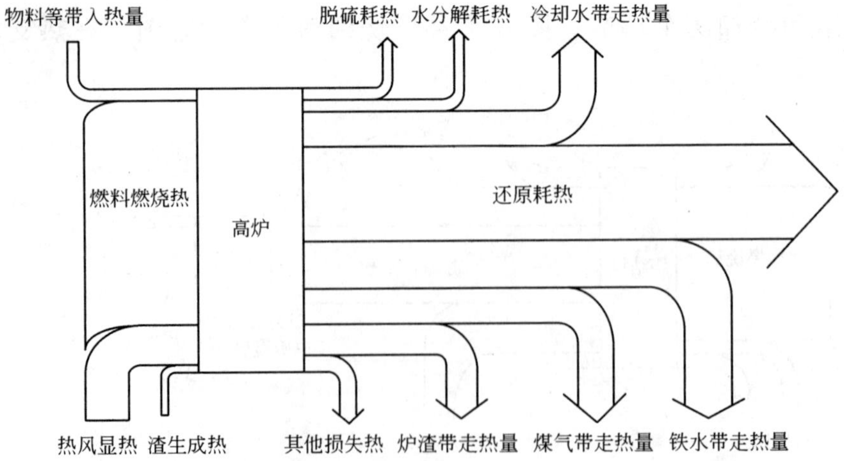

图 6　某厂高炉热平衡示意图

四、转炉炼钢工序

转炉炼钢是以铁水、废钢、铁合金为主要原料，在转炉内主要依靠铁水的物理热以及与氧发生化学反应的化学热加热升温，将高炉铁水通过氧化脱碳、脱气、还原去除硫等非金属夹杂物的冶炼工艺。某厂转炉炼钢工序工艺流程如图 7 所示。

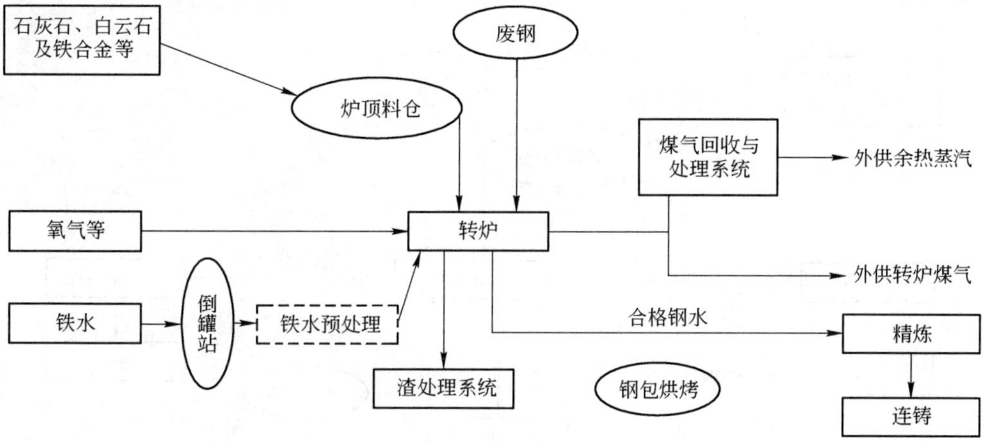

图 7　转炉炼钢工艺流程图

转炉炼钢时不需要再额外加热，因为铁水本来就是高温的，它内部还在继续着发热的氧化反应，这种反应来自铁水中硅、碳以及吹入氧气。图 8 所示为某厂转炉炼钢的热平衡情况。转炉煤气是钢铁企业重要的二次能源，提高转炉煤气回收量，能有效降低炼钢工序生产成本，为实现“负能”炼钢打下基础。回收利用转炉蒸汽和废渣余热是进一步降低转炉工序能耗的重要措施。

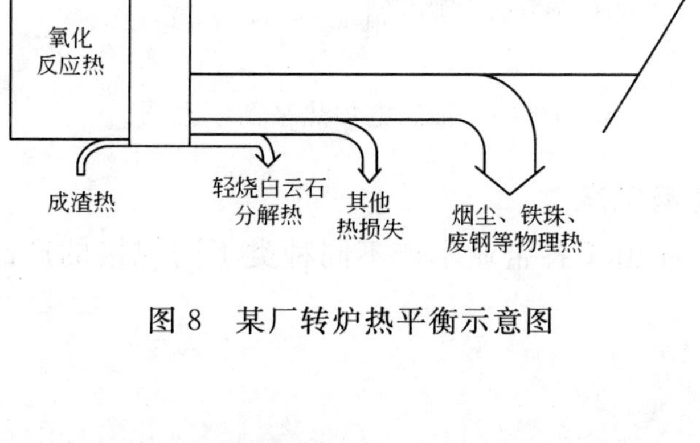

图 8　某厂转炉热平衡示意图

五、电炉炼钢工序

电炉炼钢是以电能作热源，在电炉内炼钢的方法。通常说的电炉钢是用碱性电弧炉生产的钢。电弧炉炼钢是通过石墨电极向电弧炼钢炉内输入电能，以电极端部和炉料之间发生的电弧为热源进行炼钢的方法。某厂电炉炼钢工艺流程如图 9 所示。

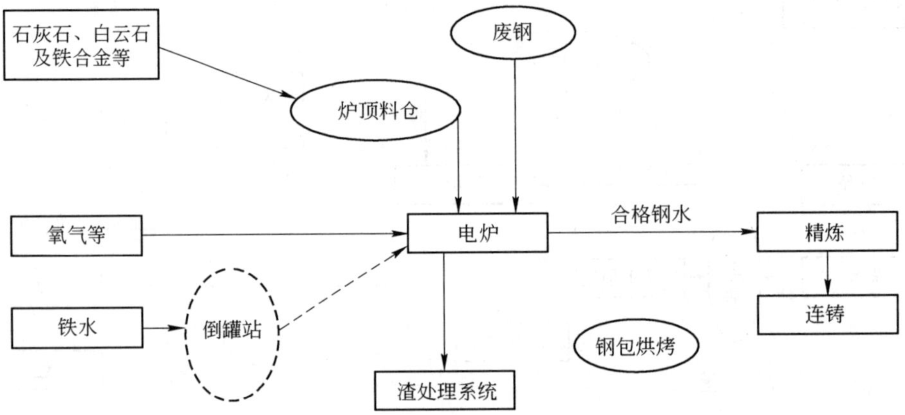

图 9　电炉炼钢工艺流程图

电能是电炉炼钢的主要能源。图 10 所示为某厂转炉炼钢的热平衡情况。在热支出项中，除了钢水带走的热量外，废气和废渣也带走了大量的热量。对废气和废固渣进行回收利用，对降低电炉炼钢工序能耗有很大意义。

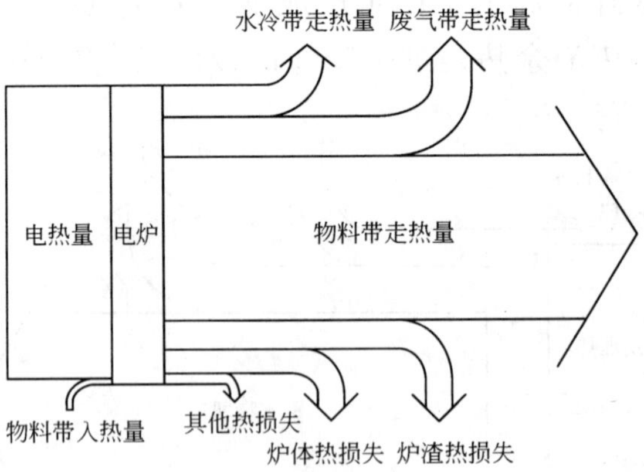

图 10　某厂电炉热平衡示意图

六、连铸、轧钢工序

连铸、轧钢工序由于各企业生产不同种类不同规格的产品差异较大，这里不再做具体介绍。

附录 2　钢铁企业能源审计主要审计依据

序号	名　称
1	中华人民共和国节约能源法
2	产业结构调整指导目录（2011 年本）
3	部分工业行业淘汰落后生产工艺装备和产品指导目录（2010 年本）（工产业〔2010〕第 122 号）
4	国务院关于进一步加强节油节电工作的通知（国发〔2008〕23 号）
5	节约用电管理办法（国经贸资源〔2000〕1256 号）
6	钢铁行业规范条件（2012 年修订）
7	焦化行业准入条件（2008 年修订）
8	关于钢铁工业节能减排的指导意见（工信部节〔2010〕176 号）
9	关于发布 2011 年度钢铁等行业重点用能产品（工序）能效标杆指标及企业的通知（工信厅节〔2012〕166 号）
10	国家重点节能技术推广目录
11	钢铁行业节能减排先进适用技术目录
12	钢铁行业节能减排先进适用技术指南
13	高耗能落后机电设备（产品）淘汰目录
14	工业和信息化部节能机电设备（产品）推荐目录
15	“节能产品惠民工程”高效电机推广目录
16	GB 21256　粗钢生产主要工序单位产品能源消耗限额
17	GB 21342　焦炭单位产品能源消耗限额
18	GB 50632　钢铁企业节能设计规范
19	GB 17167　用能单位能源计量器具配备和管理通则
20	GB/T 1028　工业余热术语、分类、等级及余热资源量计算方法
21	GB/T 2587　用能设备能量平衡通则
22	GB/T 2588　设备热效率计算通则
23	GB/T 2589　综合能耗计算通则
24	GB/T 3484　企业能量平衡通则
25	GB/T 3485　评价企业合理用电技术导则
26	GB/T 3486　评价企业合理用热技术导则
27	GB/T 6422　用能设备能量测试导则
28	GB/T 13234　企业节能量计算方法

续表

序号	名　　称
29	GB/T 13338　工业燃料炉热平衡测定与计算基本规则
30	GB/T 15316　节能监测技术通则
31	GB/T 15587　工业企业能源管理导则
32	GB/T 16664　企业供配电系统节能监测方法
33	GB/T 17166　企业能源审计技术通则
34	GB/T 17719　工业锅炉及火焰加热炉烟气余热资源量计算方法和利用导则
35	GB/T 21368　钢铁企业能源计量器具配备和管理要求
36	GB/T 23331　能源管理体系要求
37	TSG-G 0002　锅炉节能技术监督管理规程
38	TSG-G 0003　工业锅炉能效测试与评价规则

注：如上述法规、政策有更新，推荐使用最新版本。

附录3　能源审计报告的基本格式

封面

报告名称为×××企业能源审计报告，应注明编制单位及编制日期。

扉页

应包括能源审计报告确认单、审计人员信息两部分内容。其中，能源审计报告单应包括能源审计报告确认内容、能源审计单位签字盖章、被审计企业签字盖章、审计报告出具日期等内容；能源审计报告的编写人、审核人、审定人及其他参与审计人员的信息应以表格形式明确。

摘要

应包括能源审计的主要任务和内容，企业简介，主要生产工艺和产品，审计期内企业能源消费状况，能耗指标，能源利用效果评价，审计期和对比期的能耗变化简要分析，节能潜力，节能改造措施建议及节能效益，审计结论与建议。

摘要字数宜控制在2000～3000字。

目　录

第一章　能源审计任务说明

第一节　审计任务概述

重点对能源审计任务的来源、要求、类型和流程等事宜进行简单介绍。

第二节　审计目的

说明审计目的及意义。

第三节　审计的依据

列出参考的相关法律、法规、政策与标准等。

第四节　审计范围和内容

说明审计任务及企业实际情况，确定审计范围和内容。

第五节　审计期

说明审计期和对比期。

第二章　企业基本情况

第一节　企业概况

重点介绍企业组织结构、主要产品、生产能力、行业地位等。

第二节　生产工艺及用能情况

主要包括企业工艺流程介绍，能源消费状况等。

第三章　企业能源管理系统

第一节　能源管理机构与职责

重点说明企业能源管理岗位设置及对应职责，重点用能单位能源管理负责人设置及备案情况，绘制能源管理网络图。

第二节　能源管理制度建设

主要包括企业能源管理方针和能源管理目标，能源输入、加工转换、输配、利用管理制度的制定和执行情况；能源消耗定额管理制度、节能目标责任制及执行情况；节能宣传及培训情况；能源管理体系建设和认证情况；能源管理中心建设情况及运行状况。核实上次能源审计提出的能源管理整改措施执行情况。

第三节　能源统计计量管理

重点说明企业能源统计计量管理制度的制定及执行情况，能源统计计量管理人员配备情况，能源的输入、加工转换、输配、利用等环节的计量器具配备、检定及统计分析情况，绘制能源计量网络示意图。

第四节　企业节能改造管理

说明节能改造管理制度的制定和执行情况。

第四章　企业能源利用系统

第一节　企业能源利用系统流向与平衡分析

主要介绍企业能源消费构成及消费量，对企业各类能源流向进行说明，编制能源平衡表，绘制主要用能系统的能源流向图及企业能源网络图。

第二节　主要用能工序及能耗分析

介绍主要用能工序，并对其用能情况进行分析。

第三节　主要用能设备能源效率分析

分析企业主要用能设备运行控制、运行效率等情况。

第四节　执行国家淘汰落后设备、产品制度情况

重点介绍列入淘汰目录的设备及产品淘汰进展情况，列示淘汰设备、产品

一览表。

第五节　企业余能余热利用情况

重点描述余能余热回收利用系统流程，绘制余能余热系统流程图；计算企业可回收余能余热量、利用量和利用率。

第五章　能源利用指标

第一节　企业能源消耗指标

主要包括核定企业主要产品产量，计算分析企业能源消耗指标，并与国家、地方、企业确定的指标进行对比分析。

第二节　能源成本和变化趋势

主要包括企业生产成本及能源成本，以及相对于对比期的企业总能源成本和单项能源成本的变化情况等。

第六章　节能潜力分析与节能建议

第一节　节能潜力分析

从管理、工艺、设备、余能余热回收利用、能耗指标等几方面分析企业节能潜力。

第二节　管理节能方案和建议

重点介绍节能管理改进措施、建议及预期节能效益。

第三节　结构节能方案和建议

重点介绍结构调整建议及预期节能效益。

第四节　节能技术改造方案和建议

重点介绍节能技术改造的技术路线、项目内容、投资及预期节能效益。

第七章　能源审计结论与建议

第一节　结　　论

根据企业能源管理情况，主要用能设备的运行情况，高耗能落后设备的淘汰情况，以及产值能耗、单位产品能耗、能源成本等指标，客观评价企业能源利用状况，提出节能潜力。

第二节　建　　议

结合节能潜力提出企业开展节能工作的主要方向、措施和项目建议。

附件：1. 重点用能设备统计表

2. 主要设备能效测试、节能监测报告

3. 主要能源消费指标汇总表

4. 项目建议汇总表

5. 其他资料（包括计量器具表，运行记录、能源利用状况报告，能源缴费清单，节能监察文件，主要能源管理制度，能源的低位发热量化验单等）

附录4　各种能源折标准煤参考系数

能源名称		平均低位发热量	折标准煤系数
原　煤		20908kJ/kg(5000kcal/kg)	0.7143kg/kg
洗精煤		26344kJ/kg(6300kcal/kg)	0.9000kg/kg
其他洗煤	洗中煤	8363kJ/kg(2000kcal/kg)	0.2857kg/kg
	煤　泥	8363～12545kJ/kg (2000～3000kcal/kg)	0.2857kg/kg～0.4286kg/kg
焦　炭		28435kJ/kg(6800kcal/kg)	0.9714kg/kg
原　油		41816kJ/kg(10000kcal/kg)	1.4286kg/kg
燃料油		41816kJ/kg(10000kcal/kg)	1.4286kg/kg
汽　油		43070kJ/kg(10300kcal/kg)	1.4714kg/kg
煤　油		43070kJ/kg(10300kcal/kg)	1.4714kg/kg
柴　油		42652kJ/kg(10200kcal/kg)	1.4571kg/kg
液化石油气		50179kJ/kg(12000kcal/kg)	1.7143kg/kg
炼厂干气		45988kJ/kg(11000kcal/kg)	1.5714kg/kg
天然气		38931kJ/m^3(9310kcal/m^3)	1.3300kg/m^3
焦炉煤气		16726～17981kJ/m^3 (4000～4300kcal/m^3)	0.5714kg/m^3～0.6143kg/m^3
其他煤气	a)发生炉煤气	5227kJ/kg(1250kcal/m^3)	0.1786kg/m^3
	b)重油催化裂解煤气	19235kJ/kg(4600kcal/m^3)	0.6571kg/m^3
	c)重油热裂解煤气	35544kJ/kg(8500kcal/m^3)	1.2143kg/m^3
	d)焦炭制气	16308kJ/kg(3900kcal/m^3)	0.5571kg/m^3
	e)压力气化煤气	15054kJ/kg(3600kcal/m^3)	0.5143kg/m^3
	f)水煤气	10454kJ/kg(2500kcal/m^3)	0.3571kg/m^3
煤焦油		33453kJ/kg(8000kcal/kg)	1.1429kg/kg
粗　苯		41816kJ/kg(10000kcal/kg)	1.4286kg/kg
热力(当量值)		—	0.03412kg/MJ
电力(当量值)		3596kJ/(kW·h)[860kcal/(kW·h)]	0.1229kg/(kW·h)
电力(等价值)		按当年火电发电标准煤耗计算	

京津冀及周边地区重点工业企业清洁生产水平提升计划

工业和信息化部 关于印发《京津冀及周边地区重点工业企业清洁生产水平提升计划》的通知

工信部节〔2014〕4 号

北京市、天津市、河北省、山西省、内蒙古自治区、山东省工业和信息化主管部门，有关中央企业，有关行业协会：

为贯彻落实《国务院关于印发大气污染防治行动计划的通知》（国发〔2013〕37 号），加强工业领域大气污染防治工作，促进区域大气环境质量改善，我们制定了《京津冀及周边地区重点工业企业清洁生产水平提升计划》。现印发给你们，请认真贯彻执行。

工业和信息化部

2014 年 1 月 3 日

京津冀及周边地区重点工业企业清洁生产水平提升计划

为贯彻落实国务院《大气污染防治行动计划》（以下简称《大气十条》），加快推进京津冀及周边地区大气污染综合防治工作，促进区域大气环境质量持续改善，根据《京津冀及周边地区落实大气污染防治行动计划实施细则》，制定本提升计划，实施期限为 2013 年至 2017 年。

一、区域清洁生产水平提升的必要性

京津冀及周边地区（包括北京市、天津市、河北省、山西省、内蒙古自治

区、山东省）是我国经济发展重点区域，也是污染物排放高度集中的区域之一。据测算，2011 年京津冀及周边地区排放的主要大气污染物二氧化硫为 638 万吨、氮氧化物 685 万吨、烟（粉）尘 421 万吨，均占全国相应总排放量的30％左右。其中，工业排放二氧化硫 577 万吨、氮氧化物 502 万吨、烟（粉）尘 354 万吨，分别占区域污染物排放总量的 90％、73％和 84％，是京津冀及周边地区大气污染的重要源头；区域内钢铁、水泥、有色金属等重点工业行业排放的二氧化硫、氮氧化物和烟（粉）尘分别占工业排放的 24％、22％和49％，是大气污染物排放的重点行业。

近年来工业企业推行清洁生产，有效减少了大气污染物的产生量，但仍有大批先进适用的清洁生产技术和环保装备未得到全面推广应用大气污染物排放量大的状况未得到根本转变。认真贯彻落实《大气十条》“对钢铁、水泥、化工、石化、有色金属冶炼等重点行业进行清洁生产审核，针对节能减排关键领域和薄弱环节，采用先进实用技术、工艺和设备，实施清洁生产技术改造”的要求，编制并实施《京津冀及周边地区重点工业企业清洁生产水平提升计划》，对实现到 2017 年重点行业排污强度比 2012 年下降 30％以上目标，加强京津冀及周边地区大气污染防治工作，从源头减少大气污染物的产生量，降低末端排放量，全面提升区域内工业企业清洁生产水平，增强区域工业可持续发展能力具有重要意义。

二、基本思路和主要目标

（一）基本思路

坚持源头减量、全过程控制原则，以削减二氧化硫、氮氧化物、烟（粉）尘和挥发性有机物产生量和控制排放量为目标，充分发挥企业主体作用，加强政策引导和支持，推广采用先进、成熟、适用的清洁生产技术和装备，加快推进重点行业和关键领域工业企业实施清洁生产技术改造，促进技术升级与产业结构调整相结合，全面提升京津冀及周边地区工业企业清洁生产水平，确保完成行业排污强度下降目标，促进区域环境大气质量持续改善。

（二）主要目标

到 2017 年底，京津冀及周边地区重点工业企业，通过实施清洁生产技术改造，可实现年削减主要污染物二氧化硫 25 万吨、氮氧化物 24 万吨、工业烟（粉）尘 11 万吨、挥发性有机物 7 万吨。具体分解指标如下表。

地区（企业）	主要污染物削减量/$t \cdot a^{-1}$			
	二氧化硫	氮氧化物	烟（粉）尘	挥发性有机物
北京市	600	6000	200	400
天津市	16000	2200	2700	1600
河北省	89000	74100	23300	1800
山西省	5000	11500	9300	8800
内蒙古自治区	66500	50300	58000	
山东省	29900	37300	5500	6400
区域内中央企业	43000	58600	11000	51000

三、主要任务

在钢铁、有色金属、水泥、焦化、石化、化工等重点工业行业，推广采用先进、成熟、适用的清洁生产技术和装备，实施工业企业清洁生产的技术改造，有效减少大气污染物的产生量和排放量。

（一）钢铁行业

采用石灰(石)-石膏法、氧化镁法、循环流化床等技术，主要实施烧结烟气脱硫技术改造，综合脱硫效率达到70%以上。

采用湿式静电除尘器、袋式除尘器（覆膜滤料）、电袋复合除尘器、移动极板除尘器等技术装备，实施高效除尘技术改造。

（二）有色金属行业

采用动力波（或高效）湿法脱硫、有机溶液循环吸收脱硫、活性焦脱硫、金属氧化物脱硫等技术，实现制酸尾气等烟气脱硫技术改造。

采用铝电解槽上部多段式烟气捕集、新型电解铝干法净化、重有色金属冶炼湿法改干法等高效除尘技术措施，实施除尘技术改造。

（三）水泥行业

采用水泥炉窑低氮燃烧、分级燃烧和非选择性催化还原（SNCR）等技术，实施脱硝技术改造。

采用高效低阻袋式除尘技术，实施除尘系统改造。

（四）焦化行业（含钢铁联合企业焦化厂）

采用HPF工艺、栲胶工艺（TV)、真空碳酸钾工艺、FRC工艺等焦炉煤气高效脱硫净化技术，实施焦炉煤气脱硫改造。

采用袋式除尘器（覆膜滤料）等高效除尘技术装备，实施除尘地面站改造。

（五）石化和化工行业

采用泄漏检测与修复（LDAR）技术、油罐区、加油站密闭油气回收利用技术、吸附吸收技术、高温焚烧技术等，实施有机工艺尾气治理技术改造。

采用高效密封存储技术、冷凝回收技术、吸附吸收技术、高温焚烧高效脱硫除尘技术等，实施化工含 VOC 废气净化技术改造。

（六）装备制造业

调整燃料结构，采用高温低氧燃烧等先进燃烧技术，减少锻造烟气中氮氧化物含量；使用高效混砂机配合袋式除尘器，从源头控制铸造粉尘排放；采用整体通风空调式、集中式、固定式、移动式等烟尘净化措施，对焊接、切割烟尘进行综合治理。

（七）工业锅炉

实施高效节能锅炉系统改造，推广高效煤粉技术，鼓励建立集中式锅炉专用煤加工中心，改善工业燃煤品质，对燃煤工业锅炉实施湿式静电除尘器、袋式除尘器等高效除尘技术改造。

四、保障措施

（一）组织实施清洁生产水平提升计划

地方工业主管部门、区域内中央企业，一是要根据本提升计划，2014 年 6 月底前完成本辖区和本企业集团实施计划制定工作，落实企业主体责任；二是要加强指导和考核，督促有关企业实施清洁生产技术改造项目，确保目标任务如期完成；三是要每年年底前报告计划落实情况。

（二）做好技术支持和信息咨询服务

有关行业协会、科研院所和咨询机构要充分发挥自身优势，做好技术引导、技术支持、技术服务和信息咨询、交流研讨等工作，推动京津冀及周边工业行业清洁生产水平提升，促进区域工业行业可持续发展能力。

（三）加强政策引导支持力度

充分利用工业转型升级、技术改造等专项资金，支持京津冀及周边地区清洁生产技术改造，对符合条件的项目优先给予支持。地方工业和信息化主管部门要充分利用中央和地方财政资金，加大对清洁生产技术改造项目的支持力度，促进项目顺利实施。

重点工业行业用水效率指南

工业和信息化部　水利部　国家统计局　全国节约用水办公室关于印发《重点工业行业用水效率指南》的通知

工信部联节〔2013〕367号

各省、自治区、直辖市及计划单列市、新疆生产建设兵团工业和信息化主管部门、水行政主管部门、统计局、节约用水办公室，有关行业协会，有关中央企业：

为落实国务院最严格水资源管理制度，提高工业用水效率，我们组织编制了《重点工业行业用水效率指南》（以下简称《指南》），现印发给你们。请结合本地区、本行业实际，按照《指南》要求，指导工业企业开展节水对标达标，加强节水技术改造，推进节水型企业建设。

附件：重点工业行业用水效率指南

工业和信息化部　水利部　国家统计局　全国节约用水办公室
2013年9月25日

附件

重点工业行业用水效率指南
（摘选）

中华人民共和国工业和信息化部
中 华 人 民 共 和 国 水 利 部
中 华 人 民 共 和 国 国 家 统 计 局
全 国 节 约 用 水 办 公 室

2013 年 9 月

前　言

水资源是人类生存和发展的基础，水资源的可持续利用是关系我国经济社会发展的重大战略问题。我国是一个水资源贫乏的国家，人均水资源占有量约为世界平均水平的四分之一，水资源短缺已成为制约我国经济社会可持续发展的主要瓶颈之一。

根据《中华人民共和国国民经济和社会发展第十二个五年规划纲要》、《中共中央　国务院关于加快水利改革发展的决定》（中发〔2011〕1号）要求，为加强工业节水管理，提升工业用水效率，工业和信息化部会同水利部、国家统计局、全国节约用水办公室组织编制了《重点工业行业用水效率指南》（以下简称《指南》）。

《指南》在总结分析我国重点工业行业用水效率总体情况的基础上，梳理火电、钢铁、纺织、造纸、石化和化工、食品和发酵等高用水行业共40多种主要工业产品（工序）的用水现状，依据国家相关标准，结合行业现状，选取单位产品取水量先进值、平均值、限定值和准入值，作为衡量和评价工业企业用水效率水平、指导工业企业开展节水对标达标的核心指标，并提出了提升工业行业用水效率的技术措施。需要说明的是，随着近年节水技术进步，部分行业用水准入值已明显落后于平均值。

目　　录

一、工业用水效率概况

“十一五”以来，各地区、各部门以高用水工业行业为重点，以提高用水效率为核心，加快推广先进节水技术，建设节水试点示范工程，强化标准约束，加强监督管理，工业节水工作取得了明显成效。

（一）工业用水现状和特点

我国工业取水量占全社会总取水量的四分之一左右，其中火电（含直流冷却发电）、钢铁、纺织、造纸、石化和化工、食品和发酵等高用水行业取水量占工业取水量的50%左右，我国工业用水呈现如下特点：

1. **工业取水总量小幅增长。**2010年，我国工业取水量为1447亿立方米，较2006年增长7.66%。“十一五”期间在工业增加值大幅增长的情况下，工业取水量占全国总取水量的比例基本稳定在24%左右（见表1）。

表1　2006～2010年全国工业用水情况

年　份	总取水量/亿立方米	工业取水量/亿立方米	占比/%
2006	5795	1344	23.2
2007	5819	1404	24.1
2008	5910	1397	23.7
2009	5965	1391	23.3
2010	6022	1447	24.0

数据来源：国家统计局《中国统计年鉴》（2007～2011）、水利部《水资源公报》（2006～2010）、环境保护部《中国环境统计公报》（2006～2010）。

2. **工业用水效率显著提高。**2010年我国万元工业增加值取水量为90立方米，比2006年降低了39%（按可比价）；2010年工业用水重复利用率达到85.7%，较2006年提高5个百分点（见表2）。

表2　2006～2010年全国工业用水效率指标

年　份	万元工业增加值取水量/m^3	万元工业增加值取水量下降率/%	重复利用率/%
2006	178	7	80.6
2007	131	8	82.0
2008	108	9	83.8
2009	103	8	85.0
2010	90	7	85.7

数据来源：国家统计局《中国统计年鉴》（2007～2011）、水利部《水资源公报》（2006～2010）、环境保护部《中国环境统计公报》（2006～2010）。

注：万元工业增加值取水量下降率为可比价。

3. **非常规水源利用量不断增加。**中水、海水、矿井水等非常规水源的再生利用技术日趋成熟。“十一五”期间，我国海水淡化能力以每年近70%的速度增长，全国已达日产能力60万立方米，其中近1/3用于工业领域。

4. **工业废水排放量略有下降**。2010年，我国工业废水排放量237.5亿立方米，占废水排放总量的38.5%，与2006年的240.2亿立方米、占比44.7%比较，均有一定程度的下降；工业废水达标排放率95.3%，比2006年提高3.2个百分点（见表3）。

表3　2006～2010年全国工业废水排放情况

年　份	废水排放总量/亿立方米	工业废水排放量/亿立方米	占比/%	达标排放率/%
2006	536.8	240.2	44.7	92.1
2007	556.8	246.6	44.3	91.7
2008	571.7	241.7	42.3	92.4
2009	589.7	234.5	39.8	94.2
2010	617.3	237.5	38.5	95.3

数据来源：国家统计局《中国统计年鉴》（2007～2011）、水利部《水资源公报》（2006～2010）、环境保护部《中国环境统计公报》（2006～2010）。

（二）提升工业用水效率的主要举措

1. **工业节水政策体系和标准体系日趋完善**。“十一五”期间，国家发展改革委、水利部、建设部印发了《节水型社会建设“十一五”规划》（发改环资〔2007〕236号），工业和信息化部印发了《关于进一步加强工业节水工作的意见》（工信部节〔2010〕218号）。国家相继出台了30余项工业节水标准，涉及术语、水平衡测试、计量统计、管理、评价、取水定额、产品水效等方面，省级工业用水定额指标体系也基本建立。工业建设项目水资源论证深入实施，运用价格杠杆促进工业节水的机制初步形成。系列政策文件的出台和标准制度的完善，为实行最严格的水资源管理制度，提升工业用水效率提供了有力保障。

2. **工业节水技术改造和创新力度不断增强**。工业节水技术水平不断提高，火电机组空气冷却技术、钢铁行业烟（煤）气干法除尘技术、纺织行业印染废水深度处理回用技术、造纸行业连续蒸煮技术、食品和发酵行业有机废水膜处理回用技术等一批节水新技术得到应用和推广，工业园区积极推行循环用水和串联用水系统，推进园区废污水“零排放”。

3. **工业节水宣传和试点示范工作稳步推进**。各地区、各部门开展形式多样的节水宣传活动，企业节水意识、能力和水平不断增强。国家相关部委大力推进节水试点示范，水利部开展节水型社会建设试点，工业和信息化部开展资源节约型环境友好型企业创建试点。试点示范工作的稳步推进带动了节水型工业体系的建设。

（略）

三、钢铁行业

钢铁企业的用水主要包括烧结（球团）、焦化、炼铁、炼钢、轧钢等各工序的生产工艺用水和设备冷却用水等。

（一）用水基本情况

“十一五”期间，我国钢铁行业取水量由30.7亿立方米下降到27.9亿立方米；吨钢取水量由7.3立方米下降到4.1立方米，降低43.8%左右；重复利用率由95.4%提高到97.3%，提高1.9个百分点（见表6）。

表6　2006～2010年我国钢铁行业用水情况

年　份	取水量/亿立方米	吨钢取水量/m^3	重复利用率/%
2006	30.7	7.3	95.4
2007	29.5	6.0	96.3
2008	27.2	5.4	96.6
2009	28.0	4.9	97.0
2010	27.9	4.1	97.3

数据来源：《中国钢铁工业年鉴》。

（二）用水效率

钢铁行业单位产品取水量指标见表7。

表7　钢铁行业单位产品取水量指标

分　类	吨钢取水量/m^3			
	先进值	平均值	限定值	准入值
普通钢厂	3.6	4.3	4.9	4.5
特殊钢厂	—	—	7.0	4.5

数据来源及说明：

1. 先进值、平均值取自国内典型钢铁联合企业的行业调研数据；

2. 限定值和准入值取自《取水定额　第2部分：钢铁联合企业》（GB/T 18916.2—2012）国家标准。

（略）

八、提升工业用水效率的技术措施

（一）主要共性技术

工业节水技术主要包括：工业用水重复利用技术；冷却节水技术；热力和工艺系统节水技术；洗涤节水技术；工业给水和废水处理节水技术；非常规水源利用技术；工业输用水管网设备防漏和快速堵漏修复技术；工业用水计量管理技术等。

（二）分行业适用技术

（略）

钢铁行业

干法除尘技术；干熄焦技术；清污分流、循环串级供水技术；水系统集成优化技术；轧钢加热炉汽化冷却技术；连铸二冷水气雾喷淋技术；干式高炉炉顶余压发电技术；高炉渣粒化技术；空气冷却技术；高氨氮、高化学需氧量、高盐废水处理回用技术及含油（泥）、酸洗液废水回收利用技术、全厂总排水回收处理回用技术等。

（略）

附　　录

（一）指标说明

1. **用水效率**。《工业用水节水　术语》（GB/T 21534—2008）中对用水效率的定义是：在特定的范围内，水资源有效投入和初始总的水资源投入量之比。在工业生产中，可用来体现用水效率的指标有很多，如单位产品取水量、单位产品用水量、单位产值取水量、单位增加值用水量、重复利用率、用水综合漏失率等。由于节水统计基础工作相对薄弱，各行业统计口径也不尽相同，本《指南》选取既能体现水资源利用效率、又便于统计的“单位产品取水量”作为表征重点工业行业用水效率的最主要指标。

2. **单位产品取水量**。《工业企业产品取水定额编制通则》（GB/T18820—2011）对单位产品取水量的定义是：企业生产单位产品需要从各种常规水资源提取的水量。工业生产（包括主要生产、辅助生产和附属生产）的取水量，包括取自地表水（以净水厂供水计量）、地下水、城镇供水工程，以及企业从市场购得的其他水或水的产品（如蒸汽、热水、地热水等）。

3. **单位产品用水量**。《工业企业产品取水定额编制通则》（GB/T18820—2011）对单位产品用水量的定义是：企业生产单位产品的总用水量，其总用水量为单位产品取水量、单位产品非常规水源取水量和重复利用水量之和。

（二）用水效率指标相关标准

本《指南》用水效率指标中“先进值”和“平均值”来自行业调研数据，“限定值”和“准入值”的取值参照取水定额国家标准、取水定额行业标准（主要标准见表 15）。行业调研发现，由于先进适用技术的推广应用，部分行业用水效率平均水平有显著提高，已明显低于国家标准限定值，相关标准需适时进行修订。

表 15　用水效率指标相关标准

序　号	标 准 号	标 准 名 称
1	GB/T 18916.1—2012	取水定额　第 1 部分：火电
2	GB/T 18916.2—2012	取水定额　第 2 部分：钢铁联合企业
3	GB/T 18916.3—2012	取水定额　第 3 部分：石油炼制
4	GB/T 18916.4—2012	取水定额　第 4 部分：纺织染整产品
5	GB/T 18916.5—2012	取水定额　第 5 部分：造纸产品

续表 15

序　号	标 准 号	标 准 名 称
6	GB/T 18916.6—2012	取水定额　第 6 部分：啤酒制造
7	GB/T 18916.8—2006	取水定额　第 8 部分：合成氨
8	GB/T 18916.13—2012	取水定额　第 13 部分：乙烯生产
9	QB/T 2931—2008	饮料制造取水定额
10	HG/T 3998—2008	纯碱取水定额
11	HG/T 4000—2008	烧碱取水定额
12	HG/T 4186—2011	硫酸取水定额
13	HG/T 4187—2011	尿素取水定额
14	HG/T 4189—2011	聚氯乙烯取水定额

产业关键共性技术发展指南（2013 年）

工业和信息化部关于印发《产业关键共性技术发展指南（2013 年）》的通知

工信部科〔2013〕335 号

各省、自治区、直辖市及计划单列市、新疆生产建设兵团工业和信息化主管部门：

为深入贯彻落实创新驱动战略和《国务院办公厅关于强化企业技术创新主体地位全面提升企业创新能力的意见》，改变我国原创性科技成果较少、关键技术自给率较低的局面，加快促进产业技术进步，实现工业和通信业的转型升级和结构优化，我部组织编制了《产业关键共性技术发展指南（2013 年）》，现印发你们。请积极组织做好产业关键共性技术的研究开发工作。

附件：产业关键共性技术发展指南（2013 年）

工业和信息化部
2013 年 9 月 4 日

附件

产业关键共性技术发展指南（2013 年）

（摘选）

修订说明

2011 年，工业和信息化部发布了《产业关键共性技术发展指南（2011 年）》（工信部科〔2011〕320 号）对指导各地方开展产业关键共性技术开发研究工作，促进产业结构调整、加快经济发展方式转变，引导社会资源投向等发挥了重要作用。为贯彻党的十八大精神，落实《国民经济和社会发展第十二个五年规划纲要》、《“十二五”产业技术创新规划》，进一步发挥“指南”的指导作用，工业和信息化部在充分分析国内外技术发展现状及趋势，广泛征求意见的基础上，研究提出了《产业关键共性技术发展指南（2013 年）》。

《产业关键共性技术发展指南（2013 年）》确定了当前优先发展的节能环保与资源综合利用、原材料、装备制造、消费品工业、电子制造业、软件和信息技术服务业、通信业和信息化与生产性服务业等 8 大领域，共 261 项技术。其中，节能环保与资源综合利用 37 项、原材料 54 项、装备制造 70 项、消费品工业 36 项、电子制造业 25 项、软件和信息技术服务业 18 项、通信业 13 项、信息化与生产性服务业 8 项。《产业关键共性技术发展指南（2013 年）》的技术体现了大力培育战略性新兴产业、加快提升和改造传统产业，推进产业结构优化升级，促进经济发展方式转变的需求。

一、节能环保与资源综合利用

二、原材料工业

三、装备制造业

四、消费品工业

五、电子制造业

六、软件和信息技术服务业

七、通信业

八、信息化和生产性服务业

一、节能环保与资源综合利用

1. 高效/高压大功率节能电机驱动系统技术

主要技术内容：高压大功率电机系统能量回收及高能效协调控制技术；MW级高压大功率永磁电机设计技术；电力电子器件串联的均压技术和驱动保护技术；高压大功率电机变流系统的电磁兼容技术和高效冷却技术；以及高压大功率电机高效节能系统的工程化设计、制造、测试及集成技术、无滑环绕线转子异步电动机、大中型变极双速同步电动机、无刷双馈变频调速异步电动机设计技术、复合驱动电机控制技术等。

2. 大容量电炉生产高品质工业硅节能关键技术

主要技术内容：工业硅冶炼木炭还原剂替代技术；微硅粉综合利用技术；高温烟气余热发电技术；连续出硅技术；低铁、磷、硼硅产品生产技术。

3. 热带无头/半无头轧制节能关键技术

主要技术内容：常规热连轧中间板坯快速连接无头轧制技术；无头连铸连轧技术（ESP）；薄板坯连铸连轧半无头轧制技术。

4. 点燃式内燃机缸内直喷节能关键技术

主要技术内容：燃烧组织与控制技术、燃油喷射系统技术、增压技术、小排量缸内直喷发动机技术。

5. 铝电解槽新型阴极钢棒结构节能技术

主要技术内容：铝电解槽评价技术，水平电流降低技术，分层阴极钢棒结构优化技术，阴极炭块组电阻调控及组装技术，水平电流与阴极电场及电磁力综合优化技术，保温型电解槽内衬结构技术等，并制定节能电解槽生产技术规范和操作规程。

6. 电石法聚氯乙烯行业无汞触媒技术

主要技术内容：乙炔氢氯化合成氯乙烯反应的非均相或均相无汞触媒催化体系技术开发；无汞触媒制备技术；无汞触媒反应器及工艺设计技术。

7. 扣式碱性锌锰电池无汞化技术与装备技术

主要技术内容：电池钢壳结构及表面镀层处理技术；负极无汞合金锌粉材料、正极二氧化锰材料与电解液配方与工艺技术，汞含量低于0.0005%。

8. 电解锰电解后序工段连续抛沥逆洗及自控技术

主要技术内容：采用激光精确定位、多维运动嵌入式控制、针喷逆流清洗等技术，实现电解锰工艺废水三次减量、二次循环，达到工艺废水的全部回用，减少用工70%以上，实现了电解后序工段操作环境的全封闭。

9. 再制造产业关键、共性技术

主要技术内容：产品再制造性设计方法；再制造毛坯缺陷综合无损检测技术及疲劳剩余寿命评估技术；再制造毛坯无损高效拆解技术；再制造高效绿色清洗与表面预处理技术；三维损伤激光熔覆再制造成型技术；类激光高能脉冲精密冷补技术；高效能超音速等离子喷涂技术；基于机器人 MIG 堆焊熔敷再制造成型技术；机器人或操作机自动化高速电弧喷涂技术及材料技术；再制造零部件表面喷丸强化技术；粉末等离子熔覆技术；自动化纳米复合电刷镀技术及装备；再制造零件表面涂层结合强度评价技术；再制造零件动态健康监测的传感技术；再制造零件竞争性服役寿命的模拟仿真与再制造部件服役寿命的综合验证技术。

10. 富硅高铁尾矿深度分选及大宗高值综合利用关键技术

主要技术内容：以低成本强磁选技术为核心，有机融合重选、浮选技术及新药剂开发，实现富硅高铁尾矿富硅部分与富铁部分的深度分离。

11. 选冶药剂绿色设计关键技术研究

主要技术内容：针对浮选过程中广泛存在的有用矿物与含硅脉石矿物浮选分离的需要，利用浮选药剂的计算机辅助分子设计（CAMD）技术，在研究矿物晶体化学、界面化学以及与药剂分子作用的基础上，通过计算机筛选、计算、模拟、合成技术，研究反浮选脱除含硅矿物的高效选矿药剂（包括捕收剂、调整剂等）的结构、性能、毒性以及构效关系，利用实际合成、选矿验证等手段实际考察新药剂的浮选性能，最终实现反浮选脱硅新药剂的工业化。选冶药剂绿色设计与制备技术；基于定量构效关系模型、量子力学模型、溶液模型和药剂协同作用模型的选冶药剂分子设计平台；绿色制备技术。

12. 广西桂中低品位难选冶铁铝共生矿综合利用关键技术

主要技术内容：采用“烧结-预还原熔分高炉冶炼-提取氧化铝”方案，将矿石（＞1mm 的净矿）按比例配入石灰石、煤粉和白灰，混料后烧结，烧结矿入高炉冶炼。在高炉内完成将铁矿物还原成铁水，铝矿物生成铝酸钙渣系和渣铁分离过程。通过钠化吹钒从铁水中回收钒，吹钒后铁水炼钢。铝酸钙渣用碳酸钠循环母液进行两次浸出、脱硅、分解和焙烧生产氧化铝，浸出渣用于生产水泥，从分解母液中回收镓。

13. 水泥窑炉富氧燃烧节能减排技术

主要技术内容：水泥窑炉富氧燃烧和分级燃烧技术；膜组件。

14. 玻璃熔窑烟气余热发电、除尘、脱硫脱硝一体化处理技术及装备

主要技术内容：熔窑烟气余热利用的最大化方案及烟气治理（除尘、脱硫脱硝）的一体化技术及装备；适用于玻璃熔窑高温烟气（370～420℃）的高温

静电除尘技术和设备；高效脱硫、脱硝技术和装备；烟气余热发电、除尘、脱硫脱硝先进集成自动控制系统。

15. 外墙外保温用玄武岩棉制品规模化生产技术

主要技术内容：年产4～5万吨级玄武岩棉制品熔制技术及熔炉富氧射氧技术，纤维成纤技术，均匀施胶技术，鼓式集棉及其在线清理技术，伺服平摆铺毡技术，提高抗压强度的纤维三维化结构处理技术，高精度无尘切割技术，制品称重、筛选、废品移除、叠板、包装、运输等自动化物流技术，渣球制块回炉技术。降低岩棉熔制能耗，产生的固体废弃物零排放。

16. 非金属矿高效节能连续煅烧窑技术

主要技术内容：通过使用直焰式高效煅烧炉对非金属矿进行工艺煅烧。

17. 沙漠风积砂资源化开发利用关键技术

主要技术内容：无污染的分离石英、长石选矿工艺技术，资源化开发利用沙漠风积砂。

18. 花岗岩石材矿山尾矿开发利用关键技术

主要技术内容：一种流程简单、成本低、无环境污染的工艺。

19. 磷石膏资源综合利用技术

主要技术内容：磷石膏清洁净化技术；磷石膏化学法处理技术（磷石膏制硫酸联产氧化钙高值化利用技术、磷石膏制硫酸铵副产碳酸钙技术、磷石膏制硫酸钾副产氯化铵技术）；磷石膏制新型高强建材技术（水泥缓凝剂和纸面石膏板、石膏砌块、石膏商品砂浆等新型高强建材）；磷石膏安全堆存技术。

20. 压燃式内燃机高压燃油喷射系统关键技术

主要技术内容：高压喷射技术；高喷射精度和喷油器高响应速度控制技术，多次喷射技术；系统可靠性、安全性技术。

21. 塑料加工过程高效节能关键技术

主要技术内容：高效电磁变频加热关键技术及应用；伺服节能关键技术及应用；锥形同向双螺杆挤出关键技术及应用；注塑机节能关键技术及应用。

22. 锑清洁冶炼关键技术研究

主要技术内容：锑精矿富氧侧吹挥发熔池熔炼、粗氧化锑富氧侧吹还原熔池熔炼、高温高浓度含锑烟气余热高效回收、高温高硫含锑烟气收尘及还原熔炼烟气脱硫技术。

23. 氧热法电石生产技术

主要技术内容：在有氧环境下使部分粉煤燃烧生成合成气，发出热量的同时使剩余粉煤和粉状氧化钙发生反应生成电石。

24. 电吸附污水除盐技术

主要技术内容：通过施加外加电压形成静电场，强制离子向带有相反电荷的电极移动，是离子在双电层富集，大大降低液体本体浓度。

25. 尾矿渣制备高性能微晶玻璃技术

主要技术内容：一次结晶连续生产技术、尾矿微晶玻璃制品大规模生产成套装备技术、离心铸造法生产微晶玻璃管材成型自动控制技术等。

26. 锰尾渣永磁综合分选及利用技术

主要技术内容：高岭土尾矿高效综合利用生产技术、膨润土、凹凸棒石等粘土矿物综合利用技术、粘土矿物尾矿减量化工艺及其共伴生矿物的分离和提纯技术。

27. 拜耳法赤泥回收铁技术

主要技术内容：该技术年处理赤泥250万吨，总铁回收率≥22%，铁精矿品位≥55%。

28. 工业副产石膏生产纸面石膏板及其他新型建材技术

主要技术内容：以工业副产石膏为原料，制成建筑用石膏粉，用于制备纸面石膏板、粉刷石膏、建筑砂浆等墙体材料。

29. 钢渣综合利用技术

主要技术内容：优化的钢渣磁选工艺、新型高效宽带带式磁选机、铁水脱硫渣的单独分类处理和磁选加工、铁水脱硫渣的余热回收技术、钢包精炼炉精炼渣压球技术、冶金渣中粉状含铁物料的开发利用技术。

30. 钢渣非金属磨料技术

主要技术内容：将液态高温钢渣经水淬急冷、破碎、磁选等工艺处理后得到一种高硬度、渣铁分离、稳定性好的钢渣，再将其加工成各种粒径规格、颗粒吸附物含量不大于0.5%的非金属除锈磨料。其中0.5～1.5mm部分作为要求较高的特殊涂装用非金属磨料，除锈等级可以达到Sa 3.0级。1.0～3.0mm部分作为船舶制造与修理、钢结构、集装箱等非金属磨料，除锈等级可以达到Sa 2.5级。

31. 冶金渣反炼钢生产技术

主要技术内容：冶金渣中物理、化学特性与转炉冶炼过程中需要加入的某些添加剂成分相近的钢渣分类回收、配比技术，专门的转炉投料装置。

32. 电解锰渣污染治理及综合利用技术

主要技术内容：电解锰渣输送及专用分散技术，对锰渣中阻滞氨氮快速回收与导致制砖返硝关键化学物质的回收、固化和抑制技术，添加剂配方技术，锰渣中氨快速释放工艺，锰渣无害化过程中非均匀氨气回收工艺。

33. 铅蓄电池（连铸连轧/冲压网）板栅制造技术与装备

主要技术内容：连铸连轧扩展式板栅制造技术，将铅带扩张制成有特点网孔结构的连续网栅的特定连铸连轧技术和设备，连续涂板及后续过程设备。

34. 废旧铅蓄电池无害化处理与综合利用技术与装备

主要技术内容：废旧铅酸电池回收处理技术和设备。

35. 锂离子电池隔膜技术与装备

主要技术内容：产品质量稳定控制技术，涂覆工艺。

36. 电解锰渣氨氮快速回收与制砖返硝抑制技术

主要技术内容：电解锰渣输送及专用分散技术，对锰渣中阻滞氨氮快速回收与导致制砖返硝关键化学物质的回收、固化和抑制技术，添加剂配方技术，锰渣中氨快速释放工艺，锰渣无害化过程中非均匀氨气回收工艺。

37. 电解锰电解流程重金属污染削减移动平台

主要技术内容：实现全过程自动控制的多功能平台系统、精准出入槽系统、阴极板封闭转运系统和阴极板后处理系统，电解车间除电解槽面外无可视钝化液等工艺水和工艺废水处理技术。

二、原材料工业

（一）钢铁

1. 新一代可循环钢铁流程工艺与装备技术

主要技术内容：流程紧凑、高效的工序衔接匹配优化技术；钢铁产品制造过程的能源高效利用和转换技术；钢铁产品制造过程的社会废弃物消纳利用技术；特大型高、焦、烧，高炉高风温低燃料比，“三干”技术，创新的一包到底与转炉高比例脱 Si、P 技术，自动化炼钢，高速的精炼、RH、连铸、轧钢技术等行业先进技术的集成优化技术；清洁能源和海水淡化在钢铁流程中的应用技术。

2. 低品位难选矿综合选别与利用技术

主要技术内容：低品位磁（赤）铁矿重磨、阴（阳）离子反浮选提铁降硅技术；菱铁矿、褐铁矿焙烧—急冷分离—弱磁选—反浮选综合技术；钒、钛磁铁矿综合利用技术；尾矿细磨—选别综合再利用技术；剥岩等含铁原料选别利用技术；其中 Fe 含量 35％左右的低品位矿提铁到 61％以上，降硅到 4％以下；铁钒、钛资源有效利用，提钒制备 V_2O_3、V_2O_5、VFe、VN 合金，提钛制备钛白粉、海绵钛达到工业化应用要求；含铁 12％～20％的尾矿、剥岩中铁资源回收，并将提铁后的尾矿、剥岩制成建筑材料综合利用，减少排放；菱铁矿选后精矿品位达到 61%，成本 500 元/吨。

3. 高效率、低成本洁净钢平台技术

主要技术内容：解析—优化的铁水预处理技术；高效—长寿的转炉冶炼技术；快速—协同的二次冶金技术；高效—恒速的全连铸技术；优化—简捷的流程网络技术；动态—有序运行的物流技术；其中高效—恒速的全连铸技术是引领性的技术，其他技术要按连铸技术要求来优化。并适用于不同产品，不同层次要求的洁净钢生产；可建立不同洁净度要求的各类洁净钢工艺控制标准，在功能对口适应条件下，成为同类洁净钢生产效率最高，成本最低的工艺；供氧强度＞$4m^3/(t \cdot min)$，冶炼周期＜30min，铁水预处理和钢水精炼比＞80%，实现计算机终点动态控制，炉龄＞1 万炉。

4. 新一代 TMCP（控轧控冷）技术

主要技术内容：以超快冷为核心的可控无级调节钢材冷却技术；以相变和析出为基础、冷却路径可控技术；细晶、析出、相变综合强化技术，离线热处理在线化技术；其中节省钢材合金用量 30%以上；提高钢材强度 100～200MPa 以上，大幅度提高冲击韧性，节约钢材使用量 5%～10%；提高生产效率 35%以上；节能 10%～15%。

5. 高炉炼铁 CO_2 减排与利用关键技术开发

主要技术内容：高炉富氧喷吹焦炉煤气技术，包括在富氢还原气体还原特性、高炉喷吹焦炉煤气炉内反应机理等基础研究的基础上，进行工艺流程设计及焦炉煤气净化加压、重整、加热及喷吹等关键技术和设备的研究开发，开展焦炉煤气喷吹工业试验，焦炉煤气喷吹量＞$100m^3/t$（铁），置换比≥0.45kg（焦炭）/m^3（焦炉煤气），燃料比降低 10%，CO_2 减排 10%～20%，高炉生产效率提高 10%。

高炉炉顶煤气循环氧气鼓风炼铁技术，包括在炉顶煤气脱除 CO_2 后再喷入高炉和循环氧气鼓风条件下含铁炉料的物理化学及冶金行为等基础研究及流程研究的基础上，进行 $120m^3$ 炉顶煤气循环氧气鼓风高炉设计及关键装置开发，开展 $120m^3$ 高炉工业试验，形成 $1000m^3$ 级高炉炉顶煤气循环氧气鼓风高炉方案设计，煤比＞200kg/t（铁），焦比＜220kg/t（铁），燃料比降低 20%，高炉生产效率提高≥30%，CO_2 减排 10%～25%，直接经济效益实现吨铁生产成本降低 70 元以上。

高炉煤气的资源化利用关键技术，包括高炉煤气深度净化工艺，调质气体 CO 和 CO_2 共氢化制备甲醇规模化示范，系统集成，年产万吨级高炉煤气制备甲醇的方案设计，（1）建成处理能力为 $400m^3/h$ 的煤气深度净化系统，高炉煤气经净化后硫、砷和氯等杂质含量低于 0.1ppm，金属氧化物粉尘含量低于 $5mg/m^3$。（2）建成规模为 1000 吨/年的高炉煤气制甲醇示范工程，实现总碳单程转化率达 25%～30%，综合转化率达 50%～60%。（3）1000 吨/年甲醇示范平台正常运行大于 2000h。

6. 高炉渣显热回收利用

主要技术内容：目前国内高炉主要采用 INBA 法、嘉恒法、明特法、底滤法等几种水冲渣处理方式。

7. 第三代汽车用钢技术

主要技术内容：钢的组织细化；获得 M3 组织的成分和工艺设计；实验室实验和工业试制等。

8. 高强度管线钢高止裂韧性与塑性相关性的研究

主要技术内容：高强钢高止裂韧性与塑性的相关性，进而提出满足的成分设计、组织设计及工艺设计。

（略）

信息化和工业化深度融合专项行动计划（2013～2018年）

工信部信〔2013〕317号

各省、自治区、直辖市及新疆生产建设兵团工业和信息化主管部门，各省、自治区、直辖市通信管理局，有关行业协会，有关单位：

现将《信息化和工业化深度融合专项行动计划（2013～2018年）》印发给你们，请结合本地区、本单位实际，认真贯彻执行。

附件：信息化和工业化深度融合专项行动计划（2013～2018年）

工业和信息化部
2013年8月23日

附件

信息化和工业化深度融合专项行动计划（2013～2018年）

推动信息化和工业化深度融合是加快转变发展方式，促进四化同步发展的重大举措，是走中国特色新型工业化道路的必然选择。当前，我国工业正处于转型升级的攻坚时期，国际产业竞争日趋激烈，核心竞争力不足、资源环境约束强化、要素成本上升等矛盾日益突出。全球新一轮科技革命和产业分工调整对我国工业发展既有挑战，也有实现赶超的机遇。推动信息化和工业化深度融合，以信息化带动工业化，以工业化促进信息化，对于破解当前发展瓶颈，实现工业转型升级，具有十分重要的意义。

为进一步贯彻《2006～2020年国家信息化发展战略》、《工业转型升级规划（2011～2015年）》和《国务院关于大力推进信息化发展和切实保障信息安全的若干意见》，细化落实《关于加快推进信息化与工业化深度融合的若干意见》，全面提高工业发展的质量和效益，促进工业由大变强，特提出本行动计划。

一、总体要求

（一）指导思想

深入贯彻落实党的十八大精神，着眼转变经济发展方式的长期目标，围绕稳增长、调结构、促改革、惠民生的工作重点，以促进工业转型升级为主攻方向，以创新驱动为核心动力，着力释放改革红利，创新行政管理和服务方式，营造良好的政策环境，全面提升企业竞争能力；着力突破关键技术领域和应用瓶颈，加快传统产业改造升级，培育壮大生产性服务业，拓展战略性新兴产业发展空间；着力发挥地方区位优势和比较优势，增强产业政策协调性和互补性，激发经济增长新动力，保障网络与信息安全，加快建设工业强国，打造中国工业经济升级版。

（二）基本原则

（1）市场导向，改革引领。充分发挥市场机制优化配置资源的基础性作用，打破行业性、区域性和经营性壁垒，营造公平竞争的市场环境；加快转变政府职能，综合运用标准体系、试点示范、第三方服务等手段，引导和鼓励企业提高技术和管理水平，创新经营模式，切实提升信息化条件下的核心竞争力，激发两化深度融合的内生动力。

(2) 产用互动，协调发展。全面深化信息技术在工业企业和行业管理领域的应用，促进工业发展质量和行业管理水平的双重提升；鼓励工业企业与信息技术企业深化合作，引导信息技术企业立足内需市场，增强安全可控的信息技术产品和服务供给能力，实现信息技术应用、产业发展与工业转型升级融合互动、协调发展。

(3) 多方参与，协力推进。加强统筹协调，充分发挥地方工信主管部门、通信管理机构、部属院校和研究机构、行业协会和第三方机构的积极作用，创新工作机制，构建上下协同、各负其责、紧密配合、运转高效的两化深度融合推进体系。

（三）总体目标

到2018年，两化深度融合取得显著成效，信息化条件下的企业竞争能力普遍增强，信息技术应用和商业模式创新有力促进产业结构调整升级，工业发展质量和效益全面提升，全国两化融合发展水平指数达到82。

(1)“企业两化融合管理体系”得到全面推广。重点行业大中型企业两化融合水平逐级提升，处于集成提升阶段以上的企业达到80%，涌现出一批创新能力强、应用效果好、具有国际竞争力的优秀企业。中小企业应用信息技术开展研发、管理和生产控制的比例达到55%，应用电子商务开展采购、销售等业务的比例达到50%。

(2) 信息技术向工业领域全面渗透，传统行业两化融合水平整体提升。基于信息网络的融合创新不断涌现，电子商务、工业云、大数据等新技术新应用驱动的新型生产性服务业蓬勃发展，企业间电子商务（B2B）交易额突破20万亿元。

(3) 食品、药品等重点产品质量安全信息可追溯体系建设取得进展。民爆、危险化学品等高危行业安全生产水平得到增强。各行业能源利用效率显著提高，50%的重点工业用能企业数字能源解决方案应用达到较高水平，实现节能量5000万吨标准煤。

(4) 信息技术支撑服务能力显著增强。以数字化、柔性化及系统集成技术为核心的智能制造装备取得重大突破，在国民经济重点领域得到快速应用，重点行业装备数控化率达到70%。安全可控的信息技术产品配套能力和信息化服务能力明显增强，重点关键领域实现全面自主配套。

二、主要行动

（一）“企业两化融合管理体系”标准建设和推广行动

1. 行动目标

制定“企业两化融合管理体系”国家标准，规范企业系统推进两化融合的通用方法，建立全国性的第三方认定服务体系，推动企业建立、实施和改进两化融合管理体系，促使企业稳定获取预期的信息化成效，引领企业打造和提升信息化环境下的竞争能力。完善支撑两化深度融合的相关标准。

2. 行动内容

(1) 制定“企业两化融合管理体系”国家标准。明确影响信息化过程的一般要素，形成引领和促使企业有效推进两化融合的体系框架、主要内容和方法论，制定发布“企业两化融合管理体系”国家标准。依据行业特色制定企业两化融合管理体系分行业标准。

(2) 推动建立第三方认定服务体系。建立第三方认定管理组织，制定管理办法。各地负责建立一批服务机构，培育专业人员，开展咨询、认定、培训等专业化服务。建设覆盖全流程的信息化服务平台。

(3) 开展试点和推广。选择典型企业、重点行业、重点地区开展企业两化融合管理体系试点，总结试点经验，组织宣传培训与推广交流。各行业、各地方要组织和引导企业参与两化融合管理体系建设工作，建立国家、行业和区域协同推广机制，全面推动两化融合管理体系在企业贯彻实施。

(4) 加快制定支持两化深度融合的技术标准规范。围绕智能制造、智能监测监管、工业软件、工业控制、机器到机器通信、信息系统集成等重点工作，加快相关技术标准制定，积极开展标准的评估、试点、宣贯和推广应用工作。

（二）企业两化深度融合示范推广行动

1. 行动目标

依据工业企业两化融合评估规范，支持行业和区域开展企业对标，加强示范带动，引导企业逐级提升，促进企业创新能力、劳动生产率、产品质量等核心竞争力整体提高。

2. 行动内容

(1) 完善工业企业两化融合水平测度机制。依据工业企业两化融合评估规范，分行业、分区域建立企业两化融合水平测度指标体系和等级评定办法，完善国家两化融合咨询服务平台，全面支撑企业两化融合水平测度和示范工作。

(2) 推进企业对标和行业示范推广。行业协会负责开展行业企业两化融合水平测度和等级评定，树立一批示范企业。总结提炼示范经验和成果，形成行业共性解决方案，全面推进企业对标和示范推广，推动全行业两化融合向更高阶段跃升。

(3) 开展区域分级分类推进。各地负责开展区域企业两化融合整体性水平测度和等级评定，树立一批示范企业。加强分级分类引导和推进，推动企业对标、培训交流和咨询服务，实现区域企业两化融合水平全面升级。

（三）中小企业两化融合能力提升行动

1. 行动目标

中小企业信息化推进工程持续深入推进，面向中小微企业的信息化服务体系进一步完善，综合服务和专业服务能力不断提高。降低中小微企业信息化应用门槛，解决中小微企业在技术创新、企业管理、市场开拓、投资融资、人才培养、信息咨询等方面存在的突出困难，增强中小微企业发展活力。

2. 行动内容

（1）健全和完善社会化、专业化中小企业信息化服务体系。引导服务商构建信息化服务平台，围绕中小微企业多样化、个性化需求，整合服务资源，完善平台功能，提高服务的专业性和有效性。鼓励电子商务服务商探索为中小微企业提供信用融资等服务。推动中小企业公共服务平台网络建设，发挥国家中小企业公共服务平台的示范作用，依托产业集群和工业园区，为中小微企业提供政策咨询、创业辅导、技术创新、人才培训、市场开拓等线上线下相结合的服务。

（2）提高中小企业信息化应用能力和水平。发挥中小企业发展专项等各类资金的扶持作用，支持中小微企业在研发设计、生产制造、经营管理、市场营销等核心业务环节信息化应用。鼓励中小微企业运用电子商务创新业务模式，运用信息化服务平台和第三方外包服务促进基础和集成应用。

（四）电子商务和物流信息化集成创新行动

1. 行动目标

深化重点行业电子商务应用，提高行业物流信息化和供应链协同水平，促进以第三方物流、电子商务平台为核心的新型生产性服务业发展壮大，创新业务协作流程和价值创造模式，提高产业链整体效率。

2. 行动内容

（1）提升重点行业电子商务和供应链协同能力。在原材料、装备制造、消费品、电子信息、国防科技等领域，围绕支持主制造商发展订单驱动的制造模式，带动产业链上下游企业协同联动，降低平均库存水平，缩短市场响应时间，提高供应链整体竞争能力，推进电子商务和供应链管理协同发展。在有条件的重点行业，促进合作企业商务信息和知识共享，开展网上研发、设计和制造，增强产业链的商务协同能力，提高市场应变能力。

（2）提升第三方物流服务能力。推动物流信息化发展，壮大第三方物流服务业，重点支持钢铁、石化、汽车、家电、食品、医药、危化品、电子产品、快速消费品、冷链等专业物流和供应链服务业发展，提升全程透明可视化管理能力，增强面向工业领域供应链协同需求的物流响应能力。

(3) 推动工业企业电子商务创新发展。支持大型企业建立开放性采购平台，提高网上集中采购水平。支持有条件的大型企业电子商务平台向行业平台转化。支持制造企业利用电子商务创新营销模式，提高产品销售和售后服务水平。支持面向工业企业的电子商务服务平台发展壮大、创新商务模式，支撑和带动制造企业业务流程优化。

（五）重点领域智能化水平提升行动

1. 行动目标

加快民爆、危化、食品、稀土、农药以及重点用能行业智能监测监管体系建设，提高重点高危行业安全生产水平，加强民爆行业安全生产监测监管，开展危险化学品危险特性公示，实现食品质量安全信息全程可追溯，促进稀土资源高效开采利用；提高重点行业能源利用智能化水平，推动行业绿色发展、安全发展。

2. 行动内容

(1) 加强民爆行业安全生产监测监管。建设覆盖各级民爆主管部门、民爆企业的行业综合管理服务平台，实现民爆物品生产经营动态信息全程监测。建立民爆企业生产、流通全过程安全管控体系，实现对关键安全生产要素的闭环信息化管控，提升民爆行业本质安全生产水平。

(2) 开展危险化学品危险特性公示。在危险化学品领域全面推行联合国《全球化学品统一分类和标签制度》（GHS），建立国家化学品危险特性基础数据库和在线报送系统，提供危险化学品危险特性数据检索服务，有效控制危险化学品健康与环境风险。

(3) 实现食品行业质量安全信息可追溯。搭建食品质量安全信息可追溯公共服务平台，在婴幼儿配方乳粉、白酒、肉制品等领域开展食品质量安全信息追溯体系建设试点，面向消费者提供企业公开法定信息实时追溯服务，强化企业质量安全主体责任。

(4) 建立稀土行业信息化监管基础。鼓励重点矿区企业建设监控系统，实现在线监控。鼓励重点稀土企业集团建立管控信息系统，实现企业生产经营信息动态监管。支持建立行业生产统计系统。

(5) 加强农药行业信息化监管。建立农药产品生产批准证书查询库和换证信息共享平台，促进农药行业信息交流。建立农药生产信息数据库，加强农药生产企业监管。搭建违法案件群众举报信息平台，完善农药打假机制，提升农药监管能力。

(6) 提高重点高危行业安全生产水平。围绕特种设备管理、安全隐患排查、安全事故应急管理、人员安全管理、高危工业产品运输监控和管理等关键环节，支持煤矿、非煤矿山、危险化学品、烟花爆竹、冶金等重点高危行业企业的安全生产信息化系统建设，促进生产本质安全。

(7) 推进重点行业节能减排。实施数字能源重点工程，大力推动企业能源管控中心建设，推广流程工业能源在线仿真系统等节能减排信息技术，在重点行业和地区建立工业主要污染物排放监测和工业固体废弃物综合利用信息管理体系，建立区域能耗在线监测平台，开展企业数字能源应用等级评价，提高能源资源利用效率。

（六）智能制造生产模式培育行动

1. 行动目标

面向国民经济重点领域智能制造需求，创新智能制造装备产品，提高重大成套设备及生产线系统集成水平。加快工业机器人、增材制造等先进制造技术在生产过程中应用。培育数字化车间、智能工厂，推广智能制造生产模式。

2. 行动内容

(1) 加快重点领域装备智能化。实施“数控一代”装备创新工程行动计划，推广应用数字化控制技术，集成创新一批数控装备，实现装备性能、功能的升级换代。实施高档数控机床与基础制造装备专项，推进重点领域高端数控机床的研发设计和生产应用。实施智能制造装备发展专项，面向重点行业生产过程柔性化、智能化的应用需求，开发一批标志性的重大智能制造成套设备。

(2) 推进生产过程和制造工艺的智能化。开展先进制造创新试点，发展以人机智能交互、柔性敏捷生产等为特征的智能制造方式，促进工业机器人在关键生产线的规模应用，推进生产制造设备联网和智能管控。拓宽增材制造（3D打印）技术在工业产品研发设计中的应用范围，推进增材制造在航空航天和医疗等领域的率先应用。创新政企合作模式，建立先进制造技术研发中心。

(3) 推动智能制造生产模式的集成应用。结合原材料、装备、消费品等行业发展特点，在集团管控、设计与制造集成、管控衔接、产供销一体、业务和财务衔接等领域，开展关键环节集成应用示范。逐步推广重点行业数字化车间，开展智能工厂试点建设，探索全业务链综合集成的路径和方法。选择有条件的产业集聚区，开展智能制造示范试验区建设。

（七）互联网与工业融合创新行动

1. 行动目标

抓住信息、材料、能源等技术变革与制造技术融合创新的重大机遇，深化物联网、互联网在工业中的应用，促进工业全产业链、全价值链信息交互和集成协作，创新要素配置、生产制造和产业组织方式，加快工业生产向网络化、智能化、柔性化和服务化转变，延伸产业链，培育新业态，推动中国制造向中国创造转变。

2. 行动内容

（1）推动物联网在工业领域的集成创新和应用。实施物联网发展专项，在重点行业组织开展试点示范，以传感器和传感器网络、RFID、工业大数据的应用为切入点，重点支持生产过程控制、生产环境检测、制造供应链跟踪、远程诊断管理等物联网应用，促进经济效益提升、安全生产和节能减排。

（2）发展网络制造新型生产方式。鼓励有条件的企业通过网络化制造系统，实现产品设计、制造、销售、采购、管理等生产经营各环节的企业间协同，形成网络化企业集群。支持工业云服务平台建设，推进研发设计、数据管理、工程服务等制造资源的开放共享，推进制造需求和社会化制造资源的无缝对接，鼓励发展基于互联网的按需制造、众包设计等新型制造模式。

（3）加快电子商务驱动的制造业生态变革。鼓励 B2C 电子商务平台从产品销售和广告营销向研发设计、生产制造等领域渗透，促进生产和消费环节对接，推动基于消费需求动态感知的研发、制造和产业组织方式变革，形成个性化定制生产新模式。鼓励企业利用移动互联网，创新电子商务与制造业的集成应用模式。

（4）促进工业大数据集成应用。支持和鼓励典型行业骨干企业在工业生产经营过程中应用大数据技术，提升生产制造、供应链管理、产品营销及服务等环节的智能决策水平和经营效率。支持第三方大数据平台建设，面向中小制造企业提供精准营销、互联网金融等生产性服务。推动大数据在工业行业管理和经济运行中的应用，形成行业大数据平台，促进信息共享和数据开放，实现产品、市场和经济运行的动态监控、预测预警，提高行业管理、决策与服务水平。

（八）信息产业支撑服务能力提升行动

1. 行动目标

建设下一代信息基础设施，实现电信运营商向综合信息服务商转变。突破一批核心关键技术，提高电子信息产业链各环节配套能力，逐步形成安全可控的现代信息技术产业体系。信息化综合服务体系基本完善，信息技术与传统工业技术协同创新能力得到增强，新型工业化产业示范基地服务能力显著提升。

2. 行动内容

（1）加快提升信息网络基础设施。结合实施宽带中国战略，根据专项行动需求，加快产业集聚区的光纤网、移动通信网和无线局域网的部署和优化，实现信息网络宽带化升级。全面推进下一代互联网与移动互联网、物联网、云计算的融合发展，开展网络新技术现网试验和应用示范，推进 TD-LTE 智能终端的产业化和广泛应用，提高面向工业应用的网络服务能力。

（2）增强电子信息产业支撑服务能力。加快集成电路、关键电子元器件、基础软件、新型显示、云计算、物联网等核心技术创新，突破专项行动急需的应用电子、工业控制系统、工业软件、三维图形等关键技术。围绕工业重点行业应用形成重大信息系统产业链配套能力，开展国产 CPU 与操作系统等关键软硬件适配技术联合攻关，提升产业链整体竞争力和安全可控发展能力。支持面向云计算、移动互联网、工业控制系统等关键领域安全技术研发与产业化，加快安全可靠通信设备、网络设备等终端产品研发与应用。

（3）提高信息化综合服务能力。鼓励电信运营商、信息技术服务商、互联网企业之间加强合作，有效利用平台资源、数据资源和渠道资源，通过云服务模式面向企业提供服务。支持电子商务、物流、第三方支付等信息平台建设，深化信息服务在企业经营管理、节能环保、安全生产等方面的支撑作用。培育信息化咨询、规划、培训、评估、审计等专业服务机构。

（4）支持信息技术企业与工业企业战略合作。实施信息技术产用合作专项，在机械、石化、电力等重点行业开展信息技术应用试点示范，形成可推广的行业解决方案，支持工业企业采用安全可控的信息技术和产品。在重点消费领域加强产用互动合作，提升移动智能终端、高端家电、医疗器械、玩具等产品智能化水平，提高产品附加值。探索建立工业产品信息化指数测评服务体系。加强应用电子产品和系统研发和产业化，推动工业软件开发、标准化及行业应用。推进重点行业信息技术应用公共服务平台建设，引导行业协会、企业和研发机构共同组织产用合作联盟。

（5）提升新型工业化产业示范基地服务能力。完善示范基地信息基础设施，提高宽带和高速无线网络的覆盖率。增强示范基地公共服务平台的信息化支撑能力，建设并完善一批面向产业集群的专业化信息化服务平台，鼓励建设示范基地管理综合服务平台。依托示范基地骨干企业，促进产业链上下游企业间、制造企业与生产性服务企业间信息共享和业务协作。

三、保障措施

（一）加强组织领导

工业和信息化部成立专项行动工作办公室，明确任务分工、工作进度和责任，抓好落实。组织开展年度检查与效果评估，并将评估结果作为专项行动滚动调整的重要依据，开通专项行动网站，对工作进展情况进行公开发布与跟踪评价。

（二）完善协同推进体系

加强部省合作，突出地方工信主管部门在区域推进工作中的组织作用，支持建立由政府主要负责同志牵头的领导机制，推动两化深度融合纳入政府工作综合考核体系，确保任务落实。在有条件的地方开展国家级两化深度融合区域试点。鼓励各地开展省级试点示范，配合开展全国两化融合发展水平测度。加强区域交流合作，促进产业有序转移。支持行业协会和地方继续开展企业两化深度融合水平测度、企业对标和示范推广工作，引导企业参与企业两化融合管理体系建设试点和普及推广。培育第三方服务机构，提高两化融合服务支撑能力。

（三）创新政府管理方式

加强政策引导，创新管理方式，改善公共服务。清理和减少对各类企业、机构及其活动的非行政许可审批和资质资格许可。落实政务信息公开和公开招投标制度，打破各种行业性、地区性、经营性壁垒，促进企业公平竞争。制定公共信息资源开放共享管理办法，鼓励公共信息资源的社会化开发利用。在落实专项行动中，要加大政府采购服务力度，引导社会力量广泛参与。

（四）加大资金政策支持

扩大两化深度融合专项资金规模，重点支持专项行动任务的落实。改进财政资金支持方式，引导国家科技重大专项、技术改造专项、工业转型升级资金、中小企业发展资金等政策手段向本专项行动倾斜。各省、市、自治区要设立两化深度融合专项资金，为专项行动提供配套资金。引导金融机构、社会资本参与专项行动，鼓励企业采用分期付款、设备租赁、技术服务投资等新融资模式推进项目建设。

（五）完善人才培养体系

强化企业主要负责人推进信息化的领导责任意识，开展面向“一把手”的培训。在大中型企业全面普及企业首席信息官（CIO）制度，制定企业首席信息官制度建设指南，鼓励成立企业首席信息官协会，开展首席信息官职业培训。

部属高校要积极参与专项行动，提供战略研究和技术咨询。鼓励建设知识共享平台，开设两化融合网络公开课程。结合国家专业技术人才知识更新工程，支持企业和高校联合共建实训基地，开展实用人才培训。实施现代产业工人信息技能培训工程，加强对技校、中专、职高学生的信息技术教育，鼓励企业开展职工信息技能培训。

（六）加强网络与信息安全保障

在实施专项行动中要加强网络和信息安全管理，落实信息安全等级保护制度，加强对重要信息系统的安全管理检查。落实《关于加强工业控制系统信息安全管理的通知》，加强重点领域工业控制系统的信息安全检查、监管和测评，实施安全风险和漏洞通报制度。要加强新技术、新业务信息安全评估，强化信息产品和服务的信息安全检测和认证，支持建立第三方信息安全评估与监测机制。结合专项行动，推广电子签名应用，加快推进网络信任体系建设。

关于加快推进重点行业企业兼并重组的指导意见

工业和信息化部
国家发展和改革委员会
财政部
人力资源和社会保障部
国土资源部
商务部
中国人民银行
国务院国有资产监督管理委员会
国家税务总局
国家工商行政管理总局
中国银行业监督管理委员会
中国证券监督管理委员会

文件

工信部联产业〔2013〕16 号

各省、自治区、直辖市、新疆生产建设兵团工业和信息化主管部门、发展改革委、财政厅（局）、人力资源社会保障厅（局）、国土资源厅（局）、商务厅（局）、人民银行中心支行、国资委（局）、国家税务局、地方税务局、工商部门、银监局、证监局：

推进企业兼并重组是推动工业转型升级、加快转变发展方式的重要举措，是提升我国经济国际竞争力、进一步完善社会主义基本经济制度的必然选择，有利于提高资源配置效率，调整优化产业结构，培育发展具有国际竞争力的大企业大集团。《国民经济和社会发展第十二个五年规划纲要》、《国务院关于促进企业兼并重组的意见》（国发〔2010〕27 号）、《工业转型升级规划（2011～

2015年)》(国发〔2011〕47号)提出，要以汽车、钢铁、水泥、船舶、电解铝、稀土、电子信息、医药等行业为重点，推进企业兼并重组。为贯彻落实国务院部署要求，现就加快推进重点行业企业兼并重组提出以下意见：

一、指导思想和基本要求

(一) 指导思想。以邓小平理论、“三个代表”重要思想、科学发展观为指导，以产业结构调整为主线，以规模效益显著的行业为重点，坚持市场化运作，发挥企业主体作用，充分发挥政府引导作用，提高产业集中度和资源配置效率，增强国际竞争力，推动重点行业健康有序发展，加快经济结构调整和发展方式转变。

(二) 基本要求：

(1) 坚持市场化运作，发挥企业主体作用。充分发挥市场的基础性作用，遵循经济规律和市场准则，尊重企业意愿，由企业通过平等协商，自愿自主地开展兼并重组。

(2) 完善政策措施，发挥政府引导作用。完善相关行业规划和政策措施，努力营造有利于企业兼并重组的政策环境。完善企业兼并重组服务管理体系，努力消除制约企业兼并重组的体制机制障碍，规范行政行为。

(3) 推动体制创新，加快转型升级。支持企业通过兼并重组完善治理结构，增强技术优势，开展管理创新，加强品牌建设，淘汰落后产能，培育国际竞争力，推进转型升级。

(4) 实行分类指导，促进大中小企业协调发展。结合行业自身特点和企业实际情况实行分类指导，促进各种所有制企业公平竞争和优胜劣汰，促进大中小企业协调发展，形成结构合理、有效竞争、规范有序的市场格局。

(5) 加强统筹兼顾，维护企业、社会和谐稳定。严格执行相关法律法规和产业政策，兼顾国家、地方、企业和职工的利益，依法维护债权人、债务人和企业职工等利益主体的合法权益，促进企业、社会和谐稳定。

二、主要目标和重点任务

通过推进企业兼并重组，提高产业集中度，促进规模化、集约化经营，提高市场竞争力，培育一批具有国际竞争力的大型企业集团，推动产业结构优化升级；进一步推动企业转换经营机制，加强和改善内部管理，完善公司治理结构，建立现代企业制度；加快国有经济布局和结构的战略性调整，促进非公有制经济和中小企业发展，完善以公有制为主体、多种所有制经济共同发展的基本经济制度。

推动重点行业企业兼并重组，要以产业政策为引导、以产业发展的重点关键领域为切入点，鼓励大型骨干企业开展跨地区、跨所有制兼并重组；鼓励企业通过兼并重组延伸产业链，组成战略联盟；鼓励企业“走出去”，参与全球资源整合与经营，提升国际化经营能力，增强国际竞争力。

（一）汽车行业。到 2015 年，前 10 家整车企业产业集中度达到 90%，形成 3～5 家具有核心竞争力的大型汽车企业集团。

推动整车企业横向兼并重组。鼓励汽车企业通过兼并重组方式整合要素资源，优化产品系列，降低经营成本，提高产能利用率，大力推动自主品牌发展，培育企业核心竞争力，实现规模化、集约化发展。

推动零部件企业兼并重组。支持零部件骨干企业通过兼并重组扩大规模，与整车生产企业建立长期战略合作关系，发展战略联盟，实现专业化分工和协作化生产。

支持大型汽车企业通过兼并重组向服务领域延伸。完善汽车行业服务体系，以品牌营销为主体，大力发展研发、采购、现代物流、汽车金融、信息服务和商务服务，实现服务业与制造业融合发展。

支持参与全球资源整合与经营。鼓励汽车企业“走出去”，把握时机开展跨国并购，在全球范围内优化资源配置，发展并完善全球生产和服务网络，提升国际化经营能力，增强国际竞争力。

（二）钢铁行业。到 2015 年，前 10 家钢铁企业集团产业集中度达到 60% 左右，形成 3～5 家具有核心竞争力和较强国际影响力的企业集团，6～7 家具有较强区域市场竞争力的企业集团。

重点支持大型钢铁企业集团开展跨地区、跨所有制兼并重组。积极支持区域优势钢铁企业兼并重组。大幅减少企业数量，提高钢铁产业集中度。支持重组后的钢铁企业开展技术改造、淘汰落后产能、优化区域布局，提高市场竞争力。鼓励钢铁企业参与国外钢铁企业的兼并重组。

鼓励钢铁企业延伸产业链。重点支持钢铁企业参与国内现有矿山资源、焦化企业的整合，鼓励钢铁企业重组符合环保要求的国内废钢加工配送企业。

（三）水泥行业。到 2015 年，前 10 家水泥企业产业集中度达到 35%，形成 3～4 家熟料产能 1 亿吨以上，矿山、骨料、商品混凝土、水泥基材料制品等产业链完整，核心竞争力和国际影响力强的建材企业集团。

重点支持优势骨干水泥企业开展跨地区、跨所有制兼并重组。坚持集约化发展的原则，鼓励企业通过合并、股权收购、资产收购、资产置换、债务重组等多种方式，实施强强联合、兼并改造困难企业和中小企业，实现产能合理布局。

鼓励水泥企业延伸产业链。鼓励水泥企业在做强做大主业的基础上兼并重组上下游关联企业，优化物流配送，整合发展预拌砂浆、商品混凝土及建筑预制构件产业。鼓励具有科技研发优势的建材企业集团，以并购、产业联盟等多种方式整合资源，融合咨询、测试、科研、技术开发、工程设计、安装调试、工程承包等业务，促进运营服务及生产一体化发展。

支持重组企业整合内部资源，走以内涵为主的发展之路。鼓励将企业兼并重组与改组、改制、技术改造、加强管理相结合。鼓励企业创新商业模式，发展电子商务。

（四）船舶行业。到 2015 年，前 10 家造船企业造船完工量占全国总量的 70％以上，进入世界造船前 10 强企业超过 5 家。形成 5～6 个具有国际影响力的海洋工程装备总承包商和一批专业化分包商。形成若干具有较强国际竞争力的品牌修船企业。

积极推进以大型骨干造船企业为龙头的跨地区、跨行业、跨所有制的兼并重组，优化资源配置，发展拥有国际竞争力的企业集团，提高产业集中度。促进优势企业通过兼并重组等方式扩大高端产品制造能力。鼓励上下游企业组成战略联盟，进行产业链整合。推进骨干企业开展境外并购。鼓励中小型造船企业面向细分市场实施差异化竞争，向“专、精、特、新”的方向发展，在优势领域形成特色和品牌。引导船用低中速柴油机和甲板机械等配套企业以资本、产品为纽带，加大专业化重组力度。

（五）电解铝行业。到 2015 年，形成若干家具有核心竞争力和国际影响力的电解铝企业集团，前 10 家企业的冶炼产量占全国的比例达到 90％。支持具有经济、技术和管理优势的企业兼并重组落后企业，支持开展跨地区、跨行业、跨所有制兼并重组。鼓励优势企业强强联合，积极推进上下游企业联合重组，鼓励“煤(水)—电—铝”及“矿山—冶炼—加工—应用”一体化经营，实现规模化、集约化发展，培育 3～5 家具有较强国际竞争力的大型企业集团。

（六）稀土行业。贯彻落实《国务院关于促进稀土行业持续健康发展的若干意见》（国发〔2011〕12 号）有关要求，支持大企业以资本为纽带，通过联合、兼并、重组等方式，大力推进资源整合，大幅度减少稀土开采和冶炼分离企业数量，提高产业集中度，基本形成以大型企业为主导的行业格局。

（七）电子信息行业。到 2015 年，形成 5～8 家销售收入过 1000 亿元的大型骨干企业，努力培育销售收入过 5000 亿元的大企业。以资本为纽带推进资源整合及产业融合，加快发展和形成一批掌握关键核心技术、创新能力突出、品牌知名度高、国际竞争力强的跨国大公司。

支持龙头骨干企业开展并购，大力推动产业链整合，提高产业链管理及运作水平，强化产业链整体竞争力。积极推进制造业向服务延伸，推动产品制造与软件和信息服务融合、制造业与运营业融合，大量催生新产品、新业态，鼓励引导商业模式创新。引导并加快产业链垂直整合进程，促进资源优化重组。

（八）医药行业。到2015年，前100家企业的销售收入占全行业的50%以上，基本药物主要品种销量前20家企业所占市场份额达到80%，实现基本药物生产的规模化和集约化。鼓励研发和生产、原料药和制剂、中药材和中成药企业之间的上下游整合，完善产业链，提高资源配置效率。鼓励同类产品企业强强联合、优势企业兼并其他企业，促进资源向优势企业集中，实现规模化、集约化经营，提高产业集中度。培育形成一批具有国际竞争力和对行业发展有较强带动作用的大型企业集团。

（九）农业产业化龙头企业。贯彻落实《国务院关于支持农业产业化龙头企业发展的意见》（国发〔2012〕10号），支持农业产业化龙头企业通过兼并重组、收购、控股等方式，组建大型企业集团。培育壮大龙头企业，打造一批自主创新能力强、加工水平高、处于行业领先地位的大型龙头企业。引导龙头企业向优势产区集中，形成一批相互配套、功能互补、联系紧密的龙头企业集群，培育壮大区域主导产业，增强区域经济发展实力。

三、积极引导企业稳妥开展兼并重组

（一）科学制定方案。引导企业根据自身发展战略规划，按照国家产业政策要求，确定兼并重组目标企业。选择目标企业要有利于实现资源的优势互补，有利于最大限度地发挥资源的协同效应。结合宏观经济状况和行业、企业情况，做好尽职调查，认真调研、反复讨论，科学制定兼并重组方案。

（二）加强风险防控。企业要有步骤有计划地实施兼并重组，深入研究兼并重组中可能出现的矛盾和问题，高度重视企业兼并重组中面临的市场、财务、职工安置等方面的风险，以及跨国并购中的风险。加强风险管理，识别风险因素，评估风险强度，妥善制定相应的应对预案和措施，构建完善的风险管理体系。

（三）加强重组后整合。企业要高度重视重组后各种要素资源的整合，加强人员、文化、管理的融合。以兼并重组为契机，深化管理体制改革，积极开展公司制、股份制改造，进一步完善公司治理结构。结合实际，在人事、财务、采购、销售、生产、研发等环节开展业务流程再造，优化土地、资金、技术、人才等生产要素配置，创新管理模式，实现优势互补、深度融合。

（四）加强组织协调。各地区要根据实际建立企业兼并重组工作协调机制，加强对企业兼并重组的组织领导，统筹协调本地区企业兼并重组工作。各地工业和信息化主管部门要发挥牵头作用，加强与发展改革、财政、人力资源社会保障、国土资源、商务、人民银行、国资、税务、工商、银监、证监等部门的配合，协调解决兼并重组企业面临的实际问题，积极推动本地区企业兼并重组。充分发挥协调机制作用，深入调查研究，努力解决企业兼并重组中的问题，及时反映需要国家有关部门协调解决的问题。工业和信息化部将会同相关部门，积极协调解决各地反映的问题。各地区可根据实际，选择本地区优先支持的企业兼并重组重点行业，研究出台具体的支持政策。

（五）落实政策措施。各地区要认真贯彻落实《国务院关于促进企业兼并重组的意见》，以及在财政、税收、金融服务、债权债务、职工安置、土地、矿产资源配置等方面促进企业兼并重组的政策措施，支持企业开展兼并重组。各地工业和信息化、发展改革、财政、人力资源社会保障、国土资源、商务、国资、工商等部门要结合本地区实际，研究出台促进企业兼并重组的具体措施，优先支持兼并重组企业开展技术改造，鼓励企业加强和创新管理，提升企业综合竞争力。对通过兼并重组淘汰落后产能的企业，中央财政淘汰落后产能奖励资金给予重点支持，加大奖励力度。

（六）营造良好环境。坚持市场化运作，充分尊重企业意愿，充分调动企业积极性，引导和激励企业自愿自主开展兼并重组。认真清理、修订、废止各种不利于企业兼并重组的政策、规定和做法，尤其要坚决取消各地自行出台的限制外地企业对本地区企业实施兼并重组的规定。积极探索跨地区企业兼并重组地区间利益共享机制。在不违背国家有关政策规定的前提下，地区间可根据企业资产规模和盈利能力，签订企业兼并重组后的财税利益分成协议，妥善解决企业兼并重组后增加值等统计数据的归属问题，实现企业兼并重组成果共享。

（七）做好管理服务。各地区有关部门要督促企业严格执行兼并重组的有关法律法规和国家产业政策，规范操作程序，加强信息披露，防控内幕交易，防范道德风险。鼓励外资以参股、并购等方式参与国内企业改组改造和兼并重组，加强外资并购境内企业安全审查，维护国家安全。对达到经营者集中法定申报标准的企业兼并重组，要依法进行经营者集中反垄断审查。各地区要加强对企业兼并重组的指导服务，研究制定推动本地区企业兼并重组实施意见，把兼并重组与企业改制、管理创新、技术改造、淘汰落后等结合起来。拓宽企业兼并重组信息交流渠道，建立促进企业兼并重组的公共服务平台。推动企业兼并重组中介服务专业化、规范化发展，重点引进和培养熟悉企业并购业务，特别是跨国并购业务的专门人才，积极为企业提供市场信息、战略咨询、法律顾问、财务顾问、土地估价、资产评估、产权交易、融资中介、独立审计和企业管理等中介服务。认真做好典型经验的总结推广工作，加强宣传引导。

行业发展篇

2013年中国钢铁工业大事记

1月	1月5日，中国钢铁工业协会召开2013年理事（扩大）会议，指出钢铁行业要把“转方式、优结构、提质量、增效益”作为全年工作的重点，积极做好化解过剩产能工作，努力推进我国钢铁工业创新驱动新发展。
	1月9日，工信部、国家发展改革委、科技部和财政部共同制订的《工业领域应对气候变化行动方案（2012～2020年）》提出，到2015年，单位工业增加值二氧化碳排放量比2010年下降21%以上，其中钢铁行业单位工业增加值二氧化碳排放量下降18%；到2020年，单位工业增加值二氧化碳排放量比2005年下降50%左右，基本形成以低碳排放为特征的工业体系。
	1月22日，国务院促进企业兼并重组工作部际协调小组12家成员单位联合印发了《关于加快推进重点行业企业兼并重组的指导意见》，涉及钢铁、汽车、船舶、电解铝、稀土等九大行业和领域。
	1月23日，工业和信息化部党组成员、总工程师朱宏任在2012年工业通信业发展情况新闻发布会上表示，2013年将加大淘汰落后产能的力度，提高重点行业的准入门槛，提升行业的清洁生产水平，着力提升机动车污染防治水平，推动工业产品的生态设计，促进环保装备产业的发展。
2月	2月4日，国务院办公厅发布《关于强化企业技术创新主体地位全面提升企业创新能力的意见》，提出依托转制院所和行业领军企业，在钢铁、有色金属等产业推动建设一批产业共性技术研发基地。
	2月19日，环境保护部确定将对江苏沿江8市的钢铁等6大行业实施特别排放限值。
	2月28日，工业和信息化部原材料工业司与住房和城乡建设部标准定额司组织河北、江苏、重庆、云南、新疆等示范省（市、区）工业主管部门、住建部门，在北京召开推广应用高强钢筋示范工作会。
4月	4月2日，工业和信息化部对首批45家符合的钢企名单进行公示，并召开了媒体通气会，对《钢铁行业规范条件》进行了宣解。
	4月3日，工业和信息化部原材料司组织召开钢铁行业关键共性技术攻克思路研讨会。
	4月11日，工业和信息化部下达2013年19个工业行业淘汰落后产能目标任务。其中，钢铁工业要淘汰落后钢铁产能1044万吨，包括炼铁产能263万吨、炼钢产能781万吨。
	4月28日，工业和信息化部公告第一批符合《钢铁行业规范条件（2012年修订）》的钢铁企业名单，共45家企业。

续表

5月	5月15日，工业和信息化部公告首批符合《废钢铁加工行业准入条件》企业名单，共44家企业入围。
	5月15日，国务院发布《关于取消和下放一批行政审批项目等事项的决定》，与钢铁行业相关的项目有：取消了国家发展改革委对企业投资冷轧项目的核准。
	5月23日，成立由原材料工业司和装备工业司牵头，部内相关司局、钢铁工业协会、电器工业协会、电工钢生产和应用企业以及相关研究单位共同参加的高性能电工钢推广应用协调组。
6月	6月8日，商务部发布《关于铁矿石和氧化铝自动进口许可证实行网上申领的通知》，从7月1日起，铁矿石进口企业只需将材料提交至商务部下属的配额许可证事务局，即可进入申报程序。
	6月26日，工业和信息化部原材料司组织召开铁矿石保障协调机制工作组会议。
7月	7月5日，国务院制定出台了《国务院办公厅关于金融支持经济结构调整和转型升级的指导意见》，提出按照“消化一批、转移一批、整合一批、淘汰一批”的要求，对产能过剩行业区分不同情况实施差别化政策。
	7月25日，工业和信息化部公告2013年首批19个工业行业淘汰落后产能企业名单，确保在2013年底前彻底拆除淘汰，不得向其他地区转移。其中，钢铁行业方面，首批炼铁淘汰落后产能涉及企业9家，计划淘汰高炉13座，容积均在450立方米以下，合计炼铁产能277万吨；首批炼钢淘汰落后产能涉及企业24家，合计炼钢产能697.9万吨。
8月	8月2～3日，中国钢铁工业协会四届六次常务理事（扩大）会议提出，全行业要认清形势、坚定信心，坚定不移地进行结构调整，加快转型升级步伐，努力打造中国钢铁工业升级版。
	8月30日，以“探讨非钢产业创新发展，助力钢铁工业转型升级”为主题的首届钢铁行业非钢产业大会在北京召开。
9月	9月5日，工业和信息化部发布《信息化和工业化深度融合专项行动计划（2013～2018年）》。
	9月10日消息，工业和信息化部公布了《重点行业清洁生产示范企业名单》，涉及10余个重点行业的44家企业，河北钢铁集团唐钢名列其中。
	9月12日，国务院发布《大气污染防治行动计划》，对淘汰落后产能、发展环保产业提出了总体要求。
10月	10月7日，住房和城乡建设部办公厅、工信部办公厅下发关于进一步做好推广应用高强钢筋工作的通知，拟于2013年第四季度开展全国高强钢筋推广应用情况监督抽查。
	10月15日，国务院发布《关于化解产能严重过剩矛盾的指导意见》。
11月	11月17日，工业和信息化部委托中国钢铁工业协会组织召开钢铁行业化解产能工作宣贯会。
12月	12月6日公示了第二批符合《钢铁行业规范条件》的115家企业名单。

2013年上半年钢铁行业经济运行情况

今年以来，在宏观经济下行压力加大的情况下，钢铁行业产量持续增长，钢材价格先扬后抑，钢厂和社会库存高位运行，企业盈利状况逐月下滑，市场供需陷入失衡状态，钢铁行业仍未走出低谷。

一、钢铁工业运行情况

（一）产量创历史最高水平。1～6月，全国累计生产粗钢3.9亿吨，同比增长7.4%，增速较去年同期提高5.6个百分点。前6个月，粗钢日均产量215.4万吨，相当于年产粗钢7.86亿吨水平。其中，2月份达到历史最高的220.8万吨，3～6月份虽有回落，但仍保持在210万吨以上较高水平。分省区看，1～6月，河北、江苏两省粗钢产量同比分别增长6.8%和13.2%，两省合计新增产量占全国2694万吨增量的42.4%，另有山西、辽宁、河南和云南等省增产也在100万吨以上。分企业类型看，1～6月，重点大中型钢铁企业粗钢产量同比增长5.5%，低于全国平均增幅2个百分点，但仍有60%的增产来自重点大中型钢铁企业。

（二）钢材价格低位运行。1～6月，国内钢材市场整体表现低迷。随着粗钢产能大幅释放，市场供需陷入失衡状态，钢材价格步入下降通道，目前已弱势下跌4个多月。截至7月26日，钢材价格指数降到100.48点，低于年初6.6点。钢铁工业协会重点统计的八个钢材品种价格比年初均有不同程度的下降，平均跌幅5.7%。分品种来看，占我国钢材产量比重较大的建筑用线材、螺纹钢价格跌幅分别达4.9%和6.7%，中厚板和热轧卷板价格跌幅分别达5.7%和9.7%。

（三）钢材出口增长较快。国内钢材市场供需失衡刺激企业出口。1～6月，我国累计出口钢材3069万吨，同比增长12.6%；进口钢材683万吨，下降1.8%，进口钢坯和钢锭32万吨，增长50%。将坯材折合粗钢，累计净出口2506万吨，同比增长17.3%，占我国粗钢产量的6.4%。从出口价格看，

1～6 月出口棒线材均价 624.3 美元/吨，同比下降 18%；板材 835.2 美元/吨，同比下降 2.8%。

（四）钢厂及社会库存高位运行。市场供需矛盾向流通领域蔓延，国内钢材库存延续上年末增长态势。3 月 15 日达到历史最高的 2252 万吨，比上年最高点增加 351 万吨，其中建筑钢材库存 1432 万吨，占库存总量的 63.6%。之后，随着季节性消费增加，库存逐渐回落，7 月 26 日降至 1540 万吨。市场供大于求也推高钢厂库存，3 月中旬重点企业钢材库存创历史纪录，达到 1451 万吨，同比增长 29.7%，6 月下旬降至 1268 万吨，仍比年初增长 29.9%，比去年同期增长 11.4%。

（五）钢厂盈利水平逐月下滑。上半年，冶金行业实现利润 736.9 亿元，同比增长 13.7%，其中黑色金属冶炼和压延加工业实现利润 454.4 亿元，同比增长 22.7%。1～5 月份重点大中型钢铁企业的盈利状况远不如行业总体水平，并呈逐月下降态势，尽管实现利润增长 34%，但也仅有 28 亿元，销售利润率为 0.19%。5 月当月，86 家重点大中型钢铁企业仅实现利润 1.5 亿元，连续 5 个月环比下滑，其中 34 家亏损，亏损面高达 40%。

（六）钢铁行业固定资产投资增幅明显回落。1～6 月，钢铁行业固定资产投资 3035 亿元，同比增长 4.3%，其中黑色金属冶炼及压延投资 2356 亿元，同比增长 3.3%，比去年同期回落 6.1 个百分点；黑色金属矿采选投资 679 亿元，同比增长 7.8%，增速大幅回落 15 个百分点。

二、钢铁工业运行新情况和新特点

（一）全国钢铁产能仍在持续扩大

1～5 月，河北、山东、江苏、辽宁、山西等钢铁产能排名前 5 位省份的钢铁投资占全国比重为 48%。除山西外，其他四省的投资仍保持较大规模，其中山东增幅 57%。据 Mysteel 网站调查显示，今年一季度全国共有 31 座高炉在建或建成投产，总容积 4.03 万立方米，设计产能 3800 万吨。

（二）行业负债率高企，资金链断裂的风险度上升

1～5 月，大中型钢铁企业资产总额 4.3 万亿元，同比增长 4.3%；负债总额 3 万亿元，同比增长 6.5%；资产负债率 69.4%，提高 1.4 个百分点。融资难、融资成本高是近年来钢铁企业普遍遇到的问题。2013 年 6 月 19 日，国务院常务会议研究确定严禁对产能严重过剩行业违规建设项目提供新增授信。当前，银行现金流量不足，信贷规模收紧，钢铁企业获得银行贷款的难度进一步加大，短期融资券、中期票据等直接融资成本大幅上升。各地钢企普遍反映，

资金链绷得较紧，个别企业已出现因资金链断裂而停产的情况。

（三）钢铁企业环保压力进一步加大

钢铁行业是大气污染治理的重点行业之一。钢铁工业污染物排放新标准大幅收紧了颗粒物和二氧化硫等排放限值，并对环境敏感地区规定了更为严格的水和大气污染物特别排放限值。目前，相当一部分钢铁企业不能满足环保新标准要求，企业尚需加大环保投入，生产经营成本进一步上升。部分城市钢厂也面临日益紧迫的环保搬迁压力。

（四）钢材市场供需矛盾加剧，企业无意减产

目前，钢铁行业市场供需失衡。一方面钢材价格持续下跌，企业生产经营艰难，甚至亏损；另一方面产能快速释放，企业减产意愿不足。究其原因，企业主要担心市场份额流失，防止银行停贷风险，迫于地方保增长压力，企业权衡边际效益等因素。从全行业看，几乎没有主动减产的企业，产能的不断攀升造成钢材市场持续低迷。

（五）铁矿石价格降幅远低于钢材价格降幅

7月19日，进口铁矿石价格指数为447.09点，比年初微降2.8%，折合吨钢铁矿石成本仅下降66元人民币，而各钢材品种平均每吨下降237元，其中螺纹钢下降255元、热轧卷板下降403元、冷轧薄板下降202元。进口矿石价格降幅远低于同期钢材价格降幅，企业生产成本仍处高位，经营效益仍难好转。

三、钢铁行业下半年走势预判

国内宏观经济增速放缓，拉动经济增长的“三驾马车”均出现不同程度的回落。近期银行“钱荒”引发金融市场震荡，资金紧张对房地产投资以及基础设施建设产生的影响将会持续较长一段时间，再加上7、8月份为传统需求淡季，短期内钢铁行业需求状况难以得到有效改善。同时，国内钢铁产能持续释放，在钢铁企业尚有边际利润的情况下，企业减产动力不足，粗钢日产量难以回到200万吨以下，钢厂库存仍将处于较高水平，加剧了产能过剩矛盾。在高产量、低需求的双重因素叠加下，钢材价格仍将低位运行，企业盈利能力、行业生产经营状况难以明显改善。

四、下步工作对策措施

为了保障钢铁工业平稳运行，我们将会同有关部门，按照中央经济工作会议精神，把化解产能过剩矛盾作为钢铁工业结构调整的工作重点。配合制定和实施《化解产能过剩矛盾总体方案》及有关综合性的政策措施；进一步贯彻落实《钢铁工业“十二五”发展规划》，保障各项目标和任务的顺利实施；稳步推进钢铁行业规范管理工作，为企业创造公平竞争的市场环境；推动钢铁行业上下游合作，推广应用高性能钢材，促进钢材升级换代；加强铁矿石资源保障，支持中国铁矿石现货交易平台建设；支持企业技术改造、节能减排、淘汰落后，推动钢铁行业结构调整。

中国钢铁工业2013年发展和2014年展望

2013年，钢铁工业深入贯彻落实党的十八大及二中、三中全会和中央经济工作会议精神，把化解产能严重过剩矛盾作为钢铁工业结构调整的重点，推动各项工作的落实。加强钢铁行业规范管理，建立和完善行业规范管理体系。推动上下游合作，推广应用高强钢筋等高性能钢铁材料。加快淘汰落后产能工作进度，推动行业节能减排和清洁生产。落实大气污染防治计划，行业环境保护意识不断加强。企业积极应对各种挑战，行业经济效益略有好转。同时，受国内宏观经济增速放缓，钢铁产能继续较快释放，产能严重过剩等影响，行业生产经营依旧困难重重、步履维艰。

一、2013年粗钢生产消费保持增长

（一）粗钢生产增幅高于上年同期。2013年，全国粗钢产量7.79亿吨，同比增长7.5%，增幅较去年同期提高4.4个百分点；钢材（含重复材）产量10.7亿吨，同比增长11.4%，较去年同期提高3.7个百分点。中国粗钢产量占全球比重为48.5%，同比提高1.8个百分点。

分月份看，日产水平最低点和最高点分别为12月份的201万吨和2月份的221万吨，3～11月份均保持在210万吨及以上较高水平。**分品种看，**重轨产量同比增长33.4%；长材（型钢、棒材、钢筋和线材）增长12.5%；中、厚及特厚板增长3.0%；冷热轧板带增长10.4%；涂镀板增长11.4%；电工钢增长28.4%；管材增长7.7%。**分地区看，**宁夏、广西、云南、河南、甘肃和辽宁等地粗钢产量增速超15%；河北、江苏、山东等地同比分别增长3.5%、10.6%和2.7%；贵州和上海等地则有所下降。**分企业类型看，**中小钢铁企业粗钢产量增幅下降，重点大中型企业是产量增幅的主导力量。2013年，重点大中型钢铁企业粗钢产量6.28亿吨，同比增长8.0%；中小钢铁企业粗钢1.51亿吨，同比增长5.5%，占全国粗钢产量比重为19.3%，同比减少0.4个百分点。从增长情况看，中小钢铁企业粗钢产量增幅比重点大中型企业低2.5

个百分点。

（二）钢材出口增速快于进口。2013 年，我国出口钢材 6234 万吨，同比增长 11.9%；进口钢材 1408 万吨，增长 3.1%；进口钢坯 55 万吨，增长 53%。坯材合计折合净出口粗钢 5073 万吨，同比增长 14.4%，占粗钢总产量的 6.5%。

从进出口价格看，钢材进出口价差仍很明显。出口钢材均价 854 美元/吨，同比下降 7.6%。其中棒线材 605.4 美元/吨，降 13%，板材 807.1 美元/吨，降 2.6%，管材 1191.3 美元/吨，降 2.8%；进口钢材均价 1211.1 美元/吨，同比下降 7.1%，其中棒线材 1509.9 美元/吨，降 11%，板材 1008.8 美元/吨，降 8.5%，其中，进口电工钢板（带）降 16%。管材 4009.3 美元/吨，降 1.5%。

从进出口国别看，从日本、韩国和欧盟（27 国）进口钢材分别为 601.7 万吨、424.6 万吨和 114.2 万吨，合计占进口总量的 81%；向东盟、韩国、中东、南美、非洲和欧盟（27 国）出口钢材分别为 1742.5 万吨、972.4 万吨、718.6 万吨、497.2 万吨、456.1 万吨和 361.3 万吨，合计占出口总量的 76.2%。

（三）主要下游行业钢材消费量稳定增加。据冶金工业规划院测算，全国建筑行业消费钢材约 3.8 亿吨，同比增长 4.4%；机械行业消费钢材 1.44 亿吨，增长 4%；汽车行业消费钢材 4650 万吨，增长 11.2%；能源行业消费钢材 3100 万吨，增长 4%；船舶行业消费钢材 1250 万吨，下降 21.9%；家电行业消费钢材 1000 万吨，增长 8.7%。根据对下游行业进行调研分析，预计 2013 年我国钢材实际消费量约 6.86 亿吨，增长 4.9%。

从各行业钢材消费量占比看，建筑行业钢材消费量占钢材实际消费量的比重为 55.5%，同比下降 0.3 个百分点；机械行业占 19.4%，提高 0.3 个百分点；汽车行业占 6.8%，提高 0.4 个百分点；能源行业占 4.5%，下降 0.1 个百分点；造船行业占 1.8%，下降 0.6 个百分点。

二、钢铁工业结构调整取得成效

（一）品种质量持续改善

工业和信息化部会同住房城乡建设部全面落实《关于加快应用高强钢筋的指导意见》，修订钢筋混凝土用钢标准，全面推广应用 400MPa 及以上高强钢筋、淘汰 335MPa 热轧带肋钢筋。建立了高强钢筋推广应用工作动态通报制度。开展了河北、江苏、云南、新疆、重庆 5 个示范省市推广应用高强钢筋的工作评估和部分省市的抽查工作。部分地区 2013 年高强钢筋平均产量约占热轧带肋钢筋总产量 80%，提前两年实现了“十二五”工作目标。工业和信息化部成立高性能电工钢推广应用协调组，研究建立高性能电工钢生产应用示范平台，推广应用高性能电工钢，推进高效电机和节能变压器应用示范，淘汰热轧电工钢。

行业品种质量持续改善。钢铁行业冶金产品达到国外先进实物质量水平认定并获得“金杯奖”产品已达 500 多个，生产量占钢材总产量的比重达到 40% 左右。研发一批新产品，一些依赖进口的特殊品种钢材成功实现国产化。宝钢生产的第三代汽车高强钢实现全球首发，600℃超超临界火电机组用各种钢管实现国产化；武钢、宝钢已能生产全部高牌号取向硅钢并形成了自己的核心专利技术；鞍钢直径 5mm 高碳钢拉丝线材轧制成功，打破了国外企业对极限规格线材生产的垄断局面；首钢已生产出 X80 级超厚度管线钢卷板；马钢生产的 350 公里高速铁路车轮用钢即将进入试用阶段。

（二）装备水平与技术创新能力提升

炭化室高 7m 大容积顶装焦炉炼焦技术、超大型高炉高效低耗技术集成、300t 转炉铁水“三脱”与少渣冶炼工艺技术、高效 RH 真空精炼关键技术及工业应用、热轧板带钢新一代 TMCP 技术及应用等科技创新成果显著。重点大中型钢铁企业入炉焦比 361.4kg/t，下降 1.7%，燃料比 536.5kg/t，下降 8.9%。宝钢、鞍钢、武钢、首钢和太钢等国内大型钢铁企业都结合企业自身实际，建立起完善的技术创新体系，企业的技术中心整体水平和研发能力在全国排名位居前列。钢铁工业已建成国家重点实验室 16 个，工程实验室 5 个，工程技术中心 12 个，工程研究中心 10 个，企业技术中心 33 个，创新型企业 17 个。

重点大中型钢铁企业主体生产设备已达国际先进水平。构建了以鲅鱼圈、曹妃甸为代表的可循环钢铁生产流程，并实现了稳定顺行。拥有 5000m^3 以上高炉、COREX3000 熔融还原炉、5500mm 大型宽厚板轧机、2250mm 宽带钢热连轧机和 2180mm 宽带钢冷连轧机等世界最现代化、最大型的冶金装备。1000m^3 及以上高炉已占炼铁总产能 60%左右，100t 及以上转炉（电炉）占炼钢总产能 54%左右；已建成热轧宽带钢轧机 77 套、中厚板轧机 84 套、冷连轧轧机 40 多套。

钢铁企业信息化取得显著进展。近 50 家钢铁企业建立了能源中心，实现了能源远程监控、集中调配。基于互联网和工业以太网的 ERP（企业资源计划）、CRM（客户关系管理）和 SCM（供应链管理）等取得成功应用。

（三）节能环保工作力度加大

企业环保意识增强，节能环保工作力度不断加大。宝钢集团八钢公司主动加大环境治理力度，投资建设了多项节能、环保设施，厂区环境大为改善。太钢新建 2×300MW 空冷余热回收项目和高炉冲渣水余热回收项目，为太原市城区新增供热面积 600 万平方米。同时，太钢还在行业内率先启动了 PM2.5 减量工作，更好地承担起社会责任。

在粗钢产量保持增长的情况下，吨钢综合能耗和污染物排放总量均实现同比下降。2013 年，重点大中型钢铁企业吨钢综合能耗为 592 千克（标煤），同比下降 2%。烧结、球团、焦化、炼铁、转炉炼钢、电炉炼钢、钢加工等各工序能耗分别下降 2.5%、2%、4.4%、1.1%、16.4%、9.1%和 2%。吨钢耗新水量 3.5m^3/t，下降 5.4%。外排废水 4.9 亿立方米，下降 8%；化学需氧量排放下降 14.2%；氨氮排放下降 22%。外排废气中二氧化硫排放下降 3.4%，烟粉尘排放下降 1.1%。

目前，重点大中型钢铁企业投产运行的干熄焦装置已达 134 套，合计处理能力 1.4 亿吨；全行业在建和建成投运的烧结脱硫设施 373 套（455 台烧结机），脱硫技术发展迅速；全行业共有 600 余座高炉配套有干式除尘 TRT，约占配套 TRT 高炉的 90%左右。以高炉渣、转炉渣、含铁尘泥为代表的固体废弃物资源综合利用率和以焦炉、高炉、转炉副产煤气为代表的二次能源利用率均大幅提高。

（四）区域兼并重组活跃

山东、云南、四川等地开展区域性兼并重组工作初见成效。由云南曲靖地区 7 家企业共同出资组建的云南曲靖钢铁集团有限公司于 2011 年 10 月正式挂牌成立，该集团健全法人治理结构，完善内部管理，不断深化实质性整合，逐步实现集团公司的规范化运作。辽宁方大集团重组萍乡钢铁公司后，方大集团控股的江西省钢铁企业粗钢产量占全省比重已达 59.2%，区域市场优势明显。山东省新组建的邹平钢铁集团有限公司、临沂鑫德钢铁联合有限公司，完成了工商注册登记，并已挂牌运营。

宝钢、武钢、鞍钢、首钢等大型钢铁企业着力进行企业兼并后的调整工作。宝钢加快产品与制造技术的移植与推广，深化内部协同，2013 年集团下属主要钢铁亏损单元经营状况都得到了大幅改善，梅钢、宁钢和韶钢均实现了扭亏为盈。

（五）布局调整取得进展

我国钢铁产业布局逐渐由资源型布局向沿海沿江、消费型转变。湛江、防城港钢铁基地已开始进入建设阶段。首钢贵阳特殊钢和青岛钢铁启动了城市钢厂搬迁工作。鞍钢鲅鱼圈、首钢京唐、宝钢宁波等沿海钢厂的布局基本形成，宝钢、武钢、沙钢、马钢等沿江布局钢厂的影响力逐渐增强。

（六）铁矿石资源保障能力提高

依托铁矿石保障协调机制工作组，推动解决铁矿石资源保障相关工作，形成了长协供应、现货平台交易、期货市场交易等多种交易方式，国产矿、权益矿、进口矿等供应渠道不断拓宽，钢铁协会铁矿石价格指数逐渐得到行业认可。2013 年我国进口铁矿石 8.19 亿吨，同比增长 10.2%，对外依存度约 67%。进口铁矿石平均单价 129 美元/吨，同比增长 0.2%。国内已形成年产铁矿石原矿 16 亿吨的生产体系，折算成品矿产能超过 5 亿吨/年。中国企业投资国外铁矿项目规划规模超过 5 亿吨，权益矿量达到 2.7 亿吨，已投产矿山项目 13 个，实际形成权益成品矿年供应量 6200 万吨。鞍钢卡拉拉铁矿项目竣工投产，年可生产磁铁矿石 2100 万吨，选矿厂年可生产高品位铁精矿 800 万吨。武钢利比里亚邦铁矿项目一期工程竣工投产，海外权益矿回运 600 多万吨。河北钢铁集团与阿尔德隆公司签约，将合作开发佳美铁矿，其资源量约为 10 亿吨。

（七）国际化步伐加快

钢铁行业国际化意识不断增强。宝钢、武钢等企业已在国外设立研发中心，武钢收购蒂森克虏伯集团汽车拼焊板项目，我国企业开始利用海外科研资源，加深与国外先进企业的技术合作。天津钢管在美国建设 50 万吨无缝钢管项目一期工程预计 2014 年底完成。河北钢铁集团唐钢公司参股德高国际贸易控股公司（DITH），占有 10%的股份。在国内，钢铁企业积极“引进来”，加强了与韩国浦项、日本 JFE、新日铁、三井、德国蒂森克虏伯、安赛乐米塔尔等国际化大企业集团的合资合作。河北钢铁集团唐钢与美国哈斯科集团签订协议，合作建设全球首个转炉煤气发酵法制燃料乙醇商业项目。重钢集团与韩国浦项签订了 FINEX 综合示范钢厂项目合作协议书。

（八）多元产业适度发展

近 10 年来，钢铁行业非钢投入达 700 多亿元。特别是 2013 年以来，在钢铁主业经营困难的情况下，有条件的钢铁企业围绕钢铁主业适度发展相关多元产业，一批钢铁企业从战略高度规划多元产业发展布局，培育新的经济增长点。武钢先后在钢材深加工、燃气运营、资源综合利用、高新技术等产业与国内外优秀企业成功合作。首钢结合工业厂区的土地规划与开发，在北京地区大力发展高端金属材料、高端装备及汽车零部件业、生产性服务业、房地产及建筑业、文化创意产业等新产业，形成各产业相互支撑协同发展。沙钢大力发展钢铁物流，抓好集现货和期货交易、剪切加工、运输配送、进出口保税、电子商务及金融担保为一体的玖隆钢铁物流园。广州南沙钢铁综合物流园有限公司增资扩股签约仪式在广州举行，鞍钢正式入股成为该公司第一大股东。河北钢铁集团大力发展现代物流产业，加快曹妃甸和黄骅港两大港口物流园区建设及临港产业发展，构建属于自己的“出海口”。华菱钢铁成为首个获得页岩气探矿权的钢铁企业。

（九）行业掀起管理创新和机制体制改革的新浪潮

在困难形势下，一批钢铁企业眼睛向内苦练内功，完善公司治理结构、推动管理模式创新。宝钢集团董事会试点工作得到国资委的充分肯定；鞍钢集团公司开展建设规范董事会工作；武钢集团董事会成立。同时，一些钢铁企业将市场机制引入企业的经营管理中，使管理水平明显提升，钢铁企业之间走访学习先进经验热情高涨。河北钢铁集团唐钢大力实施直面市场的生产组织模式变革，提升成本控制能力和产品创效能力，全力推进国际化战略。山东钢铁集团济钢改革创新，使企业管理进一步贴近市场，决策效率和市场反应能力不断提高。华菱集团实现扭亏为盈；南钢在钢产量减少的情况下，实现利润大幅上升；兴澄特钢品种结构经过“普转优”、“优转特”、“特转精”三次调整，目前高档、高利润品种的比例已经占产量的三分之一。

（十）行业积极应对贸易摩擦

2013 年，钢铁协会组织企业积极应诉，并协调各方共同努力，现已取得成效。4 月印尼取消对武钢热轧卷板征收 16.32％反倾销税的裁定，维持零税率；11 月欧盟对外径大于 406.4 毫米无缝管反倾销调查以申请方撤诉结案；12 月澳大利亚反倾销反补贴案终裁，济钢中厚板获得零税率；12 月泰国反倾销案终裁，太钢冷轧不锈钢产品获得零税率。

三、我国钢铁工业发展中的突出问题

（一）抑制产能过剩任重道远

我国已有炼钢产能近 10 亿吨，产能利用率仅 72％，明显低于正常水平。2013 年，钢铁行业固定资产投资 6726 亿元，同比增长 0.7％。其中黑色金属矿采选业投资 1666 亿元，增长 10.4％；黑色金属冶炼及压延业投资 5060 亿元，下降 2.1％。估算 2013 年新增粗钢产能约 4000 万吨。

（二）大气污染防治，环保压力加大

钢铁行业是大气污染防治的重点行业之一。2012 年 10 月 1 日起开始实施的钢铁工业污染物排放新标准大幅收紧了颗粒物和二氧化硫等排放限值，并对环境敏感地区规定了更为严格的水和大气污染物特别排放限值。京津冀、长三角和珠三角等地区作为“十二五”大气污染物特别排放限值地域，钢铁行业节能环保监管将更加严格。相当一部分钢铁企业不能满足环保新标准要求，企业尚需加大环保投入，生产经营成本将进一步上升。

（三）高成本、低价格，企业盈利水平偏低

2013 年，进口铁矿石均价为 129 美元/吨，同比增长 0.2%，进口炼焦煤均价 131.3 美元/吨，下降 9.9%。同期重点大中型钢铁企业炼焦煤采购价格下降 20%。但全年钢铁企业生产成本仍处于高位。而钢材价格低位波动，同比大幅下滑。2013 年末，中国钢材综合价格指数 99.14 点，同比下降 6 点，降幅 5.9%。企业努力降本增效，行业效益较去年同期略有好转，但盈利水平仍很低。2013 年，全行业主营业务收入达到 88608 亿元，同比增长 7.5%；实现利润 2588 亿元，销售利润率 2.9%，处于工业行业最低水平。

（四）负债率上升，企业经营风险加大

2013 年，重点大中型钢铁企业资产负债率为 69.4%，同比上升 0.6 个百分点。资产负债率在 80%以上钢厂 33 家合计年产钢约 1.2 亿吨。与行业效益最好的 2007 年末相比，企业资产负债率上升了 12.5 个百分点。产成品资金占用同比增长 9%；企业银行借款同比增长 8.4%。同时，应收、应付账款同比分别增长 7.3%和 3.1%。企业财务费用支出规模偏大，2012 年，大中型钢铁企业支出财务费用 802.8 亿元，2013 年财务费用同比下降 3%，但仍支出高达 786.2 亿元，远高于实现利润水平，钢铁企业资金压力日益增大，企业经营风险加大。

（五）产业集中度不升反降致竞争加剧，同质化竞争进一步向高端产品蔓延

2013 年，粗钢产量前十名的钢铁企业集团产量占全国总量的比重为 39.4%，同比下降 6.5 个百分点；前 30 家占 65.3%，下降 0.3 个百分点；前 50 家占 74%，与去年持平。产业集中度不升反降，加剧了市场竞争。大型钢铁企业精品板材项目不断增加，板材产能开始集中释放。越来越多的企业将重点放在了高端产品方面，甚至是重复研发其他企业的产品，造成高端产品同质化竞争加剧的现象。同时，在行业产能严重过剩的情况下，多数钢材品种均处于过剩状态，其中高端板材中的精品取向电工钢和无取向电工钢目前已供大于求。此外，钢材市场出现的恶性竞争值得关注，企业价格战加剧，钢铁企业长期实行的不给钱不发货原则在一些品种上已难以坚持。

（六）全球贸易摩擦冲突加剧

近两年国际钢材需求增长缓慢，市场容量有限，钢材出口竞争激烈导致出口均价进一步下降；加之部分国外钢铁企业为自保不断对政府施压，多个国家对我国钢材产品采取了贸易保护措施。泰国对含硼热轧产品、马来西亚对含硼线材产品、巴西对镀锌板产品、美国对电工钢产品、欧盟对钢管产品等纷纷提起反倾销诉讼，国内钢材直接出口压力进一步加大。仅 2013 年前 10 个月境外对我钢铁企业发起的贸易救济措施调查就达 17 起。

四、2014 年钢铁行业发展趋势分析

国际金融危机的深层次影响仍在持续，世界经济处于深度调整期，经济形势依然错综复杂多变，不稳定不确定因素仍然较多。发达经济体复苏基础并不牢固，新兴经济体和发展中国家普遍面临经济增长趋缓、通胀压力上升等问题。

随着工业化、信息化、城镇化和农业现代化的深入推进，国内需求将逐步释放，发展空间将进一步拓展。十八届三中全会全面深化改革将更加充分发挥市场在资源配置中的决定性作用，政府职能加快转变、民营经济的发展环境持续优化，将进一步激发发展活力。我国经济发展长期向好的基本面没有改变。但我国经济增长过度依赖投资、大量消耗能源的粗放式发展模式将逐步进行转变，经济结构的变化将使经济增长面临一定下行压力。预计 2014 年我国经济总体上保持稳定增长态势。

2013 年，国家相继发布了《国务院关于印发大气污染防治行动计划的通知》（国发〔2013〕37 号）和《国务院化解产能严重过剩矛盾指导意见》（国发〔2013〕41 号）等文件，有关配套政策措施将陆续出台。国家将加大化解产能严重过剩、大气污染防治、淘汰落后等工作力度，各项政策措施的实施将对钢铁产能释放产生一定影响。高强钢筋等高性能钢铁材料将逐步替代低品质钢材，钢材升级换代加速，将进一步促进下游行业减量化用钢。

综上，预计 2014 年我国钢铁生产需求仍将保持增长，但增速会有所回落。在需求增幅下降，进出口未有较大波动的情况下，预计 2014 年粗钢产量增幅将下降，在供需基本面难以有效改善的情况下，2014 年国内钢材市场价格仍将低位运行。进口铁矿石价格被垄断，仍将易涨难跌。同时，国家要加大资源、能源价格改革步伐，钢铁生产成本整体仍将处于高位。行业总体仍将维持微利状态，生产经营形势依然严峻。此外，2014 年是钢铁行业新政策的实施年，钢铁行业落后及过剩产能的治理效果将更加显现。

中国钢铁工业协会 2013年第一次信息发布会新闻稿

2013年1月31日

2012年，受国际经济下滑，我国经济增速下降，部分行业用钢量负增长，市场需求萎缩，钢价大降等不利因素的影响，钢铁行业出现了严重困难的局面。在严峻的形势面前，钢铁企业按照“稳市场、控产量、调结构、保盈利”方针，积极采取各种措施，努力减少不利影响，为满足下游行业用户发展需求，支撑国民经济稳定健康持续发展做出了积极贡献。

一、2012年钢铁行业运行情况

（一）全国粗钢产量低速增长，会员企业产量下降

2012年，全国生铁、粗钢、钢材产量分别为65791万吨、71654万吨、95186万吨，同比分别增长3.7%、3.1%、7.7%，与2011年相比增速分别回落4.7、5.8、4.6个百分点。其中，钢铁协会会员钢铁企业生产粗钢58905万吨，同比下降0.6%；其他企业生产粗钢12749万吨，同比增长24.8%。2012年会员企业“控产量”措施取得了一定成效。

（二）全年钢材价格持续低位

2012年国际、国内钢材价格都呈现下跌态势。2012年末，国际钢材综合价格指数175点，比2011年末下降6.3%，比1月末下降8.9%；国内钢材综合价格指数105.31点，比2011年末下降12.57%，比1月末下降11.62%，其中长材价格指数106.7点，同比下降15.65%，板材价格指数105.74点，同比下降9.07%。9月7日，国内钢材综合价格指数更是跌破100点，达到99.24点的年内最低点，随后虽然缓慢回升，到年末仍然很低。

（三）会员钢铁企业效益大幅下降，亏损企业大幅增加

2012年，会员钢铁企业累计实现销售收入35441.1亿元，同比下降4.31%；实现利税740.89亿元，下降54.33%，实现利润15.81亿元，同比下降98.22%。其中1、2月份全行业亏损，3、4、5月份略有盈利，6、7、8、9

月份又出现亏损，从9月下旬开始，由于钢材价格开始回升，四季度经营有所好转，实现扭亏为盈。全年累计亏损企业23户，同比增加15户，亏损面28.75%，亏损企业亏损额289.24亿元，同比增长7.39倍。

（四）钢材出口适量增长，进口下降

2012年出口钢材5573万吨，同比增加685万吨，增长14%；进口钢材1366万吨，同比减少192万吨，下降12.3%，进口钢坯36万吨，同比减少28万吨，下降43.3%；进出口相抵净出口粗钢4438万吨，同比增加961万吨，增长27.6%，约占全国粗钢产量的6.2%。钢材出口虽适量增长，但出口钢材结构亟须优化。2012年，我国进口钢材平均1303.4美元/吨，出口钢材平均923.8美元/吨，进出口平均价格相差379.6美元/吨，比2011年扩大43.6美元/吨。

（五）钢铁工业固定资产投资增速回落

2012年，全国钢铁行业固定资产投资6584亿元，同比增长2.97%，增幅比2011年回落12.54个百分点。其中黑色金属矿采选业投资额1529亿元，同比增长23.7%，增速比2011年提高5.3个百分点；黑色金属冶炼及压延加工业投资额5055亿元，同比下降2.0%，2011年为增长14.6%。虽然冶炼及压延加工业投资总额比2011年略有下降，但5055亿元的投资总额仍然很庞大，形成的新增产能势必加大当前产能过剩的压力。

二、2012年钢铁行业运行存在的突出问题

（一）市场需求不足，产能过大，钢价大跌，使钢铁行业陷入极度困难

2012年全国工业增加值比2011年增长10%，增速比2011年回落3.9个百分点；全国工业出口交货值增长7.1%，比2011年的增长16.6%回落9.5个百分点。铁路运输业完成投资同比仅增长2.4%；道路运输业完成投资增长6.6%，回落3.2个百分点；全国房地产开发投资增速回落11.7个百分点，特别是房屋新开工面积同比下降7.3%，而上年同期是增长16.2%；造船行业三大指标造船完工量同比下降21.45%、新接订单量下降43.65%、手持订单量下降28.66%。

由于下游行业需求不足，产能过大，钢材市场供大于求的矛盾十分突出，钢材销售异常困难，价格大跌，致使企业之间竞争进一步加剧，特别是产品同质化竞争更加激烈，钢铁行业出现了自新世纪以来从未有过的困难。

（二）进口铁矿石高价位，钢材低价位，吞噬了钢铁企业微薄的利润

去年钢材价格长时间处于低位，但只要钢材价格稍有上涨，进口铁矿石便立即跟涨，且涨幅远远高于钢材价格。以10月份为例，钢铁协会钢材价格指

数环比仅上涨 2.9%，但同期进口铁矿石订货价格比最低时（9 月份第三周）却已上涨 15.9%。钢材价格与进口铁矿石价格涨跌不同步，且进口铁矿石价格涨幅远远高于钢材价格的状况，吞噬了钢铁企业微薄的利润。使钢铁企业采购进口铁矿石成为高风险的游戏，许多企业就是因为没有“踩准点”而陷入亏损。

这里特别要提请媒体朋友关注的是，从去年 12 月下旬至今年 1 月中旬短短 20 天时间，进口铁矿石价格由 115 美元/吨，上涨到 159 美元/吨，每吨上涨 44 美元，涨幅高达 38%，按每吨钢生产需 1.6 吨铁矿石计算，相当于吨钢成本上升 422 元，而同时国内市场钢材价格仅上涨 106 元/吨左右。从铁矿石供求关系看，去年 12 月和今年 1 月上中旬国内生铁产量均低于去年 11 月份的产量，钢产量没有增长，进口铁矿石也没有增加。可以判断此轮进口铁矿石价格暴涨，其原因根本不是供求关系发生大的变化，而完全是垄断市场人为拉高价格造成的。有的矿石供应商人为抬高矿价十分露骨，如 1 月 16 日矿价开始下探时，甚至某大矿商逆向高价购入矿石提高价格。

（三）企业资金紧张，融资难、融资贵现状未得到改变

去年钢铁企业资金紧张状况加剧，融资难度加大。2012 年会员企业销售收入下降 4.31%，银行贷款同比增长 8.6%，财务费用同比上升了 24.29%。会员企业资产负债率持续上升，到 2012 年末达到 68.32%，同比上升 1.83 个百分点。

（四）高额税负以及地方不合理收费，进一步加重了企业负担

由于矿产资源税等税种调高导致企业税负增加，另有一些地方为保证税收不减少向钢铁企业超前征税。同时一些地方的不合理收费项目，给企业造成了沉重的负担，使企业苦不堪言。

（五）行业自律有待加强，恶性竞争日益突出

一是部分企业自律不够，在钢材销售中竞相压价；二是一些企业采取少开或不开发票等偷税手段，低价销售钢材，破坏了公平竞争的秩序；三是由于一些地方打击不力，致使假冒、伪劣钢材充斥市场。

三、2013 年钢铁行业的重点工作

中央经济工作会议指出，2013 年国际经济形势依然错综复杂、充满变数，世界经济已由危机前的快速发展期进入深度转型调整期。我国经济发展存在着扩大内需、提高创新能力、促进发展方式转变的新机遇。从总体上看，2013 年钢铁行业运行环境要好于 2012 年，钢材需求将有一定增长。但今年所面临

的困难和挑战不容低估：一是下游行业需求增长平缓，钢材消费难以大幅增长；二是钢铁产能扩张仍未得到有效遏制，供大于求的局面不会改变；三是原燃料高成本现状难以改变，形成公平、透明的进口铁矿石秩序面临困难；四是产品同质化竞争激烈，企业间恶性竞争尚未解决，建立行业公平竞争秩序还有待于国家进一步深化改革。

2013年，市场形势难以根本好转，钢铁行业仍然面临着严峻的挑战，全行业要把认真学习贯彻党的十八大精神作为中心任务，认真落实中央经济工作会议精神，把**“转方式、优结构、提质量、增效益”**作为全年工作的重点，加快科技创新，加强产品创新、管理创新和商业模式创新，努力实现我国钢铁工业创新驱动新发展。具体来讲，要做好以下几方面工作：

（一）认真贯彻落实党的十八大精神，深刻总结我国钢铁工业发展的经验教训，探索钢铁工业创新发展的新思路、新模式

一是认真思考党的十八大提出的“两个翻一番”目标，城镇化质量明显提高，对外开放水平进一步提高等战略要求，探究钢铁工业发展所面临的机遇和挑战；二是深刻总结新世纪以来我国钢铁工业发展经验教训，破解行业发展难题，认真思考今后10年钢铁工业发展的方向和重点，探究发展规律，创新行业和企业发展理念；三是认真思考钢铁行业在加强生态文明建设，建设美丽中国方面应肩负的历史责任，以及所面对的机遇、压力和挑战；四是认真思考进一步提高我国钢铁工业开放水平，研究实施“走出去”发展战略要解决的问题和措施建议。

（二）把化解产能过剩作为全行业一项重要工作

积极配合国家发改委、工信部等有关部委，研究贯彻落实中央经济工作会议提出的“要充分利用国际金融危机形成的倒逼机制，把化解产能过剩矛盾作为工作重点”的行业对策建议；要把配合做好符合《钢铁行业规范条件》的钢铁企业审核工作作为化解产能过剩的重要抓手，认真摸清钢铁企业发展现状，为规范钢铁企业生产发展、淘汰落后产能等政策措施的制定提供依据；要密切配合工信部等做好《关于加快推进重点行业企业兼并重组的指导意见》的相关工作，加强钢铁企业兼并重组情况的调研，及时反映企业诉求。总之，希望政府主管部门和全行业要充分按照市场机制，努力做到：扩大消费、严控新建、有序转移、推进整合、稳妥退出，逐步化解钢铁行业的产能过剩。

（三）加强行业运行监测和行业自律，努力促进市场稳定

一是加强行业经济运行监测和分析，密切关注市场走向和经济运行状况，加强趋势性、倾向性问题研究，及时发布相关分析报告，引导企业正确经营决策；二是定期组织企业研讨协商，合理控制产能，规范销售行为，研究理顺钢铁产品价格形成机制，维护行业整体利益，避免恶性竞争；三是加强国内市场供需协调，维护市场稳定，重点是加强板材市场的供需协调；四是规范有序推进钢材出口，加强出口预警工作，加强出口生产企业的信息交流，加强与主要出口国或地区钢铁组织沟通，增进了解，减少摩擦。

（四）继续推进铁矿石现货交易平台工作

今年铁矿石现货交易平台工作重点就是要采取措施进一步扩大平台交易量。首先，会员企业特别是大企业要带头增加在平台上采购量，定出比例，认真执行；第二，推动促进国外主要铁矿石供应商增加在平台上的资源投放量；第三，要转变服务观念，努力为供需双方提供优质服务，不断扩大平台现货交易功能。总之，铁矿石现货交易平台对于发现价格，促进公平交易，具有重要的作用，会员企业要大力支持。

（五）深入开展“对标挖潜”活动，加大降本增效工作力度

面对严峻的市场环境，要进一步开展“对标挖潜”活动。协会要通过典型经验推广、细化企业对标内容，组织专题研讨等方式，推动行业“对标挖潜”工作不断深入，大力降低成本和费用，努力提高行业盈利水平。

（六）大力加强科技创新，加快钢铁工业转型升级

一是加快完善以企业为主体，以市场为导向，产学研用相结合的技术创新体系，充分发挥企业在科技创新中的主体作用，推进创新型企业建设；二是加强“十二五”国家科技支撑计划项目组织实施，加大行业重大共性科技成果评价（鉴定），开展行业科研技术交流活动，加快科技成果推广应用；三是提升节能减排和资源综合利用效率，继续组织开展大型耗能钢铁设备节能降耗对标竞赛活动；四是贯彻实施创新驱动发展战略，促进行业科技进步和管理创新，借助国家人才工程项目，进一步加强行业急需紧缺人才和创新型高端人才培养和培训工作。

中国钢铁工业协会 2013 年第二次信息发布会新闻稿

2013 年 4 月 27 日

今年以来，在经济增长和市场预期增强的拉动下，钢材价格小幅回升，钢铁企业经营状况有所好转。但由于钢铁产能释放较快，市场需求相对较弱，钢材市场仍然处于供大于求的状况，加上铁矿石等原燃材料价格的快速上涨，钢铁企业面临的经营形势依然严峻。

一、一季度钢铁行业运行特点

（一）钢铁产能产量过度增长，粗钢日产水平创新高

据国家统计局数据，一季度，全国生铁、粗钢和钢材（含重复材）产量分别为 17823 万吨、19189 万吨和 24551 万吨，同比分别增长 7.6%、9.1%和 12.3%，增幅比去年同期提高 4.4、6.6 和 5.8 个百分点，其中会员企业粗钢产量同比增长 5.8%，低于全国增速 3.3 个百分点。

一季度，全国平均日产粗钢 213.2 万吨，创历史新高。其中 3 月份粗钢产量为 6630 万吨，同比增长 6.6%，平均日产 213.9 万吨，比 1～2 月累计日产水平提高 0.27%。会员企业平均日产粗钢 172.7 万吨，也处于历史最高水平。其中 3 月份粗钢产量 5303 万吨，同比增长 5.0%。

（二）钢材出口有所增加，进口有所减少

据海关统计，一季度，我国累计出口钢材 1443 万吨，同比增长 18.8%；累计进口钢材 323 万吨，同比下降 5.3%，进口钢坯 15 万吨，同比增长 38.6%；材坯合计折粗钢净出口 1176 万吨，同比增加 257 万吨，增长 28%；进口铁矿石 18648 万吨，同比减少 4 万吨，与上年基本持平。

按上述数据估算，一季度全国粗钢表观消费量为 18013 万吨，同比增加 1343 万吨，增长 8.1%。考虑企业和社会库存均大幅上升，实际消费增长远低于此水平。

（三）钢材价格呈低位回升走势

今年前两个月，国内市场钢材价格呈逐步回升走势。至2月末，钢铁协会CSPI钢材综合价格指数为111.12点，比年初的105.31点上升5.81点，升幅为5.52%，但同比下降7.35点，降幅为6.20%。进入3月份，钢材价格呈回落走势，至3月末钢材价格指数为107.05点，环比下降4.07点，降幅3.66%，连续五周出现下降。

（四）钢铁企业经济效益略有好转，但仍然很低

据钢铁协会统计，一季度，大中型钢铁企业实现销售收入8758.5亿元，同比增长0.94%；实现利税203.46亿元，同比增长30.24 %；实现利润24.86亿元，同比实现扭亏为盈，但是一季度实现利润逐月下降，其中1月份13.38亿元，2月份9.98亿元，3月份只有2.67亿元；销售利润率为0.28%，亏损面为34.9%，其中3月份亏损面达到45.3%。

从利润构成情况看，今年一季度钢铁主业明显减亏，投资收益、其他业务收益比例相应降低。

（五）钢铁行业固定资产投资继续保持增长

据国家统计局数据，一季度，全国钢铁行业固定资产累计投资924亿元，同比增长7.3%。其中黑色金属矿采选业投资156亿元，同比增长5.4%，增幅比上年同期回落21.2个百分点；黑色金属冶炼及压延加工业投资768亿元，同比增长7.7%，增幅比上年同期回落0.3个百分点。

二、行业运行中存在的主要问题

（一）钢铁生产水平偏高，市场供大于求矛盾加剧

今年一季度，全国固定资产投资（不含农户）增速为20.9%，与上年同期基本持平；房地产投资增速为20.2%，同比回落3.3个百分点；规模以上工业增加值增速为9.5%，同比回落2.1个百分点。从总体上看，国内市场正处于钢材需求淡季，但一季度全国粗钢产量增长9.1%，平均日产量达到了213.2万吨的历史最高水平。在市场需求增长有限的情况下，钢铁产量大幅增长，使钢材市场供大于求的矛盾进一步加剧，企业之间的竞争、特别是产品同质化竞争更加激烈。

（二）钢材库存逐月攀升，后期市场下行压力增大

今年以来，钢材社会库存呈逐月增加态势。至3月末，全国主要钢材市场、主要钢材品种社会库存量比上年末增加了1000多万吨，增幅超过80%。钢材库存的不断攀升，给钢材市场带来较大压力。钢铁企业库存也明显增加，

据协会对会员单位统计，到3月末钢铁企业库存为1483万吨，比年初的1006万吨增加了477万吨，增幅47.4%。

（三）国际贸易摩擦增多，钢材出口难度加大

进入2013年以来，由于国际经济复苏缓慢，国际贸易保护日益加剧，已陆续有欧盟、美国、澳大利亚、加拿大、马来西亚、泰国、印度等多国就我国钢铁产品出口发起反倾销、反补贴调查和贸易保护，今年一季度涉及案件就有10多起，特别是东盟国家，近期反映强烈。随着贸易摩擦事件增多，我国钢铁产品出口难度将进一步加大。

（四）原燃材料价格快速回升，提高经济效益难度大

据中国铁矿石价格指数（CIOPI）监测，今年年初进口铁矿石价格124.19美元，到2月中旬已涨到158.54美元，3月份价格有所回落，4月份又开始上涨。与年初相比，进口铁矿石价格每吨上涨了20～30多美元，远高于钢材价格上涨额度。同时，国产铁矿石价格也随之上涨，致使钢铁生产成本居高不下。今年2月20日国家又上调了铁路货运价格，吨公里上调1.5分，年影响钢铁行业200多亿元。目前钢铁行业的盈利水平仍处于工业行业最低水平，钢铁企业降本增效任务异常艰巨。

三、今后一定时期的形势分析

根据中央经济工作会议和近期召开的人大会议精神，今年我国将继续实施积极的财政政策和稳健的货币政策，保持经济持续健康发展；国家将大力推进新型城镇化建设、支持实体经济发展，有利于钢铁行业发展，相对于去年，今年钢铁行业的整体市场环境会好于去年。随着二季度需求旺季的到来，以及新一届政府开始履新，钢材市场需求将有所好转，但由于产能释放较快，成本上升压力大，钢铁企业的经营状况还难以根本转好。

（一）钢材需求逐步好转，但仍难实现大幅增长

今年我国经济增长预期目标定为7.5%左右，虽比上年略有降低，但仍是较快增长，投资对经济增长仍将发挥关键作用。推进城镇化建设将是今年钢材市场的最大“亮点”，汽车行业仍将保持增长，铁路投资会有所加快，造船行业逐步回暖等有利因素的影响下，下游需求将逐步好转。但同时也要看到钢材消费难有较大增长，钢铁企业不能有过高的预期，更不能盲目扩大生产。

（二）钢材市场供大于求，钢材价格难以大幅提升

由于钢铁产能释放较快、社会库存大幅上升，以及国际贸易摩擦增加的影响，国内市场供大于求的局面短期内还难以根本改变。受成本上升推动，后期钢材价格有上涨的可能，但由于市场供大于求，钢材库存较高，国际贸易保护加剧，市场竞争将更加激烈，钢材价格难以大幅提升。如不控制产能，还有可能继续下降。

（三）成本呈上升趋势，钢铁企业仍将处于低盈利状况

今年世界经济形势虽好于去年，但总体上看复苏缓慢，主要发达国家实行宽松货币政策，国际大宗初级产品价格呈稳中趋升态势，国内面临输入性的通胀压力。从市场情况看，除了铁矿石、废钢等原燃材料价格持续上涨外，土地、劳动力、环保等成本都将增加。我国加大节能减排工作力度，资源、能源价格、财税等改革步伐会进一步加快，成本都会增加。钢铁企业“高成本、低盈利”的局面短期内难以改变。

四、钢铁行业下一步的重点工作

（一）钢铁企业要加快转方式、优结构步伐

面对复杂严峻的国内外经济形势，钢铁行业应认真贯彻年初协会理事扩大会提出的“转方式、优结构、提质量、增效益”的工作目标，把加快转变发展方式作为工作主线，努力通过控制产能释放、优化产品结构、深入对标挖潜、加强内部管理等措施，提高企业运行质量和经济效益。

（二）落实钢铁产业政策，严格控制钢铁产能的快速增长

钢铁行业产能过剩、市场供大于求是行业面临的首要困难。要把配合做好《钢铁行业规范条件》的审核工作作为化解产能过剩的重要抓手，认真摸清钢铁企业发展现状，加大淘汰落后产能力度，严格控制钢铁产能的快速增长，推动钢铁行业的结构调整和转型升级。

（三）加强行业自律，促进市场稳定

一是组织相关企业研讨协商，合理控制钢铁产量，特别是重点品种产量，严防产量过快增长；二是加强国内市场供需协调，规范企业销售行为，理顺钢铁产品价格形成机制，维护市场稳定和行业整体利益，促进合作共赢，避免恶性竞争；三是规范有序推进钢材出口，加强出口企业的信息交流与自律，提高出口产品档次；四是强化出口预警工作，加强与主要出口国或地区钢铁组织协调沟通，增进了解，减少贸易摩擦。

（四）深入开展“对标挖潜”活动，加大降本增效工作力度

面对严峻的市场环境，要进一步开展“对标挖潜”活动。协会要通过典型经验推广、细化企业对标内容，组织专题研讨等方式，推动行业“对标挖潜”工作不断深入，大力降低成本和费用，努力提高行业盈利水平。采取切实措施，提高对标口径的统一性和数据的及时性、可比性，为钢铁企业在复杂多变的市场环境下，进行成本对比、挖掘自身潜力“保盈利”提供重要参考。

（五）继续推进铁矿石现货交易平台工作

截止到4月22日，铁矿石现货交易平台总申报601笔，申报量4785.94万吨，总成交74笔，成交量633.44万吨，按月平均计算，申报量和成交量均比去年有大幅提高，说明平台正在得到广大企业和贸易商的认可，随着成交量的扩大，平台的作用将会逐步显现。

今后铁矿石现货交易平台工作重点仍然是进一步扩大平台交易量。首先，号召会员企业特别是大企业带头增加在平台上采购量；第二，继续促进国外主要铁矿石供应商增加在平台上的资源投放量；第三，要转变服务观念，努力为供需双方提供优质服务，不断扩大平台现货交易功能。总之，铁矿石现货交易平台对于发现价格，促进公平交易，具有重要的作用，会员企业要继续大力支持。

中国钢铁工业协会
2013年第三次信息发布会新闻稿

2013年7月31日

上半年，世界经济复苏缓慢，我国经济增速放缓，结构调整力度加大，钢材需求增长有所放缓，而国内粗钢产量大幅增长，市场供大于求的状况没有改变，造成钢材价格持续低位，由于铁矿石价格降幅小于钢材价格降幅，企业生产成本仍处高位，企业经营十分困难，经济效益甚微。

一、上半年钢铁行业运行特点

（一）粗钢产量持续增长，日产水平处于高位

上半年全国生铁、粗钢和钢材（含重复材）产量分别为35754万吨、38987万吨和51696万吨，同比分别增长5.7％、7.4％和10.2％，增速比上年同期分别提高2.8、5.6和4.1个百分点；全国平均日产粗钢215.4万吨，相当于年产粗钢7.86亿吨水平。上半年各月日产水平高位波动，6月份日产215.5万吨，环比下降0.7万吨，降幅0.32％，呈回落态势，但仍处于较高水平。

（二）钢材库存先升后降，仍居高不下

上半年，全国主要市场钢材社会库存先升后降，仍然处于高位。3月末库存量达到1997万吨，到6月末下降到1546万吨。虽然二季度连续下降，但比年初仍增加了358万吨，增长30.13％；与上年同期基本持平。

会员钢铁企业库存同样是先升后降，居于高位。3月末企业库存达到1483万吨以后逐月下降，6月末钢材库存为1310万吨，比年初增加302万吨，增幅为29.96％；比去年同期增加22.5万吨，增长1.75％。

（三）钢材进口略有下降，出口保持增长

上半年，累计进口钢材683万吨，同比下降1.8％；出口钢材3069万吨，同比增长12.6％；进出口相抵净出口钢材2386万吨，钢坯30万吨，

材坯合计折合粗钢净出口约 2509 万吨。上半年累计进口铁矿石 3.84 亿吨，同比增长 4.9%，进口平均价格为 133.24 美元/吨，同比下降 6.25 美元/吨。

按上述数据估算，上半年全国粗钢表观消费量为 36480 万吨，同比增加 2324 万吨，增长 6.8%。考虑企业和社会库存均有所上升，以及企业库存和社会库存样本的代表性，粗钢实际消费量增速低于粗钢表观消费量增速，更低于粗钢产量增速。

（四）固定资产投资低速增长，企业投资动力不足

上半年，钢铁工业完成固定资产投资 3035 亿元，同比增长 4.26%，增速远低于全国固定资产投资 20.1%的增速和制造业 17.1%的增速。其中黑色金属矿采选业投资 679 亿元，同比增长 7.8%，比上年同期回落 15 个百分点；黑色冶炼及压延业加工业投资 2356 亿元，同比增长 3.3%，比上年同期回落 6.1 个百分点。截至 6 月底，重点统计钢铁企业完成投资仅占全年计划投资的 7.81%，其他企业的投资计划执行进度也仅完成 31.53%，说明上半年钢铁企业特别是重点统计企业的投资动力不足，如果全年计划投资能够执行，大量的投资将在下半年完成。

（五）钢材价格下跌幅度远高于进口铁矿石降价幅度

今年 2 月以后，钢材价格连续下跌，2 月末钢材综合价格指数曾达到 111.12 点，6 月末已降至 98.52 点，比年初下降 6.45%，比去年同期下降 14.69%。到 7 月末，钢材综合价格指数虽然比 7 月第一周略有回升，仍只有 100.48 点。与此同时，铁矿石价格有所下降，但降幅小于钢材价格降幅。上半年，全国进口铁矿石 3.84 亿吨，进口平均价格同比仅降低 6.25 美元/吨，钢铁生产成本仍处高位。

（六）企业效益仍然很低，经营形势严峻

上半年，会员钢铁企业实现销售收入 17998 亿元，同比增长 0.94%；实现利税 397.9 亿元，同比增长 1.49%；盈亏相抵后实现利润 22.67 亿元，平均销售利润率只有 0.13%，在全国工业行业中最低；86 户会员企业中亏损企业 35 户，亏损面为 40.7%；6 月份由于钢材价格继续下跌，盈亏相抵后会员企业合计亏损 6.99 亿元，今年首次出现亏损。

从利润构成情况看，钢铁主业仍然亏损。上半年实现利润 22.67 亿元中包括投资收益 43.21 亿元、营业外收支净额 38.8 亿元，扣除这些因素，钢铁主业仍然有较大亏损。

二、当前应关注的主要问题

（一）钢材需求增长低于产量增长，供大于求仍将继续

上半年，国内生产总值同比增长7.6%，其中一季度增长7.7%，二季度增长7.5%，国民经济增速明显放缓。全国固定资产投资（不含农户）同比增长20.1%，比一季度增幅回落0.8个百分点；房地产开发投资同比增长20.3%，比一季度增幅提高0.1个百分点；规模以上工业增加值同比增长9.3%，比一季度增速回落0.2个百分点，房地产、机械、汽车等主要用钢行业仍有较快增长，钢材需求将保持一定增长。

上半年，全国粗钢平均日产215.4万吨，相当于年产7.86亿吨的水平，6月份平均日产215.5万吨，虽然比5月份略有下降，仍处于较高水平，对市场形成压力。在目前钢材社会库存和企业库存仍然处于高位的情况下，如果下半年钢材产量不能有效控制，市场供大于求的状况将难以缓解。

（二）行业困难状况并未改善

上半年，虽然全行业仍有微利，但是企业经营情况与去年相比并没有多大改善。今年利润总额增长30.4%，主要是去年基数较低，今年从各月实现利润看，是逐月减少态势；同时亏损企业明显增多，亏损面比去年同期提高3.5个百分点。这种状况提示我们今年很多企业生产经营状况甚至比去年同期还要困难。

（三）企业资金紧张，严控经营风险

6月末，重点统计钢铁企业银行借款同比增加1051.56亿元，增长8.8%，其中短期借款增加1125.54亿元，增长13.65%；长期借款减少73.99亿元，下降2%。应收、应付账款同比均有所增长，其中应收账款增加19.62亿元，应付账款增加214.3亿元。目前钢铁企业经营困难，盈利水平较低，企业要严控经营风险。

（四）国际贸易摩擦增多，出口难度加大

进入2013年以来，由于国际经济复苏缓慢，国际贸易保护日益加剧，已陆续有欧盟、美国、澳大利亚、加拿大等多国就我国钢铁产品出口发起反倾销和反补贴调查，特别是东盟部分国家，对我国钢铁产品出口反映较为强烈。随着针对中国的贸易摩擦事件增多，我国钢铁产品出口难度将进一步加大。出口企业要及时调整出口产品策略，增加高档产品出口，减少低端产品出口。

三、钢铁行业下一步的重点工作

当前，我国经济正处于转型升级的关键时期，经济环境更加错综复杂，经济既有增长动力，也有下行压力，这给钢铁行业运行带来不确定性，使企业生产经营依然要面对较大困难和严峻挑战。

（一）抓住机遇，迎接挑战，主动转型升级

十八大以来，国家加快了改革步伐，机构设置进行调整，大量行政审批权限下放或取消，针对产能过剩行业的政策进一步明确，淘汰落后产能工作将进一步加快，节能环保监管将更加严格，多数钢铁企业将面临着减排降耗标准提高的新要求，部分企业甚至要有被淘汰出局的危机感。但同时改革也为企业带来了转型升级的新机遇。严格的质量、环保、安全标准将倒逼企业提高各项标准，增强可持续发展动力。企业要积极主动转型升级，早转早受益。

（二）积极主动配合做好化解过剩产能工作

钢铁协会将积极主动配合国家相关部门做好化解过剩产能相关工作。配合做好申报符合《钢铁行业规范条件》企业的审核工作，在第一批初审的基础上，按条件细化标准，以此为契机推进淘汰落后产能工作。企业也要在密切关注化解产能方面政策措施的同时，重新审视自身企业，及时反映遇到的困难和问题，协会将积极与有关部委沟通，反映企业诉求。另外，企业要把国家化解产能工作与自身生产经营结合起来，首先淘汰没有效益的落后产能，果断关停严重亏损的低水平产能，争取达到既淘汰落后又减亏增效的效果。

（三）加强自律协调，促进市场稳定

充分发挥协会作用，继续做好品种产量、销售、出口等方面的自律协调工作，促进市场稳定。一是组织相关企业研讨协商，合理控制重点品种产量，严防产量过快增长，条件成熟时扩大品种和企业的协调范围；二是加强国内市场供需协调，规范企业销售行为，理顺钢铁产品价格形成机制，维护市场稳定和行业整体利益，促进合作共赢，避免恶性竞争；三是规范有序推进钢材出口，加强出口企业的信息交流与自律，促进高端产品出口，遏制低端产品出口；四是强化出口预警工作，加强与主要出口国或地区钢铁组织协调沟通，增进了解，减少贸易摩擦。

（四）深入“对标挖潜”，大力降本增效

面对严峻的市场环境，进一步开展“对标挖潜”活动。协会要细化企业对标内容、扩大对标企业范围，通过典型经验推广、组织专题研讨等方式，推动行业“对标挖潜”工作不断深入，大力降低成本和费用，努力提高行业盈利水平。采取切实措施，提高对标口径的统一性和数据的及时性、可比性，为钢铁企业在复杂多变的市场环境下，进行成本对比、挖掘自身潜力“保盈利”提供重要参考。

（五）继续推进铁矿石现货交易平台工作

截至今年5月8日，铁矿石现货交易平台成立一周年，成交量1500万吨左右，超过了预期。平台是在铁矿石贸易定价机制改变的背景下，探索能够更公正、公开、透明发现价格的一种创新。平台交易有利于减少上下游企业之间的质疑、摩擦，为大家提供了一个沟通交流、公开透明的渠道，是未来的发展方向。目前中国政府取消铁矿石进口资质，并非是放松管理，而是改变了监管模式，不再搞事前审批，而是加强对市场秩序的监管。随着政府加强监管，相信会有更多的交易转移到平台上。

今后铁矿石现货交易平台工作重点仍然是进一步扩大平台交易量。要转变服务观念，努力为供需双方提供优质服务，不断扩大平台现货交易功能；号召会员企业特别是大企业带头增加在平台上采购量；继续促进国外主要铁矿石供应商增加在平台上的资源投放量。总之，铁矿石现货交易平台对于发现价格，促进公平交易，具有重要的作用，会员企业要继续大力支持。

中国钢铁工业协会 2014 年第一次信息发布会新闻稿

2014 年 4 月 28 日

一季度，国民经济增速放缓，钢材消费属于淡季，但是钢铁产量仍然增长，库存大幅上升，钢材市场供大于求的形势更加严峻，造成钢材价格持续下滑，全行业处于严重亏损状态。今年的一季度是进入新世纪以来钢铁行业最困难的一季度。

一、一季度行业总体运行情况

（一）钢铁产量增幅回落，总体水平仍然较高

一季度全国生铁、粗钢和钢材（含重复材）累计产量分别为 17970.51 万吨、20270.01 万吨和 26141 万吨，同比分别增长 0.14%、2.37%和 5.3%；增幅比上年同期回落 7.44、6.73 和 7 个百分点。平均日产粗钢 225.22 万吨，相当于年产 8.22 亿吨的水平。一季度我国粗钢产量占世界总产量的 49.97%，比去年同期下降 0.03 个百分点。

（二）钢铁产品进出口均保持增长，出口价格有所下降

一季度我国共出口钢材 1833 万吨，同比增加 390 万吨，增长 27.0%；进口钢材 359 万吨，同比增加 36 万吨，增长 11.3%；折合粗钢净出口 1568 万吨，同比增加 377 万吨，增长 31.7%。进口铁矿石 22201 万吨，同比增加 3601 万吨，增长 19.4%。

出口钢材平均价格为 794.06 美元/吨，同比下降 63.22 美元/吨，下降 7.37%；进口钢材平均价格为每吨 1236.49 美元，同比上升 43.58 美元，升幅 3.65%；进口铁矿石价格为每吨 127.95 美元，同比下降 7.47 美元，降幅 5.52%。

（三）国内钢材价格持续回落，同比大幅下降

3 月末国内钢材综合价格指数（CSPI）为 94.83 点，在去年 3 月末同比价格下跌 11.66%的基础上，又同比下跌 11.28%；环比下降 1.63 点，降幅为

1.69%，连续第7个月下跌；一季度重点统计钢铁企业钢材结算价格每吨同比下降368元，降幅10.14%。长材价格指数96.75点，同比降幅11.28%；板材价格指数95.26点，同比降幅11.12%。进入4月份以来，价格缓慢回升，4月18日钢材综合价格指数为96.39点，比3月末上涨1.56点。

（四）钢铁工业固定资产投资中超过八成为民间投资

一季度，钢铁工业（包括黑色金属冶炼及压延加工业和黑色金属矿采选业）全国固定资产投资893亿元，同比下降3.34%，其中民间固定资产投资716亿元，同比增长6.65%；钢铁工业民间固定资产投资占总投资的80.18%。黑色金属冶炼及压延加工业全国固定资产投资710亿元，同比下降7.5%，去年同期为增长13.9%，其中民间固定资产投资563亿元，同比增长2.5%；黑色金属矿采选业固定资产投资183亿元，同比增长17.1%，增速比上年同期提高7.4个百分点，其中民间固定资产投资153亿元，同比增长25.3%。

（五）市场需求不足，钢材库存大幅增长

今年1、2月份钢材库存明显增加，到2月末，全国主要市场钢材社会库存量最高达到2086万吨，比年初增加735万吨，增长54.42%。3月份库存有所下降，到3月末，钢材社会库存为1941万吨，比年初仍增长43.65%。库存大幅增加，说明需求较弱、产量较高。

钢铁企业库存今年也呈明显增加态势，据钢铁协会统计，到3月末会员钢铁企业钢材库存约1542万吨，比年初增加376万吨，增长32.3%；比去年同期增加172万吨，增长12.5%。

（六）经济效益大幅下滑，会员钢铁企业由盈变亏

一季度，重点统计钢铁企业实现销售收入8688.87亿元，同比下降0.79%；实现利税146.47亿元，同比下降32.46%；实现利润−23.29亿元，同比减少56.04亿元，由盈变亏。累计亏损面45.45%，同比增加14.77个百分点；销售利润率为−0.27%，同比下降0.64个百分点。

二、后期行业运行形势分析

（一）钢材需求增长缓慢，钢铁生产仍将小幅增长

目前宏观经济形势基本保持平稳，但面临下行压力，后期钢材需求虽然会有所增长，但增幅不会太大。而钢铁产量受产能过剩的影响，难有大的回落。2013年，黑色金属冶炼及压延业全国固定资产投资达到5060亿元，虽同比下降2.1%，但投资额仍然较大，必将形成新的产能。预计今年粗钢产量仍会保持3%左右的小幅增长。

（二）国际贸易摩擦增多，出口难以保持大幅增长

虽然一季度钢材出口保持大幅增长，但国际市场对我国钢铁产品的双反案件和贸易争端明显增多。2013 年涉及到的贸易摩擦有 25 起，2014 年以来又先后有美国、韩国、东盟、俄罗斯等国家开始双反案件 7 起，出口形势不容乐观。预计后期增长幅度会逐步回落。

（三）产业集中度低，同质化竞争激烈，价格难以提高

随着我国经济发展，地方钢铁企业快速增加，致使钢铁行业的集中度逐年下降，2013 年前 5 家钢铁企业粗钢产量占全国比重为 25.4％，前 10 家企业占比为 39.4％，继续呈下降态势，与钢铁行业“十二五”规划要求前 10 家占比 60％的目标有较大差距。加上企业之间产品同质化程度高，低价无序竞争现象明显，致使钢材价格一直处于低位下行态势。近日，随着天气转暖，市场有所回升，钢材价格出现止跌趋稳迹象，但要大幅回升较为困难。

（四）成本居高不下、资金紧张，提高经济效益难度大

面对严峻的市场形势，虽然钢铁企业纷纷采取了调整产品结构、对标挖潜、节能降耗、扩大非钢产业收入等降本增效措施，但由于产能过剩严重，产业集中度低，钢材价格同比大幅下降、后期也难以大幅提高，加上矿产商处于垄断地位，致使钢铁企业提高经济效益难度越来越大。随着国家加大节能减排、治理大气污染的力度，资源、能源、环境及交通运输价格、财税改革加快，将进一步推高企业生产成本，全行业高成本、低盈利状况短期内难以扭转。同时，企业普遍反映银行加大对产能过剩行业的贷款控制，面临资金紧张、融资成本高的问题。预计二季度钢铁行业盈利状况会好于一季度，但盈利水平难以大幅提高。

三、有关政策建议

（一）落实国务院化解过剩产能文件精神，规范市场竞争秩序

今年一季度全国钢铁行业固定资产投资同比下降 3.34％，但是占固定资产投资八成的民间投资增长 6.65％，必将形成新的产能。希望国家加大监督检查力度，督促各地不折不扣地贯彻落实国务院文件精神。一是要严控新增产能，坚决管住新增产能项目，对违规地区和单位给予及时曝光，并追求当地领导责任；二是要严格环保执法，对达不到国家环保标准的企业不仅要加大处罚，而且要责令停产整顿，加快淘汰落后步伐；三是要加强市场准入和质量监督，对违法生产、质量低劣的“地条钢”进行专项打击和治理等。通过严格执法，为企业创造公平竞争的市场环境，发挥市场优胜劣汰的作用，促进企业转型升级。同时，希望国家有关部委尽快落实国务院文件中明确的取消加工贸易项下进口钢材保税政策。

（二）实施有保有压的信贷政策，支持优势企业发展

目前，企业纷纷反映，银行系统对钢铁行业严格信贷政策，不仅减少了企业的信贷规模，同时提高了企业的贷款利率，使企业的生产经营更加困难，影响到了一些企业的资金链安全。希望银行系统对钢铁企业采取有保有压的信贷政策，对符合产业发展政策、产品有市场、规范运作的钢铁企业应在信贷上继续给予支持，支持企业健康发展；对违规项目、环保不达标、不符合产业政策的企业给予严格控制，以促进钢铁行业淘汰落后、产业升级。同时，应进一步降低银行贷款利率，以降低企业融资成本，支持实体经济摆脱困境，帮助企业转型升级。据钢铁协会统计，今年一季度企业财务费用同比增长22.17%，而2013年同比下降2.99%，再次出现大幅上升趋势。

（三）加大财税政策支持力度，促进企业转型升级

面对钢铁行业的困难局面，希望国家继续通过积极的财政政策和结构性减税，促进企业转型升级和节能减排。如①对企业节能减排、淘汰落后、资源综合利用等工作加大财政支持和税收优惠力度，尽快调整和完善2008年国家公布的所得税政策支持的《环境保护、节能节水、安全生产等专用设备目录》，对钢铁企业自发电给予脱硫脱硝补贴；②在推进资源、能源价格改革过程中，及时清理和减免各种基金和收费项目，对钢铁企业利用余压、余热发电免交重大水利建设基金和可再生能源基金；③扩大“营改增”试点行业范围，尽快将建筑安装、金融保险等行业列入“营改增”范围。通过政策引导和改善经营环境，促进企业结构调整和转型升级。

（四）扶持国内矿山发展，抑制国外矿山企业的垄断

国外矿山企业垄断、进口铁矿石价格高位是影响钢铁行业发展和提高经济效益的关键因素。为鼓励国内矿山发展，抑制进口铁矿石垄断，建议国家减轻国内矿山企业税费负担，目前国内铁矿山企业税费负担率平均为21%，最高达30%，税费项目有20多项，给国内矿山企业生产经营带来了沉重负担。希望国家采取有效措施，降低国内矿山企业税费负担，加快国内铁矿资源的勘探、开采，逐步打破国外矿山企业的垄断。在下一步矿产资源税改革的设计中，能够得到体现。

（五）加快落实国务院印发的《关于进一步优化企业兼并重组市场环境的意见》，推动行业的结构调整

兼并重组、提高产业集中度是化解钢铁行业产能过剩矛盾的重要渠道，国务院近日印发的《意见》明确了企业在兼并重组中的主体地位，提出了推进审批制度改革、改善金融服务、落实和完善财税政策、完善土地管理和职工安置政策等，比以往的文件有许多实质性的突破。希望国家各部门尽快下发具体实施意见，推动兼并重组工作取得成效。

四、感谢和希望

钢铁行业作为国民经济工业领域比较重要的基础原材料工业，近年来，在调结构、转方式，推动改革创新和节能减排等方面做了大量工作，取得了丰硕成果，涌现出一大批闪闪发光的亮点，钢铁行业全体职工以自身的改革发展支撑和服务于整个国民经济的发展和进步。钢铁行业改革发展的成绩也饱含着新闻媒体界朋友的支持和帮助，在此表示衷心感谢！当前，我们要高度重视多年来快速发展中积累的矛盾和存在的问题，支持广大会员企业勇于担当，不懈努力，做好化解产能过剩和结构调整这篇大文章。我们殷切希望广大新闻媒体界的朋友继续关注和支持钢铁行业的改革发展，加强宣传报道和正面引导。

国际篇

2013 年国际钢铁工业大事记

1 月

1 月 17 日，澳大利亚矿业巨头力拓集团宣布，公司首席执行官艾博年离职，铁矿石部门主管山姆·沃尔什已被任命接替 CEO 职务。该公司预计还将为莫桑比克煤炭资产和加拿大铝业资产计提减值准备约 140 亿美元。

1 月 22 日，巴西淡水河谷公司称，将首次使用 Valemax 大型矿砂船向安赛乐米塔尔公司发运铁矿石。由淡水河谷公司租用的“Berge Jaya”货船停靠在荷兰鹿特丹港 EMO 干散货码头。

2 月

2 月 19 日，澳大利亚必和必拓公司宣布，首席执行官高瑞思将在 2013 年 5 月 10 日离职，现任有色金属部门主管麦安哲（Andrew Mackenzie）将接任首席执行官一职。

2 月 20 日，马来西亚将对从中国、印尼、韩国和中国台湾进口的线材（碳含量低于 0.6%）征收最高达 25.2%的反倾销税。

3 月

3 月 13 日，日本新日铁住金公司公布“2013～2015 年中期经营计划”，并宣称其目标是成为“综合实力世界第一的钢铁企业”。新日铁住金公司将从五大方面提升钢铁业务竞争力：增强技术优势；打造世界领先的成本竞争力；将炼铁、炼钢和轧钢过程合理化，实现生产系统优化；推动全球化战略；强化集团公司炼钢业务。

4 月

4 月 8 日，全球最大的铁矿石掉期交易市场新加坡交易所亚洲清算所推出铁矿石期货合约交易，目的是在美国对场外 OTC 市场监管趋严的形势下留住和吸引更多美国客户。

4 月 11 日，国际钢协发布 2013～2014 年全球钢材需求短期预测。国际钢协预计继 2012 年实现 1.2%的增长后，2013 年全球钢材表观消费量有望增长 2.9%至 14.54 亿吨，2014 年进一步增长 3.2%至 15.00 亿吨。

4 月 15 日，韩国浦项钢铁公司位于中国广东佛山年产能 45 万吨的熔融镀锌钢板厂竣工，浦项钢铁将利用这座工厂生产汽车用高级镀锌钢板和镀锌合金钢板。

5 月

5 月 10 日，印度高等法院宣布撤销下级法院阻止浦项钢铁公司开采铁矿石的裁决，为获得该铁矿开采许可，浦项钢铁已经等待八年。

6 月

6 月 11 日，欧盟委员会发布《行动计划：建设更具竞争力和可持续性的欧洲钢铁工业》，这是自 1977 年推出戴维尼翁计划以来，欧洲官方出台的第一个全面拯救欧洲钢铁工业的计划。

6 月 18 日，日本 JFE 钢铁公司宣布，将投资近 3 亿美元在印度尼西亚建造一家汽车钢板厂，旨在有效满足当地市场对高端汽车用钢产品不断攀升的需求。

7 月

7 月 4 日，淡水河谷公司宣布，其投资的世界最大铁矿卡拉加斯项目已经通过巴西环境保护部门的批准，预计将于 2016 年投产。

7 月 17 日，安赛乐米塔尔决定取消在印度东部奥里萨邦建设一家钢厂的计划，理由是收购土地延迟。

7 月 19 日，澳大利亚反倾销委员会对原产于中国、印尼、日本和韩国的热轧钢板作出反倾销初裁。

8 月

8 月 5 日，澳大利亚反倾销委员会发布公告称，对原产于中国大陆、韩国和中国台湾的镀锌板和镀铝锌板作出反倾销和反补贴终裁。

9 月

9 月 2 日，力拓集团从其位于西澳大利亚新扩建的港口、铁路和矿山装运首批铁矿石。

9 月 7 日，托尼·阿博特当选澳大利亚总理并立即公开承诺，上台后一年内取消澳大利亚碳税和矿产资源租赁税。

9 月 13 日，韩国现代钢铁公司 3 号高炉点火，这意味着该公司最终完成在首尔南部唐津建设年产能 1200 万吨综合钢厂的项目。

10 月

10 月 7 日，国际钢协发布 2013～2014 年全球钢材需求短期预测：将 2013 年全球钢材表观消费量增幅由 4 月预测值 2.9％上调至 3.1％；同时将 2014 年全球钢材需求增幅由 4 月预测值 3.2％上调至 3.3％。

10 月 14 日，中国台湾中钢公司与日本原住友金属工业公司投资的中钢住金越南公司举行竣工投产典礼。该公司为中钢规模最大的海外投资项目，其中中钢持股 51％。

11 月

11 月 11 日，印度最高法院裁定果阿邦可销售已经出产的约 1146 万吨铁矿石库存，但仍保留该邦已持续 14 个月的铁矿石开采禁令。

11 月 19 日，美国国际贸易委员会对从中国进口的取向电工钢作出反倾销和反补贴肯定性产业损害初裁，对从中国、捷克、德国、日本、韩国、波兰、俄罗斯进口的取向电工钢作出反倾销肯定性初裁。

11 月 28 日，力拓集团宣布推迟铁矿石扩产计划，到 2017 年将西澳铁矿石年产能提升至 3.6 亿吨，比原计划推迟两年时间，原因是全球经济增速放缓以及该公司计划通过扩建现有矿山而非开发新矿来削减 30 亿美元成本。

11 月 29 日，安赛乐米塔尔和新日铁住金公司组成的联合体与德国蒂森克虏伯集团签署协议，收购后者位于美国阿拉巴马州的带钢热轧厂，收购价 15.5 亿美元；同日，蒂森克虏伯集团签署协议，从奥托昆普公司手中回购意大利特尔尼钢厂和 VDM 公司。

12 月

12 月 2 日，淡水河谷公司宣布 2014 年资本支出计划为 148 亿美元，连续第三年下降。

12 月 3 日，力拓集团宣布 2013 年资本开支为 140 亿美元，同比减少 20%，并且预算 2014 年和 2015 年的资本开支分别减至 110 亿美元和 80 亿美元。

12 月 10 日，必和必拓宣布其 2013/14 财年开支控制在 150 亿美元之内，这较 2012/13 财年 217 亿美元的支出大幅削减。

国际钢协2013～2014年全球钢材需求展望

2013年10月7日，国际钢铁协会在巴西圣保罗召开的第47届年会上发布2013～2014年全球钢铁业短期展望报告。据国际钢协预计，2013年全球钢材表观消费量将同比增长3.1%至14.75亿吨，增幅高于2012年的2.0%；2014年将进一步增长3.3%，达到15.23亿吨。

国际钢协经济委员会主席Hans Jurgen Kerkhoff指出，正如国际钢协在4月份发布的短期展望报告中所指出的那样，欧元区危机和中国经济硬着陆仍然是困扰全球经济的两大主要风险，但在过去的六个月，上述问题已经逐步趋于稳定。

国际钢协作出上述预测是基于假设美国不久就将能够解决财政限制问题。尽管欧元区经济萎缩比预期的更为严重，但近期出现的经济改善状况预计将在2013年余下时间得以延续。由于存在关键结构性问题，全球主要新兴经济体，尤其是印度和巴西经济一直表现得不如预期。但中国是个例外，预计2013年中国钢材需求增长6.0%。因此，主要受中国因素推动，尽管除去中国之外的全球其他地区钢材需求仅增长0.7%，2013年全球钢材需求仍将同比增长3.1%。

至于2014年，据国际钢协预计，随着发达国家经济总体恢复正增长，全球钢材需求将会持续复苏，但与此同时预计中国钢材需求增速将会明显放缓。虽然发达国家存在的主要风险逐渐退出公众视野，但由于迟迟未能得到解决的结构性问题、政治不稳定以及金融市场波动，这些都将导致发展中国家经济面临更大的不确定性。

在2012年增长2.9%之后，国际钢协预计2013年中国钢材需求增速将加快至6.0%，达到6.997亿吨，这反映出中国政府集中于基础设施建设方面的刺激措施将起到作用。尽管如此，由于中国政府正在努力恢复经济再平衡而继续限制投资活动，国际钢协预计2014年中国钢材需求增速将放缓至3.0%。

对于印度，国际钢协预计2013年其钢材表观需求将增长3.4%至7400万吨，这一增幅略高于2012年的2.6％，反映出高通胀和经济结构性问题正限制印度钢铁工业的活力。2014年，受印度政府试图加快实施结构性改革的推动，该国钢材需求增速预计将达到5.6％。

受益于政府出台的刺激措施，日本经济形势正在持续改善，国际钢协将2013年日本钢材需求预测向上修正，预计同比略增0.1％至6400万吨。尽管如此，对于2014年日本钢材需求的预测则较为负面，这主要是消费税税率上调、日本制造业生产重新布局以及能源价格的快速上涨等多重因素叠加影响的结果，国际钢协预计2014年日本钢材需求将出现1.6％的萎缩。

至于美国，受下游用钢行业总体表现强劲的推动，2012年该国钢材需求增幅高达7.8％，但2013年预计将仅增长0.7％至9690万吨。受益于全球经济以及美国汽车、能源和住宅建筑业的持续改善，国际钢协预计2014年美国钢材需求将进一步增长3.0％。对于整个北美自由贸易区而言，2013年和2014年该地区钢材表观需求预计分别增长0.2％和3.2％。

国际钢协预计2013年中南美洲钢材表观需求增速将放缓至2.8％，表观消费量达到4850万吨，增幅低于2012年的3.1％，但2014年增幅预计将会加快至5.0％，表观消费量达到5100万吨。对于巴西，该国经济表现一直低于预期，但适度的补充库存和不断改善的资本投资将推动巴西钢材需求增长，预计2013年增长3.2％至2600万吨，2014年进一步增长3.8％至2700万吨。

对于欧盟27国，2013年该地区主要用钢行业需求表现持续萎缩，尤其是上半年。在2012年大幅下滑9.5％之后，国际钢协预计2013年欧盟27国钢材需求将进一步下滑3.8％至1.349亿吨，这已是该地区连续第二年出现萎缩。其中意大利和西班牙钢材表观消费分别下滑8.1％和4.3％，甚至德国预计也将出现1.6％的萎缩。下半年实际钢材消费的趋于稳定预示着2014年欧盟钢材需求将开始复苏。尽管如此，国际钢协预计2014年欧盟27国钢材需求增长依然较为疲弱，同比仅增长2.1％至1.378亿吨。

尽管乌克兰钢材需求出现萎缩，但俄罗斯依然保持增长，因此整个独联体国家2013年钢材表观需求预计将增长3.0％至5890万吨。在俄罗斯，公共非住宅建筑和汽车业刺激措施的出台将推动其钢材需求增长，国际钢协预计2013年该国钢材表观需求将增长3.8％至4360万吨。受益于外部经济环境的改善，尤其是欧洲，预计2014年俄罗斯钢材表观消费量将达到4560万吨，同比增长4.6％。

至于中东北非地区，国际钢协预计该地区2013年钢材需求将仅增长1.7％至6430万吨，增幅低于2012年的2.2％，这主要是由于持续的政治动荡导致该地区经济活动陷入混乱。得益于投资项目的重新启动和政府努力控制社会混乱局面，国际钢协预计2014年该地区钢材需求将增长7.3%，达到6900万吨。

2012～2014年全球成品钢材表观消费及展望

国家和地区	表观消费量/百万吨			同比增幅/%		
	2012年	2013年	2014年	2012年	2013年	2014年
欧盟27国	140	135	138	−9.5	−3.8	2.1
欧洲其他国家	35	37	38	4.3	5.5	4.6
独联体	57	59	61	4.5	3.0	3.5
北美自由贸易区	132	132	136	8.4	0.2	3.2
中南美	47	49	51	3.1	2.8	5.0
非　洲	27	28	30	7.9	4.3	8.2
中　东	49	49	53	−1.3	1.3	6.3
亚洲与大洋洲	943	986	1016	2.8	4.6	3.0
世界总计	1430	1475	1523	2.0	3.1	3.3
发达国家	390	384	390	−1.7	−1.6	1.7
新兴与发展中经济体	1040	1091	1133	3.4	4.9	3.8
中　国	660	700	721	2.9	6.0	3.0
金砖国家	799	843	871	2.8	5.6	3.3
中东北非	63	64	69	2.2	1.7	7.3
世界（除中国）	770	775	803	1.1	0.7	3.5

注：2013年和2014年为预测值。

2013 年全球粗钢生产情况

2014 年 1 月 23 日，国际钢协发布的初步统计数据显示，2013 年全球粗钢产量达到 16.07 亿吨，同比增长 3.5%，再创历史新高。全球粗钢产量增长动力主要来自亚洲、中东和非洲，而欧盟、独联体、北美和南美粗钢产量均出现下滑。

2013 年，亚洲粗钢产量达到 10.81 亿吨，同比增长 6.0%。该地区占全球粗钢产量比重由 2012 年的 65.7%上升至 67.3%。其中中国粗钢产量达到 7.79 亿吨，同比增幅为 7.5%，占全球粗钢产量的比重从 2012 年的 46.7%攀升至 48.5%；日本生产粗钢 1.11 亿吨，同比增长 3.1%；韩国粗钢产量为 6600 万吨，同比下滑 4.4%。

2013 年，欧盟 27 国粗钢产量同比略降 1.8%至 1.66 亿吨。其中德国生产粗钢 4260 万吨，与上年产量水平基本相当；意大利粗钢产量为 2410 万吨，同比降幅高达 11.7%；法国生产粗钢 1570 万吨，同比略增 0.5%；西班牙粗钢产量为 1370 万吨，同比略增 0.7%。

2013 年，北美粗钢产量达到 1.19 亿吨，同比下滑 1.9%。其中美国生产粗钢 8700 万吨，同比减少 2.0%；独联体粗钢产量同比下滑 1.8%，降至 1.09 亿吨。其中俄罗斯生产粗钢 6940 万吨，同比下降 1.5%；乌克兰则同比略降 0.5%至 3280 万吨；南美粗钢产量为 4600 万吨，同比下滑 0.8%。其中巴西粗钢产量同比下降 1.0%至 3420 万吨。

2013 年 12 月，全球 65 个主要产钢国家和地区粗钢产量达到 1.29 亿吨，同比增长 6.3%。12 月份全球粗钢产能利用率从 11 月份的 75.8%降至 74.2%，再创年内新低，但同比上升 2.2 个百分点。2013 年全球平均粗钢产能利用率为 78.1%，明显高于 2012 年的 76.2%。

2012～2013 年全球主要国家和地区粗钢产量 百万吨

国家或地区	2013 年	2012 年	同比/%
欧洲	313.1	319.5	−2.0
欧盟 27 国	165.6	168.6	−1.8

续表

国家或地区	2013 年	2012 年	同比/%
独联体	108.9	111.0	−1.8
北美	119.3	121.6	−1.9
美国	87.0	88.7	−2.0
南美	46.0	46.4	−0.8
非洲	16.0	15.3	4.6
中东	26.3	24.7	6.8
亚洲	1080.9	1019.6	6.0
中国	779.0	724.7	7.5
日本	110.6	107.2	3.1
大洋洲	5.5	5.8	−4.5
全球	1607.2	1552.9	3.5

2013 年全球前十大粗钢生产国排名及产量 百万吨

排　名	国　家	2013 年	2012 年	同比/%
1	中　国	779.0	724.7	7.5
2	日　本	110.6	107.2	3.1
3	美　国	87.0	88.7	−2.0
4	印　度	81.2	77.3	5.1
5	俄罗斯	69.4	70.4	−1.5
6	韩　国	66.0	69.1	−4.4
7	德　国	42.6	42.7	0.0
8	土耳其	34.7	35.9	−3.4
9	巴　西	34.2	34.5	−1.0
10	乌克兰	32.8	33.0	−0.5

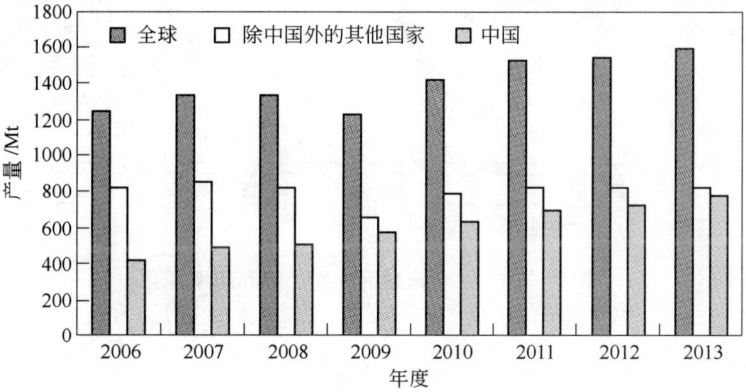

2006～2013 年全球粗钢产量

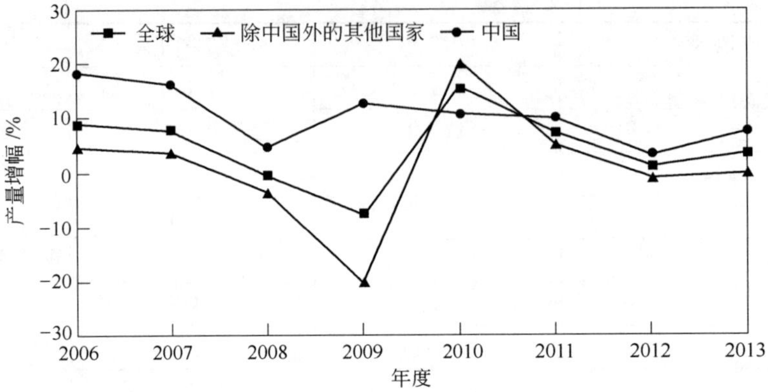

2006～2013 年全球粗钢产量年度增幅

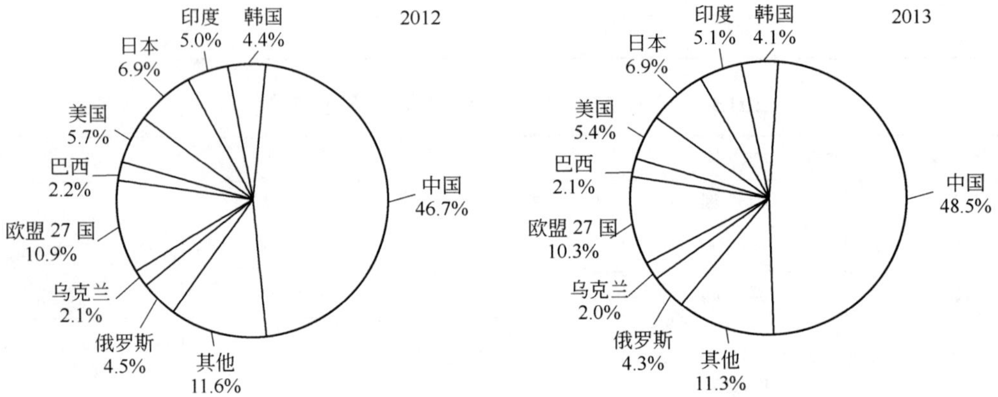

2012～2013 年全球主要国家和地区粗钢产量占比

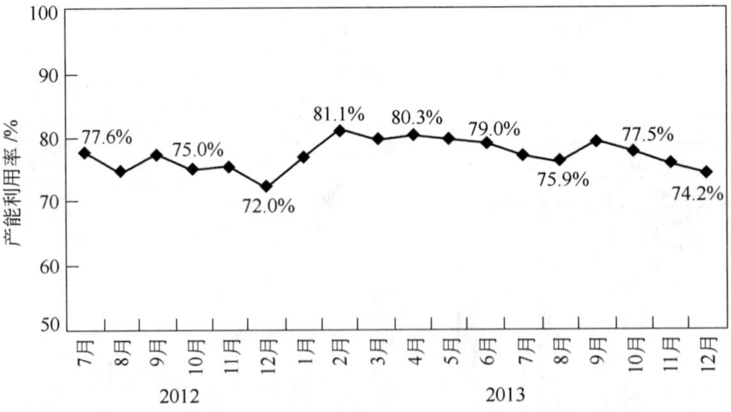

2012～2013 年全球粗钢月度产能利用率变化

2013 年世界钢铁工业十大产业要闻

1 中国政府出台《关于化解产能严重过剩矛盾的指导意见》

2013 年 10 月 6 日，中国政府印发《关于化解产能严重过剩矛盾的指导意见》(以下简称《指导意见》)，对化解产能严重过剩矛盾工作进行了总体部署，重点提出化解钢铁、水泥、电解铝、平板玻璃、船舶五大行业产能严重过剩矛盾。

《指导意见》强调，要按照尊重规律、分业施策、多管齐下、标本兼治的总原则，着力加强宏观调控和市场监管，坚决遏制产能盲目扩张；着力发挥市场机制作用，完善配套政策，分别“消化一批、转移一批、整合一批、淘汰一批”过剩产能；着力创新体制机制，加快政府职能转变，推进产业转型升级。

《指导意见》根据行业特点，分别提出了钢铁、水泥、电解铝、平板玻璃、船舶等行业分业施策意见，并确定了当前化解产能严重过剩矛盾的八项主要任务。针对钢铁行业，《指导意见》提出重点推动山东、河北、辽宁、江苏、山西、江西等地区钢铁产业结构调整，充分发挥地方政府的积极性，整合分散钢铁产能，推动城市钢厂搬迁，优化产业布局，压缩钢铁产能总量 8000 万吨以上。

点评：

近年来，产能过剩一直是悬在中国钢铁工业头上的一把达摩克利斯之剑。据统计，截至 2012 年底，中国粗钢产能已经达到 10 亿吨，而当年粗钢产量约为 7.2 亿吨，产能利用率仅为 72%，远低于行业能够获得合理利润的产能利用率水平，这也是导致近年来中国钢铁工业利润水平明显持续偏低，在主要工业行业中利润率排名垫底的最直接原因。2013 年 12 月召开的中央经济工作会议再次提出要把着力抓好化解产能过剩作为 2014 年工作的重点。化解产能过剩一方面需要发挥好政府的引导作用，打破地方利益格局，建立起公平竞争的市场环境，完善产业进退出机制，利用环保压力的倒逼机制，同时更为重要的是，要充分发挥市场在资源配置中起决定性作用，真正实现优胜劣汰。

2 欧盟公布《钢铁行动计划》意图重振钢铁工业

2013 年 6 月 11 日，欧盟委员会公布《钢铁行动计划》，旨在保护和振兴欧盟钢铁工业。此次出台的《钢铁行动计划》，是继 20 世纪 70 年代中期实行《戴维尼翁计划》解决行业衰落之后，欧盟委员会首次采取全面行动试图制止钢铁业的滑坡。《钢铁行动计划》致力于解决欧盟钢铁工业目前所面临的种种挑战，这些挑战主要包括钢材需求下滑。欧盟委员会希望通过鼓励创新、创造增长和确保国际钢材市场公平贸易的环境，为未来欧盟钢铁工业更具竞争力打下坚实基础。

为扭转欧盟钢铁业持续下滑的态势，《钢铁行动计划》提出了一系列具体措施：一是确保合适的法规框架有利于钢铁工业发展；二是促进钢铁工业重组和帮助钢铁工业留住技术人才；三是促进对欧盟产钢材的需求；四是通过制定合适的能源、气候、资源和能效政策来帮助欧盟钢铁企业提高国际竞争力。

点评：

欧盟目前是全球第二大产钢地区，粗钢年产量将近 1.7 亿吨，钢铁行业从业人员约为 36 万人。欧盟钢铁工业虽然拥有现代化的厂房、先进的技术、不断创新的产品体系等优势，但也同时面临着钢材需求萎缩、产能过剩、对进口原材料依赖程度加大、国际竞争力下降和严格的环保要求导致生产成本上升等一系列严峻挑战。欧债危机导致欧盟汽车和房地产市场需求大幅下滑，从而使得欧盟钢铁工业陷入前所未有的困境。目前欧洲粗钢产能约为 2.1 亿吨，但自 2008 年经济危机以来欧盟粗钢产量从未超过 1.7 亿吨。由于目前欧盟粗钢产能过剩 4000～5000 万吨，许多欧盟钢厂不是被迫关闭就是大幅压缩产量。欧盟此次公布旨在振兴欧盟钢铁工业的行动计划，就是表明钢铁工业对欧盟来说是一个具有重要战略意义的产业和带动经济增长的引擎。欧盟为提升钢铁工业竞争力所出台的措施需要中国钢铁业认真研究加以应对，防范其政策的溢出效应影响中国钢材出口。

3 《大气污染防治行动计划》倒逼中国钢企减排

2013 年 9 月 12 日，中国国务院发布《大气污染防治行动计划》（以下简称《行动计划》）。这是当前和今后一个时期中国大气污染防治工作的行动指南。《行动计划》提出，经过五年努力，使全国空气质量总体改善，重污染天气较大幅度减少；京津冀、长三角、珠三角等区域空气质量明显好转。力争再用五年或更长时间，逐步消除重污染天气，全国空气质量明显改善。

为实现以上目标，《行动计划》确定了十项具体措施：一是加大综合治理力度，减少多污染物排放。二是调整优化产业结构，推动经济转型升级。三是加快企业技术改造，提高科技创新能力。四是加快调整能源结构，增加清洁能源供应。五是严格投资项目节能环保准入，提高准入门槛，优化产业空间布局，严格限制在生态脆弱或环境敏感地区建设“两高”行业项目。六是发挥市场机制作用，完善环境经济政策。七是健全法律法规体系，严格依法监督管理。八是建立区域协作机制，统筹区域环境治理。九是建立监测预警应急体系，制定完善并及时启动应急预案，妥善应对重污染天气。十是明确各方责任，动员全民参与，共同改善空气质量。

点评：

2013 年持续时间最长，污染范围最广的雾霾天气在中国肆虐引发国人高度关注，而此次《行动计划》的发布和实施必将给中国钢铁企业带来巨大的环保压力。中国钢铁企业中有很大一部分位于城市，相当一部分更是位于省会城市或地区中心城市。值得注意的是，在此次具体指标中，将北京市单独列出，这给围绕在北京，多数城市污染严重的产钢大省河北省带来的压力不言而喻。节能可以给钢铁企业带来直接的经济效益，但环保仅仅意味着大量资金的投入，这无疑会使当前还徘徊在盈亏平衡点附近的中国钢铁企业更加雪上加霜。但无论如何，中国钢铁企业提高环保水平，满足排放要求，已经成为其未来能够继续生存和发展的必由之路。

4　蒂森克虏伯出售美国钢厂回购不锈钢业务

2013 年 11 月 29 日，德国蒂森克虏伯集团与安赛乐米塔尔公司和日本新日铁住金公司签订收购协议，向由后者两家公司组成的联合体出售其位于美国阿拉巴马州的卡尔维特钢厂。交易完成后，蒂森克虏伯将从上述联合体获得 15.5 亿美元的收购款。与此同时，双方还签订了长期板坯供应合同，该联合体将每年从蒂森克虏伯位于巴西的 CSA 钢厂每年采购 200 万吨板坯，并一直持续到 2019 年，这在一定程度上确保了蒂森克虏伯巴西 CSA 板坯厂的价值。

同日，蒂森克虏伯与芬兰不锈钢生产商奥托昆普公司达成协议，将 Inoxum 公司所属高性能合金业务 VDM 公司和特尔尼钢厂的全部股份，以及其他规模较小的不锈钢服务中心回购。作为交换，蒂森克虏伯将免去奥托昆普在收购 Inoxum 时的应收账款。此外，蒂森克虏伯还将全面放弃奥托昆普公司 29.9％的股权，并终止其他所有融资联系。

点评：

在蒂森克虏伯集团美洲钢铁项目开始建设之时，正值全球钢铁市场需求旺盛，该集团决定在美洲建设钢铁新产能，计划在巴西生产成本非常低的板坯，然后运送至美国，再进一步加工成为适合美国汽车产业用的板卷。但由于巴西钢厂生产成本增加和美国市场竞争日趋激烈导致两家钢厂均出现大幅亏损，美洲钢铁项目已经成为蒂森克虏伯最大梦魇。面对如此窘境，蒂森克虏伯最终被迫选择将两家钢厂出售，但在全球钢材市场需求低迷的大背景下，这显然并不是合适的出手时机。在美洲钢铁业务连年大幅亏损拖累集团整体盈利的情况下，蒂森克虏伯最终选择以 15.5 亿美元的低价出售其美洲钢铁资产中的美国卡尔维特钢厂，这远低于其最初 50 亿美元的投资成本。蒂森克虏伯的重大投资决策失误非常值得中国钢铁企业镜鉴。

5　中国工信部公示两批符合《钢铁行业规范条件》企业名单

2013 年 4 月 2 日，中国工业和信息化部（以下简称工信部）公示了第一批符合《钢铁行业规范条件》（以下简称《规范条件》）的 45 家钢铁企业。这 45 家企业 2012 年合计产量 3 亿吨，占当年全国粗钢产量的 41.4%，其中既包括宝钢、鞍钢、武钢等国有企业，也包含沙钢、方大特钢等民营企业。12 月 6 日，工信部公示了第二批符合《规范条件》的 115 家钢铁企业。

《规范条件》主要从产品质量、环境保护、能源消耗和资源综合利用、工艺与装备、生产规模、安全卫生和社会责任等六个方面提出规范要求。《规范条件》要求钢铁企业产品质量符合国家和行业标准，两年内未发生过重大产品质量事故；要求钢铁企业须配套必要的污染物治理设施，排污须持有排污许可证，达标排放，近两年内未发生重大环境污染事故或重大生态破坏事件；要求钢铁企业须配备必要的能源（水）计量器具，选取吨钢新水消耗、固体废弃物综合利用率等综合性的主要指标等。

点评：

2013 年工信部公示 160 家符合《规范条件》的钢铁企业名单，主要目的是进一步加强钢铁行业管理，规范现有钢铁企业生产经营秩序，更好地推动钢铁行业结构调整和转型升级。对于符合《规范条件》的企业，工信部将会同有关部门支持规范企业开展兼并重组、淘汰落后、技术改造、节能减排等结构调整工作。对于那些不符合《规范条件》的企业，工信部将会同有关部门综合运用差别电价、财政奖励、考核问责等经济手段、法律手段和必要的行政手段，逐步压缩其生存空间，迫使其退出市场，最终达到化解过剩产能的目的。规范管理作为钢铁行业管理的基础工作，是创造公平竞争环境的必然要求，对创建各种所有制钢铁企业平等使用生产要素、公平参与市场竞争、同等受到法律保护的市场环境具有重要意义。

6 浦项与安赛乐米塔尔相继取消印度综合钢厂项目

2013 年 7 月，韩国浦项钢铁公司宣布取消在印度南部卡纳塔克邦投资 53 亿美元的建厂计划。由于当地居民反对和迟迟无法获得铁矿石开采权，浦项不得不考虑取消该项目。浦项 2010 年与该邦签订初步协议，计划在当地建设年产能 600 万吨的综合钢厂。不过，浦项仍在积极推进在印度东部奥里萨邦投资 120 亿美元建设年产能 1200 万吨钢厂项目（一期 800 万吨）。在等待长达八年之后，浦项终于获得奥里萨邦钢厂项目的铁矿石开采许可，消除了其建厂最大的原料担忧。

在浦项宣布取消印度钢厂项目仅几天之后，全球最大钢企安赛乐米塔尔公司也宣布放弃在印度东部奥里萨邦投资 120 亿美元建设钢厂的计划，原因是土地征购进展缓慢以及采矿权审批一再延迟等。2006 年，安赛乐米塔尔与奥里萨邦政府签订谅解备忘录，计划在该邦新建一家年产能 1200 万吨的综合钢厂。尽管如此，安赛乐米塔尔仍将继续推进其在恰尔肯德邦和卡纳塔克邦建设钢厂的计划，年产能分别为 1200 万吨和 600 万吨。

点评：

全球两家非常具有影响力的钢铁企业浦项和安赛乐米塔尔相继宣布撤销在印度的综合钢厂项目，尽管建厂地址不同，但原因极为相似，都是因建厂所需土地收购和有关矿山开采权问题迟迟未能得到解决。这引发了两重思考，一是除了上述原因，更深层次地是对全球钢铁产能过剩的担忧，并且钢材需求高速增长时代已经不再，连同印度经济增长前景的不确定性，是浦项和安赛乐米塔尔宣布取消两个钢铁项目的重要考虑因素。当然这只是降低在印度的钢铁项目投资规模，两家企业还将继续推进在印度其他地区的综合钢厂建设项目，一个显然的原因就是印度正在进行的工业化和城镇化将带来巨大的钢材需求潜力。两家大型钢厂相继取消综合钢厂项目引发的另一重思考是这将使印度钢铁业发展明显受挫，因为此举对印度吸引外国直接投资和实现钢铁产能增长目标影响很大。不过，浦项和安赛乐米塔尔取消印度综合钢厂项目将使印度当地钢厂受益。

7 炼焦煤铁矿石期货合约在中国大商所上市交易

2013 年 3 月 22 日，炼焦煤期货合约在中国大连商品交易所（以下简称大商所）上市交易；10 月 18 日，铁矿石期货合约在大商所正式上市交易。此前，2009 年 3 月 27 日，螺纹钢和线材期货在上海期货交易所（以下简称上期所）正式上市；2011 年 4 月 15 日，焦炭期货在大商所上市；至此，我国期货市场上已经初步形成了一条较为完整的钢铁冶炼产业链条。

作为期货新品种，铁矿石期货自上市以来交投较为活跃，产业客户参与较为积极，市场运行平稳，价格围绕现货供求波动，价格发现和避险功能逐步显现。铁矿石期货上市后，价格整体呈现先抑后扬的走势，这一价格趋势及与国内外现货价格的关系，体现了其价格发现功能及对现货市场的稳定作用，中国版铁矿石期货已经发出自己的声音。与此同时，在当前铁矿石价格波动、钢铁产能过剩、企业亏损经营的情况下，中国钢铁企业对成本的控制能力明显减弱，对稳定的利润十分渴望。铁矿石期货将为中国钢铁企业提供成本管理和风险管理的工具，通过合理利用铁矿石期货，有助于钢厂对冲进口铁矿石价格波动对钢厂生产经营带来的风险，稳定经营。

点评：

大商所推出炼焦煤和铁矿石合约旨在帮助国内买家更好地对冲价格波动的风险，缓和其他市场价格波动对中国市场的冲击，其真正价值在于提高市场透明度，因为它们都可以进行实物交割。当然，这也并非意味着大商所期货合约将成为炼焦煤和铁矿石价格的实际基准。只要当前供应仍集中在相对少数几家生产商手中，而且中国需求继续保持强劲增长势头，矿产商仍将在选择基准价格方面占得上风。不过，随着澳大利亚和巴西铁矿石供应的增加，中国海外权益矿的逐步投产，再加上未来中国铁矿石需求增长放缓，这一平衡局面预计在不久的将来就会有明显改观。

8 全球三大矿业巨头投资更加专注铁矿石业务

2013 年 12 月 2 日，巴西淡水河谷公司宣布批准 2014 年投资预算 147 亿美元，这已是该公司连续第三年下调预算。淡水河谷在 2014 年的总投资中将有 87.3 亿美元用于铁矿石和球团业务，占总支出的约 60%，再加上与这些业务相关的铁路和港口等基础设施项目的支出，占总支出的比例将达到 80%左右，将卡拉加斯铁矿年产能扩大 4000 万吨。该公司预计未来五年其铁矿石年产能将提高至 4.5 亿吨。

12 月 3 日，澳大利亚力拓集团宣布未来两年将继续削减开支，2013 年资本开支为 140 亿美元，低于 2012 年超过 170 美元的支出，并且预算 2014 年和 2015 年的资本开支分别减至 110 亿美元和 80 亿美元。力拓集团计划继续推进位于西澳的铁矿石产能扩建计划，并希望到2014年6月使其铁矿石年产能提升至2.9亿吨，到2015年达到3.3亿吨，此后考虑进一步提高至3.6亿吨。

12月10日，必和必拓公司宣布其2013/14财年（截至2014年6月30日）的开支将会控制在150亿美元之内，这较2012/13财年的217亿美元支出大幅削减。必和必拓Jimblebar铁矿项目的提前投产推动该公司年产能达到2.2亿吨，此后对现有基础设施的去瓶颈化将使其铁矿石年产能进一步提升至2.6亿～2.7亿吨。

点评：

全球三大矿业巨头在进入2013年12月后都不约而同地宣布削减投资预算，但未来仍将更加专注于铁矿石核心业务。为铁矿石项目提供资金、降低成本以及获得充足的现金流，三大矿业巨头已经或正计划出售非核心业务的全部或部分股份。这些战略的最终目标无疑是提高盈利能力、削减债务、为股东实现合理的投资回报率。目前，力拓和淡水河谷同时唱多铁矿石价格，认为中国需求强劲和全球供应紧张将支撑铁矿石价格长期保持在高位。而澳大利亚资源和能源经济局在其发布的报告中称，2014年全球铁矿石供应量将显著增加，这将推动2014年铁矿石价格同比继续下滑。随着铁矿石产能的持续扩张，市场供应显著增加，铁矿石价格进入下行通道已成行业基本共识。

9　新日铁住金公布中期经营计划发挥合并协同效应

2013年3月13日，日本最大钢铁生产商新日铁住金公司发布“2013～2015年中期经营计划”，其目标是成为“综合实力世界第一的钢铁企业”。新日铁住金将从五大方面提升钢铁业务竞争力：增强技术优势；打造世界领先的成本竞争力；将炼铁、炼钢和轧钢过程合理化，实现生产系统优化；推动全球化战略；强化集团公司的炼钢业务。此外，新日铁住金也将加强非钢业务的竞争力。而所有措施都是为了实现战略性增长，提升盈利能力。

新日铁住金公司预计，全球钢材需求将适度增长，日本国内仍将维持约6000万吨的需求水平，东亚地区新建钢厂或高炉均计划在近三年内投产，竞争压力可想而知。新日铁住金的中期经营计划正是在这种大背景下出台的，旨在瞄准成为世界级的最具竞争力钢厂，在规模、成本、技术和客户服务等方面均提出了更高的要求。

点评：

新日铁住金此次公布的中期经营计划是自2012年10月1日新日铁与住友金属工业公司合并后的第一个三年中期经营计划。实际上，在两家公司合并之初就提出要实现“综合实力全球第一”的目标，因此这个中期经营计划的发布颇受业界关注。从计划内容看，提升钢铁业务竞争力的五大方面中，技术优势首当其冲，体现了其“不断开发世界最先进技术和制造能力”的企业基本理念，成本竞争力提升紧随之后。在亚洲地区，韩国浦项和中国宝钢是新日铁住金最为关注的两个竞争对手，而前两家公司也都在技术突破和新产品研发方面积极努力。可以说，依靠规模取胜的时代已经过去，当今世界钢铁企业的竞争力在于综合实力的比拼，依靠的是技术创新能力和削减成本能力，并最终能够更好地服务用户，满足用户越来越苛刻的要求，并能够引领用户需求。

10　国际钢协上调2013～2014年全球钢材需求预测

2013年10月7日，国际钢铁协会发布2013～2014年全球钢铁业短期展望报告。据国际钢协预计，2013年全球钢材表观消费量同比增长3.1%至14.75亿吨，增幅高于2012年的2.0%；2014年将进一步增长3.3%，达到15.23亿吨。

国际钢协在4月11日发布的2013～2014年全球钢材需求短期展望报告中预计，2013年全球钢材表观消费量同比增长2.9%，达到14.54亿吨，2014年则将进一步增长3.2%至15.00亿吨。相比4月份的预测，国际钢协10月份对2013年和2014年全球钢材需求预测均有所上调，反映了其对全球经济持续改善的乐观预期。

点评：

国际钢协作出上调2013～2014年全球钢材需求预测是基于假设美国不久就能解决财政悬崖问题，尽管欧元区经济萎缩比预期的更为严重，但出现的经济改善状况在2013年四季度得以持续。但由于存在关键结构性问题，全球主要新兴经济体，尤其是印度和巴西经济一直表现的不如预期。至于2014年，随着发达国家经济总体恢复增长，全球钢材需求将会持续复苏，但与此同时预计中国钢材需求增速将会明显放缓。美国近期公布的经济数据都在逐步向好，经济增长比预期更好，日本经济也有好转迹象，欧洲经济则正趋于稳定并恢复增长。2013年中国经济有望实现7.6%的增速，并不会出现经济硬着陆。这些都表明国际钢协此次上调预期具有很大的可靠性，在一定程度上也在释放全球钢材市场行情有望改善的积极信号，有助于提振钢材市场信心。

2013 年国际钢材市场回顾与展望

2013 年初，在全球钢材需求季节性复苏的带动下，全球粗钢产能利用率、产量出现适度增长，全球钢材价格在 2 月达到峰值。但随后受钢材需求增长不足，市场供应过剩以及原料成本下降影响，全球钢材价格持续下滑。7～9 月，各地钢厂为改善盈利推动钢材价格短暂复苏，但 10 月全球钢材价格又出现新一轮下跌。从 2013 年全年来看，全球钢材市场需求和价格呈整体下滑的走势。

2014 年，美国和欧洲一季度钢材需求将好于 2013 年同期。但新兴经济体钢材需求增速放缓给全球钢材价格上涨构成压力。预计，2014 年全球宏观经济形势好于 2013 年，钢材需求和价格将出现适度改善。

2013 年全球钢材市场走势

2013 年初，随着钢材需求季节性复苏，全球钢材价格出现回升。但是受美国债务上限问题、欧洲经济低迷以及新兴经济体增速放缓影响，重建库存需求低于市场预期，拖累价格涨幅，月度价格同比均出现下跌，且价格复苏的结束时间也早于 2012 年。全球钢材价格在 2 月触顶后，开始下跌。到 7 月触底时已累计下跌了 60 美元/吨，创下 41 个月来的新低。为抑制钢材价格持续下跌，世界各地的钢厂从 7 月开始纷纷采取措施提价，推动全球钢材价格短暂复苏，并在 9 月创下年内第二高位。9 月过后，全球钢材价格再度小幅下跌。因此，2013 年全球钢材市场走势可以分为四个阶段：第一阶段（1～2 月），国际钢材价格出现适度回升；第二阶段（3～7 月），国际钢材价格持续下跌；第三阶段（7～9 月），国际钢材价格小幅回升；第四阶段（9～11 月），国际钢材价格小幅下跌。

第一阶段：价格适度回升

2013 年 1～2 月，债务上限问题导致美国经济不景气，欧债危机持续发酵致使欧洲钢材需求低迷，亚洲建筑业疲软拖累钢材需求增长，钢材供应过剩，在这一大背景下终端用户谨慎采购，重建库存需求远低于 2012 年同期，从而限制了钢材价格的涨幅。这期间全球钢材价格出现适度回升，主要是受废钢和铁矿石价格上涨推动。由于钢材需求未出现预期的改善，因此2013年初钢材价格复苏不仅幅度较小，并且结束时间也较2012年要早，全球钢材价格在2月达到年内高点之后随即开始下跌。

CRU全球钢材价格指数从1月初的178.7点上升至2月的181.1点，仅小幅上涨1.3%。按品种来看，板材价格整体涨幅高于长材，其中，1～2月板材价格指数涨幅达到1.6%；长材价格指数涨幅仅为0.85%。按地区来看，1～2月北美地区价格指数涨幅为－0.04%；欧洲地区价格指数涨幅为8.78%；亚洲地区价格指数涨幅为4.74%。

第二阶段：价格逆转下跌

2013年3～7月，受钢材需求低迷，市场供应过剩以及废钢价格下跌影响，全球钢材价格持续下跌。7月，CRU全球钢材价格指数下跌至165.6点，较2月大幅下滑8.56%。按品种来看，长材价格下跌幅度略高于板材，主要是由于汽车和能源行业支撑板材需求的同时，建筑业长材需求未出现显著增长，因而导致长材价格下滑明显。7月板材价格指数下跌至157.3点，较2月下跌7.80%；长材价格指数下跌至182.2点，较2月下跌9.89%。按地区来看，7月北美钢材价格指数下跌至170.5点，较2月下跌2.53%；欧洲下跌至156.6点，较2月大幅下跌10.41%；亚洲下跌至167.6点，较2月大幅下跌13.25%。

第三阶段：价格小幅回升

2013年7月开始，为抑制钢材价格持续下跌，世界各地的钢厂纷纷采取措施提价，推动全球钢材价格短暂复苏，并在9月创下年内第二高位。同期，废钢价格上涨也对钢材价格上涨形成一定支撑。9月，CRU全球钢材价格指数回升至171.9点，较7月小幅增长3.80%，其中，板材价格指数回升至162.4点，较7月增长3.24%；长材价格指数回升至191.0点，较7月增长4.83%。

第四阶段：价格小幅下跌

2013年9月初过后，受钢材市场供应充足和废钢价格下跌拖累，全球钢材价格再度回落。10月末至11月虽然部分钢材市场价格出现上涨，但仍低于9月的价位。11月，CRU全球钢材价格指数为169.3点，较9月下滑1.51%，其中，板材价格指数降至162.1点，较9月下跌1.85%；长材价格指数降至183.8点，较9月下跌3.77%。

2014年全球钢材市场展望

全球经济展望

2014年，预计全球经济增长虽较2013年有所改善，但依然不容乐观——发达经济体的增长逐步加快的同时，新兴和发展中经济体的增长趋于减缓。国际货币基金组织（IMF）在2013年10月8日发布的全球经济展望报告中，将2013年全球经济增长率从2013年7月的预测值3.2%下调至2.9%；并将2014年全球经济增长率从2013年7月的预测值3.8%下调至3.6%。其中，发达经济体2014年经济增长率预测值维持在2.0%；新兴和发展中经济体的经济增长率从2013年7月的预测值5.5%下调至5.1%。2014年，美国经济增长率将由2013年的1.6%提高至2.6%；欧元区经济增长率将由2013年的－0.4%提高至1.0%；日本经济增长率预计为1.2%；中国经济增速将放缓至7.3%；印度则为5.1%。

全球钢材需求展望

国际钢协2013年10月发布的全球钢材需求短期预测显示，全球钢材表观消费量继2012年增长2.0%之后，2013年将增长3.1%，达到14.75亿吨，预计2014年全球钢材需求量将继续增长3.3%，达到15.23亿吨。分地区来看，2014年欧盟27国钢材表观消费量为1.38亿吨，同比增长2.1%；独联体为6100万吨，同比增长3.5%；北美自由贸易区为1.36亿吨，同比增长3.2%；中国为7.21亿吨，同比增长3.0%。

全球钢价走势展望

2014年初，全球钢材市场受传统淡季和新年假期影响，需求和价格不会出现大的波动。到一季度末，美国和欧洲钢材需求将出现回升，重建库存需求也将好于2013年同期。随后的二季度，新兴经济体钢材需求增速放缓给全球钢材价格上涨构成压力，同时，日本上调消费税也将使耐用消费品（如汽车、家电等）制造业钢材需求下滑。三季度是需求淡季，全球钢材价格跌幅取决于市场供应状况及原料价格走势。四季度虽然是传统的钢材需求旺季，但全球钢材需求不会出现大幅增长，钢材价格回升依然面临宏观经济走势和制造业景气度的考验。从整体来看，2014年全球宏观经济形势好于2013年，钢材需求和价格将出现适度改善。

2013～2014 年全球粗钢和炼钢原料市场展望

2013 年 12 月，澳大利亚资源与能源经济局（BREE）对 2013～2014 年全球粗钢产量和消费量，以及炼钢原料（铁矿石、炼焦煤）进出口量和价格做出预测。BREE 预计，2014 年全球粗钢产量将达到 16.35 亿吨，粗钢消费量将达到 16.30 亿吨，整体供需基本保持平衡；同期，全球主要出口国（美国除外）铁矿石和炼焦煤出口量将维持增长趋势，但是这两种主要原料价格受供应大幅增加影响，将呈现下滑走势，其中，现货铁矿石平均价格将降至较为适中的 119 美元/吨，而优质硬焦煤平均合同价格将下滑至 150 美元/吨。

大宗商品价格

2013 年三季度，品位为 62%的现货铁矿石澳大利亚平均离岸价为 122 美元/吨，环比二季度每吨上涨 4 美元。导致三季度现货铁矿石平均价格上涨以及 2013 年全年铁矿石价格持续处于较高水平的可能原因是，中国港口的铁矿石库存一直处于较低水平，与此同时中国月度粗钢产量水平处于历史最高水平。从 2013 年全年看，预计现货铁矿石平均价格将达到 126 美元/吨。对于 2014 年，预计现货铁矿石平均价格将降至较为适中的 119 美元/吨。

2013 年 10 月 18 日，全球第一个可以实物交割的铁矿石期货在中国大连商品交易所上市。根据交易规则，每手是 100 吨品位为 62%的铁矿石，每日价格波动区间在 4%，而交易保证金最低是 5%。

2013 年四季度，优质硬焦煤基准合约价格为 152 美元/吨，相比现货硬焦煤价格有较大的溢价。从 2013 年全年看，硬焦煤合同价格平均为 159 美元/吨。预计，2014 年优质硬焦煤平均合同价格同比将有所下滑，降至 150 美元/吨，而导致平均价格下滑的主要因素是供应大幅增加。

全球粗钢消费量

2013 年全球粗钢消费量预计将同比增长 3%，达到 15.83 亿吨，预计增量中的90%将来自于中国消费量的增加。对于2014年，全球粗钢消费量预计将同比增长3%，总计达到16.30亿吨。

2013年中国粗钢消费量预计将同比增长5%，达到7.25亿吨。中国粗钢消费量的增长主要是中国建筑业需求增加，特别是新房开工量增加和商业用房建设增加以及政府对基础设施建设投资增加的结果。2014年中国建筑业的生产活动预计仍会延续上一年的态势，并将支撑中国粗钢消费量进一步增加到7.54亿吨。

尽管2013年10月份韩国汽车出口大幅增长，但2012年和2013年韩国汽车出口趋势是下滑的，这与在此期间韩国粗钢消费量下滑的态势一致。对于2014年，韩国粗钢消费量预计将稍有增长，达到5600万吨。

全球粗钢产量

2013年全球粗钢产量预计将同比增长3%，达到16亿吨。2014年全球粗钢产量预计还将进一步增长2%，达到16.35亿吨。

2013年前10个月，中国仅有3个月的粗钢产量不到6500万吨，最低的一个月是2月份的6180万吨，但仍高于2012年月平均产量。对于2013年全年，中国粗钢产量预计将同比增长10%，总产量达到7.76亿吨。2014年中国粗钢产量预计将达到8.03亿吨，同比增长3%。中国粗钢产量的增加是国内建筑业需求和基础设施建设需求增长的结果。

2013年前10个月，印度粗钢产量总计为6600万吨，同比上年增长3%，2013年全年印度粗钢产量预计将达到8000万吨，同比增长4%。对于2014年，印度粗钢产量预计将达到8300万吨，同比增长4%，其粗钢产量增速比较适中可能与2014年印度议会将进行选举有关。

全球粗钢消费量及产量　　　百万吨

	2011年	2012年	2013年	2014年	2014/2013
消费量					
欧盟27国	169	155	152	153	0.5%
美国	96	102	103	104	0.5%
巴西	28	28	28	29	2.0%
俄罗斯	47	49	48	48	1.0%
中国	668	688	725	754	4.0%
日本	70	69	70	70	0.5%

续表

	2011 年	2012 年	2013 年	2014 年	2014/2013
韩国	59	56	55	56	2.0%
印度	76	77	79	83	5.0%
全球总计	1485	1541	1583	1630	3.0%
产量					
欧盟 27 国	178	169	163	163	0.1%
美国	86	89	87	88	1.0%
巴西	35	35	35	35	2.0%
俄罗斯	69	71	68	70	2.0%
中国	683	709	776	803	3.4%
日本	108	107	109	110	0.5%
韩国	68	69	65	66	2.0%
印度	72	77	80	83	4.0%
全球总计	1517	1537	1596	1635	2.5%

全球铁矿石贸易

2013 年全球铁矿石贸易量预计将达到 12.02 亿吨，同比增长 4%。2014 年全球铁矿石贸易量预计将进一步增长 9%，达到 13.08 亿吨。

铁矿石出口

2013 年巴西铁矿石出口量预计将同比下降 1%，降至 3.22 亿吨，并且与同期巴西铁矿石产量下滑相一致。对于 2014 年，巴西铁矿石出口量预计将达到 3.52 亿吨，主要是预计淡水河谷公司产能扩建项目投产后将加大在国际市场的销售。

印度高等法院维持对印度主要铁矿石产区果阿邦的采矿禁令。然而，印度高等法院允许拍卖 1100 万吨库存的铁矿石，而这些铁矿石很有可能会用于出口。2013 年印度铁矿石净出口量预计将达到 1100 万吨，而 2014 年印度铁矿石净出口预计将达到 1300 万吨，主要是受到果阿邦库存铁矿石可以出口的影响。

2013 年，澳大利亚铁矿石出口量预计将同比增长 18%，达到 5.81 亿吨。澳大利亚铁矿石出口的增加主要是受到许多扩建项目投产的支撑，包括 FMG 和必和必拓公司的铁矿石产能扩建项目。对于 2014 年，澳大利亚铁矿石出口预计将进一步增长 22%，达到 7.09 亿吨。由于近年的大量投资，主要针对矿山产能和基础设施的投资，特别是在皮尔巴拉地区投资的项目进入投产阶段，因而 2014 年澳大利亚铁矿石出口的增速将达到历史第二高水平。2014 年预计将投产的项目包括 FMG 的所罗门河谷项目（年产能 6000 万吨）、必和必拓公司的 Jimblebar 矿项目（年产能 3500 万吨）和力拓集团 Hope Downs 4 项目（年产能 1500 万吨）。

全球铁矿石贸易量　　百万吨

	2011 年	2012 年	2013 年	2014 年	2014/2013
进口量					
欧盟 27 国	132	121	125	125	0.0
日本	128	131	134	134	0.0
中国	687	745	793	852	7.4%
韩国	65	66	62	63	1.2%
出口量					
澳大利亚	438	492	581	709	22.1%
巴西	331	327	322	352	9.1%
印度（净出口）	49	16	11	13	15.3%
加拿大	34	35	36	36	1.0%
南非	53	54	48	48	0.6%
几内亚和毛里塔尼亚	11	11	12	13	10.0%
全球总计	1112	1154	1202	1308	8.9%

全球炼焦煤贸易

2013 年全球炼焦煤贸易预计将同比增长 7%，达到 3.09 亿吨。对于 2014 年，全球炼焦煤贸易预计将进一步增长 3%，达到 3.19 亿吨，贸易量的增长主要是受到预计中国炼焦煤进口增加的支撑。

炼焦煤进口

2013 年中国炼焦煤进口预计将同比增长 30%，达到 9200 万吨。对于 2014 年，中国炼焦煤进口预计还将进一步增长 8%，达到 9900 万吨。近年中国炼焦煤进口量的持续增长，特别是 2013 年进口量大幅增长主要是受到中国高炉/转炉流程粗钢产量强劲增长的支撑。

炼焦煤出口

2013 年澳大利亚炼焦煤出口量预计将同比增长 12%，达到 1.62 亿吨。对于 2014 年，澳大利亚炼焦煤出口预计还将进一步增长 4%，达到 1.68 亿吨，出口量的增加主要是受到澳大利亚昆士兰州许多煤矿增加产量的支撑。最近，许多炼焦煤新建产能和扩建产能纷纷投产，如 BMA 集团的 Daunia 煤矿、力拓集团和三井集团合资的 Kestre 煤矿，因此将对澳大利亚炼焦煤出口的增加起到支撑作用。

全球冶金煤贸易 百万吨

	2011 年	2012 年	2013 年	2014 年	2014/2013
进口量					
欧盟 27 国	46	44	39	42	8.2%
日本	54	52	54	54	1.2%
中国	45	71	92	99	7.8%
韩国	32	31	33	32	−2.0%
印度	34	37	38	38	0.4%
巴西	12	11	13	14	2.5%
出口量					
澳大利亚	133	145	162	168	3.9%
加拿大	28	31	34	34	0.5%
美国	63	63	59	57	−4.6%
俄罗斯	14	18	15	16	5.1%
全球总计	274	290	309	319	3.1%

澳大利亚炼钢原料出口

2013/14 财年（截至 2014 年 6 月 30 日）澳大利亚铁矿石出口量预计将同比增长 23%，达到 6.5 亿吨；同时预计铁矿石出口额同比增长 44%至 821 亿澳元。2013/14 财年澳大利亚炼焦煤出口量预计将同比增长 6%，达到 1.64 亿吨；同时预计炼焦煤出口额将同比增长 8%，达到 237 亿澳元。

世界级钢铁企业竞争力排名（2013 年 6 月）

2013 年 6 月，行业分析机构世界钢动态公司（WSD）发布最新一期世界级钢铁企业竞争力排名，韩国浦项钢铁公司自 2010 年以来已经连续第四年获评全球最具竞争力钢铁企业。与 2012 年相比，2013 年世界级钢铁企业竞争力排名企业名单略有变化，比上年的 35 家相比少了一家，其中澳大利亚博思格钢铁公司退出排名，新日铁与住友金属工业公司合并后减少一家，印度京德勒钢和能源公司则首次入围，并且排名进入前十。

世界钢动态公司自 2002 年以来每年一到两次对钢铁企业的生产规模、盈利能力、技术创新、议价能力、成本优势、财务状况等 23 个项目进行评估并发布世界级钢铁企业竞争力排名。浦项在技术工人熟练度、技术创新能力、高附加值产品生产等方面获得高分，只是在原料和能源成本、下游业务发展等方面得分相对较低，浦项以加权平均 7.73 分（满分为 10 分）位居榜首，并且与去年相比进一步拉大了与第二名之间的差距。俄罗斯谢维尔公司和美国纽柯公司分列第二、三位。

在最新排名中，中国钢铁企业共有五家入围，分别是宝钢（排名第 11 位）、沙钢（排名第 22 位）、鞍钢（排名第 28 位）、武钢（排名第 30 位）和马钢（排名第 33 位）。2013 年中国排名最高的宝钢排名出现大幅下滑，已经退出前十，由去年的第五名降至第 11 名，其他中国钢企排名也普遍表现不佳，基本处于中下游水平，这与中国钢铁行业整体盈利水平偏低较为呼应。

值得注意的是，德国蒂森克虏伯公司由于经营陷入严重亏损，已经完成不锈钢资产剥离，并且正在努力出售其美洲钢铁资产，去钢铁化进程在不断推进，其竞争力排名也由去年的第 24 位下滑十位至第 34 位，排名入围企业的最后一名。

全球最大的钢铁企业安赛乐米塔尔公司仅排名第 26 位，与去年的第 16 位相比也下滑十位。尽管从规模上看还没有其他企业能够撼动其霸主地位，但一家企业的竞争力显然并不仅仅在于生产规模，规模只是一个比较重要的影响因素而已。这也说明当今世界企业的竞争在于综合实力的比拼，依靠的是技术创新能力、削减成本能力等，而依靠规模取胜的时代显然已经过去。这也提醒中国钢铁企业要把更多的精力放在创新上，而不是单纯地追求规模扩张。

世界级钢铁企业竞争力排名（2013年6月）

企业名称			浦项钢铁	谢维尔	纽柯	新利佩茨克钢铁	京德勒西南钢铁	盖尔道	新日铁住金	印度钢铁管理局	京德勒钢和能源
所在国家(地区)			韩国	俄罗斯 美国 欧盟	美国	俄罗斯	印度	巴西 北美	日本	印度	印度
年钢材发货量/百万吨			40	15	20	15	9	20	48	14	3
序号	影响因素	权重	得分								
1	规模	6%	8	6	7	6	5	7	9	6	2
2	产能扩张	6%	9	7	8	7	10	8	4	10	10
3	位于高速增长市场	3%	7	8	6	8	10	7	4	10	10
4	靠近下游用户	3%	8	6	7	6	7	9	10	7	9
5	国内市场议价能力	6%	8	9	5	9	7	8	9	7	8
6	高附加值产品	5%	8	6	6	6	7	5	10	6	6
7	加工成本与收益	5%	9	7	10	8	10	7	10	5	7
8	能源成本	3%	6	6	8	6	5	6	6	5	7
9	削减成本能力	5%	7	8	7	7	7	6	7	7	6
10	技术创新能力	6%	9	7	9	6	8	6	7	6	10
11	铁矿	5%	6	10	4	10	6		4	10	7
12	炼焦煤矿	4%	6	10		7	3		3	4	3

续表

企业名称			浦项钢铁	谢维尔	纽柯	新利佩茨克钢铁	京德勒西南钢铁	盖尔道	新日铁住金	印度钢铁管理局	京德勒钢和能源
所在国家(地区)			韩国	俄罗斯 美国 欧盟	美国	俄罗斯	印度	巴西 北美	日本	印度	印度
年钢材发货量/百万吨			40	15	20	15	9	20	48	14	3
序号	影响因素	权重	得分								
13	与原材料的距离	4%	7	7	6	7	6	6	7	7	6
14	劳动力成本	3%	7	9	7	10	10	7	4	8	9
15	熟练技术工人	2%	10	7	10	7	9	8	10	6	6
16	退休职工福利	2%	8	7	8	9	9	8	5	8	9
17	盈利能力	6%	7	7	5	6	7	8	5	6	7
18	资产负债表	5%	7	8	8	9	6	7	7	8	5
19	来自竞争对手的威胁	5%	8	7	4	7	6	8	7	6	7
20	环境与安全	4%	9	9	9	9	9	9	9	9	9
21	下游业务	4%	6	6	10	4	4	6	10	7	6
22	并购、联盟与合资	6%	10	8	10	7	9	8	8	7	7
23	所在国家风险	2%	10	6	10	5	7	7	10	7	7
平均得分			7.70	7.39	7.45	7.22	7.26	7.19	7.17	7.02	7.09
排名			1	3	2	5	4	6	7	13	9
加权平均得分			7.73	7.46	7.28	7.21	7.20	7.16	7.15	6.99	6.99
排名			1	2	3	4	5	6	7	8	9

续表

企业名称			JFE钢铁	宝钢	沙特钢铁	塔塔钢铁	中钢	埃雷利	钢动力	国家黑色冶金	耶弗拉兹
所在国家(地区)			日本	中国	沙特	印度 欧洲	中国台湾	土耳其	美国	巴西	俄罗斯 北美
年钢材发货量/百万吨			30	43	6	23	13	8	5	6	16
序号	影响因素	权重	得分								
1	规模	6%	8	9	4	7	6	5	4	4	6
2	产能扩张	6%	4	10	10	8	7	7	8	7	6
3	位于高速增长市场	3%	4	8	10	7	5	9	6	8	7
4	靠近下游用户	3%	10	9	9	7	10	8	7	9	6
5	国内市场议价能力	6%	9	6	9	7	10	8	5	9	7
6	高附加值产品	5%	10	8	6	8	7	7	6	8	6
7	加工成本与收益	5%	10	8	6	8	9	7	10	6	6
8	能源成本	3%	6	5	10	5	5	6	7	6	6
9	削减成本能力	5%	6	6	7	8	6	8	6	6	7
10	技术创新能力	6%	7	6	7	6	6	6	8	6	6
11	铁矿	5%	4	5	2	9	4	7		9	10
12	炼焦煤矿	4%	3	6		6	3	3		3	10

续表

序号	企业名称	权重	JFE钢铁	宝钢	沙特钢铁	塔塔钢铁	中钢	埃雷利	钢动力	国家黑色冶金	耶弗拉兹
	所在国家(地区)		日本	中国	沙特	印度 欧洲	中国台湾	土耳其	美国	巴西	俄罗斯 北美
	年钢材发货量/百万吨		30	43	6	23	13	8	5	6	16
序号	影响因素	权重	得分								
13	与原材料的距离	4%	7	7	6	7	7	8	6	7	7
14	劳动力成本	3%	4	9	6	7	6	8	8	7	9
15	熟练技术工人	2%	10	8	6	7	9	7	10	8	7
16	退休职工福利	2%	5	8	9	7	7	9	7	8	8
17	盈利能力	6%	5	4	8	4	7	6	7	6	6
18	资产负债表	5%	7	6	9	5	8	8	5	6	4
19	来自竞争对手的威胁	5%	7	5	8	6	8	6	5	8	6
20	环境与安全	4%	9	9	9	9	9	9	9	9	9
21	下游业务	4%	10	4	3	6	4	7	7	5	7
22	并购、联盟与合资	6%	7	8	5	8	7	6	8	8	8
23	所在国家风险	2%	10	7	6	8	9	6	10	7	6
	平均得分		7.04	7.03	7.05	6.96	6.98	7.00	7.10	6.96	6.96
	排名		11	12	10	16	15	14	8	16	16
	加权平均得分		6.98	6.95	6.95	6.94	6.94	6.88	6.88	6.87	6.87
	排名		10	11	12	13	14	15	16	17	17

续表

企业名称			埃萨钢铁	马格尼托哥尔斯克钢铁	奥钢联	沙钢	特尔尼翁	米纳斯吉拉斯	美国钢铁	安赛乐米塔尔	维扎格
所在国家(地区)			印度 北美	俄罗斯	奥地利	中国	美洲	巴西	美国 东欧	跨国	印度
年钢材发货量/百万吨			6	13	8	32	9	7	21	94	2
序号	影响因素	权重	得分								
1	规模	6%	5	6	5	8	6	5	7	10	2
2	产能扩张	6%	8	7	6	8	7	7	4	3	10
3	位于高速增长市场	3%	9	7	4	8	8	8	5	5	10
4	靠近下游用户	3%	8	5	10	10	8	9	8	9	7
5	国内市场议价能力	6%	7	9	7	5	8	8	6	6	6
6	高附加值产品	5%	7	5	10	6	7	7	7	7	4
7	加工成本与收益	5%	8	6	9	9	6	6	7	7	8
8	能源成本	3%	5	6	6	5	6	6	8	6	5
9	削减成本能力	5%	7	7	6	6	8	6	6	7	6
10	技术创新能力	6%	7	6	8	6	6	6	6	5	6
11	铁矿	5%	7	8	5	5	7	9	10	7	7
12	炼焦煤矿	4%	6	7	3	6	3	3	5	5	2

续表

企业名称			埃萨钢铁	马格尼托哥尔斯克钢铁	奥钢联	沙钢	特尔尼翁	米纳斯吉拉斯	美国钢铁	安赛乐米塔尔	维扎格
所在国家(地区)			印度 北美	俄罗斯	奥地利	中国	美洲	巴西	美国 东欧	跨国	印度
年钢材发货量/百万吨			6	13	8	32	9	7	21	94	2
序号	影响因素	权重	得分								
13	与原材料的距离	4%	7	6	6	7	7	5	7	6	7
14	劳动力成本	3%	8	10	5	10	8	7	5	6	8
15	熟练技术工人	2%	7	6	10	6	8	8	8	8	6
16	退休职工福利	2%	8	9	5	10	8	7	5	5	9
17	盈利能力	6%	5	6	6	4	5	5	4	4	6
18	资产负债表	5%	3	8	6	4	7	6	5	4	7
19	来自竞争对手的威胁	5%	6	7	7	5	7	8	5	5	7
20	环境与安全	4%	9	9	9	9	9	9	9	9	9
21	下游业务	4%	6	4	6	4	6	5	4	6	4
22	并购、联盟与合资	6%	10	8	7	9	9	8	8	9	6
23	所在国家风险	2%	7	5	10	7	7	7	10	8	7
平均得分			6.93	6.83	6.78	6.84	6.70	6.65	6.50	6.39	6.41
排名			19	21	22	20	23	24	25	27	26
加权平均得分			6.85	6.85	6.70	6.66	6.64	6.57	6.36	6.31	6.25
排名			19	19	21	22	23	24	25	26	27

续表

企业名称			鞍钢	AK钢铁	武钢	瑞典钢铁	伊兹钢铁	马钢	蒂森克虏伯	平均
所在国家(地区)			中国 美国	美国	中国	瑞典 北美	埃及	中国	德国 美洲	
年钢材发货量/百万吨			30	5	36	4	5	17	15	19
序号	影响因素	权重	得分							
1	规模	6%	8	4	8	4	4	6	6	5.99
2	产能扩张	6%	8	6	10	5	5	10	3	7.24
3	位于高速增长市场	3%	8	5	8	4	8	8	4	7.10
4	靠近下游用户	3%	8	8	8	8	9	9	9	8.14
5	国内市场议价能力	6%	5	6	5	7	8	5	7	7.18
6	高附加值产品	5%	6	8	6	7	4	6	9	6.82
7	加工成本与收益	5%	7	8	7	8	6	7	8	7.64
8	能源成本	3%	5	8	5	7	5	5	6	6.01
9	削减成本能力	5%	6	7	6	6	7	6	6	6.63
10	技术创新能力	6%	6	6	6	6	5	6	6	6.56
11	铁矿	5%	9	6	4	5		3	4	6.52
12	炼焦煤矿	4%	3	5	5	3		3	3	4.53
13	与原材料的距离	4%	7	5	5	7	7	5	5	6.45
14	劳动力成本	3%	9	5	9	6	9	9	4	7.41

续表

企业名称			鞍钢	AK钢铁	武钢	瑞典钢铁	伊兹钢铁	马钢	蒂森克虏伯	平均
所在国家(地区)			中国 美国	美国	中国	瑞典 北美	埃及	中国	德国 美洲	
年钢材发货量/百万吨			30	5	36	4	5	17	15	19
序号	影响因素	权重	得分							
15	熟练技术工人	2%	6	9	6	9	7	6	10	7.78
16	退休职工福利	2%	6	5	6	7	8	7	5	7.32
17	盈利能力	6%	3	3	3	5	6	4	2	5.36
18	资产负债表	5%	4	3	4	5	4	5	4	5.96
19	来自竞争对手的威胁	5%	5	5	5	6	7	5	6	6.32
20	环境与安全	4%	9	9	9	9	9	9	9	9.00
21	下游业务	4%	4	4	4	6	4	4	9	5.62
22	并购、联盟与合资	6%	6	5	6	6	4	6	6	7.35
23	所在国家风险	2%	7	10	7	10	3	7	10	7.63
平均得分			6.30	6.33	6.17	6.28	6.14	6.07	6.13	6.82
排名			29	28	31	30	32	34	33	
加权平均得分			6.21	6.08	6.08	6.03	5.95	5.91	5.88	6.71
排名			28	29	30	31	32	33	34	

数据来源:世界钢动态(WSD)。

统计篇

表 1　2012～2013 年全球高炉生铁产量　　千吨

国家或地区	2013 年	2012 年	同比增长/%
奥地利	6152	5751	7.0
比利时	4343	4073	6.6
捷　克	4041	3935	2.7
法　国	10276	9532	7.8
德　国	26910	27048	－0.5
匈牙利	628	1229	－48.9
意大利	6935	9424	－26.4
荷　兰	5685	5917	－3.9
波　兰	4011	3952	1.5
斯洛伐克	3617	3520	2.8
西班牙	3949	3081	28.2
英　国	9512	7183	32.4
其他欧盟国家	6476	6847	－5.4
欧盟（27 国）	92534	91492	1.1
波　黑	759	750	1.3
塞尔维亚	365	312	16.9
土耳其	9181	8613	6.6
其他欧洲国家	10305	9674	6.5
哈萨克斯坦	2790	2831	－1.4
俄罗斯	50110	50529	－0.8
乌克兰	29089	28500	2.1
独联体合计	81988	81860	0.2
加拿大	6079	7654	－20.6
墨西哥	4975	4612	7.9
美　国	30381	32062	－5.2
北美合计	41435	44328	－6.5
阿根廷	2650	2073	27.8
巴　西	26207	26900	－2.6
智　利	775	1068	－27.5
哥伦比亚	300	345	－13.1
巴拉圭	65	67	－3.5

续表 1

国家或地区	2013 年	2012 年	同比增长/%
南美合计	29997	30454	－1.5
南　非	4930	4599	7.2
伊　朗	2007	2143	－6.3
中　国	708970	657905	7.8
印　度	50256	47969	4.8
日　本	83849	81405	3.0
韩　国	40855	41734	－2.1
中国台湾	13370	11785	13.4
亚洲合计	897300	840799	6.7
澳大利亚	3435	3710	－7.4
新西兰	680	670	1.4
大洋洲合计	4115	4381	－6.1
38 国合计	1164612	1109730	4.9

注：2012 年 38 个国家高炉生铁产量约占全球高炉生铁产量的 99%。

表 2　2012～2013 年全球粗钢产量　　千吨

国家或地区	2013 年	2012 年	同比增长/%
奥地利	7943	7421	7
比利时	7093	7301	－2.9
保加利亚	522	632	－17.4
捷　克	5171	5072	2
芬　兰	3517	3759	－6.5
法　国	15685	15609	0.5
德　国	42641	42661	0
希　腊	1055	1247	－15.4
匈牙利	883	1542	－42.7
意大利	24058	27257	－11.7
卢森堡	2075	2207	－6
荷　兰	6713	6879	－2.4
波　兰	7957	8366	－4.9
斯洛伐克	4511	4403	2.4
斯洛文尼亚	618	632	－2.2
西班牙	13740	13639	0.7
瑞　典	4404	4326	1.8
英　国	11855	9579	23.8

续表 2

国家或地区	2013 年	2012 年	同比增长/%
其他欧盟国家	5160	6055	−14.8
欧盟（27 国）	165601	168590	−1.8
波　黑	722	700	3.1
克罗地亚	125	1	12203.1
马其顿	100	217	−53.9
挪　威	605	700	−13.6
塞尔维亚	396	346	14.6
土耳其	34658	35885	−3.4
其他欧洲国家	36606	37848	−3.3
白俄罗斯	2250	2689	−16.3
哈萨克斯坦	3325	3676	−9.5
摩尔多瓦	185	335	−44.8
俄罗斯	69402	70426	−1.5
乌克兰	32824	32975	−0.5
乌兹别克斯坦	755	736	2.6
独联体（6 国）	108741	110838	−1.9
加拿大	12460	13507	−7.8
古　巴	315	274	15
萨尔瓦多	115	72	59.1
危地马拉	370	334	11.1
墨西哥	18420	18095	1.8
特立尼达和多巴哥	616	628	−1.9
美　国	86955	88695	−2
北美合计	119251	121605	−1.9
阿根廷	5186	4995	3.8
巴　西	34178	34524	−1
智　利	1325	1672	−20.7
哥伦比亚	1295	1305	−0.8
厄瓜多尔	565	425	32.9
巴拉圭	45	44	2.2
秘　鲁	1090	981	11.1

续表 2

国家或地区	2013 年	2012 年	同比增长/%
乌拉圭	90	76	19.1
委内瑞拉	2250	2355	−4.5
南美合计	46023	46377	−0.8
阿尔及利亚	440	557	−20.9
埃　及	6754	6627	1.9
利比亚	715	315	126.9
摩洛哥	558	539	3.5
南　非	7220	6939	4
非洲合计	15687	14978	4.7
伊　朗	15422	14463	6.6
卡塔尔	2236	2145	4.2
沙特阿拉伯	5352	5203	2.9
阿　盟	2878	2408	19.5
中东合计	25888	24219	6.9
中　国	779040	724688	7.5
印　度	81213	77264	5.1
日　本	110570	107232	3.1
韩　国	66008	69073	−4.4
中国台湾	22320	20653	8.1
亚洲合计	1059151	998911	6
澳大利亚	4645	4893	−5.1
新西兰	900	912	−1.3
大洋洲合计	5545	5805	−4.5
65 国合计	1582493	1529170	3.5

注：2012 年 65 国粗钢产量约占全球粗钢产量的 99%。

表 3　2013 年我国主要钢铁产品产量、进出口量和表观消费量　　万吨

品　种	产　量	进口量	出口量	表观消费量
铁矿石	145101.10	81900.00	5.95	226995.15
焦　炭	47635.50	3.48	467.25	47171.73
铁合金	3776.20	214.14	57.55	3932.79
生　铁	70897.00	29.80	26.45	70900.35
粗　钢	77904.10	61.09	0.43	77964.76
钢　材	106762.20	1407.76	6233.75	101936.20

注：铁矿石产量为国内原矿产量。

表 4　2012～2013 年我国分省市铁矿石原矿产量　　万吨

地　区	2013 年	2012 年	2013 年比 2012 年	
			增加量	增长率/%
北　京	2116	1980.5	135.5	6.8
天　津				
河　北	56930.5	53414.7	3515.8	6.6
山　西	9830.1	8246.5	1583.6	19.2
内蒙古	8733.6	7881.7	851.9	10.8
辽　宁	15845.5	15425.5	420	2.7
吉　林	1808.5	1773.8	34.7	2
黑龙江	585.9	472.5	113.4	24
上　海				
江　苏	216.6	207.4	9.2	4.4
浙　江	156.7	157.7	−1	−0.7
安　徽	5080.5	4284.7	795.8	18.6
福　建	1188.6	933.1	255.5	27.4
江　西	1899.8	1894	5.8	0.3
山　东	2153.3	2165.5	−12.2	−0.6
河　南	2024.9	1930.6	94.3	4.9
湖　北	2805.1	2426.4	378.7	15.6
湖　南	1058.2	1030.4	27.8	2.7
广　东	1955.3	1732.4	222.9	12.9
广　西	674	404.7	269.3	66.5
海　南	603.5	587.2	16.3	2.8
重　庆	4.1	2	2.1	105
四　川	19067.4	16259.7	2807.7	17.3
贵　州	161	159	2	1.3
云　南	3169.7	2620.4	549.3	21
陕　西	1498.8	1344.2	154.6	11.5
甘　肃	1763	1253.3	509.7	40.7
青　海	366.7	265	101.7	38.4
宁　夏				
新　疆	3365.3	3027.8	337.5	11.1
合　计	145101.1	131987.8	13113.3	9.9

表 5　2012～2013 年我国分省焦炭产量　　万吨

地　区	2013 年	2012 年	2013 年比 2012 年	
			增加量	增长率/%
北　京				
天　津	260.19	228.96	31.23	13.64
河　北	6395.82	6429.7	−33.88	−0.53
山　西	9076.82	8443.27	633.55	7.5
内蒙古	3114.93	2579.6	535.33	20.75
辽　宁	2146.58	2048.03	98.55	4.81
吉　林	488.61	512.04	−23.43	−4.57
黑龙江	815.2	943.35	−128.15	−13.58
上　海	540.3	632.6	−92.3	−14.72
江　苏	2252.51	2173.47	79.04	3.64
浙　江	296.18	294.8	1.38	0.47
安　徽	904.44	835.91	68.53	8.2
福　建	166.72	160.83	5.89	3.66
江　西	826.04	808.36	17.68	2.19
山　东	4317.17	4025.06	292.11	7.26
河　南	2705.61	2413.63	291.98	12.1
湖　北	943.42	921.97	21.45	2.33
湖　南	650.93	630.16	20.77	3.3
广　东	177.16	178.16	−1	−0.1
广　西	539.6	435.87	103.73	23.8
海　南				
重　庆	348.51	306.97	41.54	13.53
四　川	1450.66	1193.12	257.54	21.59
贵　州	827.41	741.31	86.1	11.61
云　南	1732.18	1534.2	197.98	12.9
陕　西	3443.88	2917.2	526.68	18.05
甘　肃	458.24	345.83	112.41	32.5
青　海	252.45	240.05	12.4	5.17
宁　夏	731.21	602.94	128.27	21.27
新　疆	1772.73	1476.19	296.54	20.09
合　计	47635.5	44053.6	3581.9	8.13

表 6 2012～2013 年我国分省市铁合金产量 万吨

地 区	2013 年	2012 年	2013 年比 2012 年	
			增加量	增长率/%
北 京	0.8	1.1	−0.3	−27.3
天 津	0.6	0.5	0.1	20
河 北	29.4	24.5	4.9	20
山 西	183.4	189.2	−5.8	−3.1
内蒙古	430.1	361.7	68.4	18.9
辽 宁	95.3	92.6	2.7	3
吉 林	36.8	49.5	−12.7	−25.5
黑龙江	0.2		0.2	
上 海				
江 苏	107.2	110.7	−3.5	−3.2
浙 江	20.7	17.9	2.8	15.5
安 徽	7.6	6.3	1.3	20.6
福 建	34.9	39.7	−4.8	−12.1
江 西	1.2	1.4	−0.2	−14.3
山 东	148.2	105.9	42.3	39.9
河 南	190.6	130.5	60.1	46.1
湖 北	39.3	37.6	1.7	4.7
湖 南	340.2	307.9	32.3	10.5
广 东	0.1	0.1		−5.3
广 西	664.4	519.6	144.8	27.8
海 南				
重 庆	52.8	43.1	9.7	22.5
四 川	245.6	209.7	35.9	17.1
贵 州	325	309.2	15.8	5.1
云 南	124.3	163.8	−39.5	−24.1
陕 西	57.3	51.2	6.1	11.7
甘 肃	141.1	131.1	10	7.6
青 海	222.5	173.8	48.7	28
宁 夏	254.6	197.4	57.2	29
新 疆	22	16.7	5.3	31.5
合 计	3776.2	3292.7	483.5	14.7

表7 2012～2013年我国分省市生铁产量 万吨

地区	2013年	2012年	2013年比2012年	
			增加量	增长率/%
北京				
天津	2214.2	1974.6	239.6	12.1
河北	17027.6	16496.9	530.7	3.2
山西	4303.2	4023.9	279.3	6.9
内蒙古	1367.2	1285.2	82	6.4
辽宁	5698	5313.7	384.3	7.2
吉林	1116.2	1097.6	18.6	1.7
黑龙江	716.3	674.7	41.6	6.2
上海	1637.6	1800.4	−162.8	−9
江苏	6690.6	6001.3	689.3	11.5
浙江	1059.8	1006.1	53.7	5.3
安徽	2017.3	1926.1	91.2	4.7
福建	588.3	551.7	36.6	6.6
江西	2012.2	2027	−14.8	−0.7
山东	6580.3	6456.3	124	1.9
河南	2551.9	2129.1	422.8	19.9
湖北	2416.2	2407.6	8.6	0.4
湖南	1739.8	1706.4	33.4	2
广东	1149.9	1066.6	83.3	7.8
广西	1567.6	1297.9	269.7	20.8
海南				
重庆	556.2	517.3	38.9	7.5
四川	2011.4	1668.9	342.5	20.5
贵州	529.9	556.5	−26.6	−4.8
云南	1936.5	1636.1	300.4	18.4
陕西	882.5	804.3	78.2	9.7
甘肃	897.5	754.9	142.6	18.9
青海	135.1	129.2	5.9	4.6
宁夏	123	80.7	42.3	52.4
新疆	1370.7	1342.3	28.4	2.1
合计	70897	66733.3	4163.7	6.2

表 8　2012～2013 年我国分省市粗钢产量　　万吨

地　区	2013 年	2012 年	2013 年比 2012 年	
			增加量	增长率/%
北　京	2.3	2.6	－0.3	－11.7
天　津	2289.5	2124.2	165.3	7.8
河　北	18849.6	18211.6	638	3.5
山　西	4519.6	3963.2	556.4	14
内蒙古	1978.6	1734.1	244.5	14.1
辽　宁	5972.9	5177.8	795.1	15.4
吉　林	1245.4	1174.2	71.2	6.1
黑龙江	740.2	697.6	42.6	6.1
上　海	1800.6	1975.6	－175	－8.9
江　苏	8469.1	7659.2	809.9	10.6
浙　江	1387	1305.3	81.7	6.3
安　徽	2351.5	2147.6	203.9	9.5
福　建	1624.6	1495.1	129.5	8.7
江　西	2156.6	2140	16.6	0.8
山　东	6119.8	5956.8	163	2.7
河　南	2736	2291.4	444.6	19.4
湖　北	2887.8	2879.5	8.3	0.3
湖　南	1746.5	1671.9	74.6	4.5
广　东	1442.9	1269.8	173.1	13.6
广　西	1666.6	1338.1	328.5	24.5
海　南				
重　庆	608.9	559.8	49.1	8.8
四　川	1711.5	1672.1	39.4	2.4
贵　州	485.2	531.3	－46.1	－8.7
云　南	1883.9	1526.7	357.2	23.4
陕　西	916.9	828.7	88.2	10.6
甘　肃	953.9	810.2	143.7	17.7
青　海	147.6	141.2	6.4	4.5
宁　夏	32.2	21.7	10.5	48.5
新　疆	1176.9	1137.6	39.3	3.5
合　计	77904.1	72445	5459.1	7.5

表9　2012～2013年我国分省市钢材产量　　万吨

地　区	2013年	2012年	2013年比2012年	
			增加量	增长率/%
北　京	219	232	−13	−5.6
天　津	6640.9	5754.4	886.5	15.4
河　北	22861.6	21031.4	1830.2	8.7
山　西	4486.2	3797.2	689	18.1
内蒙古	1797.7	1660.9	136.8	8.2
辽　宁	6863	5951.3	911.7	15.3
吉　林	1510.1	1391.2	118.9	8.6
黑龙江	631	610.2	20.8	3.4
上　海	2322.8	2398.6	−75.8	−3.2
江　苏	12398	10996.4	1401.6	12.7
浙　江	3823.4	3381.1	442.3	13.1
安　徽	3138.6	2840.8	297.8	10.5
福　建	2782.8	2277.1	505.7	22.2
江　西	2463.8	2399.4	64.4	2.7
山　东	8109.1	7754.9	354.2	4.6
河　南	4255.2	3584	671.2	18.7
湖　北	3344.9	3550.1	−205.2	−5.8
湖　南	1977.9	1857.1	120.8	6.5
广　东	3384.5	3013.3	371.2	12.3
广　西	2790.7	2135.3	655.4	30.7
海　南	27	20.9	6.1	29.2
重　庆	1269.6	1078.5	191.1	17.7
四　川	2785.2	2299.8	485.4	21.1
贵　州	562.6	561.5	1.1	0.2
云　南	2053.9	1602.2	451.7	28.2
陕　西	1565.2	1301.7	263.5	20.2
甘　肃	1021.6	883	138.6	15.7
青　海	130.8	136.5	−5.7	−4.2
宁　夏	149.8	109.1	40.7	37.3
新　疆	1395.3	1267.1	128.2	10.1
合　计	106762.2	95877	10885.2	11.4

表 10　2012～2013 年全国重点统计钢铁企业生铁产量　　万吨

序号	企业名称	2013 年	2012 年	2013 年比 2012 年	
				增加量	增长率/%
	全国合计	70897.1	66733.4	4163.7	6.2
	重点合计	61147.4	57027.2	4120.2	7.2
1	首钢集团	3246.2	3227.6	18.6	0.6
1.1	其中：首钢总公司	1980.2	1947.9	32.3	1.7
1.2	首钢水城钢铁（集团）有限责任公司	476.2	504.7	−28.5	−5.7
1.3	首钢贵阳特殊钢有限责任公司	—	—		—
1.4	首钢长治钢铁（集团）有限公司	312.1	314.5	−2.4	−0.8
1.5	通化钢铁集团有限责任公司	477.7	460.5	17.2	3.7
2	渤海钢铁集团	1892.7	1637.7	255.0	15.6
2.1	其中：天津钢管集团有限公司	93.5	87.1	6.4	7.3
2.2	天津天钢集团有限公司	644.2	632.8	11.4	1.8
2.3	天津天铁冶金集团有限公司	573.8	451.8	122.0	27
2.4	天津冶金集团有限公司	581.2	466	115.2	24.7
3	天津荣程联合钢铁集团有限公司	344.5	335.5	9.0	2.7
4	天津天丰钢铁有限公司	39.4	147.6	−108.2	−73.3
5	河北钢铁集团	4378.3	4050.5	327.8	8.1
5.1	其中：唐山钢铁集团有限责任公司	1603	1560.8	42.2	2.7
5.2	邯郸钢铁集团有限责任公司	1092.5	1107.8	−15.3	−1.4
5.3	宣化钢铁集团有限责任公司	687.1	577.6	109.5	19
5.4	承德钢铁集团有限公司	815.7	631.5	184.2	29.2
5.5	舞阳钢铁有限责任公司	—	—		—
5.6	石家庄钢铁有限责任公司	180.1	172.9	7.2	4.1
5.7	河北钢铁集团衡板公司	—	—		—
6	新兴铸管股份有限公司	519.4	529.3	−9.9	−1.9
7	邢台钢铁有限责任公司	274.1	256.1	18.0	7
8	北京建龙重工集团有限公司	1480.1	1425.7	54.4	3.8
8.1	其中：抚顺新钢铁有限责任公司	322.3	312.7	9.6	3.1
9	河北津西钢铁集团	904.6	943.3	−38.7	−4.1
9.1	其中：河北津西钢铁集团股份有限公司	783.9	834.3	−50.4	−6.1
10	唐山国丰钢铁有限公司	841.9	817.3	24.6	3

续表 10

序号	企业名称	2013年	2012年	2013年比2012年	
				增加量	增长率/%
11	德龙钢铁集团	370.7	362	8.7	2.4
11.1	其中：德龙钢铁有限公司	268.8	257.2	11.6	4.5
12	河北纵横钢铁集团有限公司	1021.4	976.7	44.7	4.6
13	河北新武安钢铁集团	1357.4	1289.7	67.7	5.3
13.1	其中：河北普阳钢铁有限公司	307.2	317.8	−10.6	−3.4
13.2	河北东山冶金工业有限公司	83.1	79.4	3.7	4.7
13.3	武安市文安钢铁有限公司	91.9	107.7	−15.8	−14.6
13.4	河北烘熔钢铁有限公司	236.1	241.9	−5.8	−2.4
13.5	河北新金钢铁有限公司	220.8	257.5	−36.7	−14.3
13.6	明芳钢铁有限公司	305.1	216	89.1	41.3
14	河北文丰钢铁有限公司	251.5	263.8	−12.3	−4.7
15	唐山港陆钢铁有限公司	306	304.2	1.8	0.6
16	唐山瑞丰钢铁（集团）有限公司	—	—		—
17	河北前进钢铁集团有限公司	313.3	301.5	11.8	3.9
18	河北天柱钢铁集团有限公司	311.9	177	134.9	76.3
19	唐山东海钢铁集团特钢有限公司	401.5	229.4	172.1	75
20	河北九江线材有限公司	274.9	272.7	2.2	0.8
21	唐山东华钢铁企业集团有限公司	278.2	289.8	−11.6	−4
22	河北敬业集团	985.1	738.7	246.4	33.4
23	武安市裕华钢铁有限公司	154	152.3	1.7	1.1
24	荣信钢铁有限公司	157.7	144.3	13.4	9.3
25	金鼎重工股份有限公司	186.5	131.1	55.4	42.2
26	太原钢铁（集团）有限公司	792.1	810.2	−18.1	−2.2
26.1	其中：新临钢钢铁有限公司	96.3	111.8	−15.5	−13.9
27	山西海鑫钢铁有限公司	344.6	344.7	−0.1	0
28	山西中阳钢铁有限公司	279.9	234.3	45.6	19.5
29	山西介休新泰钢铁有限公司	213.2	178.3	34.9	19.6
30	晋城福盛钢铁有限公司	300.7	131.6	169.1	128.5
31	山西建邦集团有限公司	276.5	325.3	−48.8	−15
32	山西立恒钢铁股份有限公司	118.9	104	14.9	14.3

续表 10

序号	企 业 名 称	2013 年	2012 年	2013 年比 2012 年	
				增加量	增长率/%
33	包头钢铁（集团）有限责任公司	1027.3	1005.5	21.8	2.2
34	鞍钢集团公司	3501.7	3134.2	367.5	11.7
34.1	其中：鞍山钢铁集团公司	2373.2	2165	208.2	9.6
34.2	攀钢集团有限公司	1128.4	969.2	159.2	16.4
35	本钢集团有限公司	1722.5	1551.4	171.1	11
36	东北特殊钢集团有限责任公司	68.1	63.4	4.7	7.5
37	凌源钢铁集团有限责任公司	475.4	314.9	160.5	51
38	五矿营口中板有限责任公司	181.4	212.7	−31.3	−14.7
39	四平现代钢铁有限公司	107.2	126.2	−19.0	−15.1
40	西林钢铁集团有限公司	393.6	316.2	77.4	24.5
41	宝钢集团有限公司	4194	3895.5	298.5	7.7
41.1	其中：宝山钢铁股份有限公司（法人口径）	1381.2	1653.4	−272.2	−16.5
41.2	宝钢集团新疆八一钢铁有限公司	768.5	714.7	53.8	7.5
41.3	广东钢铁韶钢集团	615.7	552.5	63.2	11.5
41.4	宁波钢铁有限公司	431.4	420.9	10.5	2.5
42	中信泰富特钢集团	678.8	613.5	65.3	10.6
42.1	其中：江阴兴澄特种钢铁有限公司	460.1	414.2	45.9	11.1
42.2	湖北新冶钢有限公司	218.7	199.4	19.3	9.7
43	南京钢铁集团有限公司	578.6	678.4	−99.8	−14.7
44	江苏沙钢集团	3169.6	2874.5	295.1	10.3
44.1	其中：江苏沙钢集团有限公司	1875.6	1653.2	222.4	13.5
44.2	江苏沙钢集团淮钢特钢有限公司	289.8	288.9	0.9	0.3
44.3	江苏永钢集团有限公司	725.7	692.2	33.5	4.8
44.4	江苏沙钢集团鑫瑞特钢有限公司	—	—		—
44.5	江苏锡兴集团公司	113.8	107.9	5.9	5.5
45	江苏苏钢集团有限公司	54.3	50.5	3.8	7.6
46	常州中天钢铁有限公司	857.7	746.1	111.6	15
47	圣戈班（徐州）管道有限公司	55.3	52.8	2.5	4.7
48	江苏申特钢铁有限公司	267.8	225.5	42.3	18.7
48.1	其中：上海申特型钢有限公司	—	—		—

续表 10

序号	企 业 名 称	2013 年	2012 年	2013 年比 2012 年	
				增加量	增长率/%
49	江阴华西钢铁有限公司	274.7	276.2	−1.5	−0.6
50	江阴市西城钢铁有限公司	—	—		—
51	常熟市龙腾特种钢有限公司	136	131.2	4.8	3.7
52	杭州钢铁（集团）公司	267.9	255.6	12.3	4.8
53	浙江衢州元立金属制品有限公司	360.5	329.6	30.9	9.4
54	马钢（集团）控股有限公司	1811.9	1737.2	74.7	4.3
54.1	其中：马鞍山钢铁股份有限公司	1811.9	1737.2	74.7	4.3
55	新余钢铁有限责任公司	866.3	870.7	−4.4	−0.5
56	方大钢铁集团有限公司	1192.1	1204.5	−12.4	−1
56.1	其中：方大特钢科技股份有限公司	303.1	295.4	7.7	2.6
56.2	江西萍钢实业股份有限公司	842.9	860.2	−17.3	−2
57	福建三钢（集团）有限责任公司	756.9	635.3	121.6	19.1
58	山东钢铁集团有限公司	2363.6	2336.9	26.7	1.1
58.1	其中：济钢集团有限公司	685.8	735.1	−49.3	−6.7
58.2	莱芜钢铁集团有限公司	1556.8	1486.5	70.3	4.7
58.3	张店钢铁总厂	121	115.4	5.6	4.9
59	青岛钢铁控股集团有限责任公司	240.1	259.9	−19.8	−7.6
60	山东石横特钢集团有限公司	286.9	272.7	14.2	5.2
61	山东泰山钢铁集团有限责任公司	314.1	300.8	13.3	4.4
62	济南庚辰钢铁有限公司	73.4	90.5	−17.1	−18.9
63	山东潍坊钢铁集团公司	189	225.9	−36.9	−16.4
64	日照钢铁控股集团有限公司	1321.4	1348.5	−27.1	−2
65	山东临沂江鑫钢铁有限公司	88.9	161.9	−73.0	−45.1
66	安阳钢铁集团有限责任公司	1029	794.9	234.1	29.5
66.1	其中：安钢股份公司	806.2	559.5	246.7	44.1
66.2	信阳钢铁公司	222.8	235.4	−12.6	−5.4
67	河南凤宝特钢公司	130.5	130.8	−0.3	−0.2
68	河南济源钢铁（集团）有限公司	358.9	331.9	27.0	8.1
69	南阳汉冶特钢有限公司	192.8	195.5	−2.7	−1.4
70	武汉钢铁（集团）公司	3840.1	3535.1	305.0	8.6

续表 10

序号	企业名称	2013 年	2012 年	2013 年比 2012 年	
				增加量	增长率/%
70.1	其中：武钢股份有限公司	1680.8	1625.1	55.7	3.4
70.2	武钢昆明钢铁股份有限公司	840.3	661.3	179.0	27.1
70.3	武钢鄂城钢铁有限责任公司	286	328.8	−42.8	−13
70.4	广西钢铁集团公司柳钢公司	1033.1	920	113.1	12.3
71	湖南华菱钢铁集团有限责任公司	1417	1354.4	62.6	4.6
71.1	其中：湘潭钢铁集团有限公司	654.2	626.7	27.5	4.4
71.2	涟源钢铁集团有限公司	675.1	640.6	34.5	5.4
71.3	湖南衡阳钢管（集团）有限公司	87.7	87.2	0.5	0.6
71.4	江苏锡钢集团有限公司	—	—		—
72	冷水江钢铁有限责任公司	231	261.9	−30.9	−11.8
73	广东中粤马口铁工业有限公司	—	—		—
74	广州市裕丰企业集团有限公司	—	—		—
75	珠海粤裕丰钢铁有限公司	194.8	172.8	22.0	12.7
76	重庆钢铁（集团）有限责任公司	551.8	513.4	38.4	7.5
77	四川川威钢铁集团有限公司	423.7	296.4	127.3	42.9
78	四川达州钢铁集团有限责任公司	276	276.9	−0.9	−0.3
79	陕西略阳钢铁有限责任公司	76.6	82.7	−6.1	−7.4
80	陕西钢铁集团有限公司	767.3	654.2	113.1	17.3
81	陕西汉中钢铁集团有限公司	101.7	91.6	10.1	11
82	酒泉钢铁（集团）有限责任公司	922.5	774.8	147.7	19.1
83	西宁特殊钢集团有限责任公司	140	128.9	11.1	8.6

表 11　2012～2013 年全国重点统计钢铁企业粗钢产量　　万吨

序号	企业名称	2013 年	2012 年	2013 年比 2012 年	
				增加量	增长率/%
	全国合计	77904.1	72445	5459.1	7.5
	重点合计	62864.3	58210.7	4653.6	8
1	首钢集团	3152.3	3141.8	10.5	0.3
1.1	其中：首钢总公司	1922.7	1902.8	19.9	1.1
1.2	首钢水城钢铁（集团）有限责任公司	459.1	501.5	−42.4	−8.5
1.3	首钢贵阳特殊钢有限责任公司	10.3	15.2	−4.9	−32.4

续表 11

序号	企业名称	2013年	2012年	2013年比2012年	
				增加量	增长率/%
1.4	首钢长治钢铁（集团）有限公司	317.6	305.4	12.2	4
1.5	通化钢铁集团有限责任公司	442.7	416.9	25.8	6.2
2	渤海钢铁集团	1932.6	1731.7	200.9	11.6
2.1	其中：天津钢管集团有限公司	245.3	259.2	−13.9	−5.4
2.2	天津天钢集团有限公司	590.9	602.6	−11.7	−1.9
2.3	天津天铁冶金集团有限公司	539.9	424.3	115.6	27.2
2.4	天津冶金集团有限公司	556.5	445.6	110.9	24.9
3	天津荣程联合钢铁集团有限公司	329.7	322.4	7.3	2.3
4	天津天丰钢铁有限公司	116.6	144.3	−27.7	−19.2
5	河北钢铁集团	4578.6	4284.2	294.4	6.9
5.1	其中：唐山钢铁集团有限责任公司	1563.2	1500	63.2	4.2
5.2	邯郸钢铁集团有限责任公司	1234.3	1226.5	7.8	0.6
5.3	宣化钢铁集团有限责任公司	662.4	556.2	106.2	19.1
5.4	承德钢铁集团有限公司	785.3	649.6	135.7	20.9
5.5	舞阳钢铁有限责任公司	156.5	179	−22.5	−12.6
5.6	石家庄钢铁有限责任公司	176.9	172.9	4.0	2.3
5.7	河北钢铁集团衡板公司	—	—		—
6	新兴铸管股份有限公司	365.1	397.1	−32.0	−8.1
7	邢台钢铁有限责任公司	270.4	259	11.4	4.4
8	北京建龙重工集团有限公司	1429.5	1376.4	53.1	3.9
8.1	其中：抚顺新钢铁有限责任公司	321.9	314.8	7.1	2.2
9	河北津西钢铁集团	874.7	910.3	−35.6	−3.9
9.1	其中：河北津西钢铁集团股份有限公司	760.2	807.2	−47.0	−5.8
10	唐山国丰钢铁有限公司	806	798.1	7.9	1
11	德龙钢铁集团	363	375.5	−12.5	−3.3
11.1	其中：德龙钢铁有限公司	257.9	255.9	2.0	0.8
12	河北纵横钢铁集团有限公司	1019.3	910.5	108.8	11.9
13	河北新武安钢铁集团	1481.1	1396.9	84.2	6
13.1	其中：河北普阳钢铁有限公司	340.4	416.6	−76.2	−18.3
13.2	河北东山冶金工业有限公司	82.1	84.5	−2.4	−2.9
13.3	武安市文安钢铁有限公司	113.2	105.3	7.9	7.5
13.4	河北烘熔钢铁有限公司	233.9	239.6	−5.7	−2.4
13.5	河北新金钢铁有限公司	246.3	297.1	−50.8	−17.1

续表 11

序号	企 业 名 称	2013 年	2012 年	2013 年比 2012 年	
				增加量	增长率/%
13.6	明芳钢铁有限公司	300	191.7	108.3	56.5
14	河北文丰钢铁有限公司	260.8	273.7	−12.9	−4.7
15	唐山港陆钢铁有限公司	310.1	306.1	4.0	1.3
16	唐山瑞丰钢铁（集团）有限公司	—	—		—
17	河北前进钢铁集团有限公司	346.1	343.1	3.0	0.9
18	河北天柱钢铁集团有限公司	296.9	179.3	117.6	65.6
19	唐山东海钢铁集团特钢有限公司	388.4	231.3	157.1	67.9
20	河北九江线材有限公司	276.5	276.3	0.2	0.1
21	唐山东华钢铁企业集团有限公司	269.5	272.7	−3.2	−1.2
22	河北敬业集团	969.3	730	239.3	32.8
23	武安市裕华钢铁有限公司	149.8	141.7	8.1	5.7
24	荣信钢铁有限公司	155	141.1	13.9	9.9
25	金鼎重工股份有限公司	178.7	116.5	62.2	53.4
26	太原钢铁（集团）有限公司	998.9	1012.7	−13.8	−1.4
26.1	其中：新临钢钢铁有限公司	100.4	117	−16.6	−14.2
27	山西海鑫钢铁有限公司	330.3	324.6	5.7	1.8
28	山西中阳钢铁有限公司	256.2	221.9	34.3	15.5
29	山西介休新泰钢铁有限公司	200.9	167.6	33.3	19.9
30	晋城福盛钢铁有限公司	296.4	123.1	173.3	140.9
31	山西建邦集团有限公司	219.9	155.8	64.1	41.1
32	山西立恒钢铁股份有限公司	127.4	118.9	8.5	7.2
33	包头钢铁（集团）有限责任公司	1069	1018.5	50.5	5
34	鞍钢集团公司	3368.7	3023.3	345.4	11.4
34.1	其中：鞍山钢铁集团公司	2301	2098.2	202.8	9.7
34.2	攀钢集团有限公司	1067.7	925.1	142.6	15.4
35	本钢集团有限公司	1682.6	1508.3	174.3	11.6
36	东北特殊钢集团有限责任公司	242.4	221.4	21.0	9.5
37	凌源钢铁集团有限责任公司	521.1	356.3	164.8	46.3
38	五矿营口中板有限责任公司	332.6	225.3	107.3	47.7
39	四平现代钢铁有限公司	103.3	120.1	−16.8	−14
40	西林钢铁集团有限公司	403.5	323.5	80.0	24.7
41	宝钢集团有限公司	4390.8	4071	319.8	7.9
41.1	其中：宝山钢铁股份有限公司（法人口径）	1449.1	1747.2	−298.1	−17.1

续表 11

序号	企业名称	2013 年	2012 年	2013 年比 2012 年	
				增加量	增长率/%
41.2	宝钢集团新疆八一钢铁有限公司	769.8	754.9	14.9	2
41.3	广东钢铁韶钢集团	616.8	550.5	66.3	12.1
41.4	宁波钢铁有限公司	453.1	441.2	11.9	2.7
42	中信泰富特钢集团	765.9	662.2	103.7	15.7
42.1	其中：江阴兴澄特种钢铁有限公司	529	453.1	75.9	16.7
42.2	湖北新冶钢有限公司	236.9	209	27.9	13.3
43	南京钢铁集团有限公司	605.3	717.6	−112.3	−15.6
44	江苏沙钢集团	3508.1	3230.9	277.2	8.6
44.1	其中：江苏沙钢集团有限公司	2206.4	1975.8	230.6	11.7
44.2	江苏沙钢集团淮钢特钢有限公司	300.1	296	4.1	1.4
44.3	江苏永钢集团有限公司	731.7	723.4	8.3	1.2
44.4	江苏沙钢集团鑫瑞特钢有限公司			0.0	
44.5	江苏锡兴集团公司	109.3	111.3	−2.0	−1.8
45	江苏苏钢集团有限公司	60.3	54.8	5.5	10.1
46	常州中天钢铁有限公司	850.5	756.5	94.0	12.4
47	圣戈班（徐州）管道有限公司	—	—		—
48	江苏申特钢铁有限公司	261.8	230.5	31.3	13.6
48.1	其中：上海申特型钢有限公司	—	—		—
49	江阴华西钢铁有限公司	260.8	274.5	−13.7	−5
50	江阴市西城钢铁有限公司	—	—		—
51	常熟市龙腾特种钢有限公司	185.8	138.3	47.5	34.3
52	杭州钢铁（集团）公司	342.7	324.9	17.8	5.5
53	浙江衢州元立金属制品有限公司	381.7	348.5	33.2	9.5
54	马钢（集团）控股有限公司	1879.4	1733.8	145.6	8.4
54.1	其中：马鞍山钢铁股份有限公司	1879.4	1733.8	145.6	8.4
55	新余钢铁有限责任公司	849.7	866.2	−16.5	−1.9
56	方大钢铁集团有限公司	1316.4	1290.4	26.0	2
56.1	其中：方大特钢科技股份有限公司	347.5	328.3	19.2	5.9
56.2	江西萍钢实业股份有限公司	923.1	912.4	10.7	1.2
57	福建三钢（集团）有限责任公司	821.6	694.8	126.8	18.3
58	山东钢铁集团有限公司	2279.3	2300.6	−21.3	−0.9
58.1	其中：济钢集团有限公司	638.2	692.5	−54.3	−7.9
58.2	莱芜钢铁集团有限公司	1500.7	1447.6	53.1	3.7

续表 11

序号	企业名称	2013 年	2012 年	2013 年比 2012 年	
				增加量	增长率/%
58.3	张店钢铁总厂	140.5	160.5	−20.0	−12.5
59	青岛钢铁控股集团有限责任公司	235.5	252.8	−17.3	−6.8
60	山东石横特钢集团有限公司	307.1	296.3	10.8	3.6
61	山东泰山钢铁集团有限责任公司	302	281.2	20.8	7.4
62	济南庚辰钢铁有限公司	—	—		—
63	山东潍坊钢铁集团公司	182.9	212.4	−29.5	−13.9
64	日照钢铁控股集团有限公司	1267.6	1268.6	−1.0	−0.1
65	山东临沂江鑫钢铁有限公司	242.8	154	88.8	57.6
66	安阳钢铁集团有限责任公司	1032.1	774.2	257.9	33.3
66.1	其中：安钢股份公司	808.8	544.6	264.2	48.5
66.2	信阳钢铁公司	223.3	229.6	−6.3	−2.8
67	河南凤宝特钢公司	132.3	135.7	−3.4	−2.5
68	河南济源钢铁（集团）有限公司	350.2	325.2	25.0	7.7
69	南阳汉冶特钢有限公司	197.1	202.6	−5.5	−2.8
70	武汉钢铁（集团）公司	3931.1	3642.4	288.7	7.9
70.1	其中：武钢股份有限公司	1745.2	1690.1	55.1	3.3
70.2	武钢昆明钢铁股份有限公司	828.9	654.8	174.1	26.6
70.3	武钢鄂城钢铁有限责任公司	279.1	330.8	−51.7	−15.6
70.4	广西钢铁集团公司柳钢公司	1073.5	950.1	123.4	13
71	湖南华菱钢铁集团有限责任公司	1498.8	1411.3	87.5	6.2
71.1	其中：湘潭钢铁集团有限公司	685.2	649.7	35.5	5.5
71.2	涟源钢铁集团有限公司	683	626.7	56.3	9
71.3	湖南衡阳钢管（集团）有限公司	130.7	125.4	5.3	4.2
71.4	江苏锡钢集团有限公司	0	9.5	−9.5	−100
72	冷水江钢铁有限责任公司	234.3	268.1	−33.8	−12.6
73	广东中粤马口铁工业有限公司	—	—		—
74	广州市裕丰企业集团有限公司	—	—		—
75	珠海粤裕丰钢铁有限公司	213.5	186.6	26.9	14.5
76	重庆钢铁（集团）有限责任公司	559.1	522.3	36.8	7.1
77	四川川威钢铁集团有限公司	400.6	296.5	104.1	35.1
78	四川达州钢铁集团有限责任公司	303.5	303	0.5	0.2
79	陕西略阳钢铁有限责任公司	76	84.3	−8.3	−9.9
80	陕西钢铁集团有限公司	800.2	665.3	134.9	20.3

续表 11

序号	企 业 名 称	2013 年	2012 年	2013 年比 2012 年	
				增加量	增长率/%
81	陕西汉中钢铁集团有限公司	100.2	100	0.2	0.2
82	酒泉钢铁（集团）有限责任公司	1116.4	1010.3	106.1	10.5
83	西宁特殊钢集团有限责任公司	147.6	141.2	6.4	4.5

表 12　2012～2013 年全国重点统计钢铁企业钢材产量　　万吨

序号	企 业 名 称	2013 年	2012 年	2013 年比 2012 年	
				增加量	增长率/%
	全国合计	106762.4	95877	10885.4	11.4
	重点合计	61428.9	56669.6	4759.3	8.4
1	首钢集团	3037.5	3027	10.5	0.3
1.1	其中：首钢总公司	1790.1	1781.4	8.7	0.5
1.2	首钢水城钢铁（集团）有限责任公司	454.6	486.9	−32.3	−6.7
1.3	首钢贵阳特殊钢有限责任公司	15.3	18.1	−2.8	−15.4
1.4	首钢长治钢铁（集团）有限公司	327.3	303.7	23.6	7.8
1.5	通化钢铁集团有限责任公司	450.2	436.9	13.3	3.1
2	渤海钢铁集团	2070.5	1921	149.5	7.8
2.1	其中：天津钢管集团有限公司	344.8	340	4.8	1.4
2.2	天津天钢集团有限公司	461.7	460.3	1.4	0.3
2.3	天津天铁冶金集团有限公司	695.8	579.6	116.2	20.1
2.4	天津冶金集团有限公司	568.3	541.2	27.1	5
3	天津荣程联合钢铁集团有限公司	305	275.2	29.8	10.8
4	天津天丰钢铁有限公司	112.3	93.6	18.7	19.9
5	河北钢铁集团	4525.4	4188.4	337.0	8.1
5.1	其中：唐山钢铁集团有限责任公司	1548.3	1470	78.3	5.3
5.2	邯郸钢铁集团有限责任公司	1192.2	1163.7	28.5	2.5
5.3	宣化钢铁集团有限责任公司	644.4	545.7	98.7	18.1
5.4	承德钢铁集团有限公司	770.7	626.2	144.5	23.1
5.5	舞阳钢铁有限责任公司	133.5	151.3	−17.8	−11.8
5.6	石家庄钢铁有限责任公司	168	159.6	8.4	5.3
5.7	河北钢铁集团衡板公司	47.6	53.9	−6.3	−11.7
6	新兴铸管股份有限公司	357.8	377	−19.2	−5.1

续表 12

序号	企 业 名 称	2013 年	2012 年	2013 年比 2012 年	
				增加量	增长率/%
7	邢台钢铁有限责任公司	258.3	241.2	17.1	7.1
8	北京建龙重工集团有限公司	1312.7	1160.9	151.8	13.1
8.1	其中：抚顺新钢铁有限责任公司	307.2	302.5	4.7	1.6
9	河北津西钢铁集团	775.2	813.9	−38.7	−4.8
9.1	其中：河北津西钢铁集团股份有限公司	638.7	654.1	−15.4	−2.4
10	唐山国丰钢铁有限公司	811.6	775.3	36.3	4.7
11	德龙钢铁集团	253.9	252.2	1.7	0.7
11.1	其中：德龙钢铁有限公司	253.9	252.2	1.7	0.7
12	河北纵横钢铁集团有限公司	1000.8	894	106.8	11.9
13	河北新武安钢铁集团	1413.5	1362.6	50.9	3.7
13.1	其中：河北普阳钢铁有限公司	338	423.2	−85.2	−20.1
13.2	河北东山冶金工业有限公司	66.9	57.7	9.2	15.9
13.3	武安市文安钢铁有限公司	123.1	97.4	25.7	26.4
13.4	河北烘熔钢铁有限公司			0.0	
13.5	河北新金钢铁有限公司	292.6	304.6	−12.0	−3.9
13.6	明芳钢铁有限公司	269.2	183	86.2	47.1
14	河北文丰钢铁有限公司	258.2	271.1	−12.9	−4.8
15	唐山港陆钢铁有限公司	302.8	273.2	29.6	10.8
16	唐山瑞丰钢铁（集团）有限公司	399.7	333.7	66.0	19.8
17	河北前进钢铁集团有限公司	338.5	338.3	0.2	0.1
18	河北天柱钢铁集团有限公司	111.8	107	4.8	4.5
19	唐山东海钢铁集团特钢有限公司	128.4	62.5	65.9	105.4
20	河北九江线材有限公司	236.5	232.4	4.1	1.8
21	唐山东华钢铁企业集团有限公司	328.5	344.9	−16.4	−4.8
22	河北敬业集团	966.2	721.7	244.5	33.9
23	武安市裕华钢铁有限公司	148.9	157	−8.1	−5.2
24	荣信钢铁有限公司			0.0	
25	金鼎重工股份有限公司	80.7	26.6	54.1	203.7
26	太原钢铁（集团）有限公司	937.3	922.4	14.9	1.6
26.1	其中：新临钢钢铁有限公司	111.4	121.1	−9.7	−8

续表 12

序号	企业名称	2013年	2012年	2013年比2012年	
				增加量	增长率/%
27	山西海鑫钢铁有限公司	222.7	232.5	−9.8	−4.2
28	山西中阳钢铁有限公司	250.7	218.3	32.4	14.8
29	山西介休新泰钢铁有限公司	140	89.1	50.9	57
30	晋城福盛钢铁有限公司	292.7	116.7	176.0	150.8
31	山西建邦集团有限公司	216.6	151.2	65.4	43.3
32	山西立恒钢铁股份有限公司	126	156.6	−30.6	−19.5
33	包头钢铁（集团）有限责任公司	1011.4	942.8	68.6	7.3
34	鞍钢集团公司	3206.5	2885.6	320.9	11.1
34.1	其中：鞍山钢铁集团公司	2227.1	2027.7	199.4	9.8
34.2	攀钢集团有限公司	979.4	857.9	121.5	14.2
35	本钢集团有限公司	1681.3	1517.1	164.2	10.8
36	东北特殊钢集团有限责任公司	216	190.2	25.8	13.6
37	凌源钢铁集团有限责任公司	508.8	348.7	160.1	46
38	五矿营口中板有限责任公司	265.3	199.6	65.7	32.9
39	四平现代钢铁有限公司	195.1	198.1	−3.0	−1.5
40	西林钢铁集团有限公司	297.1	240.5	56.6	23.5
41	宝钢集团有限公司	4263.8	4028.1	235.7	5.9
41.1	其中：宝山钢铁股份有限公司（法人口径）	1459.6	1621.8	−162.2	−10
41.2	宝钢集团新疆八一钢铁有限公司	728.4	719.8	8.6	1.2
41.3	广东钢铁韶钢集团	591.4	535.9	55.5	10.4
41.4	宁波钢铁有限公司	441	412.7	28.3	6.9
42	中信泰富特钢集团	628.6	548.2	80.4	14.7
42.1	其中：江阴兴澄特种钢铁有限公司	409.8	354.5	55.3	15.6
42.2	湖北新冶钢有限公司	218.8	193.7	25.1	13
43	南京钢铁集团有限公司	583	655.2	−72.2	−11
44	江苏沙钢集团	3384.6	3157.8	226.8	7.2
44.1	其中：江苏沙钢集团有限公司	2201.1	2062.1	139.0	6.7
44.2	江苏沙钢集团淮钢特钢有限公司	264.9	263.8	1.1	0.4
44.3	江苏永钢集团有限公司	763.5	704.7	58.8	8.3
44.4	江苏沙钢集团鑫瑞特钢有限公司	—	—		—

续表 12

序号	企业名称	2013年	2012年	2013年比2012年	
				增加量	增长率/%
44.5	江苏锡兴集团公司	36.4	41.5	−5.1	−12.1
45	江苏苏钢集团有限公司	37.1	53.7	−16.6	−30.8
46	常州中天钢铁有限公司	841.9	720.5	121.4	16.9
47	圣戈班（徐州）管道有限公司	—	—		—
48	江苏申特钢铁有限公司	311.5	224.7	86.8	38.7
48.1	其中：上海申特型钢有限公司	295.6	224.7	70.9	31.6
49	江阴华西钢铁有限公司	—	—		—
50	江阴市西城钢铁有限公司	367.4	360	7.4	2.1
51	常熟市龙腾特种钢有限公司	230.4	176.3	54.1	30.7
52	杭州钢铁（集团）公司	348.6	332.7	15.9	4.8
53	浙江衢州元立金属制品有限公司	307.5	238.1	69.4	29.2
54	马钢（集团）控股有限公司	1821.1	1667.2	153.9	9.2
54.1	其中：马鞍山钢铁股份有限公司	1812.6	1659.1	153.5	9.3
55	新余钢铁有限责任公司	781.2	804.4	−23.2	−2.9
56	方大钢铁集团有限公司	1313.2	1238.3	74.9	6
56.1	其中：方大特钢科技股份有限公司	347.4	327.2	20.2	6.2
56.2	江西萍钢实业股份有限公司	919.7	863.3	56.4	6.5
57	福建三钢（集团）有限责任公司	801.9	659	142.9	21.7
58	山东钢铁集团有限公司	2274.6	2262.4	12.2	0.5
58.1	其中：济钢集团有限公司	624	667.1	−43.1	−6.5
58.2	莱芜钢铁集团有限公司	1501	1446.2	54.8	3.8
58.3	张店钢铁总厂	149.5	149.1	0.4	0.3
59	青岛钢铁控股集团有限责任公司	274.3	316.9	−42.6	−13.4
60	山东石横特钢集团有限公司	334	332.7	1.3	0.4
61	山东泰山钢铁集团有限责任公司	327	308.4	18.6	6
62	济南庚辰钢铁有限公司	—	—		—
63	山东潍坊钢铁集团公司	173.2	206.6	−33.4	−16.2
64	日照钢铁控股集团有限公司	1247.4	1249.3	−1.9	−0.2

续表 12

序号	企业名称	2013年	2012年	2013年比2012年	
				增加量	增长率/%
65	山东临沂江鑫钢铁有限公司	268.9	156.4	112.5	71.9
66	安阳钢铁集团有限责任公司	998.1	753.8	244.3	32.4
66.1	其中：安钢股份公司	775.9	526.1	249.8	47.5
66.2	信阳钢铁公司	222.2	227.6	−5.4	−2.4
67	河南凤宝特钢公司	65.9	60.7	5.2	8.5
68	河南济源钢铁（集团）有限公司	326.9	305	21.9	7.2
69	南阳汉冶特钢有限公司	193.1	190.9	2.2	1.2
70	武汉钢铁（集团）公司	3966.6	3711.8	254.8	6.9
70.1	其中：武钢股份有限公司	1621	1589.6	31.4	2
70.2	武钢昆明钢铁股份有限公司	844.9	677.9	167.0	24.6
70.3	武钢鄂城钢铁有限责任公司	306	349.8	−43.8	−12.5
70.4	广西钢铁集团公司柳钢公司	1202.3	1085.8	116.5	10.7
71	湖南华菱钢铁集团有限责任公司	1485.8	1382.8	103.0	7.5
71.1	其中：湘潭钢铁集团有限公司	647.8	620.4	27.4	4.4
71.2	涟源钢铁集团有限公司	659.3	608.7	50.6	8.3
71.3	湖南衡阳钢管（集团）有限公司	132	114.7	17.3	15.1
71.4	江苏锡钢集团有限公司	46.8	38.9	7.9	20.3
72	冷水江钢铁有限责任公司	229.5	263.5	−34.0	−12.9
73	广东中粤马口铁工业有限公司	21	20.7	0.3	1.4
74	广州市裕丰企业集团有限公司	396.8	374.3	22.5	6
75	珠海粤裕丰钢铁有限公司	213.3	174	39.3	22.6
76	重庆钢铁（集团）有限责任公司	525.8	483.7	42.1	8.7
77	四川川威钢铁集团有限公司	474.9	368.7	106.2	28.8
78	四川达州钢铁集团有限责任公司	303.2	300.1	3.1	1.1
79	陕西略阳钢铁有限责任公司	82.8	98.2	−15.4	−15.7
80	陕西钢铁集团有限公司	783.5	604.6	178.9	29.6
81	陕西汉中钢铁集团有限公司	83.3	70	13.3	19
82	酒泉钢铁（集团）有限责任公司	1124.6	1019.2	105.4	10.4
83	西宁特殊钢集团有限责任公司	130.8	131.2	−0.4	−0.3

表 13　2012～2013 年我国部分品种钢材生产情况　　万吨

产品名称	2013 年	2012 年	2013 年比 2012 年	
			增加量	增长率/%
钢　材	106762.2	95877	10885.2	11.4
铁道用钢材	608	507.8	100.2	19.7
重　轨	428.3	321.1	107.2	33.4
轻　轨	136	147	－11	－7.5
大型型钢	1274.9	1179	95.9	8.1
中小型型钢	5745.5	4829.9	915.6	19
棒　材	7820	7048.5	771.5	10.9
钢　筋	20619.2	18118.6	2500.6	13.8
盘条（线材）	15089.3	13770	1319.3	9.6
特厚板	663.7	537	126.7	23.6
厚钢板	2398.8	2339.8	59	2.5
中　板	3812.4	3800.9	11.5	0.3
热轧薄板	730.9	828.8	－97.9	－11.8
冷轧薄板	3031.7	2680.3	351.4	13.1
中厚宽钢带	11988.2	10892.7	1095.5	10.1
热轧薄宽钢带	5551.6	4928.5	623.1	12.6
冷轧薄宽钢带	3950.2	3579.5	370.7	10.4
热轧窄钢带	5931.9	5123.1	808.8	15.8
冷轧窄钢带	1025.1	945.5	79.6	8.4
镀层板（带）	4337.8	3795.8	542	14.3
涂层板（带）	759	779.1	－20.1	－2.6
电工钢板（带）	838.5	652.9	185.6	28.4
无缝钢管	2962.8	2754.5	208.3	7.6
焊接钢管	5016.2	4655.9	360.3	7.7
其他钢材	2358.5	1944.5	414	21.3
钢材生产中消耗的外购国内钢材	19123.5	16759.3	2364.2	14.1

表 14　2012～2013 年全国冶金产品进口情况　　吨

产品名称	2013 年	2012 年	2013 年比 2012 年	
			增加量	增长率/%
一、钢材	14077558	13657506	420052.0	3.08
1　棒线材	1026836	894415.7	132420.3	14.81
2　角型材	386938.6	324436.4	62502.2	19.26
3　板材	11886126	11662977	223149.0	1.91
4　管材	424691.7	426130.7	－1439.0	－0.34
5　铁道用材	110903.9	116467.7	－5563.8	－4.78
6　其他钢材	242061.7	233078.5	8983.2	3.85%
(一) 铁道用材	110903.9	116467.7	－5563.8	－4.78
1　钢轨	109216.2	114522.9	－5306.7	－4.63
2　道岔钢轨	741.35	1494.41	－753.1	－50.39
3　鱼尾板垫板	246.37	165.41	81.0	48.94
4　轨枕	1.92	2	－0.1	－4.25
5　其他铁道用材	698.09	282.99	415.1	146.68
(二) 大型型钢	346651.9	290792.3	55859.6	19.21
1　大 H 型钢	90726.87	57830.13	32896.7	56.89
2　截面高≥80mm 工字钢	48538.71	45056.68	3482.0	7.73
3　截面高≥80mm 槽钢	15824.27	14571.73	1252.5	8.6
4　截面高≥80mm 角钢	79451.56	86098.95	－6647.4	－7.72
5　乙字钢	0	3.71	－3.7	－100
6　截面高≥80mm 丁字钢	46.53	110.78	－64.3	－58
7　钢板桩	84416.11	68221.9	16194.2	23.74
8　合金履带钢	161.3	1287.12	－1125.8	－87.47
9　其他热轧角型异型材	26990.87	17057	9933.9	58.24
(三) 中小型型钢	40286.65	33644.06	6642.6	19.74
1　截面高＜80mm H 型钢	34.59	31.9	2.7	8.44
2　截面高＜80mm 槽工钢	9026.81	7949.2	1077.6	13.56
3　截面高＜80mm 角钢	6352.25	7143.86	－791.6	－11.08
4　截面高＜80mm 丁字钢	30.79	44.54	－13.8	－30.87
5　特殊小型型钢	24842.2	18474.56	6367.6	34.47
(四) 棒材	425171	391030.9	34140.1	8.73

续表 14

产品名称	2013年	2012年	2013年比2012年	
			增加量	增长率/%
1 热轧棒材	283454.5	261602	21852.5	8.35
2 冷轧棒材	135525.6	123268.6	12257.0	9.94
3 其他棒材	6190.98	6160.27	30.7	0.5
(五)钢筋	60857.91	70832.25	−9974.3	−14.08
(六)线材	540807	432552.6	108254.4	25.03
1 普盘条	338117.6	262973.5	75144.1	28.57
2 热轧不锈盘条	47600.71	40676.47	6924.2	17.02
3 热轧合金钢盘条	155244.4	129208.4	26036.0	20.15
(七)特厚板	47733.86	80261.07	−32527.2	−40.53
1 厚度>50mm普通特厚钢板	47733.86	80261.07	−32527.2	−40.53
(八)厚钢板	196645.7	252859.2	−56213.5	−22.23
1 20mm<厚度≤50mm厚钢板	196645.7	252859.2	−56213.5	−22.23
(九)中板	993349	1070262	−76913.0	−7.19
1 热轧中板	959854.2	1045922	−86067.8	−8.23
2 冷轧中板	33494.75	24340.19	9154.6	37.61
(十)热轧薄板	252117.3	196712.5	55404.8	28.17
1 热轧普薄板	250794.6	195443.9	55350.7	28.32
2 热轧不锈薄板	1322.75	1268.69	54.1	4.26
(十一)冷轧薄板	524044.2	590932.3	−66888.1	−11.32
1 冷轧普薄板	37607.81	42594.6	−4986.8	−11.71
2 冷轧合金钢板	242177.5	251384.7	−9207.2	−3.66
3 冷轧不锈薄板	244258.9	296953	−52694.1	−17.74
(十二)中厚宽钢带	1388694	1142552	246142.0	21.54
1 热轧中厚宽钢带	1379756	1134054	245702.0	21.67
2 冷轧普通中厚宽钢带	8937.81	8498.1	439.7	5.17
(十三)热轧薄宽钢带	802751.62	655549.78	147201.8	22.45
1 热轧普薄宽钢带	793529	541371.88	142157.1	21.82
2 热轧不锈薄宽钢带	9222.62	4177.9	5044.7	120.75
(十四)冷轧薄宽带	3188527	3066870	121657.0	3.97
1 1mm<厚度<3mm冷轧普薄卷	510412.8	464857.3	45555.5	9.8
2 厚度0.5～1mm冷轧普薄卷	1375178	1415734	−40556.0	−2.86
3 厚度<0.5mm冷轧普薄卷	1302937	1186279	116658.0	9.83

续表 14

产品名称	2013年	2012年	2013年比2012年	
			增加量	增长率/%
（十五）热轧窄钢带	93796.65	107056	－13259.4	－12.39
1　热轧普通窄钢带	49266.19	58840.43	－9574.2	－16.27
2　热轧合金窄钢带	31143.35	33353.53	－2210.2	－6.63
3　热轧不锈窄钢带	13387.1	14862	－1474.9	－9.92
（十六）冷轧窄钢带	244582.6	242016.8	2565.8	1.06
1　冷轧普通窄钢带	93034.69	96200.27	－3165.6	－3.29
2　冷轧合金窄钢带	60403.11	48188.47	12214.6	25.35
3　冷轧不锈窄钢带	91144.82	97628.03	－6483.2	－6.64
（十七）镀层板（带）	3188153	3132792	55361.0	1.77
1　镀锌板（带）	2549009	2535376	13633.0	0.54
2　镀锡板	85129.82	78009.19	7120.6	9.13
3　镀铬板	40396.97	5297.15	35099.8	662.62
4　镀铅板	570.57	2870.23	－2299.7	－80.12
5　镀铝板	332689	322591.1	10097.9	3.13
5.1　镀铝锌板	79359.11	88666.9	－9307.8	－10.5
5.2　镀铝板	253329.9	233924.2	19405.7	8.3
6　其他镀层板	180357	188647.8	－8290.8	－4.39
（十八）彩涂板（带）	9340.83	410854.1	－401513.3	－97.73
1　宽度≥600mm 彩涂板	0	397755.4	－397755.4	－100
2　宽度＜600mm 彩涂板	9340.83	13098.66	－3757.8	－28.69
（十九）电工钢板（带）	671277.5	711228.3	－39950.8	－5.62
1　取向硅钢	178957.9	237426.8	－58468.9	－24.63
2　非取向硅钢	492319.6	473801.5	18518.1	3.91
（二十）无缝管	227448.7	216798.2	10650.5	4.91
1　石油天然气道无缝管	18277.08	11137.13	7140.0	64.11
2　石油天然气钻探无缝管	59252.51	73742.21	－14489.7	－19.65
3　地质钻套无缝管	3529.95	3141.11	388.8	12.38
4　锅炉管	73050.65	58004.38	15046.3	25.94
5　其他无缝管	73338.55	70773.35	2565.2	3.62
（二十一）焊管	195267.1	204700.9	－9433.8	－4.61
1　石油天然气道焊管	20649.86	20754.97	－105.1	－0.51

续表 14

产品名称	2013 年	2012 年	2013 年比 2012 年	
			增加量	增长率/%
2 石油天然气钻探套导焊管	5979.69	2135.33	3844.4	180.04
3 其他焊管	168637.6	181810.6	−13173.0	−7.25
(二十二）铸铁管	1975.92	4631.59	−2655.7	−57.34
(二十三）焊接角型材	17389.03	17864.84	−475.8	−2.66
(二十四）冷弯普通型材	21323.57	27642.25	−6318.7	−22.86
(二十五）钢管接头、肘管、管套	41586.89	35636.98	5949.9	16.7
(二十六）钢丝	161762.2	151934.4	9827.8	6.47
二、钢绳	0	0	0.0	—
1 绞股线绳缆	0	0	0.0	—
2 其他钢绳	0	0	0.0	—
三、钢锭	58951.68	40796.34	18155.3	44.5
1 普钢锭	28809.61	26212.71	2596.9	9.91
2 其他普钢锭	92.76	24.21	68.6	283.09
3 不锈钢锭	5637.03	6306.96	−669.9	−10.62
4 合金钢锭	24412.28	8252.46	16159.8	195.82
四、钢坯	551927.2	360713.9	191213.3	53.01
1 普方坯	131573.1	116165.8	15407.3	13.26
2 普板坯	240332	68256.54	172075.5	252.1
3 其他普钢坯	50642.37	15155.78	35486.6	234.15
4 高碳钢坯	23215.73	42945.48	−19729.8	−45.94
5 不锈板坯	1745.79	16664.14	−14918.4	−89.52
6 其他不锈钢坯	22576.85	32894.4	−10317.6	−31.37
7 大于 10 吨合金锻件坯	17565.7	8496.04	9069.7	106.75
8 其他合金钢坯	64275.68	60135.74	4139.9	6.88
五、铁矿	819000000	744000000	75000000.0	10.2
六、锰矿	16608720	12366581	4242139.0	34.3
七、铬矿	12092452	9293084	2799368.0	30.12
八、焦炭	34821.58	75980.91	−41159.3	−54.17
九、生铁	298029.6	581321.6	−283292.0	−48.73
十、铁合金	2141447	1894281	247166.0	13.05

续表 14

产品名称	2013年	2012年	2013年比2012年	
			增加量	增长率/%
1 锰铁	37076.85	31840.56	5236.3	16.45
2 硅铁	27255.91	24228.2	3027.7	12.5
3 硅锰铁	13302.43	30702.16	−17399.7	−56.67
4 铬铁	1839257	1529479	309778.0	20.25
5 硅铬铁	0	5627.85	−5627.9	−100
6 镍铁	194828.2	244038	−49209.8	−20.16
7 钼铁	90.69	216.35	−125.7	−58.08
8 钨铁	56	70.01	−14.0	−20.01
9 硅钨铁	0.11	0.02	0.1	377.27
10 钛铁及硅钛铁	11.93	362.1	−350.2	−96.7
11 钒铁	3.59	12.5	−8.9	−71.31
12 铌铁	15821.89	19871.9	−4050.0	−20.38
13 其他铁合金	0	0	0.0	—
十一、直接还原铁及其他海绵铁块团	605623.9	1061838	−456214.1	−42.96
十二、废钢	4464920	4973988	−509068.0	−10.23
十三、生铁镜铁颗粒粉末	103018.7	84415.47	18603.2	22.04
十四、五氧化二钒	0	0	0.0	—
十五、炼焦烟煤	75385310	53549230	21836080.0	40.78

表 15 2012～2013 年全国冶金产品出口情况 吨

产品名称	2013年	2012年	2013年比2012年	
			增加量	增长率/%
一、钢材	62337535	55732074	6605461.0	11.85
1 棒线材	17105858	11750378	5355480.0	45.58
2 角型材	4104797	3349964	754833.0	22.53
3 板材	27640810	26965248	675562.0	2.51
4 管材	9570843	9632616	−61773.0	−0.64
5 铁道用材	378473.9	540130.9	−161657.0	−29.93
6 其他钢材	3536753	3493737	43016.0	1.23
(一) 铁道用材	378473.9	540130.9	−161657.0	−29.93
1 钢轨	299669.7	472035.1	−172365.4	−36.52

续表 15

产 品 名 称	2013 年	2012 年	2013 年比 2012 年	
			增加量	增长率/%
2 道岔钢轨	15352.03	14234.09	1117.9	7.85
3 鱼尾板垫板	24655.9	19473.8	5182.1	26.61
4 轨枕	12064.76	9234.63	2830.1	30.65
5 其他铁道用材	26731.5	25153.27	1578.2	6.27
（二）大型型钢	480880	616726.9	－135846.9	－22.03
1 大 H 型钢	98993.39	322901.3	－223907.9	－69.34
2 截面高≥80mm 工字钢	25051.95	26137.07	－1085.1	－4.15
3 截面高≥80mm 槽钢	43783.83	51572.98	－7789.2	－15.1
4 截面高≥80mm 角钢	52011.51	31471.93	20539.6	65.26
5 乙字钢	1313.99	316.57	997.4	315.07
6 截面高≥80mm 丁字钢	18.78	0	18.8	—
7 钢板桩	242436.4	165633.9	76802.5	46.37
8 合金履带钢	8827.77	14657.4	－5829.6	－39.77
9 其他热轧角型异型材	8442.45	4035.74	4406.7	109.19
（三）中小型型钢	3573683	2691659	882024.0	32.77
1 截面高＜80mm H 型钢	1682.72	825.49	857.2	103.84
2 截面高＜80mm 槽工钢	14733.19	7974.29	6758.9	84.76
3 截面高＜80mm 角钢	153935.1	113125.4	40809.7	36.07
4 截面高＜80mm 丁字钢	253.92	424.47	－170.6	－40.18
5 特殊小型型钢	3403078	2569309	833769.0	32.45
（四）棒材	8829585	5904275	2925310.0	49.55
1 热轧棒材	8703463	5723076	2980387.0	52.08
2 冷轧棒材	79721.48	82943.89	－3222.4	－3.89
3 其他棒材	23305.26	63356.03	－40050.8	－63.22
（五）钢筋	271634.9	262340.1	9294.8	3.54
（六）线材	8004638	5583763	2420875.0	43.36
1 普盘条	27274.04	27556.04	－282.0	－1.02
2 热轧不锈盘条	84927.49	72527.82	12399.7	17.1
3 热轧合金钢盘条	7892436	5483679	2408757.0	43.93
（七）特厚板	9404.19	28280.68	－18876.5	－66.75
1 厚度＞50mm 普通特厚钢板	9404.19	28280.68	－18876.5	－66.75
（八）厚钢板	36744.07	60342.98	－23598.9	－39.11

续表 15

产品名称	2013 年	2012 年	2013 年比 2012 年	
			增加量	增长率/%
1 20mm＜厚度≤50mm 厚钢板	36744.07	60342.98	−23598.9	−39.11
（九）中板	4210454	4413758	−203304.0	−4.61
1 热轧中板	4139733	4357135	−217402.0	−4.99
2 冷轧中板	70721.26	56623.31	14098.0	24.9
（十）热轧薄板	23123.32	25044.98	−1921.7	−7.67
1 热轧普薄板	21188.13	22709.67	−1521.5	−6.7
2 热轧不锈薄板	1935.19	2335.31	−400.1	−17.13
（十一）冷轧薄板	904191.7	687273.7	216918.0	31.56
1 冷轧普薄板	117647	110467.5	7179.5	6.5
2 冷轧合金钢板	23152.24	5370.39	17781.9	331.11
3 冷轧不锈薄板	763392.4	571435.8	191956.6	33.59
（十二）中厚宽钢带	6443501	6062867	380634.0	6.28
1 热轧中厚宽钢带	6436077	6055085	380992.0	6.29
2 冷轧普通中厚宽钢带	7424.63	7781.93	−357.3	−4.59
（十三）热轧薄宽钢带	162333.3	93101.41	69231.9	74.36
1 热轧普薄宽钢带	39119.24	13659.77	25459.5	186.38
2 热轧不锈薄宽钢带	123214.1	79441.64	43772.5	55.1
（十四）冷轧薄宽带	3009316	3319627	−310311.0	−9.35
1 1mm＜厚度＜3mm 冷轧普薄卷	1354208	1509301	−155093.0	−10.28
2 厚度 0.5～1mm 冷轧普薄卷	1329698	1358401	−28703.0	−2.11
3 厚度＜0.5mm 冷轧普薄卷	325410.5	451924.9	−126514.4	−27.99
（十五）热轧窄钢带	148505.2	137871.7	10633.5	7.71
1 热轧普通窄钢带	41972.47	41775.02	197.5	0.47
2 热轧合金窄钢带	59332.95	40087.19	19245.8	48.01
3 热轧不锈窄钢带	47199.73	56009.52	−8809.8	−15.73
（十六）冷轧窄钢带	142056	133475.3	8580.7	6.43
1 冷轧普通窄钢带	64509.21	66927.82	−2418.6	−3.61
2 冷轧合金窄钢带	1489.8	2001.12	−511.3	−25.55
3 冷轧不锈窄钢带	76056.99	64546.32	11510.7	17.83
（十七）镀层板（带）	7720954	6562609	1158345.0	17.65
1 镀锌板（带）	5625069	4985407	639662.0	12.83
2 镀锡板	900687.4	762757.5	137929.9	18.08

续表15

产品名称	2013年	2012年	2013年比2012年	
			增加量	增长率/%
3 镀铬板	155398.3	117980.9	37417.4	31.71
4 镀铅板	1615.84	843.24	772.6	91.62
5 镀铝板	925138	610669.6	314468.4	51.5
6 其他镀层板	113045.3	84950.35	28095.0	33.07
（十八）彩涂板（带）	4547113	5159675	－612562.0	－11.87
1 宽度≥600mm彩涂板	4517818	5132342	－614524.0	－11.97
2 宽度＜600mm彩涂板	361.33	3429.83	－3068.5	3601.72
（十九）电工钢板（带）	278108.1	279007.6	－899.5	－0.32
1 取向硅钢	29544.77	35055.16	－5510.4	－15.72
2 非取向硅钢	248563.3	243952.4	4610.9	1.89
（二十）无缝管	5119562	5167645	－48083.0	－0.93
1 石油天然气道无缝管	2160618	2142005	18613.0	0.87
2 石油天然气钻探无缝管	2072564	2138870	－66306.0	－3.1
3 地质钻套无缝管	8958.31	9807.78	－849.5	－8.66
4 锅炉管	127819.5	123691.1	4128.4	3.34
5 其他无缝管	749602.9	753270.4	－3667.5	－0.49
（二十一）焊管	3885110	3694510	190600.0	5.16
1 石油天然气道焊管	1832694	1843452	－10758.0	－0.58
2 石油天然气钻探套导焊管	44973.92	70386.15	－25412.2	－36.1
3 其他焊管	2007442	1780672	226770.0	12.74
（二十二）铸铁管	566171.3	770461.9	－204290.6	－26.52
（二十三）焊接角型材	32267.06	36711.66	－4444.6	－12.11
（二十四）冷弯普通型材	102626.3	98167.79	4458.5	4.54
（二十五）钢管接头、肘管、管套	1558034	1557403	631.0	0.04
（二十六）钢丝	1843826	1801455	42371.0	2.35
二、钢绳	0	0	0.0	—
1 绞股线绳缆	0	0	0.0	—
2 其他钢绳	0	0	0.0	—
三、钢锭	301.71	66.31	235.4	355.03
1 普钢锭	97.1	44.23	52.9	119.54
2 其他普钢锭	3.83	4.1	－0.3	－6.4
3 不锈钢锭	3.8	4.76	－1.0	－20.08
4 合金钢锭	196.98	13.23	183.8	1389.32

续表 15

产品名称	2013 年	2012 年	2013 年比 2012 年	
			增加量	增长率/%
四、钢坯	3969.6	4218.15	−248.6	−5.89
1 普方坯	10.41	0.08	10.3	12906.25
2 普板坯	3.25	358.97	−355.7	−99.09
3 其他普钢坯	45.65	11.86	33.8	284.96
4 高碳钢坯	3330.81	3020.91	309.9	10.26
5 不锈板坯	81.07	12.4	68.7	554.09
6 其他不锈钢坯	180.54	161.64	18.9	11.69
7 大于 10 吨合金锻件坯	18.86	3.88	15.0	386.11
8 其他合金钢坯	299.01	648.41	−349.4	−53.89
五、铁矿	59479.85	32750.38	26729.5	81.62
六、锰矿	50569.2	125081.6	−74512.4	−59.57
七、铬矿	5187.65	927.99	4259.7	459.02
八、焦炭	4672496	1020048	3652448.0	358.07
九、生铁	264506.3	301737.4	−37231.1	−12.34
十、铁合金	575498.5	636512.8	−61014.3	−9.59
1 锰铁	11787.56	20964.39	−9176.8	−43.77
2 硅铁	319228.6	454266.6	−135038.0	−29.73
3 硅锰铁	17170.37	3634.68	13535.7	372.4
4 铬铁	119425.1	45854.05	73571.1	160.45
5 硅铬铁	6325.85	3033	3292.9	108.57
6 镍铁	1284.46	6164.34	−4879.9	−79.16
7 钼铁	40.69	216	−175.3	−81.16
8 钨铁	72.4	459.3	−386.9	−84.24
9 硅钨铁	0	0	0.0	—
10 钛铁及硅钛铁	170.5	493.46	−323.0	−65.45
11 钒铁	6074.51	4888.63	1185.9	24.26
12 铌铁	373.5	231	142.5	61.69
13 其他铁合金	0	0	0.0	—
十一、直接还原铁及其他海绵铁块团	224194.1	111667	112527.1	100.77
十二、废钢	263.81	922.51	−658.7	−71.4
十三、生铁镜铁颗粒粉末	70547.95	71434.9	−886.9	−1.24
十四、五氧化二钒	0	0	0.0	—
十五、炼焦烟煤	1111182	1308409	−197227.0	−15.07

表 16　2012～2013 年中国钢铁工业协会 CSPI 钢材综合价格指数变化情况

月　份	1 月末	2 月末	3 月末	4 月末	5 月末	6 月末	7 月末	8 月末	9 月末	10 月末	11 月末	12 月末
2013 年	107.89	111.12	107.05	105.75	101.83	98.52	100.48	102.11	100.57	99.34	99.33	99.14
2012 年	119.16	118.47	121.18	121.19	117.52	115.48	108.08	101.53	102.45	105.39	105.32	105.31

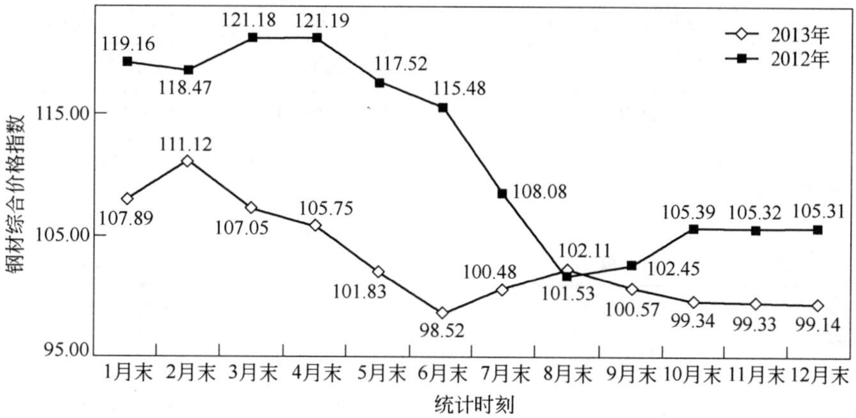

图 1　2012～2013 年中国钢铁工业协会 CSPI 国内钢材综合价格指数走势图

表 17　2013 年主要钢材品种价格变化情况　　元/吨

品种规格	1 月末	2 月末	3 月末	4 月末	5 月末	6 月末	7 月末	8 月末	9 月末	10 月末	11 月末	12 月末
高线（ϕ6.5mm）	3757	3909	3726	3695	3603	3446	3543	3639	3582	3530	3546	3546
螺纹钢（ϕ16mm）	3770	3938	3735	3686	3578	3414	3554	3644	3552	3505	3579	3576
角钢（5 号）	3871	3951	3938	3911	3732	3573	3584	3646	3615	3567	3562	3562
中厚板（20mm）	3977	4111	3931	3866	3695	3588	3678	3714	3597	3525	3495	3540
热轧卷板（3.0mm）	4193	4329	4044	3945	3714	3642	3755	3818	3744	3687	3641	3659
冷轧薄板（1.0mm）	4745	4890	4798	4745	4607	4462	4455	4526	4540	4506	4499	4436
镀锌板（0.5mm）	5084	5181	5180	5163	5005	4897	4842	4891	4880	4855	4841	4797
热轧无缝管（219mm×10mm）	4932	4958	4930	4883	4798	4721	4698	4717	4714	4661	4617	4572

表 18　2012～2013 年全国重点大中型钢铁企业财务统计　　万元

项　目		2013 年	2012 年	增减/%
1	汇编企业户数	86	86	0
2	亏损企业户数	16	26	−38.46
3	工业总产值（现价）	306448305	309743029	−1.06
4	工业增加值	38862152	36888307	5.35

续表 18

项　目		2013 年	2012 年	增减/%
5	产品销售收入	368756006	354941848	3.89
6	实现利税	9732132	7450236	30.63
7	利润总额	2288573	－127008	1901.91
8	亏损企业亏损额	－1182505	－3276796	－63.91
9	月末存货	59016848	54853293	7.59
10	产成品	17299968	15867494	9.03
11	资产总额	444971581	421365804	5.6
12	负债总额	308619396	289561588	6.58
13	管理费用	12083390	11518966	4.9
14	财务费用	7861646	8103719	－2.99
15	销售费用	3556096	3584064	－0.78
16	银行短期借款	98048027	86873366	12.86
17	银行长期借款	35704375	36507382	－2.2
18	应收账款净额	10942985	10195166	7.34
19	应付账款净额	42615149	41367918	3.01
20	当年折旧提取数	11987847	12008894	－0.18
21	工资总额	11140278	10771686	3.42